山西珍贵文物档案

⑬

大同卷

山西省文物局 编

科学出版社
北 京

图书在版编目（CIP）数据

山西珍贵文物档案. 13 / 山西省文物局编. -- 北京 : 科学出版社，2019.12
ISBN 978-7-03-063251-7

Ⅰ. ①山… Ⅱ. ①山… Ⅲ. ①文物－介绍－山西 Ⅳ. ①K872.25

中国版本图书馆CIP数据核字（2019）第258016号

责任编辑：张亚娜　樊　鑫／责任校对：邹慧卿
责任印制：肖　兴／书籍设计：北京美光设计制版有限公司

科学出版社 出版
北京东黄城根北街16号
邮政编码：100717
http://www.sciencep.com

北京华联印刷有限公司 印刷
科学出版社发行　各地新华书店经销

*

2019年12月第　一　版　开本：889 × 1194　1/16
2019年12月第一次印刷　印张：16
字数：130 000

定价：300.00元

（如有印装质量问题，我社负责调换）

《山西珍贵文物档案》编辑委员会

凡 例

1.《山西珍贵文物档案》(以下简称《档案》)是山西省境内国家机关、事业单位、国有企业及国有控股企业收藏的珍贵文物档案。内容包括收藏文物目录、文物基础信息及文物图片。

2.《档案》中的文物原则上是以历次经国家文物局、省文物局组织专家认定的珍贵文物，包含已在第一次全国可移动文物普查平台上备案的珍贵文物或在普查后新定级的珍贵文物。信息表中的“级”即为所认定珍贵文物的级别。

3. 珍贵文物分类原则上按照国家文物局馆藏分类标准来分类，信息表中以“类”表示。

4. 文物的基础信息包括文物名称，国家普查平台登录号，收藏单位，收藏单位原始编号（或辅助账号、发掘号），级别，分类，尺寸，年代，来源，入藏时间等10项内容。

5. 文物名称原则是依据第一次全国可移动文物普查定名标准定名，但部分文物的定名保留原始账号的名称。

6. 文物单位编号分收藏单位原始编号和国家普查平台登录号，表中“原”为收藏单位原始档案编号，“No”是国家可移动文物普查平台登录号。需要说明的是，新增一级文物无国家可移动文物普查平台登录号。

7. 年代采用中国史学界公认的纪年，古人类和古脊椎动物化石地点使用地质年代，史前文物使用考古学年代、历史文物使用王朝年代，纪年确切的用公元纪年表示，个别判定不清年代的文物用“年代不详”表示。信息中的“代”是指文物本体的年代，各类文物年代按时代早晚顺序排列。

8. 信息表中的“源”是指现收藏单位获得文物的来源，“入”是指馆藏文物单位登记入库的时间。因行政区划调整，文物来源所涉地名皆以现行名称为准。

9. 文物本体尺寸，依照第一次全国可移动文物普查的标准测量，信息表中的“cm”是指文物本体尺寸，以厘米计量。

《山西珍贵文物档案》编辑委员会

前 言

人类对文物艺术品的收藏由来已久，从私人收藏、欣赏、研究，发展到创办博物馆向公众开放，走过了悠悠数千年的漫长道路。文物藏品是博物馆工作的物质基础，妥善保护和管理博物馆藏品，并在此基础上拓展其用途，使之更好地为公众和社会发展服务，这应当是博物馆以及其他文物收藏单位藏品管理工作的出发点和落脚点。

博物馆藏品管理是伴随着博物馆的出现而“与生俱来”的，世界各国大都经历了对藏品认识的不断深化，不断走向规范化、制度化和科学化的发展过程。中国的博物馆事业与西方国家相比起步较晚，直到21世纪才步入了快速发展的新时期。1982年颁布的《中华人民共和国文物保护法》规定：“历史上各时代重要实物、艺术品、文献、手稿、图书资料、代表性实物等可移动文物，分为珍贵文物和一般文物；珍贵文物分为一级文物、二级文物、三级文物”；“博物馆、图书馆和其他文物收藏单位对收藏的文物，必须区分文物等级，设置藏品档案，建立严格的管理制度，并报主管的文物行政部门备案”。同时，对馆藏文物的调拨、举办展览、科学研究、借用、交换、处置、销售、拍卖、出境和馆藏文物的复制、拍摄、拓印也做出了具体规定；1986年文化部印发《博物馆藏品管理办法》，进一步规定“博物馆对藏品负有科学管理、科学保护、整理研究、公开展出和提供使用（对社会主要是提供展品资料、研究成果）的责任”，要求保管工作必须做到“制度健全、账目清楚、鉴定确切、编目详明、保管妥善、查用方便”。国家法律和规章的出台，使可移动文物的保护管理逐步纳入法制化轨道。

2012年2月，《国家“十二五”文化改革发展规划纲要》明确提出“健全文物普查、登记、建档、认定制度，开展可移动文物普查，编制国家珍贵文物名录”。2012年10月，国务院印发《关于开展第一次全国可移动文物普查的通知》。2013年3月，国家普查领导小组办公室向全国印发了《第一次全国可移动文物普查实施方案》。在国家文物局的具体组织下，各级国家机关、事业单位、国有企业及国有控股企业、人民解放军及武警部队按照统一部署，展开了为时5年的国有文物普查工作，共调查102万个国有单位，普查可移动文物计10815万件/套，其中按照普查统一标准登录文物完整信息的有2661万件/套（实际数量6407万件）。这次普查工作，摸清了我国可移动文物资源的总体情况，新发现一批重要文物，建立起国家文物身份证制度，建设了全国文物资源数据库，为健全国家文物资源管理机制，夯实文物基础工作，全面提升文物保护管理水平奠定了坚实基础。

山西是全国文物大省之一，1919年设立了山西教育图书博物馆，是创建博物馆较早的省份。新中国成立以后，特别是改革开放和21世纪以来，全省博物馆事业得到了快速发展，大量新出土文物、社会征集文物入藏各级国有博物馆和其他文物收藏单位，越来越多的现代化博物馆逐步建成，为馆藏文物的保护、研究、展示、文化传播提供了前所未有的条件和基础。但不容忽视的是，也有许多文物收藏单位，因专业力量薄弱、保藏条件有限，藏品管理存在管理理念落后，管理职责不明，制度规范落实不到位，藏品记录不完备，文物分级管理底数不清，档案缺失等诸多问题，给馆藏文物的依法管理、文物藏品的展示利用、文物安全和责任追究带来很多困难和问题。就山西而言，在“一普”之前，珍贵文物的底数始终不清晰，有记载的鉴定定级工作大致如下：

20世纪80年代以前，全省博物馆数量较少，除几个省市级博物馆自行做过一些鉴定定级工作外，没有开展过全省范围的鉴定定级工作。1987～1989年，省文物局组织开展了一次全省文物系统馆藏文物的鉴定定级工作，对全省文物收藏单位进行文物建档起到了积极的推动作用，遗憾的是，鉴定结束后未形成文件下发收藏单位。1997～1998年，国家文物局组织文物鉴定委员会专家对我省的鉴定定级成果进行了一次系统梳理和专业确认，奠定了我省珍贵文物定级的基础和范例。2001～2006年，我省承担财政部、国家文物局馆藏文物数字化和数据库建设试点任务，对录入数据库的120万件文物进行了核查，补充了部分珍贵文物信息资料，编印了《山西馆藏一级文物》图录，上报国家文物局备案。

2012～2016年开展的第一次全国可移动文物普查，是山西全省范围内开展的规模最大、时间最久、效果最好的可移动文物管理的基础性工作。41316家在晋国家机关、事业单位、国有企业及国有控股企业都纳入了此次普查范围。核定文物收藏单位413家，认定并登录文物数据653100多条（件/套），实际文物320多万件，其中珍贵文物近6万件。

珍贵文物是所有文物藏品中的重中之重。在普查后期开展的数据核查过程中，我们清楚地认识到，我省现有珍贵文物在鉴定定级记录、收藏档案记录、账实是否相符、信息是否完备等方面还存在一些问题，我们有责任按照《中华人民共和国文物保护法》的要求，继续对珍贵文物的收藏情况、鉴定定级情况、信息记录资料、收藏流转情况等做出进一步核对和完善，并及时将文物档案的主要信息公之于众，以提升公共文化服务的能力和水平。

文物承载灿烂文明，传承历史文化，维系民族精神，是老祖宗留给我们的宝贵遗产，是加强社会主义精神文明建设的深厚滋养。保护好、管理好、利用好、传承好历史文物，是新时代社会主义文博工作的重大使命。为了实现这一目标，我省经过认真分析研究，决定在加强管理的基础上，按照现行管理体制，由省级到市县，从一级文物入手，然后二级、三级，逐步整理、编辑出版《山西珍贵文物档案》（以下简称《档案》），同时利用编印《档案》的任务压力，反过来助推藏品日常管理的精细化和藏品档案的建立健全。我们希望这套《档案》能成为全省文物单位依法保护、管理、利用珍贵文物的工具书，同时也能有利于文物信息的社会共享，起到公共文化服务的积极作用。

编辑出版文物档案，没有先例可循，我们只是因着粗浅的认识和责任担当意识抛砖引玉，为全国同行探路试水，因此缺点和错误定所难免。真诚希望国家文物局和专家学者批评指正，使我们在今后的工作中不断改进。

目录

北魏 嵌玻璃釉陶罐

No 14020221800022000015961
藏 大同市博物馆
原 B10045
级 一级
类 陶器
代 北魏
cm 高 21.5，口径 12.5，底径 7.9，腹径 16.4
源 2013 年山西省大同市平城区恒安街御昌佳园北魏墓 M108 出土
入 2013 年

北魏 嵌玻璃釉陶罐

No 1402022180002200015941
藏 大同市博物馆
原 B10047
级 一级
类 陶器
代 北魏
cm 高 18.3，口径 11，底径 9，腹径 20.9
源 2013 年山西省大同市平城区恒安街御昌佳园北魏墓 M108 出土
入 2013 年

辽 灰陶彩绘堆花塔式魂瓶

No 140202218000220002466 6

藏 大同市博物馆

原 B4849

级 一级

类 陶器

代 辽乾亨四年（982）

cm 通高 152，口长 18，口宽 16.5，最大腹径 42，底径 69

源 1984 年山西省大同市新添堡村许从赟墓出土

入 1993 年

辽 灰陶彩绘堆花塔式魂瓶

No 14020221800022000024669

藏 大同市博物馆

原 B4850

级 一级

类 陶器

代 辽乾亨四年（982）

cm 高 129，口径 46，底径 80.5

源 1984 年山西省大同市新添堡村许从赟墓出土

入 1993 年

辽 三彩异形器

- No 140202218000220002464 5
- 藏 大同市博物馆
- 原 B1064
- 级 一级
- 类 陶器
- 代 辽
- cm 高 9.7，腹长 16，宽 13，底径 3
- 源 1958 年山西省大同市马家堡村辽墓 M1 出土
- 入 1959 年

辽 黄绿釉缠枝花卉纹琉璃棺

No 1402022180002200024737

藏 大同市博物馆

原 B2043

级 一级

类 陶器

代 辽

cm 高 52，长 60，宽 34

源 1958 年山西省大同市马家堡村辽墓 M1 出土

入 1959 年

辽 华严寺薄伽教藏殿顶黄绿釉琉璃鸱吻

No

藏 大同市博物馆

原 B18000

级 一级

类 陶器

代 辽

cm 高 281，宽 130，厚 48

源 1959 年华严寺移交

入 1959 年

宋 钧窑天青釉八瓣莲花瓷碗

No 1402022180002200023994
藏 大同市博物馆
原 B2724
级 一级
类 瓷器
代 宋
cm 高 7，口径 12.2，底径 3.7
源 1970 年山西省大同市城区生产财政组移交
入 1970 年

宋 钧窑天青釉八瓣莲花瓷碗

No 1402022180002200023996
藏 大同市博物馆
原 B2725
级 一级
类 瓷器
代 宋
cm 高 6.8，口径 12.2，底径 3.7
源 1970 年山西省大同市城区生产财政组移交
入 1970 年

宋 白釉六曲印花鱼纹瓷碗

No 1402232180000800001561
藏 广灵县文物管理所
原 G0028
级 一级
类 瓷器
代 宋
cm 高 7.2，口径 21.3，底径 7
源 1983 年山西省广灵县个人捐赠
入 1983 年

宋 白釉六曲印荷花瓷碟

No 1402232180000800001559
藏 广灵县文物管理所
原 G0029
级 一级
类 瓷器
代 宋
cm 高 3.4，口径 18.5，底径 5.6
源 1983 年山西省广灵县个人捐赠
入 1983 年

宋 龙泉窑弦纹瓷炉

No 14020221800022000024791

藏 大同市博物馆

原 B301

级 一级

类 瓷器

代 宋

cm 高 6.5，口径 13.5，底径 5

源 1953 年山西省大同市西南郊周家店村出土

入 1959 年

辽 白釉瓜棱形狮纽盖瓷壶

No 1402022180002200020260
藏 大同市博物馆
原 B2213
级 一级
类 瓷器
代 辽
cm 通高 15.1，口径 2.2，底径 5.2，腹径 10
源 1966 年山西省大同市周文林捐赠
入 1966 年

辽 白釉刻花瓷梅瓶

No 1402022180002200027804

藏 大同市博物馆

原 B2226

级 一级

类 瓷器

代 辽

cm 高 28.6，口径 5，底径 7.5

源 1966 年山西省大同市周文林捐赠

入 1966 年

辽 白釉提梁瓷壶

No 1402022180002200019709
藏 大同市博物馆
原 B2227
级 一级
类 瓷器
代 辽
cm 高 15，口径 5，底径 5，腹径 10
源 1966 年山西省大同市周文林捐赠
入 1966 年

辽 白釉提梁瓷壶

No 14020221800022000277781

藏 大同市博物馆

原 B4163

级 一级

类 瓷器

代 辽

cm 高 16，口径 5，底径 5.5，腹径 10

源 1982 年山西省大同市南关南街窖藏出土

入 1982 年

辽 白釉葫芦形瓷壶

No 1402022180002200024660
藏 大同市博物馆
原 B4812
级 一级
类 瓷器
代 辽
cm 高 14，口径 2.1，底径 5.3
源 1987 年山西省大同市迎宾街辽墓出土
入 1987 年

辽 白釉剔花瓷罐

No 1402022180002200009492
藏 大同市博物馆
原 B18404
级 一级
类 瓷器
代 辽
cm 高 35.5，口径 21.5，底径 12.2，腹径 34.5
源 1986 年山西省大同市振华南街出土
入 1986 年

辽 白釉剔花瓷罐

No 140202218000220001O170

藏 大同市博物馆

原 B18467

级 一级

类 瓷器

代 辽

cm 高 24，口径 16.3，底径 12.4，腹径 28

源 2007 年山西省大同市西三环辽墓 M81 出土

入 2010 年

辽 酱釉刻花梅瓶

No 14020221800022000010114

藏 大同市博物馆

原 B18472

级 一级

类 瓷器

代 辽

cm 高 26.8，口径 3.8，底径 7.6，腹径 12.4

源 2007 年山西省大同市西三环辽墓出土

入 2010 年

金 白釉瓜棱瓷执壶

No 1402022180002200027788

藏 大同市博物馆

原 B4821

级 一级

类 瓷器

代 金

cm 高 16.5，口径 6.9，底径 5.5

源 1988 年山西省大同市向阳东街金代壁画墓出土

入 1988 年

金 白釉瓜棱瓷温酒壶

No 14020221800022000024650

藏 大同市博物馆

原 B4834

级 一级

类 瓷器

代 金

cm 高 12.6，口径 6.9，底径 7.4

源 1990 年山西省大同市站东小桥街徐龟墓出土

入 1991 年

金 绞胎瓷钵

No 140202218000220024670

藏 大同市博物馆

原 B4837

级 一级

类 瓷器

代 金

cm 高 6.3，口径 16.4，底径 9.5

源 1990 年山西省大同市站东小桥街徐龟墓出土

入 1991 年

金 白釉划花花口瓷盘

No 1402022180002200024654

藏 大同市博物馆

原 B4817

级 一级

类 瓷器

代 金

cm 高 3.4，口径 13.5，底径 5.3

源 1988 年山西省大同市向阳东街金代壁画墓出土

入 1988 年

金 三彩虎枕

No 14020221800022000024674
藏 大同市博物馆
原 B4811
级 一级
类 瓷器
代 金
cm 高 17，底长 42，宽 14
源 1993 年山西省大同市个人征集
入 1993 年

金 酱釉剔刻花瓷罐

No 1402022180002200022103
藏 大同市博物馆
原 B4838
级 一级
类 瓷器
代 金
cm 高 40，口径 27.5，底 15.5
源 1992 年山西省大同市平旺村李印红捐赠
入 1992 年

金 白釉划花花口瓷盘

No 140202218000220002 7789

藏 大同市博物馆

原 B4820

级 一级

类 瓷器

代 金

cm 高 2.7，口径 13.5，足径 5.2

源 1988 年山西省大同市向阳北街金代壁画墓出土

入 1988 年

金 白釉刻花荷叶单把瓷盏

No 1402022180002200027794
藏 大同市博物馆
原 B4819
级 一级
类 瓷器
代 金
cm 高 4.4，口径 12，底径 4.1
源 1988 年山西省大同市向阳北街金代壁画墓出土
入 1988 年

元 月白钧釉玉壶春瓷瓶

No 140202218000220027797

藏 大同市博物馆

原 B1113

级 一级

类 瓷器

代 元

cm 高 26.7，口径 5.3，底径 7.5

源 1958 年山西省大同市宋家庄冯道真墓出土

入 1959 年

元 钧釉瓷罐

No 14020221800022000027798

藏 大同市博物馆

原 B1128

级 一级

类 瓷器

代 元

cm 高 11.2，口径 8.7，底径 5.1

源 1958 年山西省大同市宋家庄冯道真墓出土

入 1959 年

元 钧釉红斑瓷碗

- No 140202218000220002780 1
- 藏 大同市博物馆
- 原 B2036
- 级 一级
- 类 瓷器
- 代 元
- cm 高 4.5，口径 13.3，底径 3.8
- 源 1959 年山西省大同市西郊 M31 出土
- 入 1959 年

元 钧釉荷花形瓷碟

No 1402022180002200027800
藏 大同市博物馆
原 B2038
级 一级
类 瓷器
代 元
cm 高 2.6，口径 13.1，底径 3
源 1959 年山西省大同市西郊 M31 出土
入 1959 年

元 钧釉瓷碗

No 14020221800022000024831
藏 大同市博物馆
原 B2034
级 一级
类 瓷器
代 元
cm 高 8.2，口径 19，底径 5.5
源 1959 年山西省大同市西郊墓 M31 出土
入 1959 年

元 钧釉瓷碗

- No 1402022180002200024836
- 藏 大同市博物馆
- 原 B2035
- 级 一级
- 类 瓷器
- 代 元
- cm 高 4.7，口径 13.4，底径 4
- 源 1959 年山西省大同市西郊墓 M31 出土
- 入 1959 年

元 影青釉镂空广寒宫瓷枕

No 1402022180002200025142
藏 大同市博物馆
原 B4714
级 一级
类 瓷器
代 元
cm 长 32，宽 16，高 15.3
源 1973 年山西省大同市五里店出土
入 1973 年

元 豆青釉人物牵狮驮宝瓶瓷摆件

No 1402022180002200027807
藏 大同市博物馆
原 B3379
级 一级
类 瓷器
代 元
cm 通高 26.8，口径 3.3，座长 9
源 1974 年山西省大同市煤峪口矿元墓出土
入 1974 年

民国 粉彩婴戏蟋蟀图瓷罐

- No 1402022180002200024434
- 藏 大同市博物馆
- 原 B205
- 级 一级
- 类 瓷器
- 代 民国五年（1916）
- cm 高 6.6，口径 2.2，底径 3.5
- 源 1953 年山西省大同市梁文纶处征集
- 入 1959 年

战国 山字纹铜镜

No 14020221800022000000090

藏 大同市博物馆

原 B3969

级 一级

类 铜器

代 战国

cm 直径 22.5，厚 0.6

源 1981 年山西省大同市水泊寺薛有山捐赠

入 1981 年

战国 络绳蟠螭纹铜壶

No 1402022180002200020238
藏 大同市博物馆
原 B24792
级 一级
类 铜器
代 战国
cm 高 30，口径 11，底径 10，腹径 20
源 旧藏
入 2012 年

汉 带耳杯铜温酒樽

No 14020221800022000020239
藏 大同市博物馆
原 B24808
级 一级
类 铜器
代 汉
cm 樽高 6.5，口径 6.8，最宽 7；耳杯高 1，长 3.5，宽 3
源 1973 年山西省浑源县毕村出土
入 2012 年

汉 铺首衔环双耳铜壶

No 140224218000060000304
藏 灵丘县文物局
原 0009
级 一级
类 铜器
代 汉
cm 通高 45，口径 18，底径 20，腹径 32
源 1985 年山西省灵丘县东河南镇东窑村个人捐赠
入 1985 年

北魏 鎏金兽首衔环铜铺首

- No 1402022180002200027779
- 藏 大同市博物馆
- 原 B4055
- 级 一级
- 类 铜器
- 代 北魏
- cm 长 13，宽 11.7，环径 10
- 源 1982 年山西省大同市迎宾街北魏建筑遗址出土
- 入 1982 年

北魏 鎏金兽首衔环铜铺首

No 14020221800022000277777
藏 大同市博物馆
原 B4056
级 一级
类 铜器
代 北魏
cm 长 13.7，宽 11.6，环径 10
源 1982 年山西省大同市迎宾街北魏建筑遗址出土
入 1982 年

北魏 鎏金透雕双龙形铜环

No 1402022180002200027778
藏 大同市博物馆
原 B4057
级 一级
类 铜器
代 北魏
cm 直径 16.4，厚 0.7
源 1982 年山西省大同市迎宾街北魏建筑遗址出土
入 1982 年

北魏 鎏金浮雕四龙纹铜环

No 1402022180002200025123
藏 大同市博物馆
原 B4058
级 一级
类 铜器
代 北魏
cm 外径 13.6，内径 9.6，厚 1
源 1982 年山西省大同市迎宾街北魏建筑遗址出土
入 1982 年

北魏 鎏金透雕花卉纹铜饰件

No 140202218000220002778O
藏 大同市博物馆
原 B4064
级 一级
类 铜器
代 北魏
cm 直径 7.2，厚 0.2
源 1982 年山西省大同市迎宾街北魏建筑遗址出土
入 1982 年

北魏 鎏金浮雕花卉纹铜乳钉

No 1402022180002200025141
藏 大同市博物馆
原 B4074
级 一级
类 铜器
代 北魏
cm 直径 8.2，厚 1.7
源 1982 年山西省大同市迎宾街北魏建筑遗址出土
入 1982 年

北魏 鎏金浮雕花卉纹铜乳钉

No 14020221800022000025127
藏 大同市博物馆
原 B4076
级 一级
类 铜器
代 北魏
cm 直径 8.2，厚 1.2
源 1982 年山西省大同市迎宾街北魏建筑遗址出土
入 1982 年

北魏 鎏金浮雕花卉纹铜乳钉

No 14020221800022000027776
藏 大同市博物馆
原 B4079
级 一级
类 铜器
代 北魏
cm 直径 8.2，厚 1.2
源 1982 年山西省大同市迎宾街北魏建筑遗址出土
入 1982 年

北魏 鎏金兽首衔环铜铺首

No 1402022180002200024513
藏 大同市博物馆
原 B425、B427
级 一级
类 铜器
代 北魏
cm 通长 15.5，铺首宽 9.8，最大环径 8.4
源 1956 年山西省大同市工程公司拣选
入 1959 年

北魏 鎏金兽首衔环铜铺首

No 1402022180002200025137

藏 大同市博物馆

原 B426、B428

级 一级

类 铜器

代 北魏

cm 通长 16，铺首宽 10，最大环径 8.5

源 1956 年山西省大同市工程公司拣选

入 1959 年

北魏 兽首衔环铜铺首

No 1402022180002200024507
藏 大同市博物馆
原 B3594
级 一级
类 铜器
代 北魏
cm 通长 29，铺首宽 17，环径 14.7
源 1979 年山西省大同市小南门外沙厂拣选
入 1979 年

北魏 鎏金铜铺首

No 1402022180002200024481

藏 大同市博物馆

原 B3879

级 一级

类 铜器

代 北魏

cm 通长 11，通宽 11

源 1981 年山西省大同市张志义、陈左捐赠

入 1981 年

北魏 鎏金瑞兽纹铜带銙

No 1402022180002200023544
藏 大同市博物馆
原 B24891
级 一级
类 铜器
代 北魏
cm 长 14，宽 6
源 2004 年山西省大同市开源街南北魏墓出土
入 2005 年

北魏 鎏金瑞兽纹铜带銙

No 1402022180002200023549
藏 大同市博物馆
原 B24893
级 一级
类 铜器
代 北魏
cm 长 4，宽 6
源 2004 年山西省大同市开源街南北魏墓出土
入 2005 年

北魏 鎏金瑞兽纹铜带銙

No 1402022180002200023562
藏 大同市博物馆
原 B24892
级 一级
类 铜器
代 北魏
cm 长 9，宽 6
源 2004 年山西省大同市开源街南北魏墓出土
入 2005 年

北魏 人物纹鎏金铜杯

No 14020221800022000028081

藏 大同市博物馆

原 B2736

级 一级

类 铜器

代 北魏

cm 高 10.3，口径 9.4，底径 4.9

源 1970 年山西省大同市迎宾街北魏建筑遗址出土

入 1970 年

北魏 童子葡萄纹鎏金铜杯

No 1402022180002200028080
藏 大同市博物馆
原 B2738
级 一级
类 铜器
代 北魏
cm 口径 9.6，底径 5.4，高 11.5
源 1970 年山西省大同市迎宾街北魏建筑遗址出土
入 1970 年

北魏 鎏金兽首衔环铜铺首

No

藏 大同市博物馆

原 B17982

级 一级

类 铜器

代 北魏

cm 长 21.3，宽 13.1，环径 10.7

源 1994 年山西省大同市云州区安留庄村北魏墓出土

入 2008 年

北魏 鎏金兽首衔环铜铺首

No

藏 大同市博物馆

原 B17981

级 一级

类 铜器

代 北魏

cm 长 21.3，宽 13.1，环径 10.8

源 1994 年山西省大同市云州区安留庄村北魏墓出土

入 2008 年

北魏 鎏金兽首衔环铜铺首

No

藏 大同市博物馆

原 B17980

级 一级

类 铜器

代 北魏

cm 长 21.3，宽 13.1，环径 10.9

源 1994 年山西省大同市云州区安留庄村北魏墓出土

入 2008 年

北魏 八曲银洗

No 14020221800022000028083

藏 大同市博物馆

原 B2734

级 一级

类 金银器

代 北魏

cm 口长 23.8，宽 14.5；底长 7，宽 4.5；高 4.5

源 1970 年山西省大同市迎宾街北魏建筑遗址出土

入 1970 年

北魏 人像纹鎏金银碗

No 1402022180002200028079
藏 大同市博物馆
原 B2735
级 一级
类 金银器
代 北魏
cm 口径 8.5，高 5
源 1970 年山西省大同市迎宾街北魏建筑遗址出土
入 1970 年

北魏　金珠玻璃串饰

No 14020221800022000023542
藏 大同市博物馆
原 B24895
级 一级
类 金银器
代 北魏
cm 长 30
源 2011 年山西省大同市恒安街北魏墓出土
入 2015 年

北魏 狩猎纹银盘

No 140202218000220002 7806

藏 大同市博物馆

原 B3886

级 一级

类 金银器

代 北魏正始元年（504）

cm 口径 18，底径 4.5，高 4.1

源 1981 年山西省大同市小站村北魏封和突墓出土

入 1981 年

北魏 金耳坠

No 140202218000220002715 4
藏 大同市博物馆
原 B4887（1）
级 一级
类 金银器
代 北魏
cm 长 3.85
源 1988 年山西省大同市红旗村北魏墓出土
入 1988 年

北魏 金耳坠

No 140202218000220002715 3
藏 大同市博物馆
原 B4887（2）
级 一级
类 金银器
代 北魏
cm 长 3.85
源 1988 年山西省大同市红旗村北魏墓出土
入 1988 年

北魏 鎏金刻花银碗

No 1402022180002200027792
藏 大同市博物馆
原 B4889
级 一级
类 金银器
代 北魏
cm 口径 10.2，高 4.6
源 1988 年山西省大同市红旗村北魏墓出土
入 1988 年

北魏 鎏金刻花银杯

No 1402022180002200027790

藏 大同市博物馆

原 B4890

级 一级

类 金银器

代 北魏

cm 口径 9.3，底径 3.75，通高 11.4

源 1988 年山西省大同市红旗村北魏墓出土

入 1988 年

北魏 嵌宝石人面龙纹金耳饰

No 14020221800022000235563

藏 大同市博物馆

原 B24887

级 一级

类 金银器

代 北魏

cm 长 13，宽 2.5，厚 0.9

源 2011 年山西省大同市恒安街北魏墓出土

入 2015 年

唐 鎏金錾花花口银碗

- No 140202218000220024479
- 藏 大同市博物馆
- 原 B3781
- 级 一级
- 类 金银器
- 代 唐
- cm 口径 21.2，底径 12，高 5.8
- 源 1980 年山西省怀仁县郭安海处征集
- 入 1980 年

元 金蜻蜓簪

No 140224218000006000000300

藏 灵丘县文物局

原 灵丘 0038

级 一级

类 金银器

代 元

cm 长 6，宽 8，厚 0.3

源 1982 年山西省灵丘县曲回寺村窖藏出土

入 1982 年

元 金蜻蜓簪

No 140224218000006000000493

藏 灵丘县文物局

原 灵丘 0039

级 一级

类 金银器

代 元

cm 长 5.2，宽 7.7，厚 0.3

源 1982 年山西省灵丘县曲回寺村窖藏出土

入 1982 年

元 金蝴蝶簪

No 140224218000060000049８
藏 灵丘县文物局
原 灵丘 0040
级 一级
类 金银器
代 元
cm 长 5，宽 8.7，厚 0.5
源 1982 年山西省灵丘县曲回寺村窖藏出土
入 1982 年

元 掐丝嵌宝金蝴蝶簪

No 14022421800006000002９4
藏 灵丘县文物局
原 灵丘 0041
级 一级
类 金银器
代 元
cm 长 5.5，宽 8.7，厚 0.5
源 1982 年山西省灵丘县曲回寺村窖藏出土
入 1982 年

元 金飞天簪

No 140224218000060000298

藏 灵丘县文物局

原 灵丘 0042

级 一级

类 金银器

代 元

cm 长 9，宽 4.5，厚 1.5

源 1982 年山西省灵丘县曲回寺村窖藏出土

入 1982 年

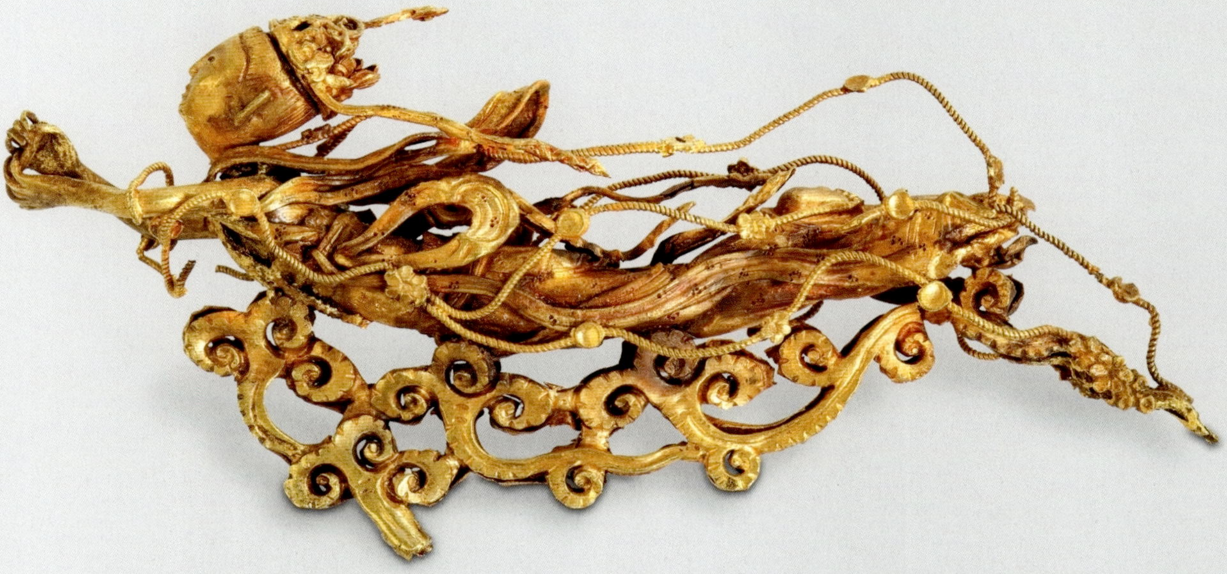

元 金凤凰簪

No 140224218000060000289
藏 灵丘县文物局
原 灵丘 0043
级 一级
类 金银器
代 元
cm 长 9，宽 5，厚 3
源 1982 年山西省灵丘县曲回寺村窖藏出土
入 1982 年

元 金凤凰簪

No 140224218000060000504
藏 灵丘县文物局
原 灵丘 0044
级 一级
类 金银器
代 元
cm 长 6.2，宽 5，厚 3
源 1982 年山西省灵丘县曲回寺村窖藏出土
入 1982 年

元 金牡丹簪

No 140224218000060000291

藏 灵丘县文物局

原 灵丘 0045

级 一级

类 金银器

代 元

cm 长 6，宽 1.5，厚 1.6

源 1982 年山西省灵丘县曲回寺村窖藏出土

入 1982 年

元 金牡丹簪

No 140224218000060000497

藏 灵丘县文物局

原 灵丘 0045-1

级 一级

类 金银器

代 元

cm 长 6，宽 1.5，厚 1.6

源 1982 年山西省灵丘县曲回寺村窖藏出土

入 1982 年

元 累丝嵌宝金耳坠

No 1402242180000600000295
藏 灵丘县文物局
原 灵丘 0046
级 一级
类 金银器
代 元
cm 长 4，宽 2.2，厚 0.6
源 1982 年山西省灵丘县曲回寺村窖藏出土
入 1982 年

元 嵌宝金耳坠

No 1402242180000600000507
藏 灵丘县文物局
原 灵丘 0046-1
级 一级
类 金银器
代 元
cm 长 4，宽 2.2，厚 0.6
源 1982 年山西省灵丘县曲回寺村窖藏出土
入 1982 年

元 累丝金耳坠

No 140224218000060000290

藏 灵丘县文物局

原 灵丘 0047

级 一级

类 金银器

代 元

cm 长 4.2，宽 2.9，厚 0.5

源 1982 年山西省灵丘县曲回寺村窖藏出土

入 1982 年

元 瓜形金串饰

No 140224218000060000297

藏 灵丘县文物局

原 灵丘 0048

级 一级

类 金银器

代 元

cm 直径 0.5

源 1982 年山西省灵丘县曲回寺村窖藏出土

入 1982 年

北魏 木雕兽头

No 140202218000220002 7148
藏 大同市博物馆
原 B2279
级 一级
类 雕塑、造像
代 北魏太和八年（484）
cm 长 8，宽 4，高 12.5
源 1965 年山西省大同市石家寨村司马金龙墓出土
入 1965 年

北魏 釉陶驮粮马

No 1402022180002200027152

藏 大同市博物馆

原 B2285

级 一级

类 雕塑、造像

代 北魏太和八年（484）

cm 通高 19，长 30.2，厚 12

源 1965 年山西省大同市石家寨村司马金龙墓出土

入 1965 年

北魏 釉陶马

No 1402022180002200024927
藏 大同市博物馆
原 B2287
级 一级
类 雕塑、造像
代 北魏太和八年（484）
cm 通高 31，长 40，厚 9
源 1965 年山西省大同市石家寨村司马金龙墓出土
入 1965 年

北魏 釉陶马

- No 140202218000220002493O
- 藏 大同市博物馆
- 原 B2288
- 级 一级
- 类 雕塑、造像
- 代 北魏太和八年（484）
- cm 通高 31，长 40，厚 9
- 源 1965 年山西省大同市石家寨村司马金龙墓出土
- 入 1965 年

北魏 釉陶马

No 1402022180002200024925
藏 大同市博物馆
原 B2289
级 一级
类 雕塑、造像
代 北魏太和八年（484）
cm 通高 30.2，长 41.6，厚 9
源 1965 年山西省大同市石家寨村司马金龙墓出土
入 1965 年

北魏 釉陶牛

No 1402022180002200027151
藏 大同市博物馆
原 B2292
级 一级
类 雕塑、造像
代 北魏太和八年（484）
cm 通高 19，长 29.1，厚 12
源 1965 年山西省大同市石家寨村司马金龙墓出土
入 1965 年

北魏 釉陶牛

- No 14020221800022000024924
- 藏 大同市博物馆
- 原 B2290
- 级 一级
- 类 雕塑、造像
- 代 北魏太和八年（484）
- cm 通高 21，长 32，厚 10
- 源 1965 年山西省大同市石家寨村司马金龙墓出土
- 入 1965 年

北魏 釉陶胡俑

No 14020221800022000024921
藏 大同市博物馆
原 B2304
级 一级
类 雕塑、造像
代 北魏太和八年（484）
cm 通高 29，宽 8，厚 6
源 1965 年山西省大同市石家寨村司马金龙墓出土
入 1965 年

北魏 釉陶乐俑

No 14020221800002200024922

藏 大同市博物馆

原 B2305

级 一级

类 雕塑、造像

代 北魏太和八年（484）

cm 高 20.5，宽 10，厚 12

源 1965 年山西省大同市石家寨村司马金龙墓出土

入 1965 年

北魏 釉陶女俑

No 1402022180002200028617
藏 大同市博物馆
原 B2306
级 一级
类 雕塑、造像
代 北魏太和八年（484）
cm 高 15，宽 6.5，厚 10
源 1965 年山西省大同市石家寨村司马金龙墓出土
入 1965 年

北魏 釉陶女俑

- No 1402022180002200028618
- 藏 大同市博物馆
- 原 B2307
- 级 一级
- 类 雕塑、造像
- 代 北魏太和八年（484）
- cm 高 18，宽 11，厚 9
- 源 1965 年山西省大同市石家寨村司马金龙墓出土
- 入 1965 年

北魏 釉陶胡俑

No 1402022180002200024929
藏 大同市博物馆
原 B2317
级 一级
类 雕塑、造像
代 北魏太和八年（484）
cm 通高 26，宽 7，厚 5
源 1965 年山西省大同市石家寨村司马金龙墓出土
入 1965 年

北魏 釉陶骆驼

No 14020221800022000021424
藏 大同市博物馆
原 B2325
级 一级
类 雕塑、造像
代 北魏太和八年（484）
cm 通高 32，长 34，厚 6.5
源 1965 年山西省大同市石家寨村司马金龙墓出土
入 1965 年

北魏 釉陶镇墓兽

No 14020221800022000023982

藏 大同市博物馆

原 B2341

级 一级

类 雕塑、造像

代 北魏太和八年（484）

cm 通高 34，长 49，厚 20

源 1965 年山西省大同市石家寨村司马金龙墓出土

入 1965 年

北魏 彩绘陶女俑

No 1402022180002200023984
藏 大同市博物馆
原 B2343
级 一级
类 雕塑、造像
代 北魏太和八年（484）
cm 高 20，长 9.5，厚 5.5
源 1965 年山西省大同市石家寨村司马金龙墓出土
入 1965 年

北魏 彩绘陶女俑

No 1402022180002200023981
藏 大同市博物馆
原 B2344
级 一级
类 雕塑、造像
代 北魏太和八年（484）
cm 通高 18，长 11，厚 5.5
源 1965 年山西省大同市石家寨村司马金龙墓出土
入 1965 年

北魏 釉陶女侍俑

No 1402022180002200024935
藏 大同市博物馆
原 B2363
级 一级
类 雕塑、造像
代 北魏太和八年（484）
cm 通高 24.5，长 9，厚 5
源 1965 年山西省大同市石家寨村司马金龙墓出土
入 1965 年

北魏 釉陶女侍俑

No 1402022180002200023983
藏 大同市博物馆
原 B2367
级 一级
类 雕塑、造像
代 北魏太和八年（484）
cm 通高 23.4，长 7，厚 4.3
源 1965 年山西省大同市石家寨村司马金龙墓出土
入 1965 年

北魏 黑釉陶仪仗俑

No 1402022180002200024939
藏 大同市博物馆
原 B2398
级 一级
类 雕塑、造像
代 北魏太和八年（484）
cm 通高 23.1，长 8.4，厚 5.8
源 1965 年山西省大同市石家寨村司马金龙墓出土
入 1965 年

北魏 釉陶武士俑

No 14020221800022000024934

藏 大同市博物馆

原 B2494

级 一级

类 雕塑、造像

代 北魏太和八年（484）

cm 通高 21.4，长 6.9，厚 5.6

源 1965 年山西省大同市石家寨村司马金龙墓出土

入 1965 年

北魏 釉陶武士俑

No 1402022180002200024938
藏 大同市博物馆
原 B2495
级 一级
类 雕塑、造像
代 北魏太和八年（484）
cm 通高 21.4，长 6.9，厚 4
源 1965 年山西省大同市石家寨村司马金龙墓出土
入 1965 年

北魏 釉陶骑马随从俑

No 140202218000220002400 2

藏 大同市博物馆

原 B2628

级 一级

类 雕塑、造像

代 北魏太和八年（484）

cm 通高 30.5，长 29.2，厚 6

源 1965 年山西省大同市石家寨村司马金龙墓出土

入 1965 年

北魏 釉陶骑马武士俑

No 1402022180002200024003
藏 大同市博物馆
原 B2629
级 一级
类 雕塑、造像
代 北魏太和八年（484）
cm 通高 30.5，长 29.2，厚 5.8
源 1965 年山西省大同市石家寨村司马金龙墓出土
入 1965 年

北魏 釉陶骑马武士俑

No 1402022180002200023992
藏 大同市博物馆
原 B2590
级 一级
类 雕塑、造像
代 北魏太和八年（484）
cm 通高 30.5，长 29.2，厚 6
源 1965 年山西省大同市石家寨村司马金龙墓出土
入 1965 年

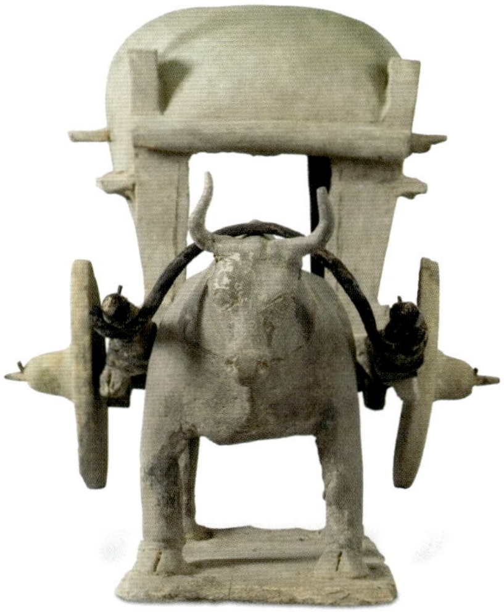

北魏 毡帐式陶牛车

No 140202218000220001 7480

藏 大同市博物馆

原 B9871

级 一级

类 雕塑、造像

代 北魏

cm 长 48.2，宽 19.3，高 21

源 2013 年山西省大同市平城区恒安街北魏墓出土

入 2013 年

北魏 彩绘陶女舞俑

No 1402022180002210001789

藏 大同市博物馆

原 B12873

级 一级

类 雕塑、造像

代 北魏

cm 高 22，宽 23，厚 3.5

源 2000 年山西省大同市兴云街北魏墓出土

入 2013 年

北魏 褐釉陶烧灶俑

No 1402022180002200023527
藏 大同市博物馆
原 B24872
级 一级
类 雕塑、造像
代 北魏
cm 高 15，宽 9，厚 8
源 2002 年山西省大同市七里村北魏墓群出土
入 2005 年

北魏 褐釉陶灶

No 1402022180002200023519
藏 大同市博物馆
原 B24871
级 一级
类 雕塑、造像
代 北魏
cm 长 17，宽 13，高 16，灶锅直径 11
源 2002 年山西省大同市七里村北魏墓群出土
入 2005 年

北魏 褐釉陶仓

No 14020221800022000235З1

藏 大同市博物馆

原 B24879

级 一级

类 雕塑、造像

代 北魏

cm 高 16.7，口径 4，最大腹径 13.5，底径 14

源 2002 年山西省大同市七里村北魏墓群出土

入 2005 年

北魏 褐釉陶执盆俑

- No 14020221800022000023536
- 藏 大同市博物馆
- 原 B24874
- 级 一级
- 类 雕塑、造像
- 代 北魏
- cm 高 16，宽 13，厚 10，盆直径 9
- 源 2002 年山西省大同市七里村北魏墓群出土
- 入 2005 年

北魏 褐釉陶执箕俑

- No 14020221800022000023526
- 藏 大同市博物馆
- 原 B24876
- 级 一级
- 类 雕塑、造像
- 代 北魏
- cm 高 15，宽 8，厚 12
- 源 2002 年山西省大同市七里村北魏墓群出土
- 入 2005 年

北魏 褐釉陶推磨俑及陶磨

No 1402022180002200023524
藏 大同市博物馆
原 B24877
级 一级
类 雕塑、造像
代 北魏
cm 俑高 20，宽 7，厚 9；磨高 7.5，磨盘直径 13，底径 10
源 2002 年山西省大同市七里村北魏墓群出土
入 2005 年

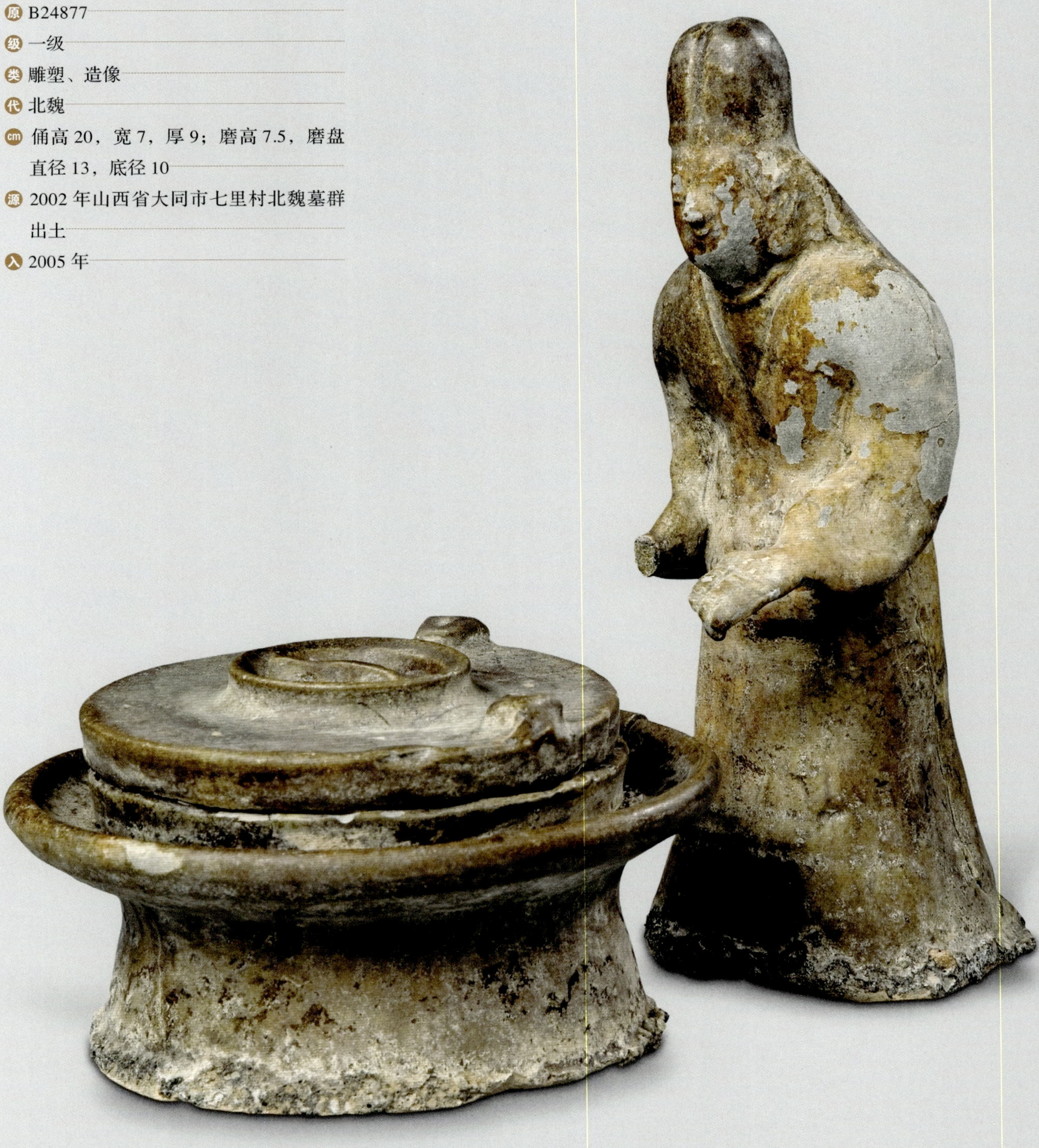

北魏 褐釉井旁俑

- No 1402022180002200023534
- 藏 大同市博物馆
- 原 B24873
- 级 一级
- 类 雕塑、造像
- 代 北魏
- cm 高 19，宽 8，厚 8
- 源 2002 年山西省大同市七里村北魏墓群出土
- 入 2005 年

北魏 褐釉陶井

- No 1402022180002200023523
- 藏 大同市博物馆
- 原 B24880
- 级 一级
- 类 雕塑、造像
- 代 北魏
- cm 高 16，口径 10，底径 10.5
- 源 2002 年山西省大同市七里村北魏墓群出土
- 入 2005 年

北魏 褐釉陶踏碓俑

No 1402022180002200023522
藏 大同市博物馆
原 B24875
级 一级
类 雕塑、造像
代 北魏
cm 高 20，宽 7，厚 11
源 2002 年山西省大同市七里村北魏墓群出土
入 2005 年

北魏 褐釉陶碓

No 1402022180002200023533
藏 大同市博物馆
原 B24878
级 一级
类 雕塑、造像
代 北魏
cm 长 18，宽 6，高 10
源 2002 年山西省大同市七里村北魏墓群出土
入 2005 年

北魏 釉陶伎乐俑

北魏 釉陶洞箫俑

No 14020221800022000O7622
藏 大同市博物馆
原 B9616
级 一级
类 雕塑、造像
代 北魏
cm 高 24.5，宽 12.5，厚 4
源 2013 年山西省大同市开源街北东信国际北魏墓出土
入 2013 年

北魏 釉陶觱篥俑

No 140202218000220000781O
藏 大同市博物馆
原 B9617
级 一级
类 雕塑、造像
代 北魏
cm 高 23，宽 12.5，厚 4
源 2013 年山西省大同市开源街北东信国际北魏墓出土
入 2013 年

北魏 灰陶伎乐俑

北魏 灰陶伎乐俑

No 140202218000220001737O

藏 大同市博物馆

原 B9834

级 一级

类 雕塑、造像

代 北魏

cm 高 24，宽 10.5，厚 4

源 2013 年山西省大同市平城区恒安街御昌佳园北魏墓出土

入 2013 年

北魏 灰陶排箫俑

No 14020221800022000175O3

藏 大同市博物馆

原 B9840

级 一级

类 雕塑、造像

代 北魏

cm 高 24，宽 10.5，厚 4

源 2013 年山西省大同市平城区恒安街御昌佳园北魏墓出土

入 2013 年

北魏 灰陶伎乐俑

No 140202218000220001 7474
藏 大同市博物馆
原 B9850
级 一级
类 雕塑、造像
代 北魏
cm 高 24，宽 10.5，厚 4
源 2013 年山西省大同市平城区恒安街御昌佳园北魏墓出土
入 2013 年

北魏 灰陶杂技俑

No 14020221800022000 17358
藏 大同市博物馆
原 B9851
级 一级
类 雕塑、造像
代 北魏
cm 高 24，宽 10.5，厚 4
源 2013 年山西省大同市平城区恒安街御昌佳园北魏墓出土
入 2013 年

北魏 灰陶击鼓俑

No 1402022180002200017302

藏 大同市博物馆

原 B9858

级 一级

类 雕塑、造像

代 北魏

cm 高 24，宽 10.5，厚 4

源 2013 年山西省大同市平城区恒安街御昌佳园北魏墓出土

入 2013 年

北魏 灰陶梨形音箱琵琶俑

No 1402022180002200017248

藏 大同市博物馆

原 B9862

级 一级

类 雕塑、造像

代 北魏

cm 高 24，宽 10.5，厚 4

源 2013 年山西省大同市平城区恒安街御昌佳园北魏墓出土

入 2013 年

北魏 灰陶横笛俑

No 1402022180002200017218

藏 大同市博物馆

原 B9870

级 一级

类 雕塑、造像

代 北魏

cm 高 24，宽 10.5，厚 4

源 2013 年山西省大同市平城区恒安街御昌佳园北魏墓出土

入 2013 年

北魏 石雕镇墓武士像

No

藏 大同市博物馆

原 B17998

级 一级

类 雕塑、造像

代 北魏

cm 高 65，长 32，宽 27

源 2002 年山西省大同市七里村北魏墓群出土

入 2014 年

北魏 石雕镇墓武士像

No

藏 大同市博物馆

原 B17997

级 一级

类 雕塑、造像

代 北魏

cm 高 65，长 35，宽 29

源 2002 年山西省大同市七里村北魏墓群出土

入 2014 年

北魏 庑殿顶佛殿形石雕佛龛

No 1402022180002200027793
藏 大同市博物馆
原 B4870
级 一级
类 雕塑、造像
代 北魏
cm 长 61，宽 58，厚 11.5
源 1984 年山西省大同市小丫村出土
入 1984 年

北魏 石雕供养龛

No 14020221800022000025148
藏 大同市博物馆
原 B869
级 一级
类 雕塑、造像
代 北魏
cm 长 43.3，宽 25.5，高 33
源 1958 年山西省大同市寺儿村征集
入 1958 年

北魏 石雕镇墓兽

No 1402022180002200007940
藏 大同市博物馆
原 B5089
级 一级
类 雕塑、造像
代 北魏
cm 底座长 59，宽 26，高 6；兽身长 68，宽 27，高 29
源 2002 年山西省大同市七里村北魏墓群出土
入 2014 年

北魏 石雕镇墓兽

No 1402022180002200007808

藏 大同市博物馆

原 B5090

级 一级

类 雕塑、造像

代 北魏

cm 底座长 58，宽 24，高 7；兽身长 65，宽 25，高 30

源 2002 年山西省大同市七里村北魏墓群出土

入 2014 年

辽 南堂寺石雕佛造像

No

藏 大同市博物馆

原 B17996

级 一级

类 雕塑、造像

代 辽

cm 佛像高 217.5，宽 141，厚 116；座高 102.5，宽 185，厚 177

源 1959 年山西省大同市南堂寺迁移

入 1959 年

辽 鎏金观音菩萨铜坐像

No 14022121800000200000042
藏 阳高县文物管理所
原 0029
级 一级
类 雕塑、造像
代 辽
cm 高 50，最宽 33.5，厚 17
源 1984 年山西省阳高县下吾其村出土
入 1984 年

金 石狮

No 1402022180002200024462
藏 大同市博物馆
原 B3333（1）
级 一级
类 雕塑、造像
代 金大定二十九年（1189）
cm 长 9，宽 8.6，高 15.8
源 1973 年山西省大同市云中路阎德源墓出土
入 1973 年

金 石狮

No 14020221800022000024460

藏 大同市博物馆

原 B3333（2）

级 一级

类 雕塑、造像

代 金大定二十九年（1189）

cm 长 8.8，宽 8.5，高 15.6

源 1973 年山西省大同市云中路阎德源墓出土

入 1973 年

西汉“平城”瓦当

No

藏 大同市博物馆

原 B13611

级 一级

类 石器、石刻、砖瓦

代 西汉

cm 直径 15.5，厚 3

源 2007 年山西省大同市操场城北魏二号遗址出土

入 2013 年

北魏 瑞兽龙纹方座石灯

No 1402022180002200023549
藏 大同市博物馆
原 B24923
级 一级
类 石器、石刻、砖瓦
代 北魏
cm 长 13，宽 12，高 27
源 2013 年山西省大同市平城区恒安街御昌佳园北魏墓出土
入 2013 年

北魏 彩绘石棺椁

No

藏 大同市博物馆

原 B17995

级 一级

类 石器、石刻、砖瓦

代 北魏和平元年（460）

cm 高 240，长 262，宽 190

源 2011 年山西省大同市平城区恒安街北魏张智朗墓出土

入 2013 年

北魏 忍冬纹石棺床

No

藏 大同市博物馆

原 B17994

级 一级

类 石器、石刻、砖瓦

代 北魏和平元年（460）

cm 高 35，长 210，厚 13

源 2011 年山西省大同市平城区恒安街北魏张智朗墓出土

入 2013 年

北魏 石雕棺床

No 14020221800022000197l2
藏 大同市博物馆
原 B2267
级 一级
类 石器、石刻、砖瓦
代 北魏太和八年（484）
cm 长 241，宽 13.3，高 51
源 1965 年山西省大同市石家寨村司马金龙墓出土
入 1965 年

北魏 太和八年司马金龙墓志铭

- No 14020221800022000197l3
- 藏 大同市博物馆
- 原 B2265
- 级 一级
- 类 石器、石刻、砖瓦
- 代 北魏太和八年（484）
- cm 通高 71，碑宽 55.5，厚 14
- 源 1965 年山西省大同市石家寨村司马金龙墓出土
- 入 1965 年

北魏 太和八年司马金龙墓姬辰墓志铭

No 1402022180002200019714
藏 大同市博物馆
原 B2266
级 一级
类 石器、石刻、砖瓦
代 北魏太和八年（484）
cm 高 30.5，宽 28，厚 6
源 1965 年山西省大同市石家寨村司马金龙墓出土
入 1965 年

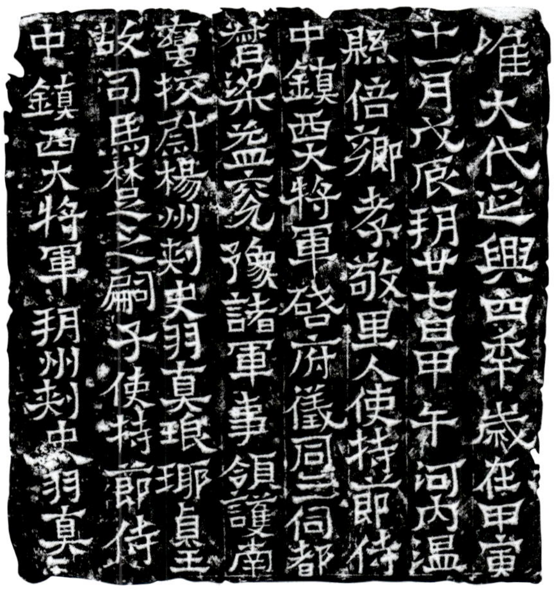

北魏 石帐座

No 140202218000220001971 1
藏 大同市博物馆
原 B2268
级 一级
类 石器、石刻、砖瓦
代 北魏太和八年（484）
cm 通高 16；座边长 32，高 6
源 1965 年山西省大同市石家寨村司马金龙墓出土
入 1965 年

北魏 石帐座

No 1402022180002200024918
藏 大同市博物馆
原 B2269
级 一级
类 石器、石刻、砖瓦
代 北魏太和八年（484）
cm 通高 16.5；座边长 32，高 6
源 1965 年山西省大同市石家寨村司马金龙墓出土
入 1965 年

北魏 石帐座

No 1402022180002200027150
藏 大同市博物馆
原 B2270
级 一级
类 石器、石刻、砖瓦
代 北魏太和八年（484）
cm 通高 16.5；座边长 32，高 6
源 1965 年山西省大同市石家寨村司马金龙墓出土
入 1965 年

北魏 太和八年司马金龙墓墓表

No 1402022180002200027149

藏 大同市博物馆

原 B2264

级 一级

类 石器、石刻、砖瓦

代 北魏太和八年（484）

cm 通高 64，宽 46，厚 10

源 1965 年山西省大同市石家寨村司马金龙墓出土

入 1965 年

北魏 虎头石门墩

No 14020221800022000024509

藏 大同市博物馆

原 B3443（1）

级 一级

类 石器、石刻、砖瓦

代 北魏太和十四年（490）

cm 长 44，宽 42，高 31.5

源 1976 年山西省大同市方山文明皇后冯氏墓出土

入 1976 年

北魏 虎头石门墩

No 14020221800022000027808

藏 大同市博物馆

原 B3443（2）

级 一级

类 石器、石刻、砖瓦

代 北魏太和十四年（490）

cm 长 44，宽 42，高 31.5

源 1976 年山西省大同市方山文明皇后冯氏墓出土

入 1976 年

北魏 正始元年封和突墓志铭

- No 14020221800022000024477
- 藏 大同市博物馆
- 原 B3894
- 级 一级
- 类 石器、石刻、砖瓦
- 代 北魏正始元年（504）
- cm 高 42，宽 33，厚 8.3
- 源 1981 年山西省大同市马军营公社小站村封和突墓出土
- 入 1981 年

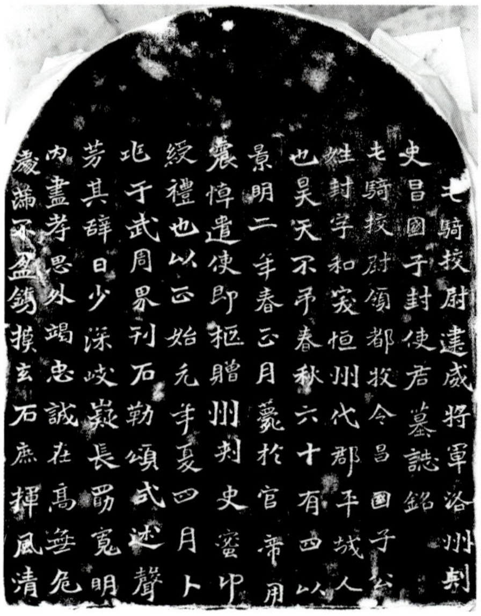

北魏 浮雕蟠龙石帐座

No 1402022180002200023528
藏 大同市博物馆
原 B24881
级 一级
类 石器、石刻、砖瓦
代 北魏
cm 通高 10；座边长 18.8，高 4.5
源 2012 年山西省大同市云州街北云峰大厦工地出土
入 2012 年

北魏 四出鹰狮龙纹石帐座

No 1402022180002200024673
藏 大同市博物馆
原 B4871
级 一级
类 石器、石刻、砖瓦
代 北魏
cm 通高 9.5，座边长 19
源 2004 年山西省大同市河东沙厂拣选
入 2004 年

北魏 忍冬纹石棺床

- No
- 藏 大同市博物馆
- 原 B17979
- 级 一级
- 类 石器、石刻、砖瓦
- 代 北魏
- cm 高 26，长 110，厚 7
- 源 1999 年山西省大同市田村出土
- 入 2013 年

北魏 彩绘佛像石棺板

No

藏 大同市考古研究所

原 K17001

级 一级

类 石器、石刻、砖瓦

代 北魏

cm 高 116 ～ 133，宽 63 ～ 76，厚 10 ～ 12

源 2017 年山西省大同市仝家湾村富乔垃圾发电厂出土

入 2017 年

辽 花卉纹石棺

No 14020221800022000273630
藏 大同市博物馆
原 B17953
级 一级
类 石器、石刻、砖瓦
代 辽
cm 通高 42，底长 48，宽 32
源 1962 年山西省大同市同泉路出土
入 1962 年

金 石雕双兽耳香炉

No 1402022180002200025023
藏 大同市博物馆
原 B3332
级 一级
类 石器、石刻、砖瓦
代 金大定二十九年（1189）
cm 高 10.5，口径 13.6，腹围 31.8
源 1973 年山西省大同市云中路阎德源墓出土
入 1973 年

北魏 梁拔胡墓劳作图壁画

No

藏 大同市博物馆

原 B17993

级 一级

类 书法、绘画

代 北魏

cm 长 360，宽 140

源 2008 年山西省大同市马辛庄村出土

入 2012 年

北魏 木板漆画

No 1402022180002200024931

藏 大同市博物馆

原 B2277

级 一级

类 书法、绘画

代 北魏太和八年（484）

cm 长 77.5，宽 19

源 1965 年山西省大同市石家寨村司马金龙墓出土

入 1965 年

孫叔敖

北魏 木板漆画

- No 14020221800022000023979
- 藏 大同市博物馆
- 原 B2331
- 级 一级
- 类 书法、绘画
- 代 北魏太和八年（484）
- cm 长 73.1，宽 16.7
- 源 1965 年山西省大同市石家寨村司马金龙墓出土
- 入 1965 年

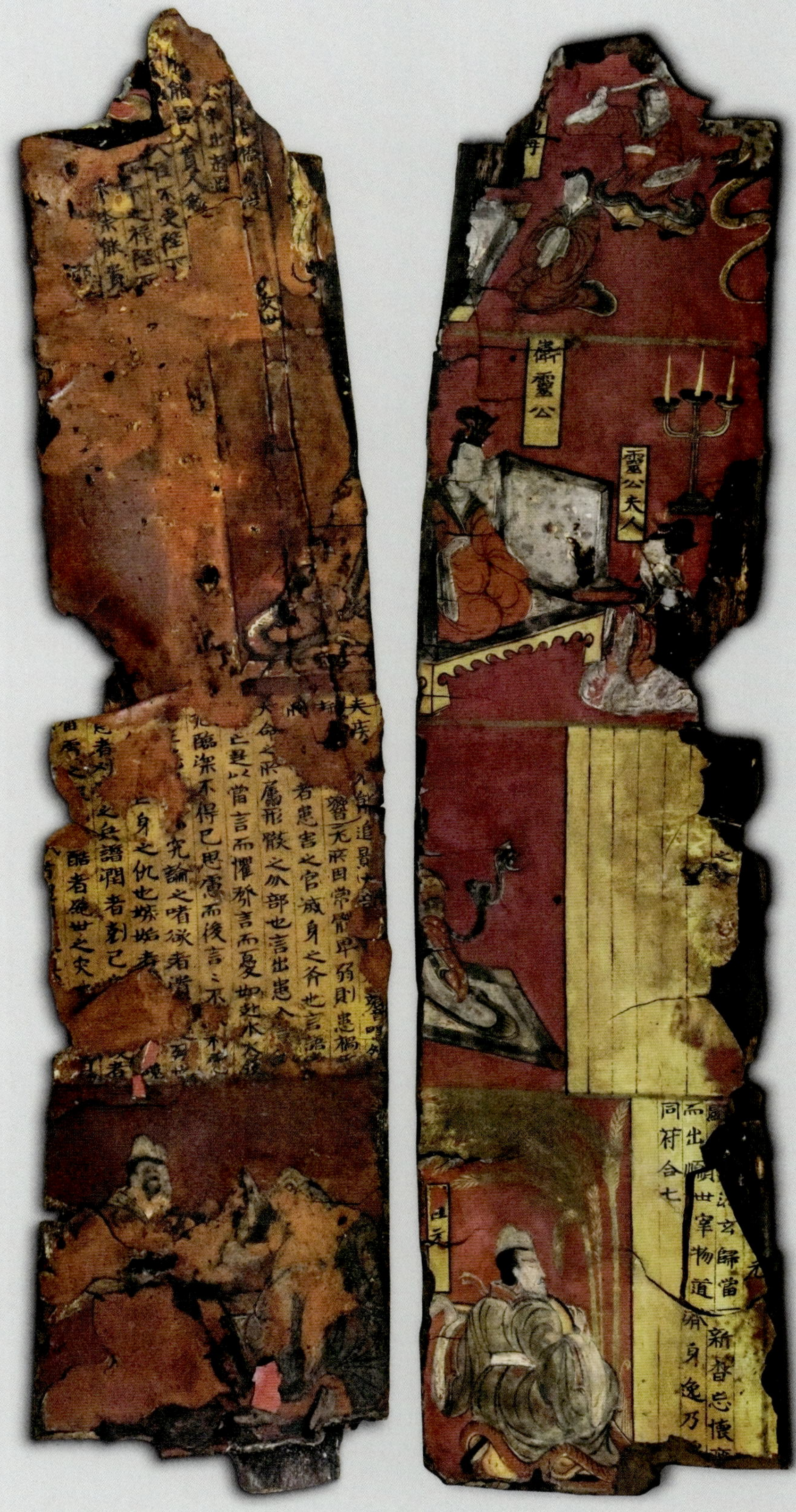

北魏 木板漆画

No 1402022180002200024932
藏 大同市博物馆
原 B2332
级 一级
类 书法、绘画
代 北魏太和八年（484）
cm 长 62，宽 15.5
源 1965 年山西省大同市石家寨村司马金龙墓出土
入 1965 年

辽 东风里辽墓壁画

No

藏 大同市博物馆

原 B17992

级 一级

类 书法、绘画

代 辽

cm 直径 245，高 180

源 2011 年山西省大同市东风里辽墓出土

入 2012 年

东壁

北壁

西壁

南壁

金 残佛像帛画

No 14020221800022000244483

藏 大同市博物馆

原 B3954

级 一级

类 书法、绘画

代 金大定十二年（1172）

cm 纵 34.2，横 17.1

源 1981 年山西省大同市四老沟砖塔地宫出土

入 1981 年

金 残佛像帛画

No 1402022180002200024486

藏 大同市博物馆

原 B3955

级 一级

类 书法、绘画

代 金大定十二年（1172）

cm 纵 34.2，横 17.1

源 1981 年山西省大同市四老沟砖塔地宫出土

入 1981 年

金 残佛像帛画

No 1402022180002200024487
藏 大同市博物馆
原 B3956
级 一级
类 书法、绘画
代 金大定十二年（1172）
cm 纵 34.2，横 17.1
源 1981 年山西省大同市四老沟砖塔地宫出土
入 1981 年

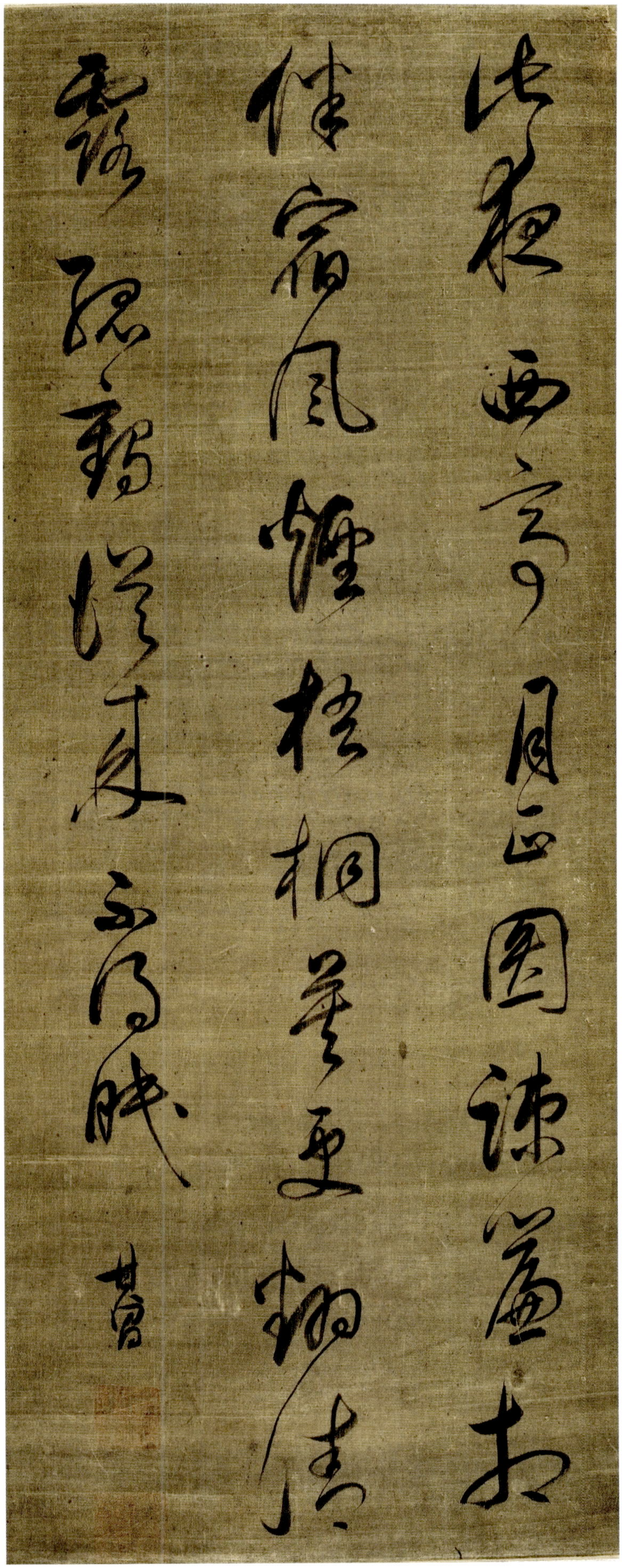

明 董其昌草书七言诗绢本立轴

No 14020221800022000024728

藏 大同市博物馆

原 B1636

级 一级

类 书法、绘画

代 明

cm 纵 131，横 51

源 1964 年山西省大同市大东街 122 号姚长林捐赠

入 1964 年

清 龚贤诗稿纸本长卷

No 140202218000220002066

藏 大同市博物馆

原 B664

级 一级

类 书法、绘画

代 清

cm 长 511，宽 24

源 1957 年山西省文管会拨交

入 1957 年

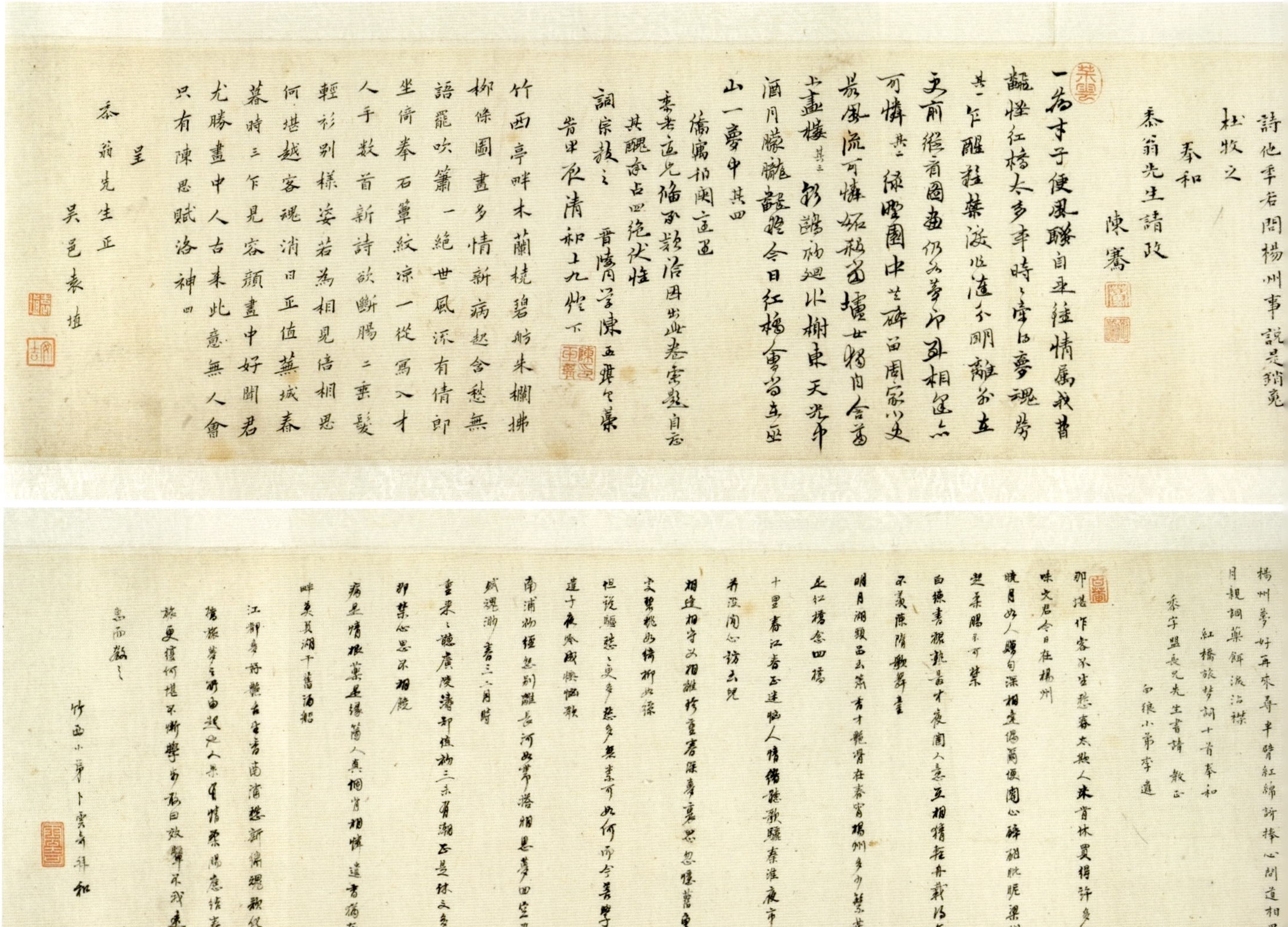

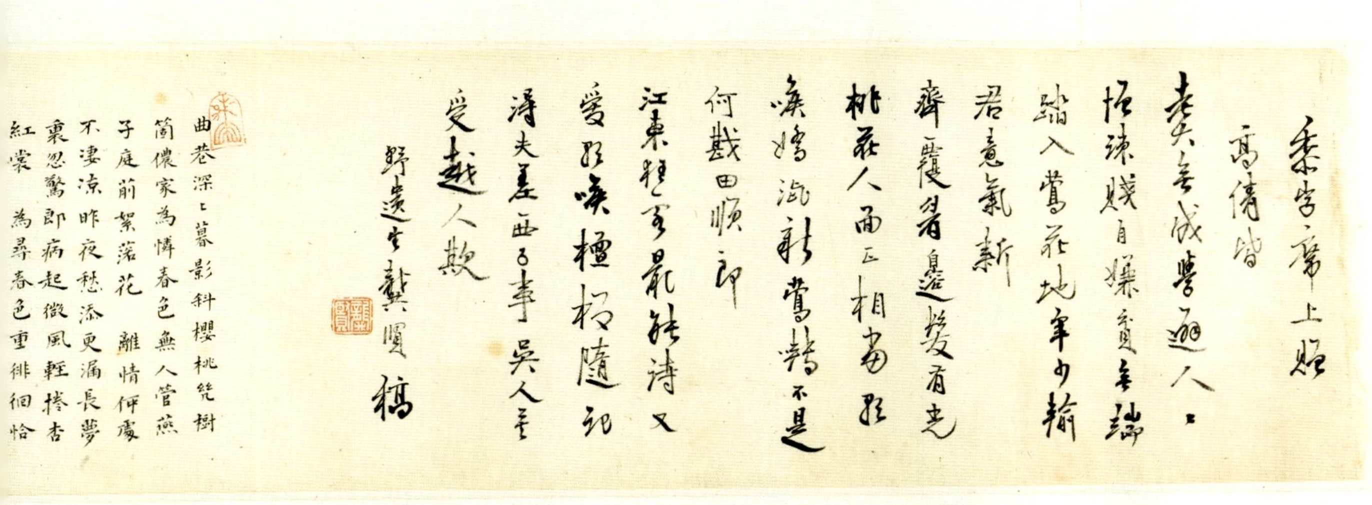

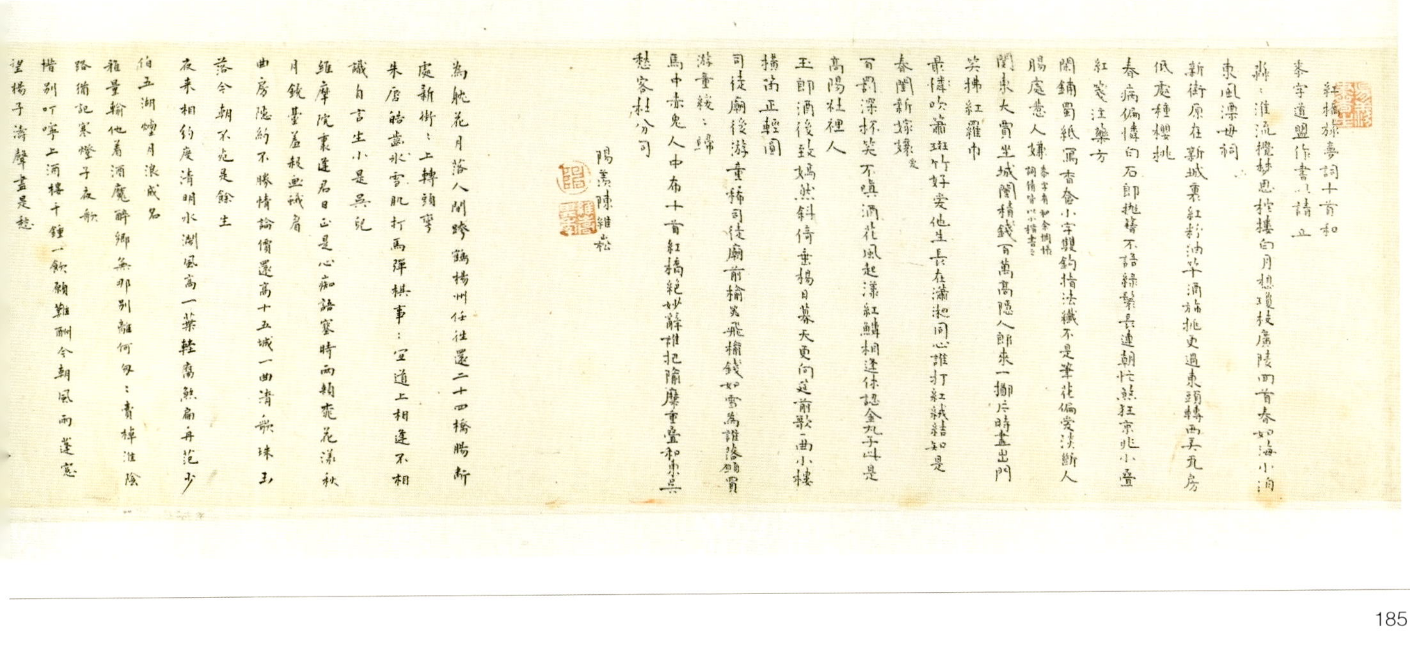

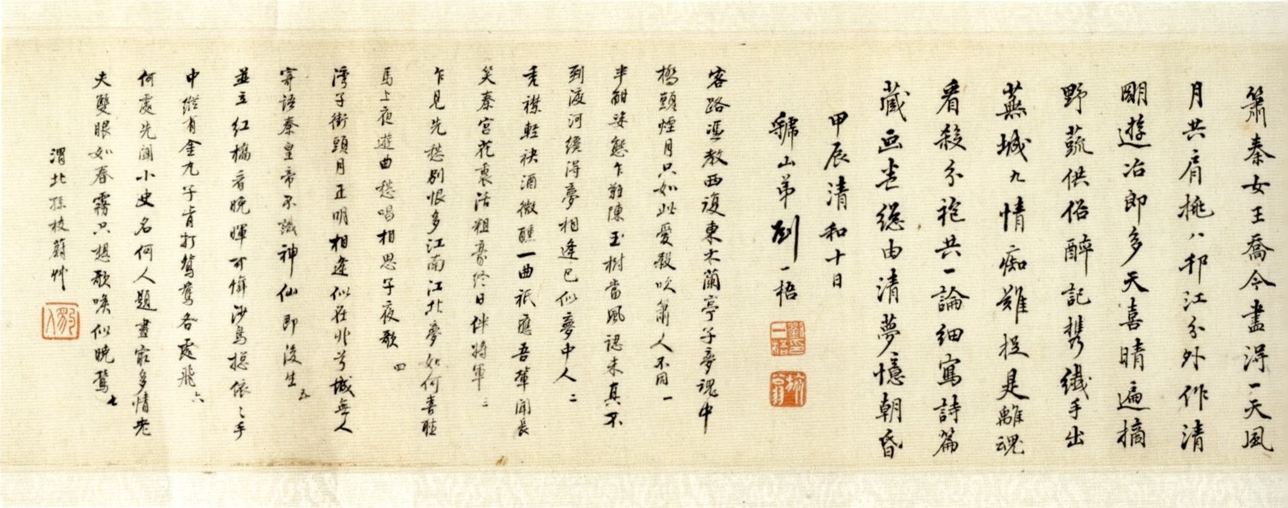

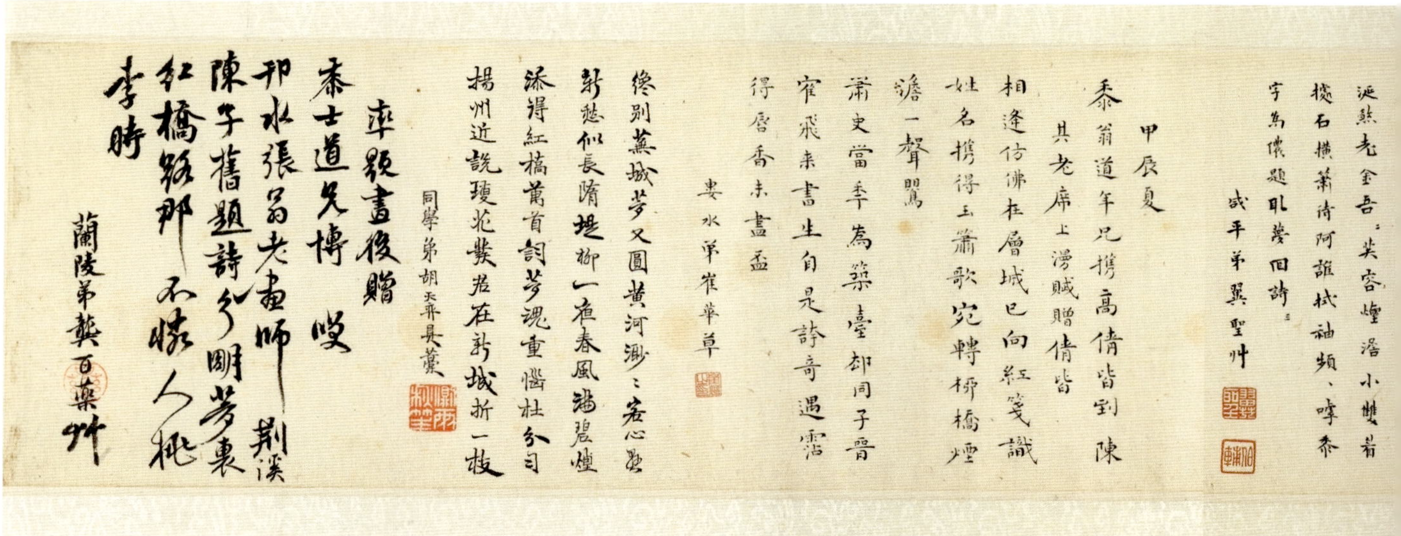

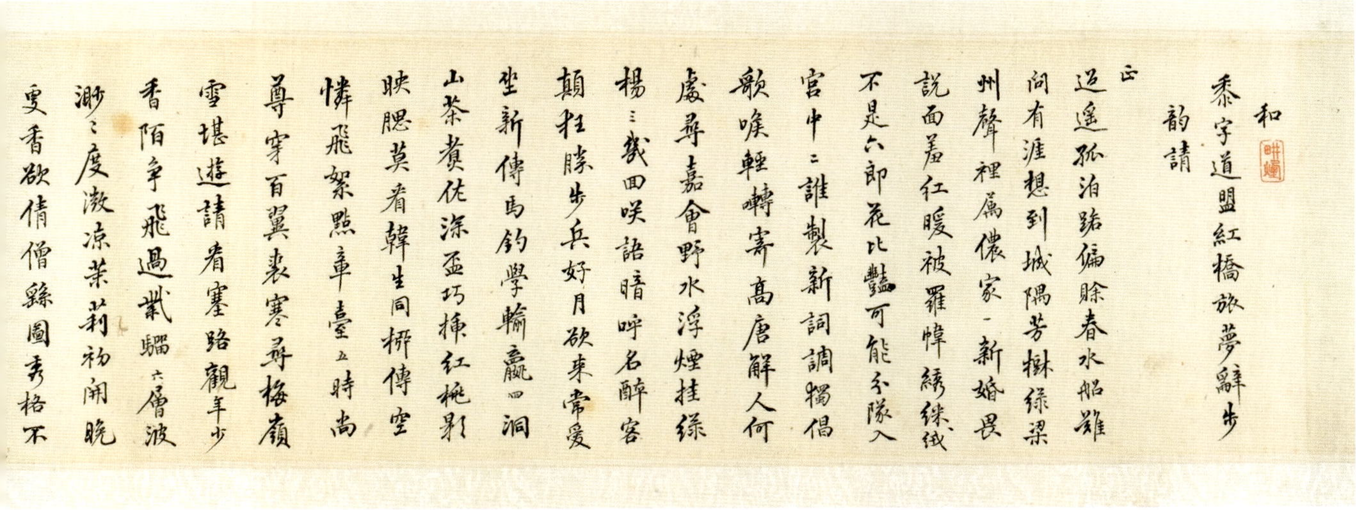
和
黍字道盟紅橋旅夢辭步
韵請
迢遞孤泊踏偏睽春水船難
問有涯想到城隅芳樹綠梁
州聲裡屬儂家、新婚畏
說面羞紅暖被羅幃綉線
不是六郎花比豔可能示隊入
宮中、誰製新詞調獨倡
歌喉輕轉寄高唐解人何
處尋嘉會野水浮煙桂綠
楊、戲回唉語暗呼名醉客
顛狂勝步兵好月欲來常憂
坐新傳馬釣學輸贏四洞
山茶煮佐深盃巧插紅桃影
映腮莫看韓生同掰傳空
憐飛絮點車臺五時尚
尊寧百翼衰寒尋梅嶺
雪堪遊請看塞路觀年少
香陌爭飛過獻騮六層波
渺、度激涼菜莉初開晚
更香欲倩僧縣圖秀格不

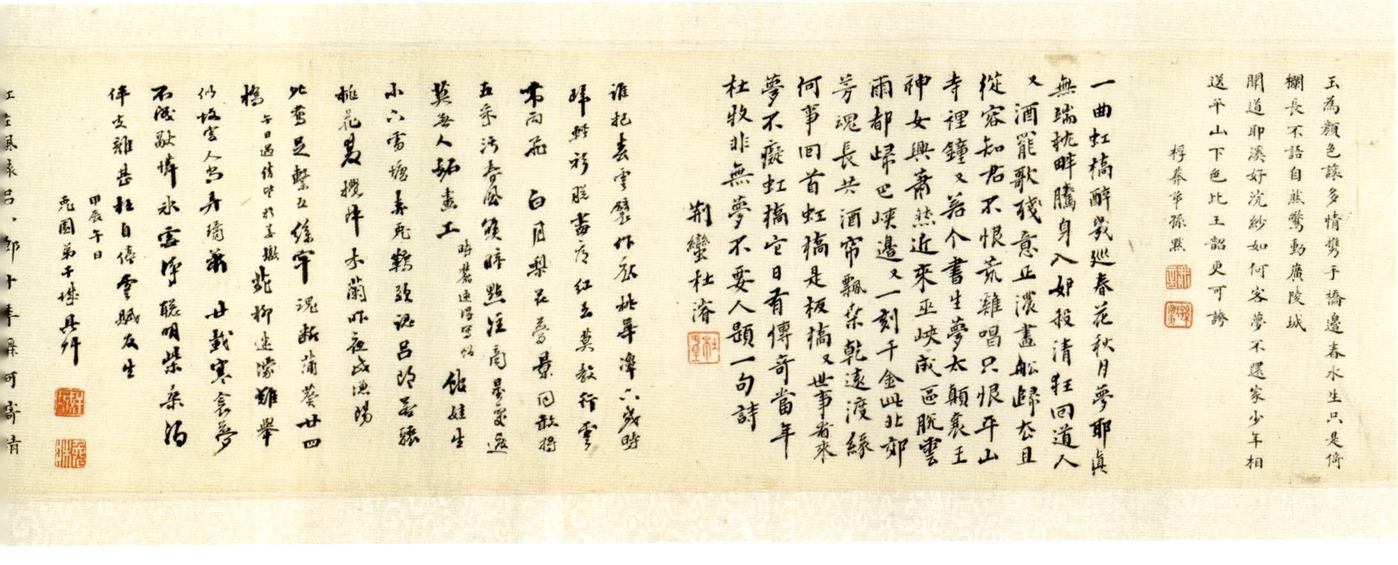

西汉 墨丸

No

藏 大同市博物馆

原 B17991

级 一级

类 文具

代 西汉

cm 长 2.5，高 4

源 1973 年山西省浑源县毕村出土

入 2011 年

北魏 石雕瑞兽纹方砚

No

藏 大同市博物馆

原 B2733

级 一级

类 文具

代 北魏

cm 高 8.5，长 21.2，宽 21

源 1970 年山西省大同市迎宾街北魏建筑遗址出土

入 1970 年

北魏 波斯萨珊王朝银币

No 1402222180000300000002

藏 天镇县文物管理所

原 E0001（1）

级 一级

类 钱币

代 北魏

cm 直径 2

源 1994 年山西省天镇县平远头村征集

入 1994 年

北魏 波斯萨珊王朝银币

No 1402222180000300000001

藏 天镇县文物管理所

原 E0001（2）

级 一级

类 钱币

代 北魏

cm 直径 2

源 1994 年山西省天镇县平远头村征集

入 1994 年

北魏 波斯萨珊王朝银币

No 1402222180000300000777

藏 天镇县文物管理所

原 E0001（3）

级 一级

类 钱币

代 北魏

cm 直径 2

源 1994 年山西省天镇县平远头村征集

入 1994 年

北魏 波斯萨珊王朝银币

- No 1402222180000300000752
- 藏 天镇县文物管理所
- 原 E0001（4）
- 级 一级
- 类 钱币
- 代 北魏
- cm 直径 2
- 源 1994 年山西省天镇县平远头村征集
- 入 1994 年

北魏 波斯萨珊王朝银币

- No 1402222180000300000772
- 藏 天镇县文物管理所
- 原 E0001（5）
- 级 一级
- 类 钱币
- 代 北魏
- cm 直径 2
- 源 1994 年山西省天镇县平远头村征集
- 入 1994 年

北魏 波斯萨珊王朝银币

- No 1402222180000300000761
- 藏 天镇县文物管理所
- 原 E0001（6）
- 级 一级
- 类 钱币
- 代 北魏
- cm 直径 2
- 源 1994 年山西省天镇县平远头村征集
- 入 1994 年

北魏 波斯萨珊王朝银币

- No 1402222180000300000775
- 藏 天镇县文物管理所
- 原 E0001（7）
- 级 一级
- 类 钱币
- 代 北魏
- cm 直径 2
- 源 1994 年山西省天镇县平远头村征集
- 入 1994 年

北魏 波斯萨珊王朝银币

- No 140222218000030000751
- 藏 天镇县文物管理管所
- 原 E0001（8）
- 级 一级
- 类 钱币
- 代 北魏
- cm 直径 2
- 源 1994 年山西省天镇县平远头村征集
- 入 1994 年

北魏 波斯萨珊王朝银币

- No 140222218000030000763
- 藏 天镇县文物管理所
- 原 E0001（9）
- 级 一级
- 类 钱币
- 代 北魏
- cm 直径 2
- 源 1994 年山西省天镇县平远头村征集
- 入 1994 年

北魏 波斯萨珊王朝银币

- No 140222218000030000764
- 藏 天镇县文物管理所
- 原 E0001（10）
- 级 一级
- 类 钱币
- 代 北魏
- cm 直径 2
- 源 1994 年山西省天镇县平远头村征集
- 入 1994 年

北魏 波斯萨珊王朝银币

- No 140222218000030000771
- 藏 天镇县文物管理所
- 原 E0001（11）
- 级 一级
- 类 钱币
- 代 北魏
- cm 直径 2
- 源 1994 年山西省天镇县平远头村征集
- 入 1994 年

北魏 波斯萨珊王朝银币

No 1402222180000300000756
藏 天镇县文物管理所
原 E0001（12）
级 一级
类 钱币
代 北魏
cm 直径 2
源 1994 年山西省天镇县平远头村征集
入 1994 年

北魏 波斯萨珊王朝银币

No 1402222180000300000760
藏 天镇县文物管理所
原 E0001（13）
级 一级
类 钱币
代 北魏
cm 直径 2
源 1994 年山西省天镇县平远头村征集
入 1994 年

北魏 波斯萨珊王朝银币

No 1402222180000300000766
藏 天镇县文物管理所
原 E0001（14）
级 一级
类 钱币
代 北魏
cm 直径 2
源 1994 年山西省天镇县平远头村征集
入 1994 年

北魏 波斯萨珊王朝银币

No 1402222180000300000753

藏 天镇县文物管理所

原 E0001（15）

级 一级

类 钱币

代 北魏

cm 直径 2

源 1994 年山西省天镇县平远头村征集

入 1994 年

北魏 波斯萨珊王朝银币

No 1402222180000300000765

藏 天镇县文物管理所

原 E0001（16）

级 一级

类 钱币

代 北魏

cm 直径 2

源 1994 年山西省天镇县平远头村征集

入 1994 年

北魏 波斯萨珊王朝银币

No 1402222180000300000754

藏 天镇县文物管理所

原 E0001（17）

级 一级

类 钱币

代 北魏

cm 直径 2

源 1994 年山西省天镇县平远头村征集

入 1994 年

北魏 波斯萨珊王朝银币

No 14022221800003000000768
藏 天镇县文物管理所
原 E0001（18）
级 一级
类 钱币
代 北魏
cm 直径 2
源 1994 年山西省天镇县平远头村征集
入 1994 年

北魏 波斯萨珊王朝银币

No 14022221800003000000770
藏 天镇县文物管理所
原 E0001（19）
级 一级
类 钱币
代 北魏
cm 直径 2
源 1994 年山西省天镇县平远头村征集
入 1994 年

北魏 波斯萨珊王朝银币

No 14022221800003000000774
藏 天镇县文物管理所
原 E0001（20）
级 一级
类 钱币
代 北魏
cm 直径 2
源 1994 年山西省天镇县平远头村征集
入 1994 年

北魏 波斯萨珊王朝银币

No 1402222180000300000759
藏 天镇县文物管理所
原 E0001（21）
级 一级
类 钱币
代 北魏
cm 直径 2
源 1994 年山西省天镇县平远头村征集
入 1994 年

北魏 波斯萨珊王朝银币

No 1402222180000300000769
藏 天镇县文物管理所
原 E0001（22）
级 一级
类 钱币
代 北魏
cm 直径 2
源 1994 年山西省天镇县平远头村征集
入 1994 年

北魏 波斯萨珊王朝银币

No 1402222180000300000755
藏 天镇县文物管理所
原 E0001（23）
级 一级
类 钱币
代 北魏
cm 直径 2
源 1994 年山西省天镇县平远头村征集
入 1994 年

北魏 波斯萨珊王朝银币

No 1402222180000300000757
藏 天镇县文物管理所
原 E0001（24）
级 一级
类 钱币
代 北魏
cm 直径 2
源 1994 年山西省天镇县平远头村征集
入 1994 年

北魏 波斯萨珊王朝银币

No 1402222180000300000773
藏 天镇县文物管理所
原 E0001（25）
级 一级
类 钱币
代 北魏
cm 直径 2
源 1994 年山西省天镇县平远头村征集
入 1994 年

北魏 波斯萨珊王朝银币

No 1402222180000300000767
藏 天镇县文物管理所
原 E0001（26）
级 一级
类 钱币
代 北魏
cm 直径 2
源 1994 年山西省天镇县平远头村征集
入 1994 年

北魏 波斯萨珊王朝银币

No 1402222180000300000758
藏 天镇县文物管理所
原 E0001（27）
级 一级
类 钱币
代 北魏
cm 直径 2
源 1994 年山西省天镇县平远头村征集
入 1994 年

北魏 波斯萨珊王朝银币

No 1402222180000300000762
藏 天镇县文物管理所
原 E0001（28）
级 一级
类 钱币
代 北魏
cm 直径 2
源 1994 年山西省天镇县平远头村征集
入 1994 年

北魏 波斯萨珊王朝银币

No 1402222180000300000776
藏 天镇县文物管理所
原 E0001（29）
级 一级
类 钱币
代 北魏
cm 直径 2
源 1994 年山西省天镇县平远头村征集
入 1994 年

北魏 波斯萨珊王朝银币

No 14022221800003000000827
藏 天镇县文物管理所
原 E0001（30）
级 一级
类 钱币
代 北魏
cm 直径 2
源 1994 年山西省天镇县平远头村征集
入 1994 年

北魏 波斯萨珊王朝银币

No 14022221800003000000835
藏 天镇县文物管理所
原 E0001（31）
级 一级
类 钱币
代 北魏
cm 直径 2
源 1994 年山西省天镇县平远头村征集
入 1994 年

北魏 波斯萨珊王朝银币

No 14022221800003000000836
藏 天镇县文物管理所
原 E0001（32）
级 一级
类 钱币
代 北魏
cm 直径 2
源 1994 年山西省天镇县平远头村征集
入 1994 年

北魏 波斯萨珊王朝银币

- No 1402222180000300000834
- 藏 天镇县文物管理所
- 原 E0001（33）
- 级 一级
- 类 钱币
- 代 北魏
- cm 直径 2
- 源 1994 年山西省天镇县平远头村征集
- 入 1994 年

北魏 波斯萨珊王朝银币

- No 1402222180000300000831
- 藏 天镇县文物管理所
- 原 E0001（34）
- 级 一级
- 类 钱币
- 代 北魏
- cm 直径 2
- 源 1994 年山西省天镇县平远头村征集
- 入 1994 年

北魏 波斯萨珊王朝银币

- No 1402222180000300000833
- 藏 天镇县文物管理所
- 原 E0001（35）
- 级 一级
- 类 钱币
- 代 北魏
- cm 直径 2
- 源 1994 年山西省天镇县平远头村征集
- 入 1994 年

北魏 波斯萨珊王朝银币

No 14022221800003000000832
藏 天镇县文物管理所
原 E0001（36）
级 一级
类 钱币
代 北魏
cm 直径 2
源 1994 年山西省天镇县平远头村征集
入 1994 年

北魏 波斯萨珊王朝银币

No 14022221800003000000829
藏 天镇县文物管理所
原 E0001（37）
级 一级
类 钱币
代 北魏
cm 直径 2
源 1994 年山西省天镇县平远头村征集
入 1994 年

北魏 波斯萨珊王朝银币

No 14022221800003000000828
藏 天镇县文物管理所
原 E0001（38）
级 一级
类 钱币
代 北魏
cm 直径 2
源 1994 年山西省天镇县平远头村征集
入 1994 年

北魏 波斯萨珊王朝银币

No 140222218000030000083O
藏 天镇县文物管理所
原 E0001（39）
级 一级
类 钱币
代 北魏
cm 直径 2
源 1994 年山西省天镇县平远头村征集
入 1994 年

北魏 波斯萨珊王朝银币

No 140222218000030000093I
藏 天镇县文物管理所
原 E0001（40）
级 一级
类 钱币
代 北魏
cm 直径 2
源 1994 年山西省天镇县平远头村征集
入 1994 年

北魏 波斯萨珊王朝银币

No 1402222180000300000930
藏 天镇县文物管理所
原 E0001（41）
级 一级
类 钱币
代 北魏
cm 直径 2
源 1994 年山西省天镇县平远头村征集
入 1994 年

北魏 波斯萨珊王朝银币

No 140222218000300000932
藏 天镇县文物管理所
原 E0001（42）
级 一级
类 钱币
代 北魏
cm 直径 2
源 1994 年山西省天镇县平远头村征集
入 1994 年

北魏 波斯萨珊王朝银币

No 140222218000300000928
藏 天镇县文物管理所
原 E0001（43）
级 一级
类 钱币
代 北魏
cm 直径 2
源 1994 年山西省天镇县平远头村征集
入 1994 年

北魏 波斯萨珊王朝银币

No 140222218000300000927
藏 天镇县文物管理所
原 E0001（44）
级 一级
类 钱币
代 北魏
cm 直径 2
源 1994 年山西省天镇县平远头村征集
入 1994 年

北魏 波斯萨珊王朝银币

No 1402222180000300000929
藏 天镇县文物管理所
原 E0001（45）
级 一级
类 钱币
代 北魏
cm 直径 2
源 1994 年山西省天镇县平远头村征集
入 1994 年

北魏 波斯萨珊王朝银币

No 1402222180000300000934
藏 天镇县文物管理所
原 E0001（46）
级 一级
类 钱币
代 北魏
cm 直径 2
源 1994 年山西省天镇县平远头村征集
入 1994 年

北魏 波斯萨珊王朝银币

No 1402222180000300000935
藏 天镇县文物管理所
原 E0001（47）
级 一级
类 钱币
代 北魏
cm 直径 2
源 1994 年山西省天镇县平远头村征集
入 1994 年

北魏 波斯萨珊王朝银币

No 14022221800003000000936
藏 天镇县文物管理所
原 E0001（48）
级 一级
类 钱币
代 北魏
cm 直径 2
源 1994 年山西省天镇县平远头村征集
入 1994 年

北魏 波斯萨珊王朝银币

No 14022221800003000000933
藏 天镇县文物管理所
原 E0001（49）
级 一级
类 钱币
代 北魏
cm 直径 2
源 1994 年山西省天镇县平远头村征集
入 1994 年

北魏 金五铢钱

No
藏 大同市考古研究所
原 K16002
级 一级
类 钱币
代 北魏
cm 直径 2.25，厚 0.2
源 2016 年山西省大同市红旗街出土
入 2018 年

金 木影屏

No 14020221800022000248OO
藏 大同市博物馆
原 B3298
级 一级
类 家具
代 金大定二十九年（1189）
cm 屏身长 25.7，宽 19，通高 28.8
源 1973 年山西省大同市云中路阎德源墓出土
入 1973 年

金 木巾架

No 140202218000220002480

藏 大同市博物馆

原 B3299

级 一级

类 家具

代 金大定二十九年（1189）

cm 通高 18.8，横杆长 15.2

源 1973 年山西省大同市云中路阎德源墓出土

入 1973 年

金 木盆座

No 1402022180002200024454

藏 大同市博物馆

原 B3300（1）

级 一级

类 家具

代 金大定二十九年（1189）

cm 通高 13.8，盆圈直径 12.8，宽 15.2

源 1973 年山西省大同市云中路阎德源墓出土

入 1973 年

金 木盆座

No 140202218000220002502l

藏 大同市博物馆

原 B3300（2）

级 一级

类 家具

代 金大定二十九年（1189）

cm 通高 13.2，盆圈直径 12.8，宽 15.2

源 1973 年山西省大同市云中路阎德源墓出土

入 1973 年

金 木椅

No 1402022180002200024461
藏 大同市博物馆
原 B3301
级 一级
类 家具
代 金大定二十九年（1189）
cm 椅面边长 10.5，通高 20.5
源 1973 年山西省大同市云中路阎德源墓出土
入 1973 年

金 木榻

No 14020221800022000025024

藏 大同市博物馆

原 B3302

级 一级

类 家具

代 金大定二十九年（1189）

cm 长 40.4，宽 25.5，通高 20

源 1973 年山西省大同市云中路阎德源墓出土

入 1973 年

金 木茶儿

No 140202218000220002445 8

藏 大同市博物馆

原 B3303

级 一级

类 家具

代 金大定二十九年（1189）

cm 儿面边长 7.5，通高 15.7

源 1973 年山西省大同市云中路阎德源墓出土

入 1973 年

金 木地桌

No 14020221800022000244452

藏 大同市博物馆

原 B3305

级 一级

类 家具

代 金大定二十九年（1189）

cm 桌面长 16.3，宽 9.2，通高 12.3

源 1973 年山西省大同市云中路阎德源墓出土

入 1973 年

金 木炕桌

No 1402022180002200024455

藏 大同市博物馆

原 B3306

级 一级

类 家具

代 金大定二十九年（1189）

cm 桌面长 18.5，宽 10.5，通高 8.8

源 1973 年山西省大同市云中路阎德源墓出土

入 1973 年

金 木方炕桌

- No 14020221800022000244439
- 藏 大同市博物馆
- 原 B3308
- 级 一级
- 类 家具
- 代 金大定二十九年（1189）
- cm 桌面边长 10.5，通高 8.8
- 源 1973 年山西省大同市云中路阎德源墓出土
- 入 1973 年

金 木供桌

No 14020221800022000024451

藏 大同市博物馆

原 B3309

级 一级

类 家具

代 金大定二十九年（1189）

cm 桌面长 79.5，宽 53，通高 79.7

源 1973 年山西省大同市云中路阎德源墓出土

入 1973 年

金 罗地丝绣仙鹤纹覆衣

No 1402022180002200023131
藏 大同市博物馆
原 B3336
级 一级
类 织绣
代 金大定二十九年（1189）
cm 长 230，宽 133.5
源 1973 年山西省大同市云中路阎德源墓出土
入 1973 年

金 斜领道袍

No 1402022180002200022830

藏 大同市博物馆

原 B3338

级 一级

类 织绣

代 金大定二十九年（1189）

cm 身长 128，袖宽 27，腰宽 73

源 1973 年山西省大同市云中路阎德源墓出土

入 1973 年

金 夹衬垫

No 1402022180002200023144
藏 大同市博物馆
原 B3339
级 一级
类 织绣
代 金大定二十九年（1189）
cm 长 119，宽 95.5
源 1973 年山西省大同市云中路阎德源墓出土
入 1973 年

金 围裙贴边

No 14020221800022000022754

藏 大同市博物馆

原 B3340

级 一级

类 织绣

代 金大定二十九年（1189）

cm 长 27，宽 10

源 1973 年山西省大同市云中路阎德源墓出土

入 1973 年

金 长条罗纱

No 1402022180002200022906

藏 大同市博物馆

原 B3341

级 一级

类 织绣

代 金大定二十九年（1189）

cm 长140，宽45

源 1973年山西省大同市云中路阎德源墓出土

入 1973年

金 丝织腰带

No 1402022180002200022696
藏 大同市博物馆
原 B3342（1）
级 一级
类 织绣
代 金大定二十九年（1189）
cm 长 274，穗长 10
源 1973 年山西省大同市云中路阎德源墓出土
入 1973 年

金 丝织腰带

No 140202218000220002472

藏 大同市博物馆

原 B3342（2）

级 一级

类 织绣

代 金大定二十九年（1189）

cm 长 274，穗长 10

源 1973 年山西省大同市云中路阎德源墓出土

入 1973 年

金 云头丝织鞋

No 14020221800022000022812
藏 大同市博物馆
原 B3343（1）
级 一级
类 织绣
代 金大定二十九年（1189）
cm 长 26.5，宽 6.5
源 1973 年山西省大同市云中路阎德源墓出土
入 1973 年

金 云头丝织鞋

No 1402022180002200023068
藏 大同市博物馆
原 B3343（2）
级 一级
类 织绣
代 金大定二十九年（1189）
cm 长 26.5，宽 6.5
源 1973 年山西省大同市云中路阎德源墓出土
入 1973 年

金 尖头棉鞋

No 14020221800022000228 27
藏 大同市博物馆
原 B3344
级 一级
类 织绣
代 金大定二十九年（1189）
cm 长 28，宽 7
源 1973 年山西省大同市云中路阎德源墓出土
入 1973 年

北魏 玻璃碗

No 14020221800022000277911
藏 大同市博物馆
原 B4888
级 一级
类 玻璃器
代 北魏
cm 口径 10.3，腹径 11.4，高 7.5
源 1988 年山西省大同市南郊北魏墓群出土
入 1988 年

北魏 玻璃壶

No
藏 大同市博物馆
原 B17990
级 一级
类 玻璃器
代 北魏
cm 口径 5.5，底径 4，高 15.4
源 1993 年山西省大同市齐家坡村北魏墓出土
入 2009 年

北魏 玻璃碗

No

藏 大同市博物馆

原 B17989

级 一级

类 玻璃器

代 北魏

cm 口径 12.9，底径 7.5，高 6

源 2001 年山西省大同市七里村北魏墓群出土

入 2009 年

北魏 玻璃壶

No

藏 大同市博物馆

原 B17988

级 一级

类 玻璃器

代 北魏

cm 口径 2.4，底径 4.4，高 5

源 2001 年山西省大同市七里村北魏墓群出土

入 2009 年

北魏 玻璃钵

No
藏 大同市博物馆
原 B17987
级 一级
类 玻璃器
代 北魏
cm 直径 4.9，高 2.7
源 1993 年山西省大同市齐家坡村北魏墓出土
入 2009 年

北魏 玻璃钵

No
藏 大同市博物馆
原 B17986
级 一级
类 玻璃器
代 北魏
cm 直径 4.9，高 2.7
源 1993 年山西省大同市齐家坡村北魏墓出土
入 2009 年

北魏 玻璃钵

No
藏 大同市博物馆
原 B17985
级 一级
类 玻璃器
代 北魏
cm 直径 4.9，高 2.7
源 1993 年山西省大同市齐家坡村北魏墓出土
入 2009 年

清 翡翠双獾

No 1402022180002200019716
藏 大同市博物馆
原 B2229
级 一级
类 玉石器、宝石
代 清
cm 长 4.5，宽 3.3，高 1.5
源 1966 年山西省大同市城区废品合作商店周文林捐赠
入 1966 年

1938 ～ 1939 年白求恩使用的卷棉子

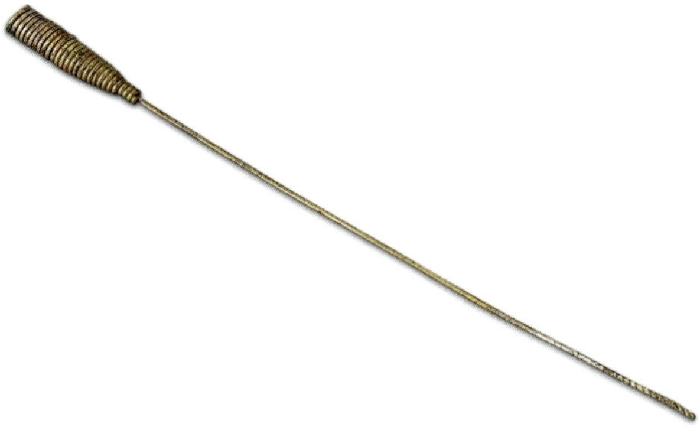

No 1402022180002200024816
藏 大同市博物馆
原 B23007
级 一级
类 铁器、其他金属器
代 1938 ～ 1939 年
cm 通长 14.5，通宽 0.6
源 1961 年山西省浑源县王庄堡村宫福祥捐赠
入 1961 年

1938 ～ 1939 年白求恩使用的止血钳

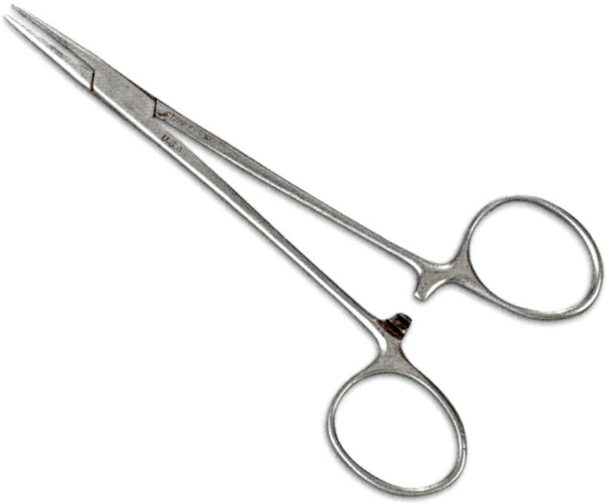

No 1402022180002200028018
藏 大同市博物馆
原 B23008
级 一级
类 铁器、其他金属器
代 1938 ～ 1939 年
cm 通长 12.5，通宽 5.4
源 1961 年山西省浑源县王庄堡村宫福祥捐赠
入 1961 年

1938 ～ 1939 年白求恩野战医院使用的手术剪

No 1402022180002200028025
藏 大同市博物馆
原 B23009
级 一级
类 铁器、其他金属器
代 1938 ～ 1939 年
cm 通长 13，通宽 5
源 1961 年山西省浑源县王庄堡村宫福祥捐赠
入 1961 年

1938 ～ 1939 年白求恩野战医院使用的手术刀

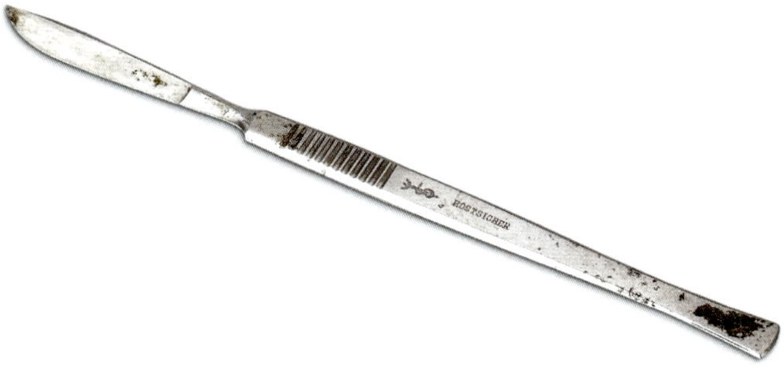

No 1402022180002200028017
藏 大同市博物馆
原 B23010
级 一级
类 铁器、其他金属器
代 1938 ～ 1939 年
cm 通长 14.3，通宽 0.74
源 1961 年山西省浑源县王庄堡村宫福祥捐赠
入 1961 年

1938 ～ 1939 年白求恩野战医院使用的镊子

No 1402022180002200027917
藏 大同市博物馆
原 B23011
级 一级
类 铁器、其他金属器
代 1938 ～ 1939 年
cm 通长 13.5
源 1961 年山西省浑源县王庄堡村宫福祥捐赠
入 1961 年

1938 ～ 1939 年白求恩野战医院使用的注射器

No 1402022180002200028019
藏 大同市博物馆
原 B23012
级 一级
类 铁器、其他金属器
代 1938 ～ 1939 年
cm 针管长 10.2，直径 1.5；盒长 11，宽 3.7，高 2
源 1961 年山西省浑源县王庄堡村宫福祥捐赠
入 1961 年

1938～1939 年白求恩野战医院使用的止血钳

No 14020221800022000028020
藏 大同市博物馆
原 B23013
级 一级
类 铁器、其他金属器
代 1938～1939 年
cm 通长 12.4，通宽 6.34
源 1961 年山西省浑源县王庄堡村宫福祥捐赠
入 1961 年

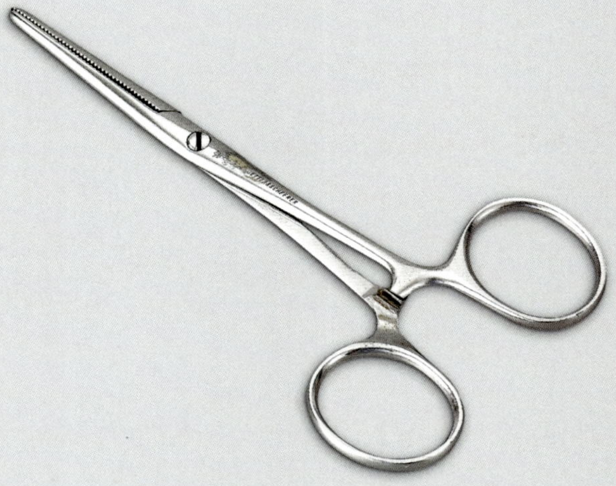

1938～1939 年白求恩野战医院使用的止血钳

No 14020221800022000028021
藏 大同市博物馆
原 B23014
级 一级
类 铁器、其他金属器
代 1938～1939 年
cm 通长 12.7，通宽 5.6
源 1961 年山西省浑源县王庄堡村宫福祥捐赠
入 1961 年

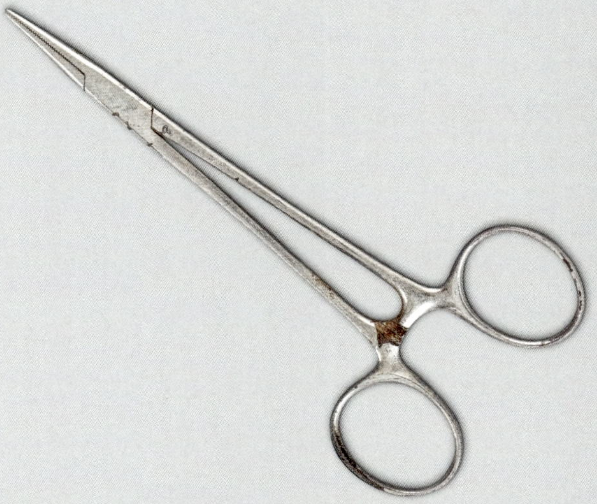

1938～1939 年白求恩野战医院使用的手术剪

No 14020221800022000028024
藏 大同市博物馆
原 B23015
级 一级
类 铁器、其他金属器
代 1938～1939 年
cm 通长 13.5，通宽 4.9
源 1961 年山西省浑源县王庄堡村宫福祥捐赠
入 1961 年

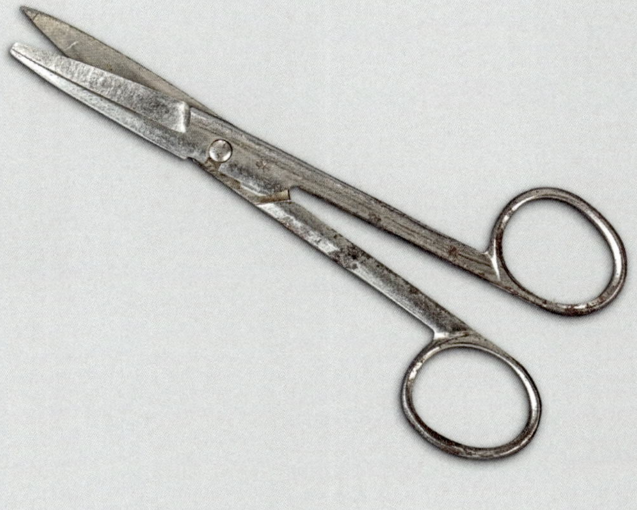

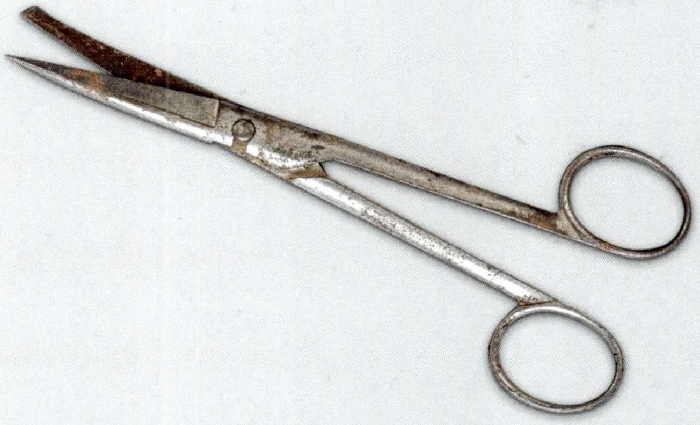

1938 ～ 1939 年白求恩野战医院使用的手术剪

No 14020221800022000 28023

藏 大同市博物馆

原 B23016

级 一级

类 铁器、其他金属器

代 1938 ～ 1939 年

cm 通长 16，通宽 4.9

源 1961 年山西省浑源县王庄堡村宫福祥捐赠

入 1961 年

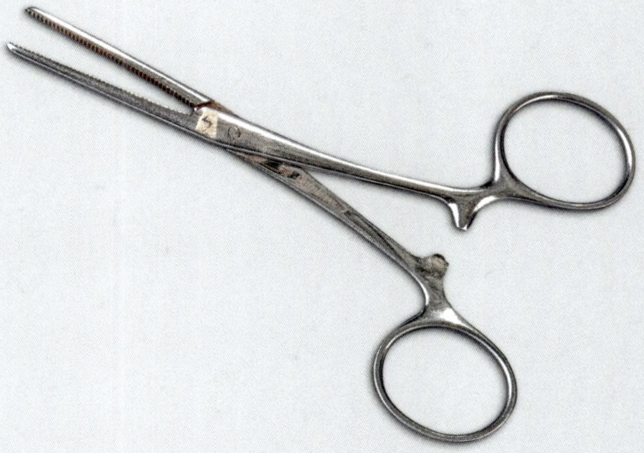

1938 ～ 1939 年白求恩野战医院使用的止血钳

No 14020221800022000 28022

藏 大同市博物馆

原 B23017

级 一级

类 铁器、其他金属器

代 1938 ～ 1939 年

cm 通长 12.4，通宽 6.2

源 1961 年山西省浑源县王庄堡村宫福祥捐赠

入 1961 年

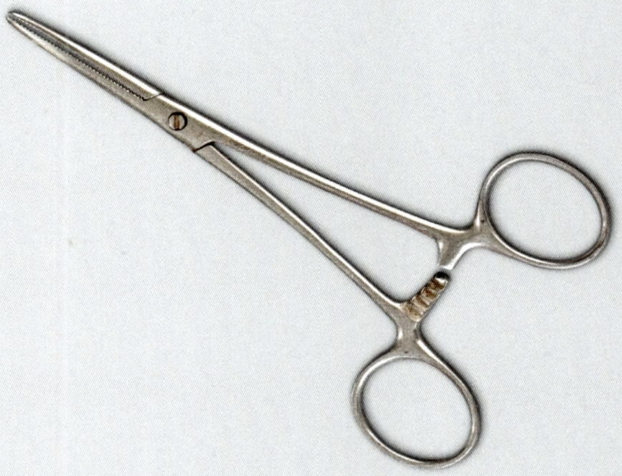

1938 ～ 1939 年白求恩野战医院使用的止血钳

No 14020221800022000 24815

藏 大同市博物馆

原 B23018

级 一级

类 铁器、其他金属器

代 1938 ～ 1939 年

cm 通长 14，通宽 6.7

源 1961 年山西省浑源县王庄堡村宫福祥捐赠

入 1961 年

曲靖园林绿化植物推荐名录

孙卫邦　蔡六良　主编

曲靖市住房和城乡建设局

中国科学院昆明植物研究所

科 学 出 版 社

北 京

内 容 简 介

位于云南省滇中高原的曲靖市有种子植物199科1168属4536种（含变种、亚种等），其中可用于园林绿化的种类估计超过1000种，但很多种类尚未在城市园林建设中应用。本书在对曲靖乡土植物种类、主要城镇的气候和土壤条件、曲靖园林绿化现状等进行分析的基础上，结合中国科学院昆明植物研究所昆明植物园80余年对云南，特别是对滇中高原园林植物引种驯化的科研积累，编入了不同生活型的，即乔木（含小乔木或灌木）、灌木（含灌木或小乔木、木质藤本）、草本（含草质藤本），适于曲靖不同地区的园林绿化植物829种（包括部分外引种类）。其中，精心挑选512种（乔木238种、灌木159种和草本115种）编辑成图鉴，图文并茂地详述了这些种类的自然分布、识别要点、生长习性、栽培养护和园林应用等信息，同时还在图书附录二（曲靖园林绿化植物推荐名录图鉴物种名单）中详细标出了这些物种的属性，包括是否属于重点推荐、一般推荐、乡土植物、湿地植物、极小种群野生植物、国家重点保护等级等的信息。

本书有较强的系统性、科学性、指导性、实用性和科普性，是一部指导曲靖市园林绿化植物资源配置工作的纲领性文献资料，同时对大中专院校相关专业的师生，以及园林绿化从事者和苗圃经营者具有参考价值。

图书在版编目（CIP）数据

曲靖园林绿化植物推荐名录/孙卫邦，蔡六良主编. —北京：科学出版社，2019.11

ISBN 978-7-03-061156-7

Ⅰ. ①曲… Ⅱ. ①孙… ②蔡… Ⅲ. ①园林植物－曲靖－名录 Ⅳ. ① S68-62

中国版本图书馆CIP数据核字（2019）第084436号

责任编辑：马　俊　孙　青 / 责任校对：郑金红

责任印制：肖　兴 / 封面设计：金舵手世纪

科学出版社 出版

北京东黄城根北街16号

邮政编码：100717

http://www.sciencep.com

北京九天鸿程印刷有限责任公司 印刷

科学出版社发行　各地新华书店经销

*

2019年11月第 一 版　开本：889×1194　1/16

2019年11月第一次印刷　印张：36 1/4

字数：1 200 000

定价：520.00元

（如有印装质量问题，我社负责调换）

编写委员会名单

主　　任：谭力华　段玉林　孙　航

副 主 任：蔡六良　陈燕莺　孙卫邦

委　　员：李志坚　孔繁才　葛　佳　冯　石　马永鹏　尹　擎　王仲朗
王世琮　魏　薇　李函润　唐凌云　唐兴明　张卫国　许菊芬
陶正荣　高明生　袁培华　严荣业　夏　玲　马红丽　张　煜
黄和贵　张　茜　王燕梅　金红明　李秀娟　韩贵萍　高　富
高　虹　邓兆金　张显志　殷云杰　沈云光

主　　编：孙卫邦　蔡六良

编　　写（按姓氏笔画排序）：

马红丽　王凤芸　王仲朗　王学宝　王燕梅　尹　擎　邓兆金
孔繁才　卢琼芳　田兴金　代珍燕　匡　建　刘胡良　刘素璇
许菊芬　严荣业　李云猛　李秀娟　李函润　杨　燕　杨仙花
肖明秋　何　浩　佐树林　沈云光　张　茜　张　俊　张　煜
张卫国　张会波　张春国　张显志　张朝荣　陈小伟　武红学
武志勤　季炳元　金红明　周　玲　单祖朋　恭春华　夏　玲
晏春梅　殷　慧　殷云杰　高　虹　高　富　唐凌云　陶正荣
黄亚平　黄和贵　葛　佳　董明东　韩贵萍　鲁　飞　雷涌艳
廖荣丽　魏　薇

终　　校：张卫国　许菊芬

终　　审：孙卫邦　蔡六良　陈燕莺　陈林春

封面题字：冯国语

扉页题字：程地超

封面图片：云南“八大名花”中珠江源地区具有的除绿绒蒿之外的“七大名花”，即：

① ‘大玛瑙’云南山茶（*Camellia reticulata* ‘Da Manao’）

② 马缨杜鹃（*Rhododendron delavayi*）

③ 虎头兰（*Cymbidium hookerianum*）

④ 红花龙胆（*Gentiana rhodantha*）

⑤ 淡黄花百合（*Lilium sulphureum*）

⑥ 报春花（*Primula malacoides*）

⑦ 云南含笑（*Michelia yunnanensis*）

序

城乡一体化的园林绿化建设，不但是有效提升城乡环境质量、美化城乡景观、改善城乡人居环境、科学保护和持续利用植物资源的重要工作，更是国家生态文明建设的重要内容之一。选择适合某一特定区域园林绿化建设的园林绿化植物，是保证该区域园林景观建设质量和效果的前提。

《云南省生物物种名录（2016 版）》记载云南共有高等植物 19 365 种，超过全国的 50%。云南丰富多彩的植物资源，为我省园林绿化建设事业的科学发展提供了保障。位于滇中高原的曲靖，其地形地貌特殊，区内海拔高差超过 3300 m（最低 695 m，最高 4017.3 m），具有典型的立体气候特点，孕育着丰富的植物资源。据统计，曲靖有种子植物 199 科 1168 属 4536 种（含变种、亚种等），其中可用于园林绿化的种类估计在 1000 种以上。由于历史原因，曲靖同我国许多地区一样，对乡土园林绿化植物的发掘利用与其丰富的植物资源不相匹配。当前，曲靖的园林绿化事业发展迅速，对园林绿化植物的种类和数量需求急速增加，但一直没有对全市园林绿化植物资源配置工作进行指导的纲领性文献，导致曲靖所辖部分区域的园林绿化植物的应用具有盲目性、随意性，特别是近两年极端气候条件下苗木受冻受损严重，造成不必要的园林绿化损失和投资浪费。无疑，编撰一部能指导曲靖城乡一体化建设工作中园林绿化植物资源配置的植物名录，显得十分必要而迫切。

曲靖市住房和城乡建设局、中国科学院昆明植物研究所共同编著的《曲靖园林绿化植物推荐名录》（以下简称《名录》），是在分析曲靖乡土植物资源、主要城镇的气候因素与环境条件、曲靖园林绿化历史和现状等实际情况的基础上，充分融合中国科学院昆明植物研究所昆明植物园长期对云南植物资源引种驯化工作的积累，特别是对已经收集保育的 7000 余种植物的生长发育状况所采集的科学数据和图片资料等内容，而编撰完成。该《名录》共编入了不同生活型的，即乔木（含小乔木或灌木）、灌木（含灌木或小乔木、木质藤本）、草本（含草质藤本），适于曲靖不同地区园林绿化的植物 829 种，其中 512 种图文并茂，体现了其系统性、科学性、指导性、实用性和科普性。

该《名录》作为曲靖历史上第一部指导园林绿化植物资源配置工作的纲领性文献，是中国科学院昆明植物研究所“主动服务地方经济社会发展”的具体体现，更是曲靖市住房和城乡建设局推进曲靖生态文明建设的重要举措。良好的开端，良好的合作，必将铸就美好的未来。希望曲靖市住房和城乡建设局、中国科学院昆明植物研究所以该《名录》的编撰为契机，进一步加强交流与合作，为曲靖园林绿化事业的持续健康发展和城乡一体化建设的推进作出新的更大贡献！祝曲靖园林绿化事业的明天更加美好！

孙汉董

中国科学院院士

2019 年 3 月 27 日

前言

随着经济社会的持续快速发展和人民群众生活水平的不断提高，生态环境在群众生活幸福指数中的地位不断凸显，建设高品质的人居环境日益成为重要的民生问题。打造优美的城乡人居环境，为人民群众提供优良的生产生活条件，已成为城乡规划建设管理工作的重要目标。园林绿化在改善城乡环境质量、美化城乡景观方面有着不可替代的作用，同时它还是城乡生态系统的重要组成部分，在保持城乡生态平衡方面有着积极作用，是实施城乡可持续发展战略的重要生态措施。但是，在我国的很多地方，城乡园林绿化还未达到理想效果，特别是在园林绿化植物种类的选择与城乡植物生长环境的适应性上，未充分考虑种植地的地理气候大环境和同一城市区域内不同小环境的差别，往往造成不同程度的园林绿化损失和投资浪费。因此，亟待对城乡园林绿化植物资源配置问题进行更加科学有效的研究。

2015 年 1 月 19 日至 21 日，习近平总书记深入云南考察指导工作时，对云南提出了三个发展目标要求（全国民族团结进步示范区、生态文明建设排头兵、面向南亚东南亚辐射中心），其中之一就是要求云南建设成为全国生态文明建设的排头兵。2015 年 12 月 20 日，自 1978 年国务院召开第三次全国城市工作会议以来，时隔 37 年后，中央召开城市工作会议，会议明确要求“城市工作要把创造优良人居环境作为中心目标，努力把城市建设成为人与人、人与自然和谐共处的美丽家园”。可以说，十八大以来，中央、省对加强生态文明建设的重视程度越来越高。加强生态文明建设已成为中国特色社会主义事业的重要内容，已成为坚持以人为本、促进社会和谐发展的必然选择，已成为全面建成小康社会、实现中华民族伟大复兴中国梦的时代抉择。

再看一组数据：从全国的情况来看，2013 年 1 季度，我国服务业增加值占国内生产总值的比例上升到 51.4%，首次超过第一产业和第二产业，占据了中国经济的“半壁江山”，并从此居高不下。从云南省的情况来看，2014 年云南省服务业增加值占省内生产总值的比例上升到 43.3%，首次超过第一产业和第二产业，之后一直处于领先位置。从曲靖的情况来看，2015 年 2 季度曲靖服务业增加值占国内生产总值的比例上升到 45.8%，首次超过第一产业和第二产业，并从此保持第一名的位置，成为拉动曲靖经济增长的第一大产业。以上数据说明，服务业已超过第一、第二产业，成为拉动全国、全省、全市经济增长的第一大产业，这已是不争之事实。曲靖城乡经济增长的产业支撑必须由过去的主要依靠以资源型工业为主的第二产业向主要依靠服务业转型。做强、做大、做精、做优服务业，已成为推动曲靖经济发展的必然选择。

然而，一个城市要做强、做大、做精、做优服务业，首先必须做好城市环境服务，只有不断地改善和提升城市人居环境，增强城市的宜居指数和幸福指数，才可能吸引更多的人气，拉动更多的消费，聚集更多的财富；其次要做好城市功能的服务，要不断完善城市功能，加强城市基础设施建设，让城市的功能丰富齐全，能够基本满足市民日益增长的生产生活需求；最后要做好城市内涵的服务，要牢固树立“文化是城市的灵魂”的理念，不断丰富和发展城市文化，挖掘城市历史文化底蕴，满足市民日益增长的精神生活需求，塑造城市文化品牌，让市民感受城市文化气息，共享城市文化成果，让城市更加有文化、更加有活力、更加有品位。以上三个方面的服务，主要是解决一个城市对市民“引得来，留得住，过得好”的问题，其中最首要的服务就是城市环境服务。要做好城市环境服务，只有不断地改善和提升城市人居环境。而做好城市园林绿化植物资源配置工作，推进城市园林绿化质量和水平的提升，是不断改善和提升城市人居环境的重要生态措施。

曲靖地处云贵高原中部滇东高原向黔西高原过渡地带的乌蒙山脉，西与滇中高原湖盆地区紧紧相嵌，东部逐步向贵州高原倾斜过渡，中部为长江、珠江两大水系分水岭地带，高原面保存较好，形态完整，东南部具有典型的岩溶丘原景观，属扬子地台的滇东褶皱带，地势西北高，东南低。全市最高点在会泽县大海梁子牯牛寨，海拔 4017.3 m，系乌蒙山脉主峰；最低点在会泽县娜姑镇王家山象鼻岭小江与金沙江汇合处，海拔 695 m，相对高差 3322.3 m。地貌以高原山地为主，间有高原盆地，高山、中山、低山、河槽和湖盆多种地貌并存。境内山岭河谷相间交错，地质构造复杂，地层发育较为齐全，碳酸盐岩石分布广、面积大，多溶洞和岩溶地貌，山脉有乌蒙山系和梁王山系，多呈北东—南北向或近南北向，大致可分为西列、中列和东列 3 个平行岭脊。国土面积 2.89 万 km^2，占云南省面积的 13.63%，东西最大横距 175 km，南北最大纵距 302 km。辖马龙县、陆良县、师宗县、罗平县、富源县、会泽县、宣威市、麒麟区、沾益区、曲靖经济技术开发区 6 县 1 市 2 区和 1 个国家级经济技术开发区。

曲靖植物资源以亚热带成分为主，典型植被有常绿阔叶林、针叶林。植被的物种组成多样，常见的有松科 Pinaceae、杉科 Taxodiaceae、柏科 Cupressaceae、山茶科 Theaceae、壳斗科 Fagaceae、樟科 Lauraceae、大戟科 Euphorbiaceae 等。由于历史原因和频繁人为活动，原生植被破坏严重，许多地方变成了天然次生植被和人工植被。统计表明，曲靖的种子植物共计 3955 种、480 变种、48 个亚种、53 个变型，分属 199 科 1168 属，约占云南省种子植物的 1/3。曲靖有药用植物 400 余种，食用植物 178 种，工业用植物 236 种，具观赏价值的种类至少 1000 种。有桫椤 *Alsophila spinulosa*、滇山茶 *Camellia reticulata*、云南金钱槭 *Dipteronia dyerana*、银杏 *Ginkgo biloba*、须弥红豆杉 *Taxus wallichiana* var. *wallichiana*、黄杉 *Pseudotsuga sinensis*、秃杉 *Taiwania flousiana*、三角槭 *Acer buergerianum*、白花泡桐 *Paulownia fortunei*、红椿 *Toona ciliata*、刺楸 *Kalopanax septemlobus*、水杉 *Metasequoia glyptostroboides* 等 40 多种珍稀濒危植物，其中列入国家重点保护野生植物名录（第一批）的种类达 31 种。主要乔木树种有云南松 *Pinus yunnanensis*、华山松 *Pinus armandii*、油杉 *Keteleeria fortunei*、杉木 *Cunninghamia lanceolata*、银木荷 *Schima argentea* 等。常见的灌木有火棘（救军粮、火把果）*Pyracantha fortuneana*、白刺花 *Sophora davidii*、云南杨梅 *Myrica nana*、马桑 *Coriaria nepalensis*、鸡脚连 *Berberis paraspecta* 等数十种。主要草本植物有白健杆 *Eulalia pallens*、野古草 *Arundinella anomala*、金茅 *Eulalia speciosa*、蜈蚣草 *Pteris vittata* 等。主要花卉有云南“八大名花”中除绿绒蒿（属拉丁名：*Meconopsis*）之外的其他“七大名花”，即山茶（属拉丁名：*Camellia*）、木兰（属拉丁名：*Magnolia*）、百合（属拉丁名：*Lily*）、杜鹃花（属拉丁名：*Rhododendron*）、报春（属拉丁名：*Primrose*）、兰花（属拉丁名：*Orchid*）、龙胆（属拉丁名：*Gentiana*）。曲靖丰富的植物资源，给城乡园林绿化工作提供了广阔的植物资源配置选择空间。

漫长的植物进化导致每个物种都有自身的生态习性、适应环境变迁的能力范围，因地制宜、适地适树是保证植物生长健壮、枝繁叶茂的前提。近年来，随着曲靖国民经济的快速增长与城市发展的突飞猛进，对城市的园林绿化、立体生态景观建设提出更高要求。到 2020 年，曲靖中心城区（含麒麟区、沾益区、马龙县）建成区面积将突破 100 km^2，人口将达 100 万以上，成为云南的第二个百万人口大城市。随着曲靖城乡园林绿化建设工作的不断发展，部分省外或省内州市所繁育的园林绿化苗木陆续成为曲靖园林绿化树种。这些苗木的应用，虽然一定程度上满足了曲靖园林绿化建设的需求，但外来苗木未经适应性试验及研究，存在一定风险，如遭遇极端气候条件（如极端低温、高温、干旱等）就易发生相应危害。2016 年 1 月，云南滇中地区持续的极端低温对该区域内城乡园林绿化植物造成了严重冻害，甚至导致了不少园林植物死亡，给曲靖造成了巨大经济损失。

提高城市园林绿化植物的环境适应与抵御自然灾害的能力，降低极端恶劣天气对绿化植物的影响，减小经济投入和城市园林生态效益的双重损失，对区域内园林绿化植物与当地气候环境相匹配的种类选择、指导推荐工作显得尤为必要和紧迫。曲靖市住房和城乡建设局、中国科学院昆明植物研究所合作编撰《名录》工作启动后，第一时间组织相关专家实地调研了曲靖麒麟区、马龙县、沾益区、陆良县等多个县区，统计了现有用作绿化植物的主要种类，并特别关注受到严重冻害的种类，如榕树 *Ficus microcarpa*、绿黄葛树 *Ficus virens*、幌伞枫 *Heteropanax fragrans*、天竺桂 *Cinnamomum japonicum*、粉叶决明 *Cassia glauca* 以及叶子花 *Bougainvillea spectabilis* 等。在此基础上，结合曲靖地区的地理条件、气候环境因素和曲靖的发展规划及植物习性，优先考虑乡土树种，但并不排斥优良的且被证明适合曲靖的外来植物，完成了《名录》的编撰工作。《名录》包含 829 种可用于曲靖城乡绿化的植物（物种名单见附录一），涵盖乔木、灌木、草本、藤本类植物，数量比例遵循原生境植物群落的自然规律，充分体现了园林绿化中植物的多样性和科学性的要求，利于形成与构建不同生态环境和景观。从名录中精选出 512 种（物种名单见附录二）植物系统编撰形成“图鉴”。为了体现“图鉴”的系统性、科学性、指导性、实用性和科普性，编撰的“图鉴”图文并茂，文字内容包括：物种的自然分布、识别要点、生长习性、栽培养护、园林应用等。“图鉴”物种编排首先按乔木（含小乔木或灌木）、灌木（含灌木或小乔木、木质藤本）和草本（含草质藤本）三大类进行编排，每一大类的蕨类植物按秦仁昌系统排列，裸子植物按郑万均系统排列，被子植物按哈钦松系统排列；同科植物的属、种、种下等级按学名的字母顺序排列。在“图鉴”的物种名单中（附录二），采用不同符号，对重点推荐、一般推荐、乡土植物、湿地植物、极小种群野生植物、国家重点保护级别（Ⅰ级、Ⅱ级）、在特定区域与环境中应用的种类等进行了标注。《名录》编制完成后，对于政府出资建设的项目，各审批部门可对照《名录》，挑选推荐使用的植物进行配置，对《名录》禁止使用的植物不予使用，杜绝低温天气下植物大面积死亡的现象再次发生；对其他非政府出资建设的项目，也可结合项目实际、建设环境情况，尽可能选择适宜曲靖种植的植物进行搭配，以体现云南“植物王国”美誉，充分展现曲靖城市园林特色。

由于时间紧迫，许多植物照片没包含花、果及其他一些识别特征要素，加之编者学识有限，疏漏之处在所难免，敬请读者在使用中批评指正。

编著者

2019 年 6 月

目 录

灌木

乔木

贵州苏铁

别　名　**刺叶苏铁、龙尾苏铁**

拉丁名　***Cycas guizhouensis***

科　属　**苏铁科（Cycadaceae）苏铁属（*Cycas*）**

【自然分布】

云南师宗、罗平、丘北、开远、蒙自等地。贵州、广西也有。

【识别要点】

棕榈状常绿植物，树干高约 65 cm。叶羽状全裂，长达 1.6 m，裂片条形或条状披针形，厚革质，无毛，深绿色，叶柄两侧具短刺。花顶生，雌雄异株；雄球花有短梗，椭圆状矩圆形；雌花头状半球形，大孢子叶多数，密被黄褐色或锈褐色绒毛。

【生长习性】

性喜强光、温暖干燥和通风好的环境。喜高温；稍耐寒、耐阴、耐旱；生长缓慢。花期 6-7 月，种子 10 月成熟。

【栽培养护】

播种繁殖。种子采集净种后及时播种；也可湿沙保存，开春后播种。盆栽时，土质要求松软、富含腐殖质。耐旱性强，成活后适度控制浇水量，要保持叶面清洁翠绿。有时会有蚧壳虫危害，应注意防治。

【园林应用】

树干粗壮挺拔，坚硬如铁，树形古朴；叶洁而滑且光亮，四季常青，园林中常作灌木用。宜作盆栽，布置庭院、居室；在南方可种植在露天草坪一隅，也可在岩石旁配植。

（图文：尹擎　审校：尹擎、何浩）

攀枝花苏铁

别 名 无

拉丁名 *Cycas panzhihuaensis*

科 属 苏铁科（Cycadaceae）苏铁属（*Cycas*）

【自然分布】

分布于川滇交界的金沙江干热河谷区(海拔1100-1400 m)的石灰岩山地，多可见于渡口、宁南、德昌、盐源、元谋。

【识别要点】

常绿棕榈状植物。茎干圆柱状，顶端被厚绒毛；干皮暗褐色或灰褐色。叶30-60片，一回羽裂，柄长，上部有刺5-13对，基部密被褐色绒毛；羽片革质，蓝绿色，基部下延，边缘平坦或稍反曲。雄株每年开花，雌株两年开花一次。小孢子叶球卵状圆柱形；大孢子叶长，被具光泽淡褐色绒毛。种子球状或倒卵状球形，橘红色，外种皮肉质，中种皮光滑。

【生长习性】

喜强光、温暖干燥和通风良好的环境。土壤以肥沃、微酸性的砂质土为宜。多年引种驯化已经较耐寒，生长缓慢。孢子叶球期4-5月，种子9-10月成熟。

【栽培养护】

播种、分蘖和切干繁殖。因自然条件下很少结实，采用人工授粉提高结实率。盆栽需垫瓦片。春季、夏季多浇水，增加叶面喷水，每月施用腐熟饼肥水1次。入秋浇水应控制。新叶萌发成年时，需剪下老叶。

【园林应用】

树形古朴，主干粗壮，坚硬如铁，叶锐如针，洁滑光亮，四季常青，园林中常作灌木用。宜作大型盆栽，布置庭院。现在许多城市道路绿化进行栽植，丰富景观体系。为国家I级重点保护野生植物，在园林绿化中进行推广使用可增加其社会认知度和保育成果。

（图文：李函润　审校：孔繁才、何浩）

苏　铁

别　名 铁树、凤尾蕉、凤尾松

拉丁名 *Cycas revoluta*

科　属 苏铁科（Cycadaceae）苏铁属（*Cycas*）

【自然分布】

产于福建、台湾、广东，各地常有栽培。在福建、广东、广西、江西、云南、贵州及四川等地多栽植于庭院。

【识别要点】

常绿棕榈状植物，树干高可达 8 m 或更高，圆柱形，有明显螺旋状排列的菱形叶柄残痕。羽状叶从茎的顶部生出，长 75-200 cm；羽状裂片达 100 对以上，条形，厚革质，坚硬，长 9-18 cm。花顶生，雌雄异株；雄球花圆柱形，长 30-70 cm；雌花头状半球形。

【生长习性】

性喜强光、温暖干燥和通风好的环境。喜高温；耐寒性稍差，不耐水湿；生长缓慢。花期 6-7 月，种子 10 月成熟。

【栽培养护】

播种繁殖为主，分蘖为辅。种子采集净种后及时播种；也可湿沙保存，开春后播种。盆栽时，土质要求松软、富含腐殖质。春季、夏季叶片生长快，要多浇水，并增加早晚叶面喷水，保持叶面清新翠绿。入秋后控制浇水。有时会有蚧壳虫危害，应注意防治。

【园林应用】

树干粗壮挺拔，坚硬如铁，树形古朴；叶洁滑光亮，四季常青，园林中常作灌木用。宜作盆栽，布置庭院、居室；在南方可种植在露天草坪一隅或在岩石旁配植。

（图文：尹擎　审校：尹擎、何浩）

华南苏铁

别　名 刺叶苏铁、龙尾苏铁

拉丁名 *Cycas rumphii*

科　属 苏铁科（Cycadaceae）苏铁属（*Cycas*）

【自然分布】

产于印度尼西亚、澳大利亚北部、越南、缅甸、印度及非洲的马达加斯加等地，我国华南各地有栽培。

【识别要点】

常绿棕榈状植物，树干圆柱形，高可达 15 m，分枝或不分枝。羽状叶长 1-2 m；羽状裂片 50-80 对排成两列，革质，绿色，有光泽，叶轴中部的羽状裂片长 15-30 cm。花顶生，雌雄异株；雄球花有短梗，椭圆状矩圆形；雌花头状半球形，大孢子叶长 20-35 cm。

【生长习性】

性喜温暖湿润的环境。喜高温，稍耐阴与严寒、适度耐旱；生长缓慢。花期 5-6 月，种子 10 月成熟。

【栽培养护】

播种繁殖。种子采集净种后及时播种；也可湿沙保存，开春后播种。盆栽时，土质要求松软、富含腐殖质。春季、夏季叶片生长快，要多浇水，并增加早晚叶面喷水，保持叶面清新翠绿。有时会有蚧壳虫危害，应注意防治。

【园林应用】

树干粗壮挺拔，坚硬如铁，树形古朴；叶洁滑光亮，四季常青，园林中常作灌木用。宜作盆栽，布置庭院、居室；在南方可种植在露天草坪一隅或在岩石旁配植。

（图文：尹擎　审校：尹擎、何浩）

银　杉

别　名 杉公子

拉丁名 *Cathaya argyrophylla*

科　属 松科（Pinaceae）银杉属（*Cathaya*）

【自然分布】

我国特产的稀有树种，产于广西龙胜海拔约1400 m之阳坡阔叶林中和山脊地带与四川东南部南川金佛山海拔1600-1800 m之山脊地带。

【识别要点】

常绿乔木，树皮暗灰色，老时则裂成不规则的薄片；一年生枝黄褐色，密被灰黄色短柔毛，逐渐脱落，二年生枝呈深黄色；叶枕近条形，螺旋状着生成辐射伸展，在枝节间的上端排列紧密。雄球花开放前长椭圆状卵圆形，盛开时穗状圆柱形，雄蕊黄色；雌球花基部无苞片，卵圆形或长椭圆状卵圆形。球果成熟前绿色，熟时由栗色变暗褐色。

【生长习性】

阳性树种，喜光、喜雾，耐寒性较强，耐旱、耐土壤瘠薄和抗风。喜夏凉冬冷、雨量多、湿度大、多云雾的气候，土壤pH为3.5-6.0，土层浅薄，多砾石。5月开花授粉，翌年6月受精，球果10月成熟。

【栽培养护】

种子繁殖，10月采收成熟球果，放于通风处阴干，搓去种翅，拌湿沙储藏，至第二年春播种。苗圃地应选择排水良好的荫蔽处，应重视温度和湿度的控制。用扦插法或嫁接法繁殖时成活率低。幼苗需庇荫。主要病虫害种类为：落针病、煤烟病、思茅松毛虫、木虱等。

【园林应用】

树干挺直，主枝平展，仪态刚健优美，整棵树像托塔天王的宝塔，为中国特有珍贵植物。在园林中，其配植的应用方式为规则式和自然式两大类，可孤植、对植、丛植、列植等。

（图文：李函润　审校：孔繁才、何浩）

雪　松

别　名 香柏

拉丁名 *Cedrus deodara*

科　属 松科（Pinaceae）雪松属（*Cedrus*）

【自然分布】

分布于阿富汗至印度，我国各地广泛栽培，生于海拔 1300-3300 m 地带的常绿、落叶阔叶林和常绿阔叶混交林内。

【识别要点】

常绿乔木，高可达 30 m，胸径可达 3 m，树皮深灰色，裂成不规则的鳞状片；叶针形，坚硬，淡绿色或深绿色，在长枝上辐射伸展，短枝之叶呈簇生状；雄球花长卵圆形或椭圆状卵圆形，雌球花卵圆形，球果成熟前淡绿色，微有白粉，熟时红褐色。

【生长习性】

雪松喜光、也稍耐阴，在气候温和凉润、年降水量 600-1000 mm、土层深厚、排水良好的酸性土壤上生长茂盛，在中国长江中下游一带生长最好。9-10 月开花，球果翌年成熟。

【栽培养护】

播种和扦插繁殖。播种宜 3 月中下旬进行，选择排水、通气良好的沙壤土作为播种基质，发芽率可达 85%，幼苗期需适当遮阴、预防猝倒病发生和地老虎的危害。春、夏两季均可扦插繁殖，春季宜在 3 月下旬进行，夏季以 7 月下旬为佳。春季，剪取幼龄母树的一年生粗壮枝条，用生根粉或 500 mg/L 萘乙酸处理插穗切口，能促进生根。

【园林应用】

雪松是世界著名的庭园观赏树种之一，树体高大，树形优美，枝条长年不枯，适宜孤植于草坪中央、建筑前庭之中心、广场中心或主要建筑物的两旁及园门的入口等处；雪松具有较强的防尘、减噪与杀菌能力，适宜作为工矿企业绿化树种，还可片植、成排种植等。

（图文：孔繁才　审校：孔繁才、何浩）

黄枝油杉

别　名 无

拉丁名 *Keteleeria calcarea*

科　属 松科（Pinaceae）油杉属（*Keteleeria*）

【自然分布】

为我国特有树种，产于广西北部及贵州南部，多生于海拔 580-2700 m 的石灰山地林下或灌丛中。

【识别要点】

常绿乔木，树皮黑褐色或灰色，纵裂，成片状剥落；枝无毛或近于无毛，叶脱落后，留有近圆形的叶痕，一年生枝黄色，二三年生枝淡黄灰色或灰色，有短柄，上面光绿色，无气孔线，下面沿中脉两侧有气孔线，有白粉。球果圆柱形，成熟时淡绿色或淡黄绿色；中部的种鳞斜方状圆形或斜方状宽卵形，上部圆，间或先端微平，边缘向外反曲，稀不反曲而先端微内曲。

【生长习性】

阳性树种，生长较慢，幼苗期稍耐阴，耐寒，多见于石灰岩石山的钙土层浅薄之处，能耐石山干旱生境。种子 10-11 月成熟。

【栽培养护】

主要用种子繁殖，还可插条或高压法繁殖。球果宜及时采收，采后阴干脱种，选取饱满的种子沙藏或袋藏。翌年 3 月播种，幼苗期需遮阴，并要防治根腐病。日常管理中抚育工作很重要。

【园林应用】

黄枝油杉是渐危种，加强园林运用可使其得到保护。树干通直，雄伟挺拔，枝叶浓密，适于庭园绿化；根系发达，能耐石山干旱，是石灰岩石山绿化的优良树种。

（图文：李函润　审校：孔繁才、何浩）

铁坚油杉

别　名 罗松、铁坚杉

拉丁名 *Keteleeria davidiana*

科　属 松科（Pinaceae）油杉属（*Keteleeria*）

【自然分布】

为我国特有树种，产于甘肃东南部，陕西南部，四川北部、东部及东南部，湖北西部及西南部，湖南西北部，贵州西北部。分布于海拔 600-1500 m 的山地半阴坡。

【识别要点】

常绿乔木，树皮粗糙，暗深灰色，深纵裂；老枝粗，平展或斜展，一年生枝淡黄灰色、淡黄色或淡灰色，二三年生枝呈灰色或淡褐色，常有裂纹或裂成薄片；叶上面光绿色，无气孔线或中上部有极少的气孔线，下面淡绿色，沿中脉两侧各有气孔线，微有白粉。球果圆柱形；中部的种鳞卵形或近斜方状卵形，上部圆或窄长而反曲，边缘向外反曲，有微小的细齿。

【生长习性】

喜温暖湿润，喜光，生长较慢。要求深厚肥沃、排水良好的中性或酸性沙壤土；耐低温，不耐干旱，也不适应盐碱地及长期积水地。

【栽培养护】

播种繁殖。管理初期稍耐荫蔽，后需光性增强。选地时可选择在土层深厚、排水良好的地方。有条件的地方可以种植绿肥，结合抚育埋青。也可在春季抚育时施氮肥一次，每亩[①] 50 kg 左右。

【园林应用】

树冠广圆形，树形优美，四季呈深绿色，为优良的绿化观赏树种之一。园林中在草坪、林缘及疏林空地中成群栽植，极为葱郁优美，如在其老树之下点缀山石和观叶灌木，则更收到形、色俱佳之景。在园林中可孤植、对植、丛植、列植和自然式布置。

（图文：李函润　审校：孔繁才、何浩）

① 1 亩≈667 m^2，下同。

云南油杉

别　名 云南杉松、杉松
拉丁名 *Keteleeria evelyniana*
科　属 松科（Pinaceae）油杉属（*Keteleeria*）

【自然分布】

我国特有种，产于云南、贵州、四川，生于海拔 700-2600 m 的地带。

【识别要点】

常绿乔木，高达 40 m，胸径可达 1 m；树皮粗糙，成块状脱落；一年生枝常有毛。叶条形，在侧枝上排列成两列，长 2-6.5 cm，上面光绿色，下面沿中脉两侧每边有 14-19 条气孔线；横切面上面中部有二至三层皮下层细胞，两侧至下面两侧边缘及下面中部有一层皮下层细胞，两端角部二至三层皮下层细胞。球果圆柱形，长 9-20 cm。

【生长习性】

阳性植物，喜阳光充足，幼苗稍耐阴；耐旱、耐寒、耐干旱瘠薄，怕涝。花期 4-5 月，种子 10 月成熟。

【栽培养护】

种子繁殖。适应性强，对土壤要求不严，但在土层深厚、排水良好、弱酸性的土壤中栽培，长势好。低洼地与地下水位高的地方不宜种植。抗病虫害能力较强，常规水肥管理即可健康生长。

【园林应用】

四季常青，树高大挺拔，树姿雄伟。宜在面积较大的绿地系统中与其他花木配植，也是荒山绿化的先锋树种之一。

（图文：尹擎　审校：尹擎、何浩）

长叶云杉

别　名 长叶杉

拉丁名 *Picea smithiana*

科　属 松科（Pinaceae）云杉属（*Picea*）

【自然分布】

产于西藏南部，多分布于海拔2400-3200 m的地带。分布于阿富汗、印度北部、尼泊尔、巴基斯坦和克什米尔地区。

【识别要点】

常绿乔木，高达60 m；树皮淡褐色，浅裂成圆形或近方形的裂片；大枝平展，小枝下垂，树冠窄；幼枝淡褐色或淡灰色，无毛；冬芽圆锥形或卵圆形，先端钝尖，芽鳞淡红褐色，顶端芽鳞微开展，小枝基部宿存芽鳞的先端多少向外开展，稀不开展。球果圆柱形，两端渐窄，成熟前绿色，熟时褐色，有光泽；种鳞质地厚，坚硬，宽倒卵形；苞鳞短小；种子深褐色。

【生长习性】

耐寒、耐旱和抗强风，具有较强的耐阴性。土壤为酸性山地棕壤。常见的混交树种有乔松、高山栎、头状四照花、衣穗桦及多种槭树。

【栽培养护】

繁殖方式为种子育苗，选择与其立地条件相似的山区建立苗圃，然后移植；在幼苗和幼树时，要提供足够的阴湿条件。

【园林应用】

树形端正，枝叶茂密，庭院中既可孤植，也可片植。盆栽可作为室内的观赏树种，多用在庄重肃穆的场所。叶上有明显粉白气孔线，远眺如白气缭绕，葱茏可爱，作庭园绿化观赏树种，可孤植、丛植或与桧柏、白皮松配植，或做草坪衬景。

（图文：李函润　审校：孔繁才、何浩）

云南松

别　名　**青松、飞松、长毛松**
拉丁名　***Pinus yunnanensis***
科　属　**松科（Pinaceae）松属（*Pinus*）**

【自然分布】

分布于我国西南地区海拔 600-3100 m 的地带，多组成单纯林，或与华山松、云南油杉、旱冬瓜及栎类等树种组成混交林。

【识别要点】

常绿乔木，树高可达 30 m；树皮褐灰色，深纵裂。针叶通常 3 针一束，稀 2 针一束，先端尖，背腹面均有气孔线，边缘有细锯齿；叶鞘宿存。雄球花圆柱状，聚集成穗状。球果成熟前绿色，熟时褐色或栗褐色，圆锥状卵圆形；种子褐色，近卵圆形或倒卵形，微扁。

【生长习性】

为喜光性强的深根性树种，适应性强，能耐冬春干旱气候及瘠薄土壤，能生于酸性红壤、红黄壤及棕色森林土或微石灰性土壤上。花期 4-5 月，球果翌年 10 月成熟。

【栽培养护】

播种繁殖。云南松苗有 3 年的蹲苗期，故栽植后的 3 年内，最好每年进行一次除草、松土、施肥等抚育管理工作。

【园林应用】

树干高直，叶色青翠，可作为园林风景树孤植、列植或群植。

（图文：匡建　审校：孔繁才、何浩）

金钱松

别　名 金松

拉丁名 *Pseudolarix amabilis*

科　属 松科（Pinaceae）金钱松属（*Pseudolarix*）

【自然分布】

分布于江苏南部（宜兴）、浙江、安徽南部、福建北部、江西、湖南、湖北利川至四川万县，生于海拔 100-1500 m 的地带。

【识别要点】

落叶乔木，高达 40 m，树干通直，树冠宽塔形；叶条形，柔软，镰状或直，长枝之叶辐射伸展，短枝之叶簇状密生，平展呈圆盘形，秋后叶呈金黄色；雄球花黄色，圆柱状，下垂，雌球花紫红色，直立，椭圆形。球果卵圆形或倒卵圆形，成熟前绿色或淡黄绿色，熟时淡红褐色。

【生长习性】

金钱松喜光，初期稍耐荫蔽，散生于针叶树、阔叶树林中。其生长较快，喜生于温暖、多雨、土层深厚、肥沃、排水良好的酸性土壤，因其是落叶树，冬天能耐 -10℃以上低温。金钱松 3 月下旬发芽展叶，4 月开花，10 月球果成熟，11 月中旬开始落叶。

【栽培养护】

播种或扦插繁殖。金钱松为菌根性树种，播种繁殖宜在林间播种或用菌根土覆盖播种苗床，发芽率可达 80% 以上，幼苗易得猝倒病，需每 15 天喷洒一次杀菌剂。扦插繁殖宜在早春枝条萌发前进行，生根率可达 80%。金钱松苗期生长缓慢，需加强肥水管护。

【园林应用】

金钱松树干通直，树冠塔形，树姿优美，叶在短枝上簇生，辐射平展呈圆盘状，似铜钱，深秋叶色金黄，极具观赏性，是珍贵的观赏树木之一，与南洋杉、雪松、巨杉和北美红杉合称为世界五大庭院观赏树种。可孤植、丛植、列植或用做风景林。

（图文：孔繁才　审校：孔繁才、何浩）

黄　杉

别　名 杉松
拉丁名 *Pseudotsuga sinensis*
科　属 松科（Pinaceae）黄杉属（*Pseudotsuga*）

【自然分布】

产于云南中部及嵩明、东川、宣威等海拔 1800-2100 m 的地带；湖北西部、贵州东北部、湖南西北部、四川东南部也有分布。

【识别要点】

常绿乔木；幼树树皮淡灰色，老则灰色或深灰色，裂成不规则厚块片；主枝无毛，侧枝被灰褐色短毛。叶条形，排两列，先端钝圆有凹缺，基部宽楔形，上面绿色或淡绿色，下面有白色气孔带。球果卵圆形或椭圆状卵圆形，近中部宽，两端微窄，成熟前微被白粉。

【生长习性】

喜气候温暖、湿润、夏季多雨、冬春较干的气候，以及黄壤或棕色森林土地带。花期 4 月，球果 10-11 月成熟。

【栽培养护】

种子繁殖。采种后精选种子加以储藏，春季选肥沃的沙壤播种，20 天后开始出土。幼苗要加以庇荫，并注意保持土壤湿润。由于野生树球果虫害率较高，不易大量采种，可移植天然林下自生幼苗。

【园林应用】

本种树姿美观，可作为园景树、庭荫树、行道树及林带树，亦可用于丛植、群植，同时又可作防风林树种，适用于大型园林景观。

（图文：魏薇　审校：王仲朗、何浩）

大果铁杉

别　名　仙柏、铁林刺、刺柏

拉丁名　*Tsuga chinensis* var. *robusta*

科　属　松科（Pinaceae）铁杉属（*Tsuga*）

【自然分布】

我国特有树种，产于湖北西部巴东（模式标本产地）海拔 1800 m 的山地。

【识别要点】

常绿乔木，高达 50 m，胸径达 1.6 m；树皮暗深灰色，纵裂，成块状脱落；大枝平展，枝稍下垂，树冠塔形；冬芽卵圆形或圆球形，先端钝，芽鳞背部平圆或基部芽鳞具背脊；一年生枝细，淡黄色、淡褐黄色或淡灰黄色，叶枕凹槽内有短毛，二年生、三年生枝灰黄色、淡褐灰色或灰色。叶条形，排列成两列，先端钝圆有凹缺，上面光绿色，下面淡绿色，中脉隆起无凹槽，气孔带灰绿色，边缘全缘（幼树叶的中上部边缘常有细锯齿），下面初有白粉，老则脱落，稀老叶背面亦有白粉。球果卵圆形或长卵圆形，具短梗；中部种鳞五边状卵形、近方形或近圆形，稀短矩圆形。

【生长习性】

喜多雨、多雾、相对湿度大、气候凉润、酸性土壤及排水良好的山区环境，抗风能力强。

【栽培养护】

种子或插枝繁殖。种子繁殖 4 月播种；扦插繁殖宜夏季进行。幼年树苗能耐阴，容器育苗，生长期每月施肥 1 次，适当松土、除草。

【园林应用】

树冠塔形，树姿古朴，枝叶扶疏，形若雪松，适于园林中孤植或丛植，亦宜用于营造山地风景林或水源涵养林。分枝多，耐修剪，还适于作绿篱。此外，因其生长缓慢，也宜盆栽观赏。

（图文：李函润　审校：孔繁才、何浩）

云南铁杉

别　名 **水栗子、水子树、莎松**

拉丁名 ***Tsuga dumosa***

科　属 **松科（Pinaceae）铁杉属（*Tsuga*）**

【自然分布】

产于西藏南部、云南（西北部、东北部及西部景东）、四川西南部、大渡河流域、岷江流域上游（汶川、理县）、青衣江流域及马边河流域，常在海拔 2300-3500 m 的高山地带组成单纯林。印度、尼泊尔、不丹、缅甸也有分布。

【识别要点】

常绿乔木；树皮厚，粗糙，褐灰色或暗灰褐色，纵裂成片状脱落；大枝开展或微下垂，枝稍下垂，一年生枝黄褐色、淡红褐色或淡褐色，二年生、三年生枝淡褐色、淡灰褐色或深灰色。叶条形，列成两列，先端钝尖或钝，上面光绿色，下面有白色气孔带。球果卵圆形或长卵圆形，熟时淡褐色；苞鳞斜方形或近楔形；种子卵圆形或长卵圆形，下表面有油点。

【生长习性】

性喜多雨、多雾、相对湿度大、气候凉润、酸性土壤及排水良好的山区环境。系强阴性树种，天然整枝能力强，寿命长达数百年以上。深根性，抗风能力强。花期 4-5 月，球果 10-11 月成熟。

【栽培养护】

用种子繁殖，也可插枝繁殖。幼年能耐庇荫，与其他植物共抚育管理，可结合林粮间作，一般以 3-4 年为宜。间作停止后，每年还须进行中耕除草。根据杂草滋生情况与土壤管理的需要，及时疏伐，除去被压木。

【园林应用】

树冠浓密、尖塔形，树姿古朴，枝叶扶疏，适于园林中孤植或丛植，亦宜用于营造山地风景林或水源涵养林。分枝多，耐修剪，还适于作绿篱。此外，因其生长缓慢，也宜盆栽观赏。

（图文：李函润　审校：孔繁才、何浩）

柳　杉

别　名　孔雀松、长叶孔雀松

拉丁名　*Cryptomeria fortunei*

科　属　杉科（Taxodiaceae）柳杉属（*Cryptomeria*）

【自然分布】

我国特有树种，产于浙江天目山、福建南平三千八百坎及江西庐山等地。生于海拔 400-2500 m 的山谷边。在云南各个地区均有栽培，生长良好。

【识别要点】

常绿乔木，高达 40 m；树皮红棕色，纤维状，裂成长条片脱落；大枝近轮生，平展或斜展；小枝细长，常下垂，绿色，枝条中部的叶较长，常向两端逐渐变短。叶钻形略向内弯曲，先端内曲，四边有气孔线，果枝的叶通常较短。雄球花单生叶腋，长椭圆形，集生于小枝上部，呈短穗状花序；雌球花顶生于短枝上。球果圆球形或扁球形；种鳞短，具三角形裂齿；种子褐色，近椭圆形，扁平，边缘有窄翅。

【生长习性】

中等喜光；喜欢温暖湿润；喜深厚肥沃的沙质壤土，忌积水。幼苗稍耐阴，在土壤酸性、肥厚而排水良好的山地生长较快。根系较浅，侧根发达，主根不明显，抗风力差。对二氧化硫、氯气、氟化氢等有较好的抗性。花期 4 月，球果 10 月成熟。

【栽培养护】

繁殖方式为播种和扦插。种苗移栽在冬季至早春时进行，大苗要带土球。生长期保持土壤湿润，施肥 1-2 次。冬季适当修剪，剪除枯枝和密枝，保持优美株形。

【园林应用】

树姿秀丽，纤枝略垂，树形圆整高大，树姿雄伟，最适于列植、对植，或于风景区内大面积群植成林，是良好的绿化和环保树种。在庭院和公园中，可于前庭、花坛中孤植或草地中丛植，也是适宜的高篱材料，自古以来常用为墓道树。

（图文：李函润　审校：孔繁才、王学宝）

日本柳杉

别　名 **孔雀松**
拉丁名 ***Cryptomeria japonica***
科　属 **杉科（Taxodiaceae）柳杉属（*Cryptomeria*）**

【自然分布】

原产于日本，为日本的重要造林树种。我国山东青岛、蒙山，上海，江苏南京、江浦，浙江杭州，江西庐山，湖南衡山，湖北武昌、武汉等地引种栽培。

【识别要点】

常绿乔木，高达 40 m，胸径可达 2 m 以上；树皮红褐色，纤维状，裂成条片状落脱；大枝常轮状着生，水平开展或微下垂，树冠尖塔形；小枝下垂，当年生枝绿色。叶钻形，直伸，先端通常不内曲，锐尖或尖，四面有气孔线。种鳞上部通常 4-5（-7）深裂，裂齿较长，窄三角形，鳞背有一个三角状分离的苞鳞尖头，先端通常向外反曲；种子棕褐色，椭圆形或不规则多角形，边缘有窄翅。

【生长习性】

喜光，稍耐阴，喜温暖湿润气候，耐寒，畏高温炎热，忌干旱。适生于深厚肥沃、排水良好的沙质壤土，积水时易烂根。与柳杉相比，日本柳杉对二氧化硫等有毒气体具更强的吸收能力。花期 4 月，球果 10 月成熟。

【栽培养护】

播种繁殖。早春行宽幅条播或撒播。播种前应进行消毒和浸种催芽处理。移植宜在夏季，带土球。幼苗易感染赤枯病，会传染导致其他的幼苗受害，可每隔半个月喷一次 0.3%-1% 的波尔多液防治。

【园林应用】

树姿雄健优美，能吸收二氧化硫，病虫害较少，是园林中较优良的绿化树种。可作观赏树，列植、孤植、丛植或群植于行道、台坡边、园路交叉口、草坪边缘及树坛内等处，还可装盆摆放在大门两边及楼道等。

（图文：李函润　审校：孔繁才、王学宝）

杉 木

别 名 泡杉、秃杉、尖顶杉

拉丁名 *Cunninghamia lanceolata*

科 属 杉科（Taxodiaceae）杉木属（*Cunninghamia*）

【自然分布】

产于红河、蒙自、金平、屏边、河口、文山、西畴、马关、广南、富宁、腾冲、景东、昆明、禄劝、大理、华坪、会泽、昭通、威信、镇雄等地，在滇东南多分布于海拔 1000 m 以下，滇中及以北地区多分布于海拔 1600-2300 m 的地带，最高可达海拔 2900 m。

【识别要点】

常绿乔木；幼树树冠尖塔形，大树树冠圆锥形，树皮灰褐色，裂成长条片脱落。叶在主枝上辐射伸展，侧枝之叶基部扭转呈二列状，披针形或条状披针形，通常微弯、呈镰状，革质、坚硬，边缘有细缺齿，上面深绿色，有光泽，下面淡绿色，沿中脉两侧各有 1 条白粉气孔带。球果卵圆形；熟时苞鳞革质，棕黄色，三角状卵形。

【生长习性】

花期 4 月，球果 10 月下旬成熟。亚热带树种，较喜光。喜温暖湿润的气候环境，不耐严寒及湿热，怕风，怕旱。耐受极端最低温度 -17℃的气候条件。耐寒性强于耐旱能力。

【栽培养护】

播种繁殖。10 月下旬至 11 月上旬选择生长良好的优树采种。2 月播种，播后覆盖黄心土。及时除草松土，适当间苗。6 月以前加强排水，7-8 月注意灌水抗旱，9 月以后停止施肥灌水。

【园林应用】

本种树姿美观，可作为园景树、庭荫树、行道树及林带树，亦可用于丛植、群植，同时又可作防风林树种，适用于大型园林景观。

（图文：魏薇 审校：王仲朗、王学宝）

水　松

别　名 无

拉丁名 *Glyptostrobus pensilis*

科　属 杉科（Taxodiaceae）水松属（*Glyptostrobus*）

【自然分布】

我国特有树种，主要分布在广州珠江三角洲和福建中部及闽江下游海拔 1000 m 以下地区。广东东部及西部、福建西部及北部、江西东部、四川东南部、广西及云南东南部也有零星分布。

【识别要点】

落叶乔木，高 8-10 m，稀高达 25 m。树干具扭纹。生于湿生环境者干基膨大具圆棱，并有高达 70 cm 的藤状呼吸根。枝较稀疏。叶多型，有鳞形叶、条形叶、条状钻形叶。雌雄同株。球花单生枝顶；雌球花卵状椭圆形。球果直立，倒卵状球形。种鳞木质，大小不等。种子椭圆形，微扁，具一向下生长的长翅。

【生长习性】

喜光，喜温暖潮湿的气候和水湿环境。不耐低温和干旱。对土壤的适应性较强，但最适于中性或微碱性土壤。花期 1-2 月，球果秋后成熟。怕盐碱，喜肥沃、深厚、湿润、排水良好的酸性土壤。

【栽培养护】

种子繁殖，发芽率达 85% 以上，也可扦插繁殖。播种或扦插的繁殖苗床均应保持土壤湿润，切忌过湿或干燥。通常不必修剪，但应注意防寒越冬。

【园林应用】

水松大枝平展，树冠呈卵形或倒卵形，春叶鲜绿，入秋后转为红褐色，并有奇特的藤状根，具有较高的观赏价值。适用于暖地的园林绿化，植于水边或湿地。

（图文：唐凌云　审校：王仲朗、王学宝）

水　杉

别　名 无

拉丁名 *Metasequoia glyptostroboides*

科　属 杉科（Taxodiaceae）水杉属（*Metasequoia*）

【自然分布】

我国各地普遍引种，北至辽宁草河口、辽东半岛，南至广东广州，东至江苏、浙江，西至云南昆明、四川成都、陕西武功，已成为受欢迎的绿化树种之一。

【识别要点】

落叶大乔木。树冠幼年时为尖塔形，老年时则枝条展开呈椭圆形。树干基部常膨大。树皮灰褐色，浅纵裂，条状剥落。大枝不规则轮生，小枝对生，下垂。叶线形，扁平、柔软，交互对生，羽状，嫩绿色，冬季与小枝一同凋落。雌雄同株，雄球花单生叶腋，雌球花单个或成对散生于枝上。球果近圆形，具长柄，下垂。

【生长习性】

适应性强，性喜光，较耐寒，不耐阴。适应性强，在土层深厚、湿润肥沃、排水良好的河滩冲积土和山地黄壤土生长旺盛。不耐干旱、瘠薄，怕水涝。花期 3 月，果期 10-11 月。

【栽培养护】

播种和扦插繁殖，但多用扦插育苗。圃地经常保持湿润通风。大苗移栽必须带土球，施足基肥，栽后要浇透水。旺盛生长期要追肥，一般追 1 次，注意松土、锄草。

【园林应用】

水杉树姿优美，叶色多变，是著名的庭园观赏树。它对二氧化硫有一定抗性，是工厂绿化的好树种。

（图文：唐凌云　审校：王仲朗、王学宝）

北美红杉

别　名 长叶世界爷、红杉

拉丁名 *Sequoia sempervirens*

科　属 杉科（Taxodiaceae）北美红杉属（*Sequoia*）

【自然分布】

原产于美国加利福尼亚州海岸，上海、南京、杭州、昆明等多地有引种栽培。

【识别要点】

常绿特大乔木，原产地高达 110 m，胸径达 8 m，树皮红褐色，纵裂，枝条水平开展，树冠圆锥形。二型叶，主枝的叶卵状矩圆形，侧枝的叶条形；雌雄同株，雄球花单生枝顶或叶腋，雄蕊多数，雌球花单生枝顶，下有多数鳞状叶；球果当年成熟，卵圆形，成熟时珠鳞发育为种鳞，木质，盾形，种子 2-5 粒。

【生长习性】

喜温暖湿润和阳光充足的环境，耐半阴，不耐干旱，耐水湿，生长适温 18-25℃，冬季耐 -8--5℃低温，以土层深厚、肥沃、排水良好的壤土为宜。

【栽培养护】

播种、扦插繁殖。种子采收后晾干低温储存，翌年 3-4 月播种。扦插繁殖宜在夏季进行，可用 2 年生枝条或当年生嫩枝作插穗，生根率为 70%-80%。北美红杉栽培关键在幼苗期的病害防治及水肥管理。

【园林应用】

北美红杉树干粗壮、通直、树姿雄伟，枝叶茂密，生长迅速，是园林绿化及植树造林的优良树种。可成片种植于护坡、护岸，园林草坪中孤植、群植，呈现伟岸、秀丽树姿，也可沿园路两边列植。

（图文：孔繁才　审校：孔繁才、王学宝）

台湾杉

别 名 **台杉、台湾松**

拉丁名 ***Taiwania cryptomerioides***

科 属 **杉科（Taxodiaceae）台湾杉属（*Taiwania*）**

【自然分布】

第三纪古热带植物区孑遗植物，现残存于云南西部怒江流域的贡山，澜沧江流域的兰坪，湖北南部的利川、毛坎，贵州东南部的雷公山及台湾中央山脉。

【识别要点】

常绿乔木，高达 60 m，胸径 3 m；枝平展，树冠广圆形。大树上的叶钻形、腹背隆起，背脊和先端向内弯曲；幼树及萌生枝上之叶的两侧扁，四棱钻形，微向内侧弯曲。雄球花 2-5 个簇生枝顶，雌球花球形，球果卵圆形或短圆柱形；种子长椭圆形或长椭圆状倒卵形，包含翅的长度种子总长 6 mm，径 4.5 mm。

【生长习性】

喜光，喜夏热冬凉、雨量充沛、湿度较大的环境；喜土层较深厚的山地黄壤土，pH 4.0-5.3，但在中性、微碱性土壤中也可生长，忌土壤积水。球果 10-11 月成熟。

【栽培养护】

播种、扦插繁殖。在球果鳞片未张开时采收，放置于通风干燥处阴干，播种苗床用砂壤土，播种后 20-30 天出苗；扦插宜在早春进行，3 个月后插穗开始生根，生根率可达 40% 左右。苗木移植容易成活，苗期注意防治猝倒病；适度水肥管理。

【园林应用】

台湾杉寿命长，生长迅速，树干挺拔、根系发达，是优良的庭园绿化树种，可孤植、群植、列植等；也是优良珍贵的用材树种，可在城市周边山坡造林，城市防护林带、林地种植。

（图文：孔繁才 审校：孔繁才、王学宝）

池　杉

别　名 **池柏、沼泽落羽松**
拉丁名 ***Taxodium ascendens***
科　属 **杉科（Taxodiaceae）落羽杉属（*Taxodium*）**

【自然分布】

原产于北美洲东南部，常生于海拔 30 m 以下的沿海平原沼泽地和低湿地。我国各地引种栽培。

【识别要点】

落叶乔木，高达 25 m，树干基部膨大，在低湿地有屈膝状的呼吸根，树皮纵裂，成长条片脱落，树冠较窄，呈尖塔形；叶钻形，微内曲，在枝上螺旋状伸展；球果圆球形或矩圆状球形，有短梗，向下斜垂，熟时褐黄色，种鳞木质，盾形，种子不规则三角扁形，微红褐色，边缘有锐脊。

【生长习性】

强阳性树种，不耐阴。喜温暖、湿润环境，稍耐寒。适生于土层深厚、疏松的酸性或微酸性土壤，极耐涝，但也耐旱。现许多城市尤其是长江南北水网地区作为重要造林树种和园林绿化树种大量种植。花期 3-4 月，球果 10 月成熟。

【栽培养护】

播种、扦插繁殖。池杉对土壤 pH 反应敏感，如在中性或微碱性土育苗、种植，幼苗、苗木易出现黄化现象，致使苗木生长不良。宜选 pH 5-6.5 肥沃湿润的沙壤、红壤土播种育苗、栽培种植。扦插繁殖春季、夏季、秋季都可进行，3-4 月用硬枝扦插，2 个月后插条即可愈合生根，生根率可达 80%；6-8 月用嫩枝扦插，其生长迅速，抗风力强，萌芽力强。

【园林应用】

树形婆娑，枝叶秀丽，气生根形状奇特，秋叶棕褐色，是观赏价值很高的园林树种。是湖泊周围、河流两岸、干旱荒坡常用的绿化树种；可湿地成片栽植，绿地孤植、丛植、片植，也可列植作行道树。

（图文：孔繁才　审校：孔繁才、王学宝）

落羽杉

别　名 **落羽松**

拉丁名 ***Taxodium distichum***

科　属 **杉科（Taxodiaceae）落羽杉属（*Taxodium*）**

【自然分布】

原产于北美洲东南部。我国广州、杭州、上海、南京、武汉、庐山及河南鸡公山等地引种栽培。

【识别要点】

落叶乔木；树干尖削度大，干基通常膨大，常有屈膝状的呼吸根；树皮棕色，裂成长条片脱落；枝条水平开展；新生幼枝绿色，到冬季则变为棕色。叶扁平，羽状，淡绿色，下面黄绿色或灰绿色，凋落前变成暗红褐色。雄球花卵圆形，在小枝顶端排列成总状花序状或圆锥花序状。球果球形或卵圆形，向下斜垂，熟时淡褐黄色，有白粉；种鳞木质，顶部有明显或微明显的纵槽；种子不规则三角形，有锐棱，褐色。

【生长习性】

强阳性树种，适应性强，能耐低温、干旱、涝渍和土壤瘠薄，耐水湿，能生于排水不良的沼泽地上。抗污染，抗台风，且病虫害少，生长快。球果10月成熟。

【栽培养护】

播种和扦插繁殖。夏秋高温时要加强抗旱管理，及时浇水，促进苗木生长。一般3月间移植。苗木侧根较少，主根长，起苗时需深挖多留根，栽植时应深穴深栽植。

【园林应用】

树形优美，幼树树冠圆锥形，老则呈宽圆锥状。羽毛状的叶丛极为秀丽，其枝叶茂盛，入秋后落叶较迟，树叶变为古铜色，是良好的秋季观叶树种。冠形雄伟秀丽，是优美的庭园、道路绿化树种，工业用树种和生态保护树种。

（图文：李函润　审校：孔繁才、王学宝）

墨西哥落羽杉

别　名 墨西哥落羽松、尖叶落羽杉

拉丁名 *Taxodium mucronatum*

科　属 杉科（Taxodiaceae）落羽杉属（*Taxodium*）

【自然分布】

原产于墨西哥及美国西南部，生于亚热带温暖地区。我国江苏南京引种栽培，生长良好。为温带低湿地区的造林树种。

【识别要点】

半常绿或常绿乔木；树干尖削度大，基部膨大；树皮裂成长条片脱落；枝条水平开展，形成宽圆锥形树冠，大树的小枝微下垂；生叶的侧生小枝螺旋状散生，不呈二列。叶条形，扁平，排列紧密，列成二列，呈羽状，通常在一个平面上，向上逐渐变短。雄球花卵圆形，近无梗，组成圆锥花序状。球果卵圆形。

【生长习性】

喜光，喜温暖湿润气候，耐水湿，耐寒，对盐碱土适应能力强。生长速度较快。抗风、抗污染、抗病虫害、耐干旱和瘠薄。

【栽培养护】

播种和扦插繁殖。播前用温水浸种四五天，每天换水，3% 的硫酸铜溶液浸种，可提早发芽。定植后主要应防止中央主干成为双干，在扦插苗中尤应注意，见有双主干及时修剪掉弱干，保留强干。病害有茎腐病危害小苗；虫害有大衰蛾、蚧壳虫、卷叶螟、刺毛等。

【园林应用】

树形高大挺拔，是优良的绿地树种，也是海边滩涂地、盐碱地的适宜树种。可孤植、对植、丛植和群植，也可种于庭院、路边、河边、宅旁或作行道树。可起到维护自然保护区生物链的作用，还能起到防止水土流失、涵养水源的作用。

（图文：李函润　审校：孔繁才、王学宝）

中山杉

别　名　无

拉丁名　*Taxodium* 'Zhongshanshan'

科　属　杉科（Taxodiaceae）落羽杉属（*Taxodium*）

【自然分布】

是原产于北美洲落羽杉属落羽杉、池杉、墨西哥落羽杉3个树种的优良种间杂交种，由江苏省中国科学院植物研究所经多年试验研究后选育而成。我国各地均有种植。

【识别要点】

落叶乔木；中山杉（302）是落羽杉和墨西哥落羽杉杂种中选育出的优良无性系；中山杉（401）是池杉和墨西哥落羽杉杂种中选育出的无性系。羽状复叶，叶条形，互生、螺旋状散生于小枝上；雌雄异花，同株，雄球花柔荑花序，着生在小枝上，成熟时呈椭圆形；雌球花着生在新枝顶部，单个或2-3个簇生，成熟时呈球形；球果圆球形或椭圆形，灰绿色或褐色；通常种子不熟。

【生长习性】

喜光，喜湿耐肥，耐盐碱、耐水湿，抗风性强，病虫害少，适应能力强，生长速度快，寿命长。

【栽培养护】

扦插繁殖。其枝条较易生根成苗，扦插苗一般无顶梢，生根苗移栽成活后要修枝整形，剪除侧枝，培养顶梢枝。移植宜在初春枝叶未萌动前进行，带土球。例如，袋苗培育，一年四季都宜移植。蛴螬、地老虎是中山杉幼苗的主要害虫，苗期适时防治。

【园林应用】

其树干挺拔、树形优美，适应性强，耐盐碱、耐水湿，生长快，是城市园林绿化的优良树种，在城市园林绿化、水源涵养、水土保持、绿色景观通道、生态建设等方面具有广阔的利用前景，也是农田林网、滩涂造林、湿地生态建设的理想材料。

（图文：李函润　审校：孔繁才、王学宝）

翠　柏

别　名 **大鳞肖楠、长柄翠柏**
拉丁名 ***Calocedrus macrolepis***
科　属 **柏科（Cupressaceae）翠柏属（*Calocedrus*）**

【自然分布】

分布于云南昆明、易门、龙陵、禄丰、石屏、元江、墨江、思茅、景洪等地。贵州、广西、海南亦有零星散生分布。

【识别要点】

常绿大乔木，高达 30-35 m，胸径 1-1.2 m；树皮红褐色、灰褐色或褐灰色，幼时平滑，老则纵裂；叶鳞形，两对交叉对生，呈节状，小枝上下两面中央的鳞叶扁平，露出部分楔状，小枝下面的叶微被白粉或无白粉；雌雄球花分别生于不同短枝的顶端；着生雌球花及球果的小枝圆柱形或四棱形，球果矩圆形、椭圆柱形或长卵状圆柱形，熟时红褐色，种子近卵圆形或椭圆形。

【生长习性】

喜光，耐湿，喜石灰质肥沃疏松、透气性好、微碱性土壤。

【栽培养护】

播种、扦插繁殖。一般用种子繁殖，球果成熟后，在种鳞开裂、种子散落前及时采收球果，晾干球果，种鳞开裂后筛出种子，低温干藏至翌年春季 3 月播种，播种后 20-30 天种子发芽，幼苗要搭棚遮阴，适时喷施杀菌剂，严防茎腐病发生。幼苗生长 2-3 个月上袋移栽。裸根大苗移植成活率低，一般培育袋苗。

【园林应用】

翠柏生长快，树形优美，四季青翠常绿，木材优良，可作为海拔 1000-2000 m 地带的优良造林树种及园林绿化的防风林、护坡林、景观带等处的树种种植。

（图文：孔繁才　审校：孔繁才、王学宝）

云片柏

别　名　日本扁柏、白柏（青岛）、钝叶扁柏、扁柏（台湾）

拉丁名　*Chamaecyparis obtusa* 'Breviramea'

科　属　柏科（Cupressaceae）扁柏属（*Chamaecyparis*）

【自然分布】

日本扁柏的栽培变种，原产于日本，我国长江以南各地引种作观赏树广为栽培。

【识别要点】

常绿小乔木或灌木，树高 3-6 m，树冠窄塔形。枝短，生鳞叶的小枝薄片状，有规则地排列，侧生片状小枝盖住顶生片状小枝，形如云片状；球果较小，通常不育。

【生长习性】

不耐寒，喜凉爽湿润气候，在土层深厚、肥沃、排水良好的微酸性壤土上生长较好。

【栽培养护】

扦插繁殖。扦插繁殖宜在夏季进行，选二年生枝条剪成长 12-15 cm 的插穗，用 1000 倍液的萘乙酸浸泡半小时后扦插，90 天后插穗开始生根。容器育苗，插穗生根后移植，依据用苗规格每二年换大 1 号的容器培育苗木。实生地苗移植宜雨季进行，带土球移栽。

【园林应用】

其叶色秀丽，树冠恰似由片片薄云组成，甚是美丽，是优良的园林绿化树种，可作为各种植物景观搭建时的配植材料，较适宜作一些精品小景观的背景树、主景树。

（图文：孔繁才　审校：孔繁才、王学宝）

黄叶扁柏

别　名 无

拉丁名 *Chamaecyparis obtusa* 'Crippsii'

科　属 柏科（Cupressaceae）扁柏属（*Chamaecyparis*）

【自然分布】

产于日本本州、四国、九州的山区。

【识别要点】

常绿小乔木或矮小灌木。树冠尖塔形，树干皮呈赤褐色，光滑，裂成薄片脱落。小枝扁平，先端金黄色，呈云片状。下面鳞片有显著白粉，鳞叶较厚，先端钝、肥厚。两侧叶对生呈“Y”形，且较中间叶为大。球果圆球形，球果的种鳞为木质，盾状而隆起，熟时开裂。

【生长习性】

较耐阴、耐寒。生存环境多为酸性的棕色森林土壤。喜凉爽湿润气候、土壤肥沃且排水较为良好的环境条件。果期10-11月。生长较为缓慢，并且寿命较长。

【栽培养护】

扦插育苗。春季选择二年生枝，修去下部侧枝，随即插入河沙、园土各半的苗床中，插后压紧、浇水，保持苗床湿润。温度过高时，注意遮阴或喷雾降温，扦插2个月生根。

【园林应用】

夏季在绿茵草地上，金黄的颜色引人注目，到了冬季在白雪中更显得俊俏挺拔。宜种植在视野开阔的草坪上或路边孤植、丛植，再配上小型的太湖石，显得十分可爱。盆栽造型也很雅致。是城市绿化的珍贵树种。

（图文：李云猛　审校：孔繁才、王学宝）

孔雀柏

别　名 日本扁柏、白柏（青岛）、钝叶扁柏、扁柏（台湾）

拉丁名 *Chamaecyparis obtusa* 'Tetragona'

科　属 柏科（Cupressaceae）扁柏属（*Chamaecyparis*）

【自然分布】

日本扁柏的栽培变种，原产于日本，我国长江以南各地引种作观赏树广为栽培。

【识别要点】

常绿小乔木或灌木，树高 3-7 m。枝近直展，叶鳞片状，交互对生，生鳞叶的小枝辐射状排列或微排成平面，末端鳞叶枝四棱形；鳞叶背部有纵脊，光绿色，嫩鳞叶淡黄色。球花小，雌雄同株，单生枝顶；雄球花长椭圆形；雌球花球形，交互对生；球果直立，当年成熟，有盾状的种鳞，木质；种子有翅，能发芽的种子较少。

【生长习性】

喜光，喜凉爽湿润气候，稍耐寒，在土层深厚、肥沃、排水良好的微酸性壤土上生长较好。

【栽培养护】

扦插繁殖。扦插繁殖宜在夏季进行，选二年生枝条剪成长 15 cm 的插穗，用 1000 倍液的萘乙酸浸泡半小时后扦插，80 天后插穗开始生根。容器育苗，插穗生根后移植，依据用苗规格每二年换大 1 号的容器培育苗木。实生地苗移植宜雨季进行，带土球移栽。

【园林应用】

其树冠紧凑、叶密集、色翠绿，排列似孔雀之尾，美观怡人，鳞叶具有浓郁香气、不受虫蛀、千年不腐，是优良的园林绿化树种，可作为各种植物景观搭建时的配植材料，较适宜作一些精品小景观的背景树、主景树等。

（图文：孔繁才　审校：孔繁才、王学宝）

绒　柏

别　名 无

拉丁名 *Chamaecyparis pisifera* 'Squarrosa'

科　属 柏科（Cupressaceae） 扁柏属（*Chamaecyparis*）

【自然分布】

日本花柏的栽培变种，原产于日本。我国东部、中部及西南地区城市园林中广泛栽培。

【识别要点】

常绿小乔木，树高可达 10 m。树冠紧密，侧枝斜展，枝叶浓密；树皮褐色，粗糙，纵裂。叶条状刺形，柔软似绒，长 5-6 mm，先端尖，小枝下面之叶的中脉两侧有白粉带。

【生长习性】

喜光，稍耐阴，喜温凉湿润气候，喜土层深厚、肥沃、湿润、排水良好的微酸性壤土，不喜干燥、贫瘠土地。

【栽培养护】

扦插、嫁接繁殖。多采用扦插繁殖，选二年生或当年生半木质化的枝条剪成长 12-15 cm 的插穗，用 1000 倍液的萘乙酸浸泡半小时后扦插，3 个月后插穗开始生根；作盆景观赏多采用嫁接繁殖。容器或地栽育苗。绒柏移栽较容易成活，地生苗移植宜春夏季进行，带土球移栽。

【园林应用】

绒柏树姿优美、树冠紧密、枝叶柔和如绒，为名贵的常绿观赏树。在庭院中可孤植、丛植成景或作绿篱种植，列植作行道树。也可造型作盆景，作整形园林景观小品的主景树、背景树。

（图文：孔繁才　审校：孔繁才、鲁飞、李秀娟）

美国尖叶扁柏

别　名　无

拉丁名　*Chamaecyparis thyoides*

科　属　柏科（Cupressaceae）扁柏属（*Chamaecyparis*）

【自然分布】

原产美国东部及东南部，我国庐山、南京、杭州、昆明等地引种作庭园树栽培。

【识别要点】

常绿乔木，在原产地高25 m，胸径1 m；树皮厚，红褐色，窄长纵裂，常扭曲。小枝红褐色；生鳞叶的小枝排成平面，扁平，不规则排列。鳞叶排列紧密，先端钝尖，背部隆起有纵脊，有明显的腺点，小枝下面的鳞叶淡绿色。雄球花暗褐色。球果圆球形，径约6 mm，有白粉，熟时红褐色，种鳞3对，顶部有尖头；发育种鳞具1-2粒种子。

【生长习性】

喜光，喜温暖潮湿环境，在土层深厚肥沃、潮湿的条件下生长较好，也稍耐干旱、瘠薄；耐修剪、萌发强。

【栽培养护】

播种、扦插繁殖。繁殖宜在春夏季进行，播种繁殖幼苗期适时防治猝倒病；扦插繁殖选二年生枝条剪成长15 cm的插穗，用1200倍液的萘乙酸浸泡1 h后扦插，80天后插穗开始生根。容器育苗，幼苗10 cm高、插穗生根后移植，依据用苗规格每两年换大1号的容器培育苗木。实生地苗移植宜雨季进行，带土球移栽。

【园林应用】

其枝叶紧凑，叶色浓绿，树干圆柱形，耐修剪、萌发强，是优良的庭园绿化树种，可成排密植作树墙、作绿篱用于道路隔断、阻挡；也可成片种植及与其他景观植物搭配种植，还可作行道树种植等。

（图文：孔繁才　审校：孔繁才、王学宝）

干香柏

别 名 **滇柏**
拉丁名 ***Cupressus duclouxiana***
科 属 **柏科（Cupressaceae）柏木属（*Cupressus*）**

【自然分布】

我国特有树种，产于云南中部、西北部及四川西南部海拔 1400-3300 m 的地带。散生于干热或干燥山坡之林中，或成小面积纯林（如丽江雪山等地）。

【识别要点】

常绿乔木，高达 25 m；树干端直，树皮灰褐色，裂成长条片脱落；枝条密集，树冠近圆形或广圆形；小枝不排成平面，不下垂，一年生枝四棱形，绿色，二年生枝上部稍弯，向上斜展，近圆形，褐紫色。鳞叶密生，近斜方形，背面有纵脊及腺槽，蓝绿色，无明显的腺点。雄球花近球形或椭圆形，花药黄色。球果圆球形；种子褐色或近褐色，两侧具窄翅。

【生长习性】

喜生于气候温和、夏秋多雨、冬春干旱的山区，在深厚、湿润的土壤上生长迅速。

【栽培养护】

一般用种子繁殖，苗木定植 3-5 年后方能开花结实，每年底至翌年初为花期，球果隔年成熟。3-4 月球果由粉绿色转变成褐色。移栽时，需要带土球作业。

【园林应用】

可作为云南中部、西北部及四川西南部的造林树种；园林绿化中常列植或孤植作为造景树种。

（图文：高富 审校：尹擎、王学宝）

西藏柏木

别　名　干柏杉、喜马拉雅柏、喜马拉雅柏木
拉丁名　*Cupressus torulosa*
科　属　柏科（Cupressaceae）柏木属（*Cupressus*）

【自然分布】

产于西藏东部及南部。印度、尼泊尔、不丹也有分布。

【识别要点】

常绿乔木，高约20 m；生鳞叶的枝不排成平面，圆柱形，末端的鳞叶枝细长，微下垂或下垂，排列较疏，二年生、三年生枝灰棕色，枝皮裂成块状薄片。鳞叶排列紧密，近斜方形，先端通常微钝，背部平，中部有短腺槽。球果生于短枝顶端，宽卵圆形或近球形，熟后深灰褐色。种鳞5-6对，顶部五边形，自中央向四周有辐射条纹。

【生长习性】

喜光，喜温暖湿润气候，在土层深厚、中性、微酸性和富含钙质的土壤上生长较好。适应性、萌发力强。经过培育驯化，在寒冷和盐碱地、干旱贫瘠之地也能正常生长。生于石灰岩山地。

【栽培养护】

播种、扦插、嫁接繁殖，一般用播种繁殖。种子有较长的后熟休眠期，隔年能发芽。幼苗生长较慢，出苗后需要搭棚遮阴，注意养护。小苗移栽需要带宿土，大苗需要带土球；通常以营养土袋装苗繁殖育苗。

【园林应用】

树干挺拔、雄伟，枝条斜展，弯曲下垂，四时青翠，树皮斑驳，自然形态美观，是庭园绿化的优良树种。其长寿常青、木质芳香、经久不朽，在园林绿化中可做主景树、骨干树，构成园林空间的竖向结构，也可用于荒山造林。

（图文：李函润　审校：孔繁才、王学宝）

福建柏

别　名 建柏、广柏

拉丁名 *Fokienia hodginsii*

科　属 柏科（Cupressaceae）福建柏属（*Fokienia*）

【自然分布】

产于浙江南部、福建、广东北部、江西、湖南南部、贵州、广西、四川及云南东南部及中部安宁。在福建分布于海拔 100-700 m 的地带，在贵州、湖南、广东及广西分布于海拔 1000 m 左右的地带，在云南地区分布于海拔 800-1800 m 的地带。

【识别要点】

常绿乔木，高达 17 m；树皮紫褐色，平滑；小枝扁平，排成一平面，二年生、三年生枝褐色，光滑，圆柱形。鳞叶 2 对，交叉对生，呈节状，上面之叶蓝绿色，侧面之叶对折，近长椭圆形，先端渐尖或微急尖，通常直而斜展，稀微向内曲；成体树上的叶较小，两侧之叶先端稍内曲，急尖或微钝，常较中央的叶稍长或近于等长。雄球花近球形；球果近球形，熟时褐色。

【生长习性】

阳性树种，幼年喜荫蔽，要求温暖、湿润气候。在有机质较多、腐殖质层厚、疏松、中性偏酸性的黄壤或红黄壤上生长良好。萌蘖力强，耐修剪。花期 3-4 月，种子翌年 10-11 月成熟。

【栽培养护】

播种繁殖。幼苗需适当遮阴。夏季可用清粪水拌和少量硫酸亚铁浇于幼苗根部，防止发生立枯病。小苗留床 1 年，翌年换床移栽，苗期有猝倒病，大树有白蚁为害。

【园林应用】

树干挺拔、雄伟，枝条斜展，弯曲下垂，四时青翠，树皮斑驳，自然形态美观，是庭园绿化的优良树种。其长寿常青、木质芳香、经久不朽，在园林绿化中可做主景树、骨干树，构成园林空间的竖向结构，也可用于荒山造林。

（图文：李函润　审校：孔繁才、邓兆金）

刺　柏

别　名 台桧、矮柏木

拉丁名 *Juniperus formosana*

科　属 柏科（Cupressaceae）刺柏属（*Juniperus*）

【自然分布】

我国特有树种，分布较广，多数地区有分布，垂直分布于华东地区海拔 200 m 至西藏海拔 3400 m 之地。

【识别要点】

常绿乔木，高达 12 m；树皮褐色，纵裂成长条薄片脱落；树冠塔形或圆柱形；小枝垂下，三棱形。叶三叶轮生，条状披针形或条状刺形。雄球花圆球形或椭圆形，长 4-6 mm，药隔先端渐尖，背有纵脊。球果近球形或宽卵圆形，熟时淡红褐色或蓝黑色，被白粉或白粉脱落，间或顶部微张开；种子半月圆形，具 3-4 棱脊，顶端尖，近基部有 3-4 个树脂槽。

【生长习性】

喜光，喜温暖湿润气候。在干旱的沙地、向阳山坡以及岩石缝隙处均可生长，耐寒，耐干旱、瘠薄，不耐水湿。

【栽培养护】

播种、扦插繁殖。播种宜在 3 月进行，播种 20 天后开始发芽；扦插繁殖春季、夏季、秋季都可进行，可采用硬枝扦插容器育苗，即插条直接插入容器袋里，可省去第一次移苗的程序，也可苗床扦插，一般 2 个月后可生根。栽培容易，常规日常管护。

【园林应用】

刺柏树形美观，耐寒耐旱，抗逆性强，叶片苍翠，冬夏常青，是城乡绿化常见树种。可孤植、列植或配植。同时其枝叶下垂、叶细、油绿，树干苍劲，是制作盆景的好素材。

（图文：孔繁才　审校：孔繁才、邓兆金）

圆　柏

别　名 无
拉丁名 *Sabina chinensis*
科　属 柏科（Cupressaceae）圆柏属（*Sabina*）

【自然分布】

产于内蒙古乌拉山、河北、山西、山东、江苏、浙江、福建、安徽、江西、河南、陕西南部、甘肃南部、四川、湖北西部、湖南、贵州、广东、广西北部及云南等地。

【识别要点】

常绿乔木，高达 20 m，胸径达 3.5 m；树皮深灰色，纵裂，成条片开裂；小枝通常直或稍呈弧状弯曲，生鳞叶的小枝近圆柱形或近四棱形。叶二型，即刺叶及鳞叶。雌雄异株，稀同株，雄球花黄色，椭圆形。球果近圆球形，种子卵圆形，被白粉或白粉脱落，有 1-4 粒种子。

【生长习性】

喜光树种，较耐阴，喜温凉、温暖气候及湿润土壤。忌积水，耐修剪，易整形。耐寒、耐热，对土壤要求不严，在中性、深厚而排水良好处生长最佳。深根性，侧根也很发达。

【栽培养护】

播种、扦插、压条繁殖均可。圆柏耐干旱，浇水不可偏湿，不干不浇，做到见干见湿，春夏两季，施用 2-4 次肥水。常见的病虫害为锈病。

【园林应用】

圆柏幼龄树树冠整齐，圆锥形，树形优美，大树干枝扭曲，姿态奇古，可以独树成景，也可作行道树和绿篱。性耐修剪又有很强的耐阴性，可以群植草坪边缘作背景，或丛植片林、镶嵌树丛的边缘、建筑附近。

（图文：唐凌云　审校：王仲朗、邓兆金）

昆明柏

别 名 **刺柏、昆明刺柏**

拉丁名 ***Sabina gaussenii***

科 属 **柏科（Cupressaceae）圆柏属（*Sabina*）**

【自然分布】

分布于云南昆明、玉溪、丽江、鹤庆、西畴等地。常生于海拔 1200-2000 m 的林缘地带。

【识别要点】

常绿小乔木或为灌木，高约 8 m，枝直伸或斜展，圆柱形，枝皮暗褐色，裂成薄片脱落，小枝直或稍弧状弯曲。叶全为刺形，生于小枝下部的叶较短，交叉对生或 3 叶交叉轮生，近直立或上部斜展，鳞状刺形；生于小枝上部的叶较长，3 叶交叉轮生。球果生于直或弯曲小枝的顶端，卵圆形，顶端圆或微呈叉状，常被白粉；种子卵圆形。

【生长习性】

喜光，稍耐阴，耐寒性强。喜土层深厚、肥沃、排水良好的微酸性红壤，在干旱瘠薄土壤上也能生长。

【栽培养护】

播种、扦插繁殖。自然生长下结实率低，通常扦插繁殖。扦插繁殖宜在夏季进行，确保扦插基质透水透气性好、苗床湿度在 70%-80% 的条件下，生根率可达 90%。昆明柏栽培容易，生长快。

【园林应用】

昆明柏四季青翠、树形奇特、种子萌发强、极耐修剪，栽培容易，是较好的园林绿化树种，可孤植、三五成丛群植作庭园树或成排种植作绿篱、隔断。

（图文：孔繁才　审校：孔繁才、邓兆金）

小果垂枝柏

别　名 **香刺柏**

拉丁名 ***Sabina recurva* var. *coxii***

科　属 **柏科（Cupressaceae）圆柏属（*Sabina*）**

【自然分布】

分布于云南西北部，是垂枝柏的自然变种。

【识别要点】

常绿小乔木或灌木，高达 8 m；树皮浅灰褐色、褐灰色或褐色，裂成薄片脱落；下部枝条平展，上部枝条斜伸，枝梢与小枝弯曲而下垂，外貌俯垂，树冠圆锥形或宽塔形。叶短刺形，3 枚交互轮生，叶上面有两条绿白色气孔带，绿色中脉明显。雌雄同株，稀异株；雄球花黄色；雌球花近圆球形。球果卵圆形，较小，长 5-8 mm，直径 5 mm，幼时微具白粉，成熟后紫黑色，内有 1 粒种子。

【生长习性】

喜光，喜温凉湿润气候，喜土层深厚、肥沃、排水良好的高山黑钙土，稍耐干旱、瘠薄，不耐水涝。常生于冷杉林、云杉林或针阔叶树混交林内。

【栽培养护】

播种、扦插繁殖。球果采收后净种低温储藏，翌年 3 月播种，条播或撒播于苗床内，沙土覆盖；扦插繁殖宜夏季进行。生长季节加强水肥管理、薄肥勤施、中耕除草。容器育苗为佳，如实生裸根苗移植宜夏季进行，带土球移栽。

【园林应用】

其树冠圆锥形或宽塔形，枝梢与小枝弯曲而下垂，树形非常优美，是城市园林绿化的上品材料，可孤植作主景树，可列植作行道树，可庭院种植衬托建筑的文雅、古朴。

（图文：孔繁才　审校：孔繁才、邓兆金）

日本香柏

别 名 无
拉丁名 *Thuja standishii*
科 属 柏科（Cupressaceae）崖柏属（*Thuja*）

【自然分布】

原产于日本，我国庐山、青岛、杭州、昆明等地多有栽培。

【识别要点】

常绿乔木，树高达 18 m；树皮红褐色，裂成薄鳞片脱落；侧枝开展，枝端下垂，树冠宽塔形。鳞叶先端钝尖或微钝，中央之叶尖头下方无腺点，两侧之叶较中央的叶稍短或等长。球果卵圆形，熟时暗褐色；种鳞 5-6 对，仅中间 2-3 对发育生有种子；种子扁，两侧有窄翅。

【生长习性】

喜光，喜凉爽湿润的气候，在土层深厚、肥沃、排水良好的微酸性壤土上生长较好，耐寒性强，耐修剪。

【栽培养护】

播种、扦插繁殖。球果采收后净种低温储藏，翌年 4 月播种，条播或撒播；扦插繁殖宜夏季进行。幼树有 2 个生长高峰期，分别在 6 月和 9 月，其间需加强日常管理，薄肥勤施，除草松土；容器育苗为佳，如实生裸根苗移植宜夏季进行，移植时需带土球。

【园林应用】

其树形优美，树干通直，树冠宽塔形，枝繁叶茂、芳香，是我国亚热带地区用材林、风景林、水土保持林的优良树种。广泛用于城市园林绿化中，可孤植、列植、成林种植等。

（图文：孔繁才 审校：孔繁才、邓兆金）

罗汉柏

别　名 无

拉丁名 *Thujopsis dolabrata*

科　属 柏科（Cupressaceae）罗汉柏属（*Thujopsis*）

【自然分布】

原产于日本的本州及九州，我国青岛、庐山、昆明、井冈山、南京、上海、杭州、福州、武汉等地均有引种栽培。

【识别要点】

常绿乔木或灌木，高达 15 m；树皮薄，灰色或红褐色，裂成长条片脱落。枝条斜伸，树冠尖塔形，扦插苗侧枝发达，形成圆球状冠幅；生鳞叶的小枝平展，扁，鳞叶质地较厚，两侧之叶卵状披针形，上侧面深绿色，下侧面具一条较宽的粉白色气孔带；中央之叶稍短于两侧之叶，下面中央之叶具两条明显的粉白色气孔带。球果近圆球形；种子近圆形，两侧有窄翅。

【生长习性】

喜光，喜冷凉湿润气候，喜土层深厚、肥沃、排水良好的壤土，幼苗生长极慢。

【栽培养护】

播种、扦插或嫁接繁殖。球果采收后净种低温储藏，翌年 3 月播种，条播或撒播，沙土覆盖，幼苗期防范猝倒病发生；扦插较易生根，生根率可达 85% 以上。生长季节加强水肥管理、薄肥勤施、中耕除草、松土。容器育苗为佳，如实生裸根苗移植宜夏季进行，带土球移栽。

【园林应用】

其树冠优美、紧凑，枝繁叶茂，四季青翠，是上好的园林绿化树种，可成片相等间距或不等间距种植，营造不一样的园林景观，可列植作绿篱、作隔断与阻挡，可与其他景观植物配植，可庭院孤植，也可盆栽供观赏用。

（图文：孔繁才　审校：孔繁才、邓兆金）

罗汉松

别　名 **土杉、罗汉杉**
拉丁名 ***Podocarpus macrophyllus***
科　属 **罗汉松科（Podocarpaceae）**
罗汉松属（*Podocarpus*）

【自然分布】

产于浙江、江西、湖北、湖南、江苏、福建、安徽、四川、云南、贵州、广西、广东等省（自治区），栽培于庭园作观赏树。野生的树木极少。

【识别要点】

常绿乔木，高达 20 m。树冠广卵形。叶螺旋状着生，条状披针形，先端尖，基部楔形，上面深绿色，中脉显著隆起，下面带白色、灰绿色或淡绿色。雄球花穗状，3-5 簇生叶腋，有梗。种子核果状，卵圆形，熟时肉质假种皮紫黑色。

【生长习性】

喜温暖、湿润气候，半阴条件下生长。要求排水良好及肥沃砂质壤土。耐寒性较弱。花期 4-5 月，种子 8-9 月成熟。

【栽培养护】

播种和扦插繁殖。8 月下旬采种即可播种。扦插繁殖分秋春两季进行。移植以 3 月最宜。冬季应控制浇水量，以防冻害。注意红蜘蛛、蚧壳虫、大蓑蛾和白蚁等虫害。

【园林应用】

罗汉松树姿秀丽葱郁，种托紫红奇特，犹如“罗汉袈裟”，惹人喜爱。适宜门前对植、中庭孤植，或栽于墙垣一隅与假山湖石相配。

（图文：唐凌云　审校：王仲朗、邓兆金）

百日青

别　名 **竹叶松、竹柏松**
拉丁名 ***Podocarpus neriifolius***
科　属 **罗汉松科（Podocarpaceae）**
罗汉松属（*Podocarpus*）

【自然分布】

产于浙江、福建、台湾、江西、湖南、贵州、四川、西藏、云南、广西、广东等省（自治区）。

【识别要点】

常绿乔木，高达 25 m，胸径约 50 cm；树皮灰褐色，薄纤维质，呈片状纵裂；枝条开展或斜展。叶螺旋状着生，披针形，厚革质，常微弯，长 7-15 cm，宽 9-13 mm，萌生枝上的叶稍宽，叶上面中脉隆起，下面微隆起或近平。雄球花穗状，单生或 2-3 个簇生，总梗较短，基部有多数螺旋状排列的苞片。种子卵圆形，熟时肉质假种皮紫红色，种托肉质，橙红色。

【生长习性】

喜光，喜温暖湿润气候，喜土层深厚、肥沃、排水良好的壤土，稍耐寒。花期 5 月，果期 10-11 月。

【栽培养护】

播种、扦插繁殖。种子采收后净种低温储藏，翌年春季播种，条播或撒播于苗床内，沙土覆盖；扦插繁殖宜夏季进行，将半木质化的枝条剪成长 12-15 cm 的插穗，用 1000 倍液的萘乙酸浸泡半小时后扦插。生长季节加强水肥管理、薄肥勤施、中耕除草。容器育苗为佳，如实生裸根苗移植宜夏季进行，带土球移栽，适当剪去部分叶片。

【园林应用】

其树形优美，叶片长条形、四季常青，形如松，甚为壮观，是园林绿化的上品树种，可孤植、群植、列植或与其他景观植物混合植，也可盆栽供观赏用。

（图文：孔繁才　审校：孔繁才、邓兆金）

三尖杉

别　名　**狗尾松、山榧树、三尖松**

拉丁名　***Cephalotaxus fortune***

科　属　**三尖杉科**（**Cephalotaxaceae**）
三尖杉属（***Cephalotaxus***）

【自然分布】

我国特有树种，产于浙江、安徽南部、福建、江西、湖南、湖北、河南南部、陕西南部、甘肃南部、四川、云南、贵州、广西及广东等省（自治区）。在东部各省生于海拔 200-1000 m 的地带，在西南各省（自治区）分布较高，可达海拔 2700-3000 m。

【识别要点】

常绿乔木，高达 20 m；树皮褐色或红褐色，裂成片状脱落；枝条较细长，稍下垂；树冠广圆形。叶排成两列，披针状条形，通常微弯，上部渐窄，先端有渐尖的长尖头，基部楔形或宽楔形，上面深绿色，中脉隆起，下面气孔带白色，绿色中脉带明显或微明显。雄球花聚生成头状。种子椭圆状卵形或近圆球形，假种皮成熟时紫色或红紫色。

【生长习性】

生于山坡疏林、溪谷湿润而排水良好的地方。适合半湿润的高原气候；干湿季节交替明显、气温日变化较大的环境最佳。喜微偏酸性或酸性的土壤。花期 3-4 月，果期 8 月。

【栽培养护】

播种和扦插繁殖。沙藏后种子出苗时间较短。在透气性好、有机质含量高的土壤中生长良好，病虫害为蚜虫、地老虎和蛴螬。

【园林应用】

树体高大，树形优美，极具观赏性，枝条长年不枯，适宜孤植于草坪中央、建筑前庭之中心、广场中心或主要建筑物的两旁及园门的入口等处；是珍贵的观赏树木之一，可在庭院中进行种植，可孤植、丛植、列植或用做风景林。

（图文：李函润　审校：孔繁才、邓兆金）

高山三尖杉

别　名 密油果

拉丁名 *Cephalotaxus fortunei* var. *alpine*

科　属 三尖杉科（Cephalotaxaceae）

三尖杉属（*Cephalotaxus*）

【自然分布】

产于云南西北部、四川西部及北部和甘肃南部，海拔 2300-3700 m 之高山地带。

【识别要点】

常绿乔木，高 20 m，叶线形或披针状线形；上面深绿色，中脉隆起，下面气孔带白色，较绿色边带宽 3-5 倍，绿色中脉带明显或微明显。雄球花聚生成头状，几无总梗或具短的总梗，有时后期增长加粗，基部及总梗上部有苞片，种子椭圆状卵形或近圆球形，假种皮成熟时紫色或红紫色，顶端有小尖头。

【生长习性】

喜冷凉湿润环境，耐寒，适宜生长在阳光充足、土层深厚、肥沃的中性和微酸性壤土中。

【栽培养护】

播种和扦插繁殖。沙藏后种子出苗时间较短。在透气性好、有机质含量高的土壤中生长良好，排水不畅地块不宜栽培。病虫害为蚜虫、地老虎和蛴螬。

【园林应用】

树体高大，树形优美，极具观赏性，枝条长年不枯，适宜孤植于草坪中央、建筑前庭之中心、广场中心或主要建筑物的两旁及园门的入口等处；是珍贵的观赏树木之一，可在庭院中进行种植，可孤植、丛植、列植或用做风景林。

（图文：李函润　审校：孔繁才、邓兆金）

浆果紫杉

别　名 欧洲红豆杉
拉丁名 *Taxus baccata*
科　属 红豆杉科（Taxaceae）红豆杉属（*Taxus*）

【自然分布】

分布广泛，几乎遍布欧洲，包括从高加索地区和从土耳其东部至伊朗北部的区域；在北非西部主要集中在摩洛哥和阿尔及利亚；在亚洲则为西南部，如伊拉克等地。

【识别要点】

树高 17-20 m，胸径达 1 m。树冠倒卵形或阔卵形。树皮红褐色或灰红色，薄质，片状剥裂。枝条密生，小枝带红褐色，一年生枝深绿色，秋后呈淡红褐色。叶生于主枝上者为螺旋状排列，在侧枝上叶柄基部扭转向左右排成不规则两列。叶线形，表面深绿色，有光泽。雌雄异株，球花生于前年枝的叶腋。种子卵形，成熟时紫褐色，有光泽。有 3-4 条棱角，种或三角形或四方形，单生叶腋。假种皮深红色，其上部开口，可看到内部褐色种子，大小如黄豆，顶端尖，胚乳有樟脑味。

【生长习性】

生长缓慢，喜阴湿怕水涝，怕暴晒，散生于阴坡或半阴坡的湿润、肥沃的针阔混交林内。喜疏松湿润、排水良好的砂质壤土，pH 要求在 5.0-6.5。耐温范围宽广，抗寒性强。一年中有 3 个月的休眠期。上一年形成花苞，第二年花期 5-6 月，种子 9-11 月成熟。

【栽培养护】

播种和扦插繁殖。移栽前先将苗木放入高锰酸钾水溶液中涮洗一下。在施肥的时候，每亩地施农家肥 300 kg，深耕耙平。种植后，前 3 年密植；3 年后再进行大田定植。少虫害，易管理，注意勤锄草。

【园林应用】

树姿优美、枝叶秀丽，具有较强的抗污染能力。用于风景区和观赏点的绿化，与多种花草、树木搭配营造丰富别致的公共园林景观。庭院绿地面积较为狭小的，可选择它作绿化材料，以达到构建精品园林的目的。

（图文：李函润　审校：孔繁才、邓兆金）

红豆杉

别　名 卷柏、红豆树、观音杉

拉丁名 *Taxus chinensis*

科　属 红豆杉科（Taxaceae）红豆杉属（*Taxus*）

【自然分布】

分布于我国中南部各省，北达陕西秦岭及甘肃之岷山（甘肃部分），南至云南、贵州，在浙江、安徽、福建、广东、江西、四川、湖南、湖北等地。是我国森林中主要树种之一，在西南部高山分布可达海拔3000 m。

【识别要点】

常绿乔木，高达30 m，胸径达60-100 cm；树皮灰褐色、红褐色或暗褐色，裂成条片脱落。叶条形，排列成两列，上面深绿色，有光泽，下面淡黄绿色，有两条气孔带，中脉带上有密生均匀而微小的圆形角质乳头状突起点，常与气孔带同色，稀色较浅。雄球花淡黄色，雄蕊8-14枚。种子生于杯状红色肉质的假种皮中，间或生于近膜质盘状的种托（即未发育成肉质假种皮的珠托）之上。

【生长习性】

阴性树种，喜半阴，喜温暖湿润气候，在排水良好的酸性灰棕壤、黄壤、黄棕壤上生长良好。

【栽培养护】

播种、扦插繁殖。其种子种皮厚，处于深休眠状态，自然状态下需经两冬一夏才能萌发，播种期需加强管护，幼苗喜阴、忌晒，需遮阴；扦插繁殖宜春夏季节进行，插床遮阴、保温、保湿。大苗裸根移植较难成活，宜容器育苗。

【园林应用】

其树形优美，叶常绿，深绿色，假种皮肉质红色，颇为美观，是优良的观赏树木，可作庭园置景树、主景树、行道树等，也可盆栽供室内、庭院摆放观赏。

（图文：孔繁才　审校：孔繁才、邓兆金）

须弥红豆杉

别　名 西南红豆杉、云南红豆杉

拉丁名 *Taxus wallichiana* var. *wallichiana*

科　属 红豆杉科（Taxaceae）红豆杉属（*Taxus*）

【自然分布】

产于云南西北部及西部（镇康、景东），四川西南部与西藏东南部，生于海拔 2000-3500 m 的高山地带。

【识别要点】

乔木，高达 20 m，胸径达 1 m；树皮灰褐色、灰紫色或淡紫褐色。叶质地薄而柔，条状披针形或披针状条形，常呈弯镰状，上面深绿色或绿色，有光泽，下面色较浅。雄球花淡褐黄色；种子生于肉质杯状的假种皮中，卵圆形，微扁，种脐椭圆形，成熟时假种皮红色。

【生长习性】

须弥红豆杉适应的气候区域较广，既适应温暖气候，又能耐低温，特别是对光照的适应能力更强。既能忍受荫蔽，又具喜光习性。其对土壤的适应能力很强，既喜湿润肥沃土壤，也能忍受干燥贫瘠的土壤环境。

【栽培养护】

种子和扦插繁殖。播种需选择充分成熟的种子，播种前应将种皮磨破，小苗移栽后，追肥和浇水相结合，必要时需要遮阴，幼苗期的病虫害主要是立枯病、蜗牛等。

【园林应用】

红豆杉树姿优美、枝叶秀丽，具有独特的观赏性，可做庭园树、绿篱和行道树等，而且具有较强的抗污染能力，可以有效去除空气中的甲醛、二氧化硫、二氧化氮、二氧化碳等气体。

（图文：唐凌云　审校：王仲朗、邓兆金）

红茴香

别 名 红毒茴

拉丁名 *Illicium henryi*

科 属 木兰科（Magnoliaceae）八角属（*Illicium*）

【自然分布】

广布种，生于海拔300-2500 m的山地、丘陵、盆地的密林、疏林、灌丛、山谷、溪边或峡谷的悬崖峭壁上。

【识别要点】

常绿乔木或灌木；树皮灰褐色至灰白色。芽近卵形。叶互生或簇生，革质，倒披针形，先端长渐尖，基部楔形；中脉在叶上面下凹，在下面突起，侧脉不明显；叶柄上部有不明显的狭翅。花腋生或近顶生，单生或簇生，粉红色至深暗红色；花梗细长；最大的花被片长圆状椭圆形或宽椭圆形。蓇葖先端明显钻形，细尖。

【生长习性】

阴性树种。喜土层深厚、排水良好、腐殖质丰富、疏松的砂质壤土。不耐旱，尚耐瘠薄。耐寒性强，但在黄河以北，冬季需加保护。花期4-6月，果期8-10月。

【栽培养护】

种子繁殖和扦插繁殖。播种繁殖时将种子在50-60℃热水中泡洗24 h，然后将种子倒进透气的塑料胶袋内，保持湿度，大约3天即可进行播种。扦插繁殖应在春季进行，基质为大沙，喷雾设备为自制的定时间歇喷雾装置。在园林栽培过程中不易受病虫害感染，日常注意水肥管理。

【园林应用】

红茴香是国家Ⅱ级重点保护野生植物，野生资源稀少，人工栽培困难。其树态优美，枝叶浓密，花色美丽。可在园林水边与湖石配植。适宜在大型绿地、公园、庭院种植，也可盆栽观赏。在庭院种植还有驱蝇赶蚊的作用。但需注意，此果有毒，不可食用。

（图文：李函润 审校：孔繁才、恭春华）

大花八角

别　名 假叶树

拉丁名 *Illicium macranthum*

科　属 木兰科（Magnoliaceae）八角属（*Illicium*）

【自然分布】

产于云南南部至西部（马关、屏边、金平向西至景东、腾冲）。生于海拔 1650-2800 m 的山坡、山顶林中。

【识别要点】

常绿小乔木，高 3-8 m。叶互生或向顶端稀疏聚生，革质，长圆状或倒卵状椭圆形，先端渐尖，基部变狭或急尖；中脉在叶上面显著凹陷，在下面明显突起。花腋生，向小枝顶端密集排列；花被片白色到略带绿色，最外层有短睫毛，最大花被片膜质，线形，内层花被片无短睫毛，雄蕊黄色。成熟蓇葖突然变狭。种子稻秆黄色。

【生长习性】

喜光，喜土层深厚、肥沃湿润的微酸性土壤和沙壤土。叶、花及果均有毒。山顶林中，花期 1-3 月，果期 7-11 月。

【栽培养护】

播种繁殖。种子采收后随采随播，或低温冷藏，翌年 3 月播种。苗期需加强日常管理，注意及时浇水、松土、除草、施肥，适时防治病虫害。移栽时应适度遮阴，以防日灼叶焦，影响成活。

【园林应用】

大花八角四季常绿，枝繁叶茂，树形优美，是较好的园林绿化树种，是用于道路、公路、田间林网的理想栽培树种，庭院中可片植或孤植。可作城乡生态经济林成林种植。

（图文：李函润　审校：孔繁才、恭春华）

野八角

别　名 川茴香

拉丁名 *Illicium simonsii*

科　属 木兰科（Magnoliaceae）八角属（*Illicium*）

【自然分布】

分布于云南、四川、贵州等地。生于海拔1700-3200 m的杂木林、灌丛中或开阔处。

【识别要点】

常绿乔木；幼枝带褐绿色，稍具棱，老枝变灰色；芽卵形或尖卵形，外芽鳞明显具棱。叶近对生或互生，革质，披针形至椭圆形，先端急尖或短渐尖，基部渐狭楔形，下延至叶柄成窄翅；中脉在叶面凹下；叶柄在上面下凹呈沟状。花有香气，淡黄色，芳香，有时为奶油色或白色，腋生，常密集于枝顶端聚生；花梗极短；花被片薄纸质，椭圆状长圆形；果为蓇葖，先端具钻形尖头。种子灰棕色至稻秆色。

【生长习性】

阴性树种。喜冬暖夏凉的山地气候，在土层深厚、排水良好、肥沃湿润、偏酸性的沙质壤土或壤土上生长良好；在干燥瘠薄或低洼积水地段生长不良。幼树喜阴，成年树喜光。忌强光和干旱，怕强风。以土层深厚、疏松、腐殖质含量丰富、排水良好的偏酸性的壤土或砂质壤土栽培为宜。花期几乎全年，多为2-5月（少数是12月至翌年6月），果期6-10月。

【栽培养护】

播种和扦插繁殖。用种子繁殖，选20年生以上、结实多、含油量高、无病虫害的植株留作种树。幼苗不能受阳光直射，需要遮阴，且不耐旱，种植后要及时浇水。在生长过程中，要剪除徒长枝、过密枝，修剪时间应在春芽萌芽前进行。主要易发病虫害分别为炭疽病、猝倒病、缩叶病、煤烟病、藻斑病、小地老虎、八角象鼻虫、蚧壳虫、八角尺蠖、八角金花虫、拟木蠹蛾。

【园林应用】

树冠圆锥形，枝密集，叶片革质，椭圆状倒卵形至椭圆状倒披针形，冠大荫状，具有降温作用。树干通直，姿态优美，春季、夏季、秋季、冬季一树翠绿，是理想的园林绿化、行道树种。在土层深厚、肥沃、湿润的沙壤或轻黏壤的酸性土壤地生长，是园林绿化、行道、公路、田间林网、防护林带的理想栽培树种。

（图文：李函润　审校：孔繁才、恭春华）

八 角

别 名 **八角茴香、大茴香、唛角**

拉丁名 ***Illicium verum***

科 属 **木兰科（Magnoliaceae）八角属（*Illicium*）**

【自然分布】

主产于广西西部和南部（百色、南宁、钦州、梧州、玉林等地区多有栽培），在海拔 200-700 m 有分布。在福建南部、广东西部、云南东南部和南部也有种植。天然分布海拔可到 1600 m。

【识别要点】

常绿乔木，高 10-15 m；树冠塔形、椭圆形或圆锥形；树皮深灰色；枝密集。叶不齐互生，在顶端近轮生或松散簇生，厚革质，倒卵状椭圆形、倒披针形或椭圆形，先端骤尖或短渐尖，基部渐狭或楔形；在阳光下可见密布透明油点。中脉于叶面稍凹下，在下面隆起。花粉红色至深红色，单生叶腋；花被具半透明腺点。聚合果，饱满平直，蓇葖呈八角形，先端钝或钝尖。

【生长习性】

喜冬暖夏凉山地，喜土层深厚、肥沃湿润的微酸性土壤和沙壤土。干燥贫瘠、低洼积水处或石灰岩的钙质土不宜栽种。根浅，耐阴，枝脆。花期 3-5 月、8-10 月；果期 9-10 月、翌年 3-4 月。

【栽培养护】

播种繁殖。种子富含芳香油，干燥后易皂化丧失发芽力，宜随采随播。或将种子与筛过后的湿润黄泥土拌成颗粒状，荫凉储存，保持湿润，春季播种。园林绿化，4-5 年大苗出圃。病虫害为八角尺蠖、金花虫和炭疽病等。

【园林应用】

树冠塔形，枝叶浓密，姿态优美，红花点点，甚为美观，能抗烟尘、抗火灾、抗有毒气体。是园林绿化、道路、公路、田间林网的理想栽培树种，庭院中可片植或孤植，用作庭荫树。可作城乡生态经济林成林种植。

（图文：李函润 审校：孔繁才、恭春华）

鹅掌楸

别 名 马褂木

拉丁名 *Liriodendron chinense*

科 属 木兰科（Magnoliaceae）
鹅掌楸属（*Liriodendron*）

【自然分布】

在我国分布广泛，云南主要分布于彝良、大关、富宁、金平、麻栗坡。生于海拔900-1000 m的山地林中。

【识别要点】

落叶大乔木，高达40 m，胸径1 m以上，小枝灰色或灰褐色。叶马褂状，近基部每边具1侧裂片，先端具2浅裂，下面苍白色。花杯状，绿色，具黄色纵条纹，花期时雌蕊群超出花被之上，心皮黄绿色。聚合果长7-9 cm，具翅的小坚果长约6 mm，顶端钝或钝尖，具种子1-2颗。

【生长习性】

喜光，喜温凉、湿润气候和深厚、肥沃、排水良好的微酸性土壤。耐寒能力较强，在干旱和湿洼地生长不良。花期5月，果期9-10月。

【栽培养护】

播种、压条和软枝扦插繁殖。具孤雌生殖现象，雌蕊往往在含苞欲放时即已成熟，自然传粉下发芽率极低，采用人工授粉能大大提高种子的成熟度。压条在春秋进行。软枝扦插宜在夏季进行。苗木移植要在早春树木萌动前进行，带土球移植。常规日常水肥和病虫害防治管理。

【园林应用】

树形雄伟，树荫巨大，叶形奇特，花大而秀丽，秋叶变黄，具有明显的季象性，可观花观叶。为庭院观赏树的典型树种，可栽种为庭荫树及行道树，为庭荫树时可丛植或孤植，做行道树时可列植。

（图文：李函润　审校：孔繁才、邓兆金）

北美鹅掌楸

别 名 马褂木
拉丁名 *Liriodendron tulipifera*
科 属 木兰科（Magnoliaceae）
鹅掌楸属（*Liriodendron*）

【自然分布】

原产于北美洲东南部。我国青岛、庐山、南京、广州、昆明等地有栽培。

【识别要点】

落叶大乔木，高可达 60 m，胸径 3.5 m；树皮深纵裂，小枝褐色或紫褐色，常带白粉。叶近基部每边具 2 侧裂片，先端 2 浅裂。幼叶背被白色细毛，后脱落无毛。花浅黄色，郁金香杯状，花瓣内侧近基部带橙黄色，聚合果，具翅的小坚果淡褐色，顶端急尖，下部的小坚果常宿存过冬。

【生长习性】

喜光，强阳性树种。幼树耐寒性稍差，成年后耐寒性强。喜温暖湿润气候及深厚肥沃的酸性土壤，生长较快。花期 5 月，果期 9-10 月。

【栽培养护】

播种、压条和软枝扦插繁殖。自然传粉下种子成熟度低，发芽率极低，采用人工授粉能大大提高种子的成熟度；压条在春秋进行；软枝扦插宜在夏季进行。苗木移植要在早春萌芽期前，带土球移植。常规水肥管理和病虫害防治管理。

【园林应用】

树形雄伟，树荫巨大，叶形奇特，花大、色艳、秀丽，秋叶变黄，具有明显的季象性，可观花观叶。为庭院观赏树的典型树种，可栽种为庭荫树及行道树，为庭荫树时可丛植或孤植，做行道树时可列植。

（图文：李函润　审校：孔繁才）

杂交鹅掌楸

别　名 无

拉丁名 *Liriodendron* × *sinoamericanum*

科　属 木兰科（Magnoliaceae）
鹅掌楸属（*Liriodendron*）

【自然分布】

人工杂交种，南方各地栽培。

【识别要点】

落叶大乔木，高可达 40 m。树皮灰色，一年生枝灰色或灰褐色，具环状托叶痕。单叶互生，叶大，长可达 25 cm，叶形似马褂，3-5 裂；花较大，鹅黄色，花形杯状，单生枝顶，花被片橙黄色；翅状小坚果先端钝尖。

【生长习性】

具杂交优势，抗逆性与生长特性均明显优于鹅掌楸。喜阳、耐干旱、稍耐阴、能耐 -15℃的低温。4-5 月开花，10 月果熟。

【栽培养护】

多采用枝接和芽接方法进行嫁接繁殖。也可用扦插方法繁殖，但生根率低。喜阳，有一定的庇荫性。喜温暖湿润气候，耐干旱，喜深厚肥沃和排水良好之砂质壤土。

【园林应用】

杂交鹅掌楸树干挺拔，树姿雄伟，生长速度快，入秋后叶色变黄，宜作庭园树，或种植于草坪远端边缘，也可在绿地系统中作为主景树种进行配植。

（图文：尹擎　审校：尹擎、邓兆金）

山玉兰

别 名 优昙花、山波萝
拉丁名 *Magnolia delavayi*
科 属 木兰科（Magnoliaceae）木兰属（*Magnolia*）

【自然分布】

分布于四川西南部（米易、会理）、贵州西南部、云南（丽江、洱源、腾冲、昆明、文山）。生于海拔 1500-2800 m 的石灰岩山地阔叶林中或沟边较潮湿的坡地。

【识别要点】

常绿乔木，树高 6-12 m，胸径可达 80 cm。树皮灰色或灰黑色，粗糙开裂。嫩枝榄绿色，老枝粗壮，具圆点状皮孔。叶厚革质，卵形或长圆状卵形，基部宽圆，微心形，边缘波状；叶背具长绒毛及白粉，托叶痕几达叶柄全长。花梗直立，花杯状，味芳香；花被片为 9-10 片，外轮 3 片淡绿色，长圆形，蓇葖狭椭圆形，成熟蓇葖木质。

【生长习性】

阳性树种，喜温暖湿润气候；喜深厚肥沃、排水良好的微酸性红壤和微碱性石灰质土壤，忌水湿、稍耐阴；生长速度慢，寿命长达千年。花期 4-6 月，果期 8-10 月。

【栽培养护】

播种繁殖。种子随采随播，或湿沙储藏翌年春播。绿化用途不同，栽培方法有异。如作孤植大型树木种植，则需修枝整形、培养多枝主干、施足底肥、加强肥水管理；若作低矮配置，可于 1 m 处截顶，让侧枝自由生长。

【园林应用】

其花为奶油白色，芳香；叶片叶型较大，具有较强观赏性；树干、树形清奇苍劲，为园林极佳的观花、观叶、观树形植物。可作为庭荫树和主景树种植，也可与其他树种搭配进行园林主体景观绿化的设计。其还是“昙花一现”的佛教圣花。

（图文：李函润 审校：孔繁才）

红花山玉兰

别　名 优昙花、山菠萝

拉丁名 *Magnolia delavayi* f. *rubra*

科　属 木兰科（Magnoliaceae）木兰属（*Magnolia*）

【自然分布】

生于海拔 2700-3500 m 的针阔叶混交林中；或沟边较潮湿的坡地。在中国云南昆明等地广为栽培。

【识别要点】

栽培品种，常绿乔木；树皮灰色或灰黑色；嫩枝榄绿色，老枝粗壮，具圆点状皮孔；叶厚革质，卵形、卵状长圆形，边缘波状，叶面初被卷曲长毛，后无毛，中脉在叶面平坦或凹入，残留有毛；侧脉每边 11-16 条，网脉致密；叶柄初密被柔毛；托叶痕几达叶柄全长。花被倒卵状匙形，内轮的较狭；聚合果卵状长圆形，蓇葖狭椭圆体形。

【生长习性】

本绿化用物种原始分布于我国南方石灰岩山地，现在人工栽培改良的品种广泛应用于我国中亚热带、热带酸性土壤区域；喜阳，喜湿润、略显碱性的土壤；一般花期 4-6 月，花期结束的同时，幼果出现，10 月前后进入种子成熟阶段。

【栽培养护】

实生苗 2 年左右即可定植，水肥充足的情况下，苗木长势良好。

【园林应用】

由于该种树冠浓密、花型大，而成为园林绿化的重要观赏树种。可在公共绿地绿化中扮演重要角色。

（图文：高富　审校：尹擎、代珍燕）

玉 兰

别 名 玉堂春、白玉兰、木兰

拉丁名 *Magnolia denudata*

科 属 木兰科（Magnoliaceae）木兰属（*Magnolia*）

【自然分布】

产于江西（庐山）、浙江（天目山）、湖南（衡山）、贵州。生长在海拔 500-1000 m 的山地林。

【识别要点】

落叶乔木，高达 25 m，胸径 1 m；树皮深灰色，粗糙开裂；小枝灰褐色；冬芽及花梗密被淡灰黄色长绢毛。叶纸质，椭圆形；叶上面深绿色，下面淡绿色。花先叶开放，直立，芳香；花梗显著膨大，密被淡黄色长绢毛；花被片白色，基部常带粉红色。聚合果圆柱形（庭园栽培种常因部分心皮不育而弯曲）；蓇葖厚木质，褐色；种子心形，外种皮红色，内种皮黑色。

【生长习性】

喜光，较耐寒，忌低湿，种植地渍水易烂根。喜肥沃、排水良好而带微酸性的砂质土壤，对有害气体的抗性较强。寿命长，生长速度较慢。花期 2-3 月（亦常 7-9 月再开一次花），果期 8-9 月。

【栽培养护】

嫁接、压条、扦插、播种繁殖。常用嫁接和压条繁殖。栽植时选避风向阳，土壤排水良好、肥沃的地方。花期前施足水肥。一般去除枯枝、病虫枝和扰乱树形的枝条即可。可露地越冬。

【园林应用】

其花先叶开放，洁白如霞、美丽清香，早春开花时的景象犹如雪涛云海，蔚为壮观。常在住宅的厅前院后配置，亦可在庭园路边、草坪角隅、亭台前后或漏窗内外、洞门两旁等处种植，可孤植、对植、丛植或群植。对二氧化硫、氯等有毒气体有抵抗力，可以在大气污染较严重的地区栽培。

（图文：高富　审校：尹擎、代珍燕）

荷花玉兰

别　名 **洋玉兰、广玉兰**
拉丁名 ***Magnolia grandiflora***
科　属 **木兰科（Magnoliaceae）木兰属（*Magnolia*）**

【自然分布】

原产于北美洲东南部。我国长江流域以南各城市有栽培。兰州及北京的公园也有栽培。

【识别要点】

常绿乔木，高达 30 m；树皮淡褐色或灰色，薄鳞片状开裂；小枝具横隔的髓心。小枝、芽、叶背、叶柄均密被褐色或灰褐色短绒毛。叶厚革质；叶面深绿色，有光泽；叶柄无托叶痕，具深沟。花白色，有芳香；花被片厚肉质；花柱呈卷曲状。聚合果圆柱状，密被褐色或淡灰黄色绒毛；蓇葖背裂，顶端外侧具长喙；种子外种皮红色。

【生长习性】

喜温暖、湿润气候，较耐寒。弱阳性植物。在肥沃、深厚、湿润而排水良好的酸性或中性土壤中生长良好。根系深广，颇能抗风。生长速度中等。广泛栽培种。花期 5-6 月，果期 9-10 月。

【栽培养护】

荷花玉兰品种繁多，可播种、嫁接繁殖。播种可采后即播，或湿沙藏至翌年春播。幼苗宜稍密植，苗木培育 2-3 年后，隔株间苗移植。嫁接用白玉兰做砧木。移植需带土球，大树移植还需疏枝剪叶，定植后立支柱防倒。

【园林应用】

树冠浑圆，绿叶葱茏，开花时节苞润如玉、浓香扑鼻，为美丽的庭园绿化观赏树种，可配植于园门入口、园路一侧；也可数株成片种植，造成小园无限春色；还可与其他花木，如桂花、玉兰、蜡梅等香花植物组景，可造成群芳吐艳的场景。对有毒气体抗性较强，耐烟尘，可用于工矿厂区绿化。

（图文：李函润　审校：孔繁才、代珍燕）

大叶玉兰

别　名 思茅玉兰

拉丁名 *Magnolia henryi*

科　属 木兰科（Magnoliaceae）木兰属（*Magnolia*）

【自然分布】

产于云南西南部（西双版纳、澜沧、思茅），也分布于缅甸及泰国。生于海拔540-1500 m的密林中。

【识别要点】

常绿乔木。嫩枝被平伏毛，后脱落无毛。叶革质，倒卵状长圆形，长20-65 cm，基部阔楔形，上面无毛，中脉凸起，下面疏被平伏柔毛。叶柄嫩时被平伏毛，托叶痕几达叶柄顶端。花蕾卵圆形，苞片无毛；花梗粗壮，向下弯垂，长约8 cm；花被片9，外轮3片绿色，卵状椭圆形，先端钝圆，中内两轮乳白色，厚肉质，倒卵状匙形，内轮3片较狭小；雄蕊长1.2-1.5 cm，花药长药隔伸出成尖头或钝尖头；雌蕊群狭椭圆体形，具85-95枚雌蕊，无毛；心皮狭长椭圆体形，背面有4-5棱。聚合果卵状椭圆体形。

【生长习性】

不怕热，抗寒性较弱，稍耐干旱，适合于我国南亚热带以南地区栽培。花期5月，果期8-9月。

【栽培养护】

以播种繁殖为主，也可压条和扦插繁殖。病虫害少见。在冬季霜降期和春季旱风期应注意防寒防冻。

【园林应用】

叶大浓绿，花大芳香，可作庭院观赏树。树形高大挺拔，在构景中可作为主干树或独景树。属于易危种，是国家Ⅱ级重点保护野生植物，在园林绿化中进行推广使用可增加其社会认知度和保育成果。

（图文：李函润　审校：孔繁才、何浩）

紫玉兰

别　名 **木兰、辛夷**
拉丁名 ***Magnolia liliiflora***
科　属 **木兰科（Magnoliaceae）木兰属（*Magnolia*）**

【自然分布】

产于中国福建、湖北、四川、云南西北部。生于海拔 300-1600 m 的山坡林缘。

【识别要点】

落叶小乔木或灌木，高达 3 m，常丛生。叶椭圆状倒卵形或倒卵形，上面深绿色，幼嫩时疏生短柔毛，下面灰绿色，沿脉有短柔毛；托叶痕约为叶柄长之半；花叶同时开放，瓶形，花被片 9-12，外轮 3 片萼片状，紫绿色，内两轮肉质，外面紫色或紫红色，内面带白色，花瓣状，椭圆状倒卵形；雄蕊紫红色，花药侧向开裂，药隔伸出成短尖头；聚合果圆柱形；成熟时近圆球形，顶端具短喙。

【生长习性】

喜光、不耐严寒，喜肥沃、湿润而排水良好的土壤，在过于干燥及碱土、黏土上生长不良。根肉质，怕积水。花期 3-4 月，果期 8-9 月。

【栽培养护】

通常用分株、压条法繁殖，扦插成活率较低。通常不行短剪，以免剪除花芽，必要时可适当疏剪。也可播种繁殖，9 月采种，冬季沙藏，翌年春播，播后 20-30 天发芽。

【园林应用】

紫玉兰栽培历史较久，为庭院珍贵花木之一。花蕾形大如笔头，故有“木笔”之称。为我国所喜爱的传统花木，常配植于庭院前，或丛植于草地边缘。

（图文：李云猛　审校：孔繁才、代珍燕）

厚 朴

别 名 无
拉丁名 *Magnolia officinalis*
科 属 木兰科（Magnoliaceae）木兰属（*Magnolia*）

【自然分布】

产于陕西南部、甘肃东南部、河南东南部（商城、新县）、湖北西部、湖南西南部、四川（中部、东部）、贵州东北部。生于海拔 300-1500 m 的山地林间。广西北部、江西庐山及浙江有栽培。

【识别要点】

落叶乔木，高达 20 m；树皮厚，不开裂。叶大，长圆状倒卵形，长 22-45 cm，全缘而微波状，上面绿色，无毛，下面灰绿色，被灰色柔毛，有白粉。花白色，径 10-15 cm，芳香；花被片 9-12 (-17)，厚肉质。聚合果长圆状卵圆形，长 9-15 cm；蓇葖具长 3-4 mm 的喙；种子三角状倒卵形，长约 1 cm。

【生长习性】

性喜温暖湿润环境，稍耐阴、喜肥、稍耐寒、忌涝。花期 5-6 月，果期 8-10 月。

【栽培养护】

主要用种子繁殖，也用压条、扦插等方法繁殖。最宜在弱酸性、土层深厚、富含腐殖质、排水良好的壤土中栽培。低洼地与地下水位高的地方不宜种植。不耐土壤过旱。抗病虫害能力较强，偶有蛴螬、根腐病及红蜘蛛等为害，及时用药，即可控制。

【园林应用】

树大花美，为很好的观花木本植物，人们常栽培于庭院中。也可在路边、草坪一隅以及绿地系统中与其他花木配植。

（图：尹擎、唐凌云　文：尹擎　审校：尹擎、代珍燕）

凹叶厚朴

别　名 无

拉丁名 *Magnolia officinalis* subsp. *biloba*

科　属 木兰科（Magnoliaceae）木兰属（*Magnolia*）

【自然分布】

产于安徽、浙江西部、江西（庐山）、福建、湖南南部、广东北部、广西北部和东北部。生于海拔300-1400 m的林中。多栽培于山麓和村舍附近。

【识别要点】

落叶乔木；树皮厚，褐色；小枝粗壮，淡黄色或灰黄色。顶芽大，狭卵状圆锥形，无毛。叶大，近革质，长圆状倒卵形，叶先端凹缺，成2钝圆的浅裂片，基部楔形。全缘而微波状，上面绿色，无毛，下面灰绿色，被灰色柔毛，有白粉。花白色，芳香；具包片脱落痕。聚合果基部较窄。

【生长习性】

长江中下游地区有栽培；喜生于温暖、湿润、土壤肥沃的坡地，喜光，深根性树种，生长迅速。畏酷暑和干热。花期4-5月，果期10月。

【栽培养护】

播种繁殖。10月果皮呈紫褐色，果壳露出红色种子时采种，去除红色外种皮储藏。翌年2月下旬播种，选择土壤疏松、肥沃的沙质壤土，条播后覆盖一层1-2 cm厚的焦泥灰，盖狼衣草或稻草。注意遮阴免受日灼危害。

【园林应用】

本种树姿优美，叶大荫浓，可植于庭院或公园之外围，以供防风、绿荫之用，也可孤植作观赏树，或作行道树等。

（图文：魏薇　审校：尹擎、代珍燕）

二乔玉兰

别　名 朱砂玉兰
拉丁名 *Magnolia* × *soulangeana*
科　属 木兰科（Magnoliaceae）木兰属（*Magnolia*）

【自然分布】

原产于我国中部山区，现国内外庭园常见栽培。主要分布于广州、杭州、昆明等地。

【识别要点】

落叶小乔木或灌木，高 7-9 m。叶倒卵形至卵状长椭圆形，花大、呈钟状，内面白色，外面淡紫色，有芳香，花萼似花瓣，但长仅达其半，亦有呈小型而绿色者。叶前开花。它是玉兰与紫玉兰的杂交种。

【生长习性】

性喜温暖湿润环境；稍耐阴、喜肥、稍耐寒、忌涝。花期 2-3 月，果期 8-9 月。

【栽培养护】

嫁接、压条繁殖。移栽时尽量带好土球。最宜在弱酸性、富含腐殖质、排水良好的壤土中生长。喜肥，尤其喜爱氮肥。低洼地与地下水位高的地方不宜种植。不耐土壤过旱。抗病虫害能力较强，偶有蛴螬、根腐病及红蜘蛛等危害，要勤于管理，培养树势，适当用药，即可控制。

【园林应用】

庭园观赏树种，在我国栽培亦有相当长的历史，花在叶前开放，树大花美，为名贵的观花木本植物，也可在路边、草坪一隅、门旁、漏窗内外等地种植。

（图文：尹擎　审校：尹擎、邓兆金）

桂南木莲

别　名 洋玉兰、广玉兰
拉丁名 *Manglietia chingii*
科　属 木兰科（Magnoliaceae）木莲属（*Manglietia*）

【自然分布】

产于广东北部和西南部、云南（富宁、屏边）、广西中部和东部、贵州东南部。生于海拔 700-1300 m 的砂页岩山地、山谷潮湿处。越南北部永富省也有分布。

【识别要点】

常绿乔木，高可达 20 m。叶革质，倒披针形或狭倒卵状椭圆形，先端短渐尖或钝，基部狭楔形或楔形，上面无毛，深绿色有光泽，下面灰绿色；叶柄长 2-3 cm，托叶痕长 3-5 mm。花被片 9-11 片，每轮 3 片，外轮 3 片常绿色，质较薄，椭圆形，顶端圆钝，中轮肉质，倒卵状椭圆形，内轮肉质，3-4 片，倒卵状匙形；聚合果卵圆形；蓇葖具疣点凸起，顶端具短喙。

【生长习性】

桂南木莲的适应性较强，也耐一定程度的低温，适宜于年平均温度 15-21℃，绝对低温不低于 -10℃；年降水量 1100-2000 mm，年平均相对湿度 75%-82%，最适酸性土壤，在有机质含量高的酸性土壤中生长最好，抗病虫害能力较强。花期 5-6 月，果期 9-10 月。

【栽培养护】

播种繁殖。首先将采集回的果实取出红色种子，待外种皮发黑发软，再放在清水中搓去外种皮，洗净晾干，用细砂分层储藏，储藏期间半月检查翻动一次，保持一定湿度。播种方法可随采随播或翌春 3 月撒播或条播。

【园林应用】

生长表现较好，但根据其抗灰尘能力较差、抗风能力较差的缺点，不适宜作城镇街道的行道树，适宜作公园、风景名胜处、庭园的绿化景观树种，特别推荐在浙江园林式村庄建设绿化中可大力度应用。

（图文：李函润　审校：孔繁才、代珍燕）

粗梗木莲

别　名 **姑大**
拉丁名 ***Manglietia crassipes***
科　属 **木兰科（Magnoliaceae）木莲属（*Manglietia*）**

【自然分布】

产于广西。生于海拔 1300 m 的林中。

【识别要点】

乔木，高达 4 m，芽、小枝、叶下面均具白粉。叶革质，倒披针形或倒卵状椭圆形，先端短急尖，基部阔楔形，上面绿色，下面粉绿色；叶柄粗壮；托叶脱落痕长约为叶柄长的 1/6。佛焰苞状苞片 1 枚，质薄；花被 3 轮，花被片 9，白色，外轮 3 片倒卵状长圆形，质薄，具 5 纵条纹，中轮及内轮质厚，肉质；花梗粗壮，具 1 苞片脱落痕。聚合果卵球形。

【生长习性】

喜湿润、雨量充沛、日照较少、云雾多、湿度大，土壤有机质含量丰富的地方。花期 5 月，果期 9 月。

【栽培养护】

种子繁殖。当果实有少数背缝开裂，露出红色种子时，为最佳采种期。将采下的果实晒干或风干，待蓇葖果裂开时将带红色种皮的种子取出，彻底搓洗到黑色种子上不留外种皮后与沙子混合储藏。

【园林应用】

树形优美，花大色艳，芳香怡人，颜色艳丽美观，树形优美，适应性强，是南方城市、庭园、道路绿化非常珍贵的优良树种。

（图文：李云猛　审校：孔繁才、代珍燕）

川滇木莲

别　名 **古蔺厚朴、盐津木莲**
拉丁名 ***Manglietia duclouxii***
科　属 **木兰科（Magnoliaceae）木莲属（*Manglietia*）**

【自然分布】

产于四川东南部、云南东北部。生于海拔1350-2000 m的常绿阔叶林中。越南北部也有分布。

【识别要点】

常绿乔木，高6-9 m；小枝无毛。叶薄革质，倒披针形或倒卵状狭椭圆形，先端渐尖，基部楔形，两面无毛，上面深绿色，中脉凹入，下面灰绿色，网脉不明显；叶柄上有狭沟；托叶痕长约为叶柄长的1/3。花梗无毛，紧贴花被下具1佛焰苞状苞片；花被片肉质，外轮3片红色，内2轮倒卵形，紫红色，有横纹；雌蕊群狭椭圆体形；胚珠5颗，排成两行。聚合果卵状椭圆体形。

【生长习性】

性喜温暖湿润气候及肥沃的微酸性腐殖土壤。苗期稍耐阴，生长速度较慢，植株长大后喜光。不适黏重土，在培土时应适当掺沙。花期5-6月，果期9-10月。

【栽培养护】

播种繁殖。聚合果采收后于阴凉处摊晒，取出种子及时搓揉去除红色假种皮，种子可随采随播，或湿沙层聚储藏，待种子破裂露出胚芽时苗床播种。幼苗期适当遮阴、加强肥水管理，袋苗繁殖，裸根苗移栽成活率低。

【园林应用】

川滇木莲树形优美，枝繁叶茂，花大艳丽，果实红艳，适应性强，稍耐严寒，在园林中可用作园景树、庭荫树、孤景树和行道树。

（图文：李函润　审校：孔繁才、代珍燕）

木　　莲

别　名 无

拉丁名 *Manglietia fordiana*

科　属 木兰科（Magnoliaceae）木莲属（*Manglietia*）

【自然分布】

产于福建、广东、广西、贵州、云南。生于海拔 1200 m 的花岗岩、沙质岩山地丘陵。

【识别要点】

常绿乔木，嫩枝及芽有红褐色短毛。叶革质，狭倒卵形、狭椭圆状倒卵形或倒披针形。先端短急尖，基部楔形，沿叶柄稍下延，边缘稍内卷，下面疏生红褐色短毛；叶柄基部稍膨大；托叶痕半椭圆形。花被片纯白色，每轮 3 片，外轮 3 片质较薄，近革质，长圆状椭圆形，内 2 轮稍小，常肉质，倒卵形。聚合果褐色，卵球形。

【生长习性】

幼年耐阴，成长后喜光。喜温暖湿润气候及土层深厚、肥沃，排水良好的酸性土。花期 5 月，果期 10 月。

【栽培养护】

播种、扦插、嫁接繁殖。播种后，幼苗在夏季高温时注意遮阴。冬季幼苗抗寒性差，应加以保护；扦插前用 0.3% 吲哚丁酸溶液处理插条基部，可提高生根率和成活率。嫁接用白玉兰或紫玉兰作砧木，在春季芽苞萌动前进行切接，成活率高。

【园林应用】

木莲树冠浑圆，枝叶并茂，绿荫如盖，典雅清秀，初夏盛开玉色花朵，秀丽动人。于草坪、庭园或名胜古迹处孤植、群植，能起到绿荫庇夏、寒冬如春的功效。

（图文：魏薇　审校：王仲朗、代珍燕）

灰木莲

别 名 无

拉丁名 *Manglietia glauca*

科 属 木兰科（Magnoliaceae）木莲属（*Manglietia*）

【自然分布】

产于长江以南海拔 1200 m 以下的丘陵山地、常绿阔叶林中。

【识别要点】

常绿乔木，树冠伞形；小枝绿色，有平伏毛。叶狭倒卵形至倒披针形，长 10-20 cm，先端急尖，基部楔形，侧脉 (10-)14-17 对，两面网脉明显，薄革质，叶柄长 2.5-3 cm。花乳白(绿白)色，花被片 9。

【生长习性】

幼龄时稍耐阴，中龄后偏喜阴，喜温暖湿润环境，在土壤肥沃、土层深厚、疏松的沙壤土至轻黏土生长良好，在土壤干旱、瘠薄立地生长较差，忌积水地。具有早期速生的特性。花期 2-4 月。

【栽培养护】

主要为种子繁殖，因其种子不易保存，所以最好能随采随播。灰木莲喜温喜湿喜肥，造林地宜选择在北回归线以南丘陵山地，土层疏松深厚、肥沃湿润的山坡中下部酸性土壤。

【园林应用】

灰木莲四季常绿，树形优美，花多且花期长，花大而洁白，是优良的观赏绿化树种；此外，灰木莲还具有较强的杀菌保健能力。适于在城镇市区街道、公园、庭院、路旁、草坪等地种植，在城市主干道作行道树效果甚佳。

（图文：魏薇　审校：王仲朗、代珍燕）

大果木莲

别　名 无

拉丁名 *Manglietia grandis*

科　属 木兰科（Magnoliaceae）木莲属（*Manglietia*）

【自然分布】

产于广西、云南。生于海拔 1200 m 的山谷密林中。

【识别要点】

常绿乔木，高达 12 m。小枝粗壮无毛。叶革质，椭圆状长圆形，长 20-35.5 cm，两面无毛。花红色，花被片 12，外轮 3 片较薄，倒卵状长圆形，长 9-11 cm，内 3 轮肉质，倒卵状匙形，长 8-12 cm。聚合果长圆状卵圆形，长 10-12 cm，果柄粗壮，成熟蓇葖长 3-4 cm，顶端尖，微内曲。

【生长习性】

性喜温暖湿润环境、喜肥、稍耐寒、稍耐旱、忌涝。花期 5 月，果期 9-10 月。

【栽培养护】

种子繁殖。最宜在弱酸性、土层深厚、富含腐殖质、排水良好的壤土中栽培。低洼地与地下水位高的地方不宜种植。抗病虫害能力较强，常规水肥管理即可健康生长。

【园林应用】

树高大挺拔，树姿雄伟，生长速度快，宜作庭园树，或种植于草坪远端边缘，也可在绿地系统中作为主景树种与其他花木进行配植。

（图文：尹擎　审校：尹擎、代珍燕）

中缅木莲

别　名 无

拉丁名 *Manglietia hookeri*

科　属 木兰科（Magnoliaceae）木莲属（*Manglietia*）

【自然分布】

产于云南、贵州。生于海拔 1400-3000 m 的山林中。缅甸也有分布。

【识别要点】

常绿大乔木，高可达 25 m；枝幼嫩部分被灰白色柔毛。叶披针形，长 20-30 cm，两面无毛；侧脉每边 16-20 条；托叶痕钝三角形，长 2-3 cm。花白色，盛开时直径约 10 cm，花被片 9-12。聚合果卵状长圆体形，平滑，无瘤点突起，长 7-10 cm，有百枚以上蓇葖；蓇葖露出面菱形，具短喙。

【生长习性】

阳性植物，喜阳光充足，幼苗稍耐阴；性喜温暖湿润环境、耐寒、稍耐旱、忌涝。花期 4-5 月，果期 9 月。

【栽培养护】

种子繁殖。最宜在土层深厚、富含腐殖质、排水良好的壤土中栽培。低洼地与地下水位高的地方不宜种植。抗病虫害能力较强，常规水肥管理即可健康生长。

【园林应用】

树高大挺拔，树姿雄伟，生长速度快，宜作庭园树，或种植于草坪远端边缘，也可在绿地系统中作为主景树种与其他花木进行配植。

（图文：尹擎　审校：尹擎、代珍燕）

红色木莲

别　名 红花木莲
拉丁名 *Manglietia insignis*
科　属 木兰科（Magnoliaceae）木莲属（*Manglietia*）

【自然分布】

产于湖南西南部、广西、四川西南部、贵州（雷公山、梵净山、安龙）、云南（景东、无量山、红河、文山）、西藏东南部。生于海拔 900-1200 m 的林间。尼泊尔、印度东北部、缅甸北部也有分布。

【识别要点】

常绿大乔木，高达 30 m；小枝无毛或幼嫩时在节上被锈色或黄褐毛柔毛。叶革质，倒披针形、长圆形或长圆状椭圆形，先端渐尖或尾状渐尖。花芳香，花梗粗壮，离花被片下具 1 苞片脱落环痕，花被外轮 3 片褐色，腹面染红色或紫红色，倒卵状长圆形，向外反曲，中内轮直立，乳白色染粉红色，倒卵状匙形。聚合果鲜时紫红色，卵状长圆形，蓇葖背缝全裂，具乳头状突起。

【生长习性】

稍耐阴，喜湿润、肥沃的土壤，土壤为红壤、黄壤或黄棕壤，pH 为 5-6.6，生长慢。花期 5-6 月，果期 8-9 月，但有的植株有一年开两次花的特点（5-6 月和 10 月下旬）。

【栽培养护】

播种繁殖。种子可随采随播，或湿沙层聚储藏，待种子破裂露出胚芽时苗床或容器营养土播种。幼苗期适当遮阴、加强肥水管理。裸根苗移栽成活率较低，容器袋苗培育。

【园林应用】

枝叶繁茂、树形优美，花色艳丽芳香，为名贵稀有观赏树种。可作为孤景树、主景树及庭园观赏树，可孤植、群植、列植、对植等。

（图文：李函润　审校：孔繁才、代珍燕）

华盖木

别　名 缎子绿豆树
拉丁名 *Manglietiastrum sinicum*
科　属 木兰科（Magnoliaceae）
华盖木属（*Manglietiastrum*）

【自然分布】

产于云南（西畴法斗）。生于海拔 1300-1500 m 的山沟常绿阔叶林中。

【识别要点】

常绿大乔木，高可达 40 m，胸径 1.2 m；老枝暗褐色。叶革质，先端圆，具急尖，基部渐狭楔形，上面深绿色，有光泽，下面淡绿色；幼叶在芽中平展。托叶与叶柄离生，叶柄上无托叶痕。花单生枝顶，佛焰苞状苞片紧接花被下；聚合果成熟时绿色，干时暗褐色，成熟蓇葖厚木质；沿腹缝线全裂及顶端 2 浅裂。

【生长习性】

其生长环境为山坡上部向阳的沟谷潮湿山地，喜向阳湿润的环境。生长速度较慢。土壤为由砂岩和砂页岩发育而成的山地黄壤或黄棕壤，偏酸性的腐质土。花期 4 月，果期 9-11 月。

【栽培养护】

播种繁殖。种子可随采随播，或湿沙层聚储藏，翌年 3 月播种。幼苗期易感染立枯病、根腐病，此期间需加强管理，及时喷洒杀菌剂。大苗及成年植株常规日常水肥管理和病虫害防治即可。

【园林应用】

树形优美，树干挺直光滑，树冠巨大，形如帝王华丽的车盖而得名华盖木，花色艳丽而芳香，为国家一级重点保护野生植物，可选为庭园观赏树种、孤景树、主景树、行道树。

（图文：李函润　审校：孔繁才、代珍燕）

灰岩含笑

别　名 无
拉丁名 *Michelia calcicola*
科　属 木兰科（Magnoliaceae）含笑属（*Michelia*）

【自然分布】

产于云南（广南、麻栗坡、西畴）、广西（龙州）。生于海拔 590-1500 m 的石山林中。

【识别要点】

常绿小乔木。芽圆柱形或狭卵形，被黄褐色长绒毛。嫩枝被淡黄色绒毛，老枝无毛，深褐色，有圆点状皮孔。叶革质，长圆形或卵状长圆形，嫩叶两面均被平伏长柔毛，老叶两面均无毛，下面灰白色；中脉在上面凹下，侧脉和网脉在两面均凸起，无托叶痕。花黄色，花被片 9 片，长圆形或倒卵状长圆形。聚合果圆柱形。

【生长习性】

喜温暖湿润气候，喜微碱性石灰岩土壤。花期 3 月，果期 11 月。

【栽培养护】

可用扦插、圈枝法和嫁接法进行繁殖。要求排水良好、肥沃的微酸性至微碱性土壤。夏季要注意遮阴。

【园林应用】

树冠浑圆，绿叶葱茏，开花时节苞润如玉、浓香扑鼻，是庭院观赏、园林绿化、美化环境的理想树种。可配植于园门入口、园路一侧；也可数株集中种植于院落内；还可与其他香花植物组景，形成群芳吐艳的场景。

（图文：魏薇　审校：王仲朗、代珍燕）

乐昌含笑

别 名 无

拉丁名 *Michelia chapensis*

科 属 木兰科（Magnoliaceae）含笑属（*Michelia*）

【自然分布】

产于江西南部、湖南西部及南部、广东西部及北部、广西东北部及东南部。生于海拔 500-1500 m 的山地林间。

【识别要点】

常绿乔木，高 15-30 m，胸径 1 m；树皮灰色至深褐色。叶薄革质，倒卵形、狭倒卵形或长圆状倒卵形，先端骤狭短渐尖，或短渐尖，尖头钝，基部楔形或阔楔形，上面深绿色，有光泽，侧脉网脉稀疏；叶柄无托叶痕。花梗具 2-5 苞片脱落痕；花被片淡黄色，6 片，芳香，2 轮，外轮倒卵状椭圆形，内轮较狭。胚珠约 6 枚。蓇葖长圆体形或卵圆形，顶端具短细弯尖头，基部宽；种子红色。

【生长习性】

喜光，喜温暖湿润的气候，适应性好；喜土层深厚、疏松、肥沃、排水良好的酸性至微碱性土壤，忌土壤积水，在过于干燥的土壤中生长不良。花期 3-4 月，果期 8-9 月。

【栽培养护】

播种繁殖，也可嫁接繁殖。湿沙层聚储藏或种子低温冷藏，翌年 3 月播种。幼苗期适当遮阴，适量追施氮肥、磷肥，苗期加强肥水管护。主要病虫害有猝倒病、地老虎、炭疽病和日灼病等。需适时防护。

【园林应用】

树干通直挺拔，树冠圆锥状塔形，树荫浓郁，枝叶翠绿，四季深绿，花期长，花香醉人，在城镇庭园中孤植、列植、丛植或群植均有良好的景观效果。可作为木本花卉、风景树及行道树。

（图文：李函润　审校：孔繁才、代珍燕）

紫花含笑

别 名 无

拉丁名 *Michelia crassipes*

科 属 木兰科（Magnoliaceae）含笑属（*Michelia*）

【自然分布】

产于广东北部、湖南南部、广西东北部。生于海拔 300-1000 m 的山谷密林中。

【识别要点】

小乔木，高达 5 m，胸径可达 5 cm，树皮灰褐色，芽、幼枝、花梗、叶柄均密被红褐色绒毛，叶革质或薄革质，倒卵形或窄倒卵形，长 7-13 cm，宽 2.5-4 cm，先端渐尖或尾尖，基部楔形，上面深绿色，有光泽、无毛，下面淡绿色。花梗长 3-4 mm，花紫红色或深紫色，花被片 6 枚，长椭圆形，长 18-20 mm，宽 6-8 mm，聚合果长 2.5-5 cm。

【生长习性】

在雨量充沛、湿润环境中生长较好，长在呈酸性的山地黄壤中，生长期长。耐寒能力均比含笑强，而且栽培容易，生长迅速，1 年生实生苗高 15-25 cm，并且很少有病虫为害。花期 4-5 月，果期 8-9 月。

【栽培养护】

播种繁殖。果实采下后，要立刻处理和保存，种子的千粒重为 129.75 g，紫花含笑种子的萌动较早，种子又很稀少，最好采用随采随播后用塑料膜拱棚保护，或用沙藏待种子萌芽后及时移入播种床，也用塑料薄膜拱棚保护，并精心养护，待出现真叶后再除去拱棚。

【园林应用】

应用在园林中，前景很好，或植于林下，或植于庭园，或配于假山，均是难觅的园林木本植物，可丛植、列植或孤植。

（图：李函润、李云猛　文：李云猛　审校：孔繁才、代珍燕）

南亚含笑

别 名 无

拉丁名 *Michelia doltsopa*

科 属 木兰科（Magnoliaceae）含笑属（*Michelia*）

【自然分布】

产于西藏（察隅、聂拉木、墨脱）、云南（贡山）。生于海拔 1500-2300 m 的山坡、阔叶林中。尼泊尔、不丹、印度东北部及缅甸北部也有分布。

【识别要点】

半常绿乔木，高达 30 m。芽、幼枝、叶柄及嫩叶背面被灰白色平伏短毛。叶椭圆形或狭卵状椭圆形，网脉细密，干后在上面凸起，嫩时密被紧贴细柔毛。花梗密被平伏长柔毛。花被片白色，狭倒卵状匙形，顶端圆，基部稍具爪。雌蕊群狭卵圆形，心皮密被灰色紧贴短柔毛。雌蕊群柄密被灰色紧贴微柔毛。聚合果。蓇葖近倒卵圆形，残留有平伏细柔毛，顶端具凸尖的喙。

【生长习性】

喜温暖湿润的环境；忌水涝；幼苗较耐阴，成年植株喜阳光充足。喜土层深厚、疏松、肥沃、排水良好、富含有机质的酸性至微碱性土壤。花期 3-4 月，果期 9-11 月。

【栽培养护】

以扦插、压条、嫁接和播种方法繁殖为主。大树移植宜在半年前做断根处理，春季至夏季末可施肥 1 次，以有机肥为佳，或酌施氮、磷、钾复合肥。病虫害少，管理简单粗放。

【园林应用】

是非常好的观花观叶植物。树形美观，花芳香美丽，适合作园景树、行道树或大型盆栽。既可做主景树，也可搭配其他树种进行园林绿化主体景观的设计。

（图文：单祖朋　审校：孔繁才、代珍燕）

多花含笑

别 名 无

拉丁名 *Michelia floribunda*

科 属 木兰科（Magnoliaceae）含笑属（*Michelia*）

【自然分布】

产于云南（西部、南部、东部、北部）、四川（西南部、中部）、湖北西部（利川）。生于海拔1300-2700 m的林间。缅甸也有分布。

【识别要点】

常绿乔木，高达20 m；树皮灰色，平滑，幼枝被灰白色毛。叶革质，狭卵状椭圆形、披针形，先端渐尖或尾状渐尖，基部阔楔形或圆；中脉凹入，有白色毛，侧脉纤细，网脉细密；叶柄被白色毛；托叶痕长为叶柄长之半或过半。花蕾狭椭圆体形，稍弯曲，花梗被银灰色毛；花被片白色。聚合果扭曲，蓇葖扁球形或长球体形，顶端微尖，有白色皮孔。

【生长习性】

喜光，喜温暖湿润、通风良好的气候环境，以及肥沃疏松、土层深厚、排水良好、富含腐殖质的酸性或微酸性土壤。耐严寒，不耐干旱、瘠薄，怕积水。花期2-4月，果期8-9月。

【栽培养护】

播种繁殖。湿沙层聚储藏，储藏期间经常翻动检查，保持沙子湿润，待半数种子露白后苗床播种。生长季节加强肥水管理、除草和病虫害防治。

【园林应用】

树冠浑圆，树姿优美，花繁叶茂，开花时节苞润如玉、芳香扑鼻，是庭院观赏、园林绿化、美化环境的理想树种。可摆放于城市广场和休闲绿地中，也可用于行道树绿化、景观小品点缀。或配植于假山后与休憩亭旁。

（图文：李函润 审校：孔繁才、恭春华）

金叶含笑

别 名 无

拉丁名 *Michelia foveolata*

科 属 木兰科（Magnoliaceae）含笑属（*Michelia*）

【自然分布】

产于贵州东南部、湖北西部（利川）、湖南南部、江西、广东、广西南部、云南东南部。生于海拔 500-1800 m 的阴湿林中。越南北部也有分布。

【识别要点】

常绿乔木，高达 30 m；芽、幼枝、叶柄、叶背、花梗密被红褐色短绒毛。叶厚革质，长圆状椭圆形、椭圆状卵形或阔披针形，通常两侧不对称，上面深绿色，有光泽，下面被红铜色短绒毛，侧脉每边 16-26 条；花梗具 3-4 苞片脱落痕；花被片淡黄绿色，基部带紫色；聚合果长 7-20 cm；蓇葖长圆状椭圆体形。

【生长习性】

喜中亚热带气候，喜温暖湿润、喜光，幼苗耐阴湿的气候环境，喜肥沃疏松、排水良好、土层深厚的酸性土壤，耐严寒。引种栽培区为缓坡地，土壤系二叠纪石灰岩发育的山地黄壤，厚度 1.0 m 以上，土层较厚的黏壤土。花期 3-5 月，果期 9-10 月。

【栽培养护】

主要采用种子繁殖及嫁接繁殖。10 月中旬、下旬，当果实的表皮颜色由黄绿褐色转变为紫红色，并有少数果微裂时，应及时采收。要适时整床播种，圃地应选择排水良好、灌溉方便、深厚肥沃之地，整地方法同常规育苗。由于金叶含笑结实大小年显著，同时树形高大，非常难采集种子，故也常采用嫁接法进行繁殖。选用一年生地径粗 0.8 cm 以上的白玉兰、阔瓣含笑作砧木，在每年的雨水节后，选择晴天，剪取一年生健壮的金叶含笑枝条，用切接法嫁接，成活率达 90% 以上。接后要及时除萌和中耕除草，加强肥水管理，当年生苗高可达 80-100 cm。

【园林应用】

树形端庄秀美，叶色奇特，花大芳香，果鲜红欲滴，具有鲜明的园艺特性，是流行的园林绿化树种，享有“园林新秀”的美称。

（图文：高富　审校：尹擎、恭春华）

灰毛含笑

别 名 灰绒含笑

拉丁名 *Michelia foveolata* var. *cinerascens*

科 属 木兰科（Magnoliaceae）含笑属（*Michelia*）

【自然分布】

产于四川东南部、贵州东北部及南部、广西西北部、云南东南部。生于海拔 800-1500 m 的密林中。

【识别要点】

常绿乔木，高 15-30 m，胸径达 80 cm，树皮灰色，枝上瘤孔明显；叶芽、幼枝、叶柄和花芽、花梗等均密被银白色短绒毛。叶厚革质，长椭圆形或卵状长圆形，长 15-23 cm，宽 6-11 cm；叶面亮绿色，有光泽，叶背被银灰色绒毛。花淡黄色或乳黄色。聚合果长 7-12 cm。顶端具凸尖的喙。

【生长习性】

性喜温暖湿润、阳光充足、通风良好的环境；宜栽培于山地红壤、黄壤和黄棕壤，而在疏松、肥沃的红壤中生长最佳；忌土壤黏重和积水，不耐盐碱；吸尘能力强，对二氧化硫等有毒气体有一定的抗性。花期 4-5 月，果熟期 10-11 月。

【栽培养护】

可播种繁殖。于 10-11 月采收果实，去种皮，洗净后沙藏催芽，来年 3 月中下旬种粒露白后播种。播种后，覆盖厚 1 cm 的火烧土或腐叶土，盖稻草保温。

【园林应用】

适应性强，吸尘、抗污染性强，适用于城市行道树及厂矿绿化。花朵密集，花苞硕大，花色洁白，花香浓郁；经嫁接可矮化植株，供盆栽观赏。

（图文：李云猛　审校：孔繁才、代珍燕）

香子含笑

别 名 无

拉丁名 ***Michelia hedyosperma***

科 属 木兰科（Magnoliaceae）含笑属（*Michelia*）

【自然分布】

产于海南、广西西南部、云南。生于海拔 300-800 m 的山坡、沟谷林中。

【识别要点】

常绿乔木，高达 21 m，胸径 60 cm；芽、嫩叶柄、花梗、花蕾及心皮密被平伏短绢毛，其余无毛。叶揉碎有八角气味，薄革质，倒卵形或椭圆状倒卵形，先端尖，尖头钝，基部宽楔形，两面鲜绿色，有光泽，无毛，无托叶痕。花被片 9，3 轮，外轮膜质，条形，内两轮肉质，狭椭圆形。聚合果果梗较粗；蓇葖灰黑色，椭圆体形。

【生长习性】

喜温暖湿润的气候，喜光稍耐阴，喜土层深厚的酸性土壤。耐旱耐瘠，萌芽力强，耐寒性较强，具有一定的耐阴性和抗风能力。花期 3-4 月，果期 9-10 月。

【栽培养护】

采用播种繁殖。宜选健壮、通直、无病虫害的母树采种，果壳呈紫红色时即可采收果实，将其晒干脱粒筛取种子，再浸入水中搓去红色假种皮，然后用湿沙储藏。

【园林应用】

树形美观，枝叶繁茂，花香浓郁，是园林中优良的观花乔木。适宜广场绿化、庭院绿化及道路绿化，单植、丛植、群植和列植均宜。

（图：李函润、李云猛 文：李云猛 审校：孔繁才、恭春华）

壮丽含笑

别　名 无
拉丁名 *Michelia lacei*
科　属 木兰科（Magnoliaceae）含笑属（*Michelia*）

【自然分布】

产于云南西南部（泸西）。生于海拔 1500 m 的密林中。越南北部也有分布。

【识别要点】

常绿乔木，高 15 m；小枝粗壮，具椭圆形的粗皮孔。叶革质，长 14-17 cm，长圆状椭圆形或椭圆形，先端渐尖或急尖，基部宽楔形，边缘稍反卷，两面无毛，上面光绿色，具凹入的中脉，下面暗绿色；叶柄无托叶痕。花白色，花梗粗壮，节上具褐色长毛，紧接花被片下具数个质薄、被白色平伏毛的佛焰苞状苞片，花梗具 3-4 苞片脱落环痕。聚合果长 7-10 cm。

【生长习性】

喜肥，喜温湿，驯化后耐寒冷，宜半阴而湿润的场所，忌强烈阳光直射，不耐干燥瘠薄，但也怕积水，要求排水良好、肥沃的微酸性壤土，中性土壤也能适应。花期 2 月。

【栽培养护】

可用扦插、压条、嫁接和播种方法繁殖。春季、夏季植物生长旺盛，薄肥勤施。袋苗繁育、培植，因叶较大，蒸腾旺盛，裸根苗移栽很难成活。

【园林应用】

树冠浑圆，绿叶葱茏，开花时节苞润如玉、浓香扑鼻。可配植于园门入口、园路一侧；也可数株成片种植于园内，形成小园春色无限；还可与其他花木，如桂花、玉兰、蜡梅等香花植物组景，可形成群芳吐艳的场景。

（图文：李函润　审校：孔繁才、恭春华）

醉香含笑

别　名 火力楠
拉丁名 *Michelia macclurei*
科　属 木兰科（Magnoliaceae）含笑属（*Michelia*）

【自然分布】

产于广东、海南、广西。生于海拔 500-1000 m 的密林中。越南北部也有分布。

【识别要点】

常绿乔木，高达 30 m，胸径 1 m 左右；芽、嫩枝、叶柄、托叶及花梗均被紧贴的红褐色短绒毛。叶革质，倒卵形或长圆状椭圆形，长 7-14 cm，下面被灰色毛，无托叶痕。花蕾内有时包裹不同节上 2-3 小花蕾，形成 2-3 朵的聚伞花序，花被片白色，通常 9 片，匙状倒卵形，长 3-5 cm。聚合果长 3-7 cm。

【生长习性】

喜温暖湿润环境，喜光稍耐阴，喜土层深厚的酸性土壤；耐寒、稍耐旱；耐瘠、忌涝。花期 3-4 月，果期 9-11 月。

【栽培养护】

种子繁殖。最宜在弱酸性、土层深厚、富含腐殖质、排水良好的壤土中栽培。抗病虫害能力较强，常规水肥管理即可。

【园林应用】

树冠宽广、伞状，整齐壮观，开花时节，花香四溢。宜作庭园树，或种植于草坪远端边缘，也可在绿地系统中与其他花木进行配植。

（图文：尹擎　审校：尹擎、恭春华）

展毛含笑

别　名 无

拉丁名 ***Michelia macclurei* var. *sublanea***

科　属 木兰科（Magnoliaceae）含笑属（*Michelia*）

【自然分布】

产于广东（信宜、茂名）、广西（玉林）。生于密林中。

【识别要点】

常绿乔木，为醉香含笑的变种，高达 30 m，胸径 1 m 左右。树皮灰白色，光滑不开裂。嫩枝、叶柄、托叶、苞片及花梗的短绒毛或柔毛展开。叶革质，倒卵形、椭圆状倒卵形。花蕾内有时包裹不同节上 2-3 小花蕾，形成 2-3 朵的聚伞花序。花被片白色，通常 9 片，花丝红色；雌蕊群密被褐色短绒毛。聚合果长 3-7 cm。蓇葖长圆体形或倒卵圆形，基部宽阔，着生于果托上，疏生白色皮孔。种子 1-3 颗，扁卵圆形。

【生长习性】

喜温暖湿润的气候，忌干旱，喜光稍耐阴，喜土层深厚的酸性土壤。耐旱耐瘠，萌芽力强，生长迅速，寿命长。耐寒性较强，具有一定的耐阴性和抗风能力。花期 3-4 月，果期 9-11 月。

【栽培养护】

以扦插、压条、嫁接和播种方法繁殖为主。对幼苗的管理除除草、松土、灌水外，还需适当遮阴等。移栽时需浇足水，并用小竹竿把苗木绑扎牢固，不使其随风摇摆，以利新根生长。

【园林应用】

树干通直，树型整齐美观，枝叶繁茂，花色洁白，花香浓郁，果实鲜红，是园林中优良的观叶观花乔木。适宜广场绿化、庭院绿化及道路绿化，单植、丛植、群植和列植均宜，是美丽的庭园和行道树种。

（图文：单祖朋　审校：孔繁才、恭春华）

深山含笑

别　名 光叶白兰花、莫夫人含笑花

拉丁名 *Michelia maudiae*

科　属 木兰科（Magnoliaceae）含笑属（*Michelia*）

【自然分布】

产于浙江南部、福建、湖南、广东（北部、中部及南部沿海岛屿）、广西、贵州。生于海拔600-1500 m的密林中。

【识别要点】

常绿乔木，高可达18-20 m；树皮薄，浅灰色或灰褐色。叶革质，长圆状椭圆形，先端骤狭短渐尖，基部楔形，上面深绿色，有光泽，下面灰绿色，被白粉；叶柄无托叶痕。花梗绿色，具3环状苞片脱落痕，佛焰苞状苞片淡褐色，薄革质；花芳香；花被片纯白色，基部稍呈淡红色；近匙形，顶端尖；蓇葖长圆体形。种子红色，稍扁。

【生长习性】

喜温暖湿润的气候，需要阳光充足，但幼苗需遮阴。喜深厚、疏松、肥沃而湿润的酸性砂质土。根系发达，萌芽能力强，生长速度快。花期2-3月，果期9-10月。

【栽培养护】

播种繁殖。种子可随采随播，或湿沙层聚储藏，翌年3月播种。幼苗做好松土、除草、抗旱、间苗等田间管理。种植时带土球、保持根系完整，适当修剪；袋苗种植，景观效果更佳。

【园林应用】

树形端正，枝叶繁茂，四季常青。晚冬、早春满树白花，洁白如玉，清香宜人。入秋后，蓇葖果微裂露出鲜红色假种皮，艳丽夺目。是园林和四旁绿化的优质观赏花木，不论孤植、列植、群植皆可。与木莲、木荷、玉兰等配植更佳。

（图文：李函润　审校：孔繁才、恭春华）

阔瓣含笑

别 名 阔瓣白兰花、云山白兰花、广东香子

拉丁名 *Michelia platypetala*

科 属 木兰科（Magnoliaceae）含笑属（*Michelia*）

【自然分布】

产于湖北西部、湖南西南部、广东东部、广西东北部、贵州东部。生于海拔1200-1500 m的密林中。

【识别要点】

常绿乔木，高达20 m，胸径50 cm。嫩枝、芽、嫩叶均被红褐色绢毛。叶薄革质，长圆形、椭圆状长圆形，下面被灰白色或杂有红褐色平伏微柔毛。花梗通常具2苞片脱落痕，被平伏毛。花被片9，白色。雌蕊群圆柱形，被灰色及金黄色微柔毛。聚合果，蓇葖无柄，常背腹两面全部开裂；种子淡红色，扁宽卵圆形或长圆体形。

【生长习性】

喜温暖湿润气候，喜充足的光照，亦耐半阴，但幼树喜偏阴的环境。喜土层深厚、疏松、肥沃、排水良好、富含有机质的酸性至微碱性土壤。花期3-4月，果期8-9月。

【栽培养护】

以扦插、压条、嫁接和播种方法繁殖为主。移栽时植株要带土球，最好选疏林下、土质疏松、排水良好的地方定植。每年3月修剪一次，去掉过密枝、纤弱枝、枯枝。花后及时将幼果枝剪去，放在朝南向阳避风处。

【园林应用】

主干挺秀，枝茂叶密，开花素雅，大而密集，有香味，花期可长达5周。孤植、丛植和群植均佳，也可作盆栽观赏，是园林观赏或绿化造林的优良树种。

（图文：单祖朋　审校：孔繁才、恭春华）

球花含笑

别　名 毛果含笑、老鸦果

拉丁名 *Michelia sphaerantha*

科　属 木兰科（Magnoliaceae）含笑属（*Michelia*）

【自然分布】

产于云南（景东、屏边、楚雄）。生于海拔 1800-2000 m 的山地杂木林中。

【识别要点】

常绿或半常绿乔木，高 5-16 m；小枝深褐色或黄褐色，散生柔毛和皮孔。叶革质，倒卵状长圆形，长 16-20 cm，下面被短柔毛；叶柄无托叶痕，被柔毛；花被白色，花被片 12，狭倒卵形，长 6-7.5 cm，花被片顶端相连呈球形。聚合果长 19-24 cm。

【生长习性】

阳性植物，喜阳光充足、通风良好之处；性喜温暖湿润的环境；耐寒、稍耐旱。花期 3 月，果期 7-9 月。

【栽培养护】

种子繁殖。最宜在弱酸性、土层深厚、富含腐殖质、排水良好的壤土中栽培，稍耐水湿。抗病虫害能力较强，常规水肥管理即可健康生长。

【园林应用】

树高大挺拔，形美。可作行道树、庭荫树，或与其他花木配植。

（图文：尹擎　审校：尹擎、恭春华）

峨眉含笑

别 名 威氏黄心树

拉丁名 *Michelia wilsonii*

科 属 木兰科（Magnoliaceae）含笑属（*Michelia*）

【自然分布】

分布于贵州遵义市各地，以及梵净山、雷公山。常生于海拔 600-2000 m 的山林中。产于四川中部、西部。

【识别要点】

常绿乔木，高可达 20 m，嫩枝绿色，幼枝被淡褐色平伏短毛，老枝节间较密，具皮孔；叶革质，倒卵形、窄倒卵形或倒披针形，先端短尖或短渐尖，基部楔形或阔楔形，上面无毛，有光泽，下面灰白色，疏被白色有光泽的平伏短毛，倒脉纤细，网脉细密，干时两面凸起，具托叶痕。花黄色，芳香，聚合果果托扭曲，蓇葖成熟后 2 瓣开裂。

【生长习性】

喜温暖、湿润、多雨、日照少、常年多云雾的气候环境，喜肥沃、疏松、湿润而排水性良好的酸性或中性山地黄壤。多生于阴坡或半阴坡，在向阳的山坡则生于阴湿的沟槽处，一般生长在山坡中下部及山凹地区。花期 3-5 月，果期 8-9 月。

【栽培养护】

采用播种繁殖。峨眉含笑果实大多数在 9-10 月成熟，首先将采集回的果实置于通风室内，让其后熟及晾干，取出种子淘洗干净。用含水量 4%-10% 的细沙分层储藏。在 12 月底前播种育芽。

【园林应用】

由于其树形伞形，高大优美，花淡黄色芳香，很是美观，在园林绿化中常用于广场、公园、小区等，其配置形式以规则式种植为主，大多对植、列植、丛植、孤植或成片种植成风景林、水土保持林、防护林等。

（图：李函润、李云猛 文：李云猛 审校：孔繁才、恭春华）

光叶拟单性木兰

别　名 无
拉丁名 *Parakmeria nitida*
科　属 木兰科（Magnoliaceae）
拟单性木兰属（*Parakmeria*）

【自然分布】

产于西藏东南部、云南西北部。生于海拔1800-2500 m的山坡阔叶林中。缅甸北部也有分布。

【识别要点】

常绿乔木，高达30 m，直径达1 m。叶革质，椭圆形、长圆状椭圆形，很少倒卵状椭圆形，上面深绿色，有光泽，嫩叶红褐色；侧脉每边7-13条；花两性，芳香，花被片约12，外轮3片，背面中部带紫红色，倒卵状匙形，内3轮淡黄白色。雌蕊群绿色，花柱红色。聚合果绿色，长圆状卵圆形或椭圆状卵圆形。种子具鲜黄色外种皮。

【生长习性】

喜温暖湿润气候。喜土层深厚、肥沃、排水良好的土壤，在酸性、中性和微碱性土壤中都能正常生长。喜光，但苗期应注意搭棚遮阴。花期3-5月，果期9-10月。

【栽培养护】

主要以播种和嫁接繁殖为主。水肥管理尤为重要，要注意浇水，以及适时施肥。及时对枯病枝叶进行修剪，防止病虫害侵染，影响生长。

【园林应用】

树干通直，叶色亮绿，花形美丽，花清香远溢，秋季果实红艳夺目，且对有毒气体有较强的抗性，是优良的园林绿化树种。适于公园、庭院种植，是布置庭园的优良树种，无论孤植、丛植或作行道树，均十分适宜。

（图文：单祖朋　审校：孔繁才、恭春华）

云南拟单性木兰

别　名　云南拟克林丽木、黑心绿豆

拉丁名　*Parakmeria yunnanensis*

科　属　木兰科（Magnoliaceae）
拟单性木兰属（*Parakmeria*）

【自然分布】

产于云南（屏边、金平、西畴、麻栗坡）、广西。生于海拔 1200-1500 m 的山谷密林中。

【识别要点】

常绿乔木，高达 30 m，胸径 50 cm；树皮灰白色，光滑不裂。叶薄革质，卵状长圆形或卵状椭圆形，先端短渐尖或渐尖，基部阔楔形或近圆形，上面绿色，下面浅绿色，嫩叶紫红色，两面网脉明显。花杂性（雄花两性花异株），芳香；花丝红色，花托顶端圆；两性花：花被片及雄蕊与雄花相同，雌蕊群卵圆形，绿色，聚合果长圆状卵圆形，蓇葖菱形，熟时背缝开裂；种子外种皮红色。

【生长习性】

阳性树种，喜气候温暖、湿润，多雨的环境。耐寒。在土壤潮湿、肥沃、枯枝落叶腐殖质层深厚、有机质含量 10% 以上的酸性土壤（pH 4.5-6.5）上生长良好。花期 5 月，果期 9-10 月。

【栽培养护】

播种繁殖。幼苗、幼树喜半荫蔽的环境，在 4-5 月的旱季，要注意观察苗床土壤水分状况，适时喷水以保持土壤湿润；进入雨季要及时排出积水，以利于苗木生长。

【园林应用】

其树干挺拔、树冠宽广、树叶浓绿，为优良的园林绿化树种；也是国家二级重点保护野生植物。可用作孤景树、主景树、行道树等，也可成片植林种植作风景林。

（图文：李函润　审校：孔繁才、恭春华）

水青树

别　名 无

拉丁名 *Tetracentron sinense*

科　属 **水青树科**（Tetracentraceae）

水青树属（*Tetracentron*）

【自然分布】

分布于陕西、甘肃、湖北、四川、贵州；印度、缅甸、尼泊尔和不丹也有分布。广布种，生于海拔1700-3500 m的沟谷林及溪边杂木林中。

【识别要点】

落叶乔木，高可达30 m，胸径达1.5 m，全株无毛；叶片卵状心形，顶端渐尖，基部心形，边缘具细锯齿，齿端具腺点，两面无毛，背面略被白霜，掌状脉5-7，近缘形成不明显的网络。花小，呈穗状花序，花序下垂，着生于短枝顶端，多花；雄蕊与花被片对生，长为花被的2.5倍。果长圆形，棕色，沿背缝线开裂。

【生长习性】

喜光，稍有遮阴即可影响生长，喜温暖气候，但不耐湿热，喜肥沃湿润的酸性土壤，耐寒性不强。在良好环境下，1年苗可达1.5-2 m高。花期6-7月，果期9-10月。

【栽培养护】

播种繁殖。于11-12月采种，翌年春播，也可在9月采种，当年播种。幼苗易发生立枯病，需加强管护，适时防病。

【园林应用】

其树形美观，树姿婆娑，根系发达，适宜栽培作观赏和行道树，也可孤植或成林种植，可作为荒山造林树种。

（图文：李云猛　审校：孔繁才、恭春华）

连香树

别　名 山白果、五君树、子母树
拉丁名 *Cercidiphyllum japonicum*
科　属 连香树科（Cercidiphyllaceae）
连香树属（*Cercidiphyllum*）

【自然分布】

产于山西西南部、河南、陕西、甘肃、安徽、浙江、江西、湖北及四川。生在山谷边缘或林中开阔地的杂木林中，海拔 650-2700 m。日本有分布。

【识别要点】

落叶大乔木，高可达 40 m；树皮灰色或棕灰色；小枝无毛，短枝在长枝上对生；叶生短枝上的近圆形、宽卵形或心形，生长枝上的椭圆形或三角形，先端圆钝或急尖，基部心形或截形，边缘有圆钝锯齿，先端具腺体，两面无毛，下面灰绿色带粉霜，掌状脉 7 条直达边缘；叶柄无毛。雄花近无梗；雌花丛生；蓇葖果 2-4 个，荚果状，先端渐细，有宿存花柱。

【生长习性】

本种耐阴性较强，对冬季低温抗性强；幼树须长在林下弱光处，成年树要求一定的光照条件。深根性，抗风，耐湿，生长缓慢，结实稀少。萌蘖性强，于根基部常萌生多枝。冬芽于 3 月上旬萌动，3 月下旬至 4 月上旬为展叶期，10 月中旬以后叶开始变色，到 11 月中下旬落叶。花于 4 月中旬开放，至 5 月上旬为凋谢期；果实于 9-10 月成熟。

【栽培养护】

种子繁殖，在 8-9 月果实由青变黄褐色时，应立即采收，种子随采随播，或用湿沙层积储藏，春季播种。播后用细土覆盖，以不见种子为度，再盖草保温保湿，最后搭矮荫棚。种子萌发出土后，揭去盖草，苗期注意除草。所以在实际生产中，有条件的地方，常用扦插方式进行苗木培育。扦插又分为硬枝扦插和嫩枝扦插。

【园林应用】

树体高大，树姿优美，叶形奇特，为圆形，大小与银杏（白果）叶相似，因而得名山白果；叶色季相变化也很丰富，即春天为紫红色、夏天为翠绿色、秋天为金黄色、冬天为深红色，是典型的彩叶树种；而且落叶迟，到农历腊月末才开始落叶，发芽又早，翌年正月即开始发芽，极具观赏价值，是园林绿化、景观配置的优良树种。

（图文：高富　审校：尹擎、恭春华）

樟

别　名 樟树、樟木、瑶人柴
拉丁名 *Cinnamomum camphora*
科　属 樟科（Lauraceae）樟属（*Cinnamomum*）

【自然分布】

产于中国南方及西南各省（自治区）。越南、朝鲜、日本也有分布，其他各国常有引种栽培。主要培育繁殖基地有江苏、浙江、安徽等。江西、湖北、湖南、广东、广西、四川、贵州、云南等省（自治区）。

【识别要点】

常绿大乔木，高可达 30 m，直径可达 3 m，树冠广卵形；枝、叶及木材均有樟脑气味；树皮黄褐色，有不规则的纵裂。叶互生，卵状椭圆形，长 6-12 cm，全缘，薄革质，离基三出脉，脉腋有腺体，两面无毛，背面灰绿色。圆锥花序生于新枝；花被淡黄绿色，6 裂。核果球形，直径 6-8 mm，紫黑色；果托杯状，顶端截平，基部具纵向沟纹。

【生长习性】

喜光、稍耐阴；喜温暖湿润气候，耐寒性不强。对土壤要求不严，而以深厚、肥沃、湿润的微酸性黏质土最好，较耐水湿，但不耐干旱、瘠薄和盐碱土。主根发达，深根性，能抗风。萌芽力强，耐修剪。生长速度中等偏慢。寿命长，可达千年以上。花期 4-5 月，果期 8-11 月。

【栽培养护】

主要用播种繁殖，也可用软材扦插及分栽根蘖等法繁殖。10-11 月果实成熟后及时采种，用水浸泡 2-3 天，搓去果肉，再拌草木灰脱脂 12-24 h，然后洗净种子，晾干后混沙储藏，至翌年春季条播。

【园林应用】

本种枝叶茂密，冠大荫浓，树姿雄伟，是城市绿化的优良树种，广泛用作庭荫树、行道树、防护林及风景林。配置于池畔、水边、山坡、平地无不相宜。若孤植于空旷地，让树冠充分发展，浓荫覆地，效果更佳。

（图文：李云猛　审校：孔繁才、恭春华）

云南樟

别　名 樟叶树、大黑叶樟、香叶树

拉丁名 *Cinnamomum glanduliferum*

科　属 樟科（Lauraceae）樟属（*Cinnamomum*）

【自然分布】

产于云南中部至北部、四川南部及西南部、贵州南部、西藏东南部。多生于海拔1500-2500（-3000）m的山地常绿阔叶林中。印度、尼泊尔、缅甸至马来西亚也有分布。

【识别要点】

常绿乔木，树皮灰褐色，深纵裂，小片脱落，内皮红褐色，具有樟脑气味。枝条粗壮，圆柱形，绿褐色，小枝具棱角。芽卵形，密被绢状毛。叶互生，叶形变化很大，革质，上面深绿色，有光泽，下面通常粉绿色，羽状脉或偶有近离基三出脉，中脉两面明显，斜展；叶柄粗壮。圆锥花序腋生。花小，淡黄色；花梗短，无毛。花被筒倒锥形，先端锐尖。果球形，黑色。

【生长习性】

喜温暖、湿润气候，性喜光，幼树稍耐阴、耐寒。在肥沃、深厚的酸性或中性砂壤土上生长良好，不耐水湿。萌蘖更新力强，耐修剪。花期3-5月，果期7-9月。

【栽培养护】

种子、软枝扦插和分蘖繁殖，以种子繁殖为主。在每年春、冬两季各中耕除草和追肥1次，促使生长良好；旱季及时浇水，要注意修剪。病害有根腐病危害幼苗根部，虫害有樟蚕取食叶片，注意防治。

【园林应用】

枝叶茂密，冠大荫浓，树姿雄伟，四季葱郁，是城市绿化的优良树种，广泛用作庭荫树、行道树、防护林及风景林。配植于池畔、水边、山坡、平地无不相宜。若孤植空旷地，让树冠充分发展，浓荫覆地，效果更佳。在草地中丛植、群植或作背景树都很合适。其吸毒、抗毒性能较强，故也可选作厂矿区绿化树种。

（图文：李函润　审校：孔繁才、恭春华）

香叶树

别　名 香果树、香油果

拉丁名 *Lindera communis*

科　属 樟科（Lauraceae）山胡椒属（*Lindera*）

【自然分布】

产于陕西、甘肃、湖南、湖北、江西、浙江、福建、台湾、广东、广西、云南、贵州、四川等省（自治区）。

【识别要点】

常绿小乔木，高 3-9 m，胸径 25 cm，树皮淡褐色；当年生枝条纤细，平滑，具纵条纹；单叶互生，通常披针形、卵形或椭圆形，羽状脉；伞形花序具 5-8 朵花，单生或二个同生于叶腋，雄花黄色，雌花黄色或黄白色；果卵形，成熟时红色。

【生长习性】

常见于干燥砂质土壤，散生或混生于丘陵和山地下部的常绿阔叶林中。喜光也较耐阴，喜温暖气候，耐干旱瘠薄，在湿润、肥沃的酸性土壤上生长较好，耐修剪，修剪后萌发强。花期 3-4 月，果期 9-10 月。

【栽培养护】

播种繁殖。果实采收后及时搓去外果皮并用清水冲洗干净，去除不成熟、不饱满籽粒，晾干后将种子放入 0.5% 高锰酸钾溶液中消毒 4-5 min 即可播种，种子随采随播，种子发芽率可达 80%。香叶树适应性强、栽培容易，一般的肥水管理就能保证正常生长。

【园林应用】

香叶树树冠浓密，耐阴，在城市园林立体景观绿化中可作为中层林冠树种利用，因耐修剪、萌发强、枝繁叶茂可作高 3-5 m 的绿篱墙或城市道路、高速公路的中央隔离带树种。在城乡接合处或瘠薄的坡地上密植，是较好的景观林、水土保持林树种。

（图文：孔繁才　审校：孔繁才、严荣业）

长梗润楠

别　名 云南楠木、滇桢楠、香桂子

拉丁名 *Machilus longipedicellata*

科　属 樟科（Lauraceae）润楠属（*Machilus*）

【自然分布】

分布于云南中部至西北部、四川西南部。生于海拔 2100-2800 m 的沟谷杂木林中。

【识别要点】

常绿乔木，树高通常 3-8 m，胸径 25-50 cm，枝条圆柱形，有纵向条纹；顶芽卵形。单叶互生，全缘，疏离或聚生于枝顶，椭圆形、长圆形或倒卵形至倒卵状长圆形；花淡绿黄色、淡黄色至白色，花梗长达 7 mm；果球形，直径 0.9-1.2 cm，果梗红色。

【生长习性】

阳性喜光树种，较耐寒，喜湿润和土壤肥沃，为深根性树种，根系发达，1 年生后的树苗生长快，萌芽力强，生长健壮，树冠圆锥伞形，树姿优美。花期 5-6 月，果期 8-10 月。

【栽培养护】

播种繁殖。果实采收后及时搓去外果皮，种子可随采随播或湿沙层聚储藏翌年春播，种子发芽率可达 80% 以上。幼苗初期生长缓慢、喜阴湿，需遮阴，当幼苗高达 10 cm 时即可移植上袋。依园林绿化用苗规格，可培育大树苗、中等树苗、小树苗供应市场不同需求。

【园林应用】

该树种树叶青翠光亮、树冠圆锥伞形，是非常优良的园林绿化树种。可孤植、成片种植、成排种植，或与其他园林植物混合成林种植及与建筑物、园林小品搭配种植。

（图文：孔繁才　审校：孔繁才、严荣业）

滇润楠

别　名 **滇桢楠、滇楠、云南楠木**

拉丁名 ***Machilus yunnanensis***

科　属 **樟科（Lauraceae）润楠属（*Machilus*）**

【自然分布】

产于云南中部、西部至西北部和四川西部。生于海拔 1500-2000 m 的山地常绿阔叶林中。

【识别要点】

常绿乔木，高可达 30 m，胸径达 80 cm；枝条圆柱形，具纵向条纹；单叶互生，全缘，革质，疏离，倒卵形或倒卵状椭圆形，具羽状脉；圆锥花序由 1-3 花聚伞组成，有时圆锥花序上部或全部的聚伞花序仅具 1 花，花淡绿色、黄绿色或黄色至白色；果为浆果状核果，卵球形，熟时黑蓝色，具白粉。

【生长习性】

阳性喜光树种，喜湿润和土壤肥沃土壤，为深根性树种，根系发达，生长快，萌芽力强，生长良好。花期 4-5 月，果期 6-10 月。

【栽培养护】

播种繁殖，种子随采随播，发芽率 80%-90%，苗期适当遮阴有利于幼苗成活。袋苗培育，常规水肥栽培管理。

【园林应用】

滇润楠生长快、树形优美、无病虫害感染，是优良的城市园林绿化树种，可孤植、成片种植或与其他园林植物混合成林种植及作为行道树成排种植，滇润楠对二氧化硫、氟化氢等具有较强的抗性，也适合种植于路边、工厂周围易受污染的环境中。

（图文：孔繁才　审校：孔繁才、严荣业）

檫　木

别　名 花楸树、鹅脚板、檫树

拉丁名 *Sassafras tzumu*

科　属 樟科（Lauraceae）檫木属（*Sassafras*）

【自然分布】

分布广泛，为广布种。常生于疏林或密林中，海拔范围为 150-1900 m。

【识别要点】

落叶乔木。树皮幼时黄绿色，平滑，老时变灰褐色，呈不规则纵裂。顶芽大，椭圆形，芽鳞外面密被黄色绢毛。枝条粗壮，近圆柱形。叶互生，聚集于枝顶，先端渐尖，基部楔形，全缘或浅裂，坚纸质，上面绿色，下面灰绿色，羽状脉或离基三出脉，支脉向叶缘弧状网结；叶柄鲜时常带红色，腹平背凸。花序顶生，先叶开放，多花，与序轴密被棕褐色柔毛，基部有迟落互生的总苞片。花黄色，雌雄异株；花梗纤细，密被棕褐色柔毛。果近球形，成熟时蓝黑色而带有白蜡粉，着生于浅杯状的果托上，果梗无毛，与果托呈红色。

【生长习性】

喜温暖湿润气候。喜光，不耐阴。深根性，萌芽性强，生长快。在土层深厚、排水良好的酸性红壤或黄壤上均能生长良好。喜与其他树种混种，但水湿或低洼地不能生长。花期 3-4 月，果期 5-9 月。

【栽培养护】

分根蘖和播种繁殖，播种繁殖更为常用。采用大穴或水平方式整地，先施放基肥，每穴放入过磷酸钙等其他钾肥。幼苗期间要全垦深翻，疏松土壤，促进幼苗生长。抚育应做好补植、除萌、开沟排水、扶正培土、除草松土等工作。

【园林应用】

春开黄花，且先于叶开放，叶形奇特，秋季变红，花、叶均具有较高的观赏价值，可于庭园、公园栽植或用作行道树，也可用于山区造林绿化。

（图文：李函润　审校：孔繁才、严荣业）

绒毛紫薇

别 名 毛叶紫薇

拉丁名 *Lagerstroemia tomentosa*

科 属 千屈菜科（Lythraceae）
紫薇属（*Lagerstroemia*）

【自然分布】

产于云南西双版纳一带。分布于老挝、缅甸、泰国、越南。生于海拔 600-1200 m 的混交林中。

【识别要点】

落叶乔木，高 20-30 m。叶纸质，互生或近对生，矩圆状披针形至卵形，长 8-15 cm，上面幼嫩时被黄色绒毛，下面被毛；叶柄密被绒毛。顶生圆锥花序密被黄色绒毛；花瓣白色、淡紫色或紫色。

【生长习性】

性喜温暖湿润气候，喜阳光而稍耐阴，稍耐寒与干旱，稍耐水湿，但忌涝。花期 5 月，果期 8-11 月。

【栽培养护】

播种繁殖，秋季采集蒴果，经净种后，将种子放入纸袋保存，开春后及时播种；也可在初春，芽萌发前，用 1 年生枝条进行扦插繁殖。种植在土质松软、肥沃、排水良好的弱酸性壤土中长势尤盛。

【园林应用】

树形优美，花色艳丽，花朵繁密，在少花的夏季开花，花期长，是很好的观花乔木。适宜种植在建筑物前、庭院内、道路旁、疏林草地，也可成片种植形成夏季观花美景。

（图文：尹擎　审校：尹擎、严荣业）

大叶海桐

别　名 无
拉丁名 *Pittosporum adaphniphylloides*
科　属 海桐花科（Pittosporaceae）
海桐花属（*Pittosporum*）

【自然分布】

分布于四川及贵州。生于海拔 1500 m 的林下。

【识别要点】

常绿小乔木，高达 5 m。叶簇生于枝顶，革质，矩圆形或椭圆形。复伞房花序 3-7 条组成复伞形花序，生于枝顶叶腋内；花黄色。蒴果近圆球形，稍压扁；种子红色，多角形。

【生长习性】

喜温暖湿润气候和肥沃润湿土壤，能耐寒冷，亦颇耐暑热。喜光，在半阴处也生长良好，生长适温 15-30℃。

【栽培养护】

播种和扦插进行繁殖。栽培容易，无须特殊管理。分枝能力强，耐修剪，开春时需修剪整形，以保持优美的树形。

【园林应用】

其枝叶繁茂，树冠球形，四季常青，花味芳香，种子红艳，为著名的观叶、观果植物。可作绿篱栽植，也可孤植、丛植于草地边缘、林缘或列植在路边。

（图文：匡建　审校：尹擎、严荣业）

短萼海桐

别 名 山桂花、万里香
拉丁名 *Pittosporum brevicalyx*
科 属 海桐花科（Pittosporaceae）
海桐花属（*Pittosporum*）

【自然分布】

分布于湖北、湖南、江西、广东、广西、贵州、云南的东南部及西北部、西藏的东南部。云南省大部分地区都可生长，田边地角、路边均可生长。

【识别要点】

常绿小乔木或灌木。叶簇生于枝顶，薄革质，倒卵状披针形，稀为倒卵形或矩圆形；先端渐尖，或长尖，基部楔形；上面深绿色，发亮，下面幼时有微毛，不久变秃净；侧脉 9-11 对，在上面明显，在下面略突起；边缘平展。伞房花序 3-5 条生于枝顶叶腋内，蒴果近圆球形。

【生长习性】

喜温暖湿润气候，兼具阳生、阴生植物特征，对土壤要求不严。

【栽培养护】

多用种子繁殖，移栽后需要及时修剪、定型；日常管护中需要及时补充土壤水分。

【园林应用】

修剪定型后，枝繁叶茂，多用作庭院栽植以赏叶；也可用作公园、街道的灌木造景。

（图文：高富　审校：尹擎、严荣业）

栀子皮

别 名 **牛眼果、木桃果**
拉丁名 ***Itoa orientalis***
科 属 **大风子科（Flacourtiaceae）栀子皮属（*Itoa*）**

【自然分布】

产于四川、云南、贵州和广西等省（自治区）。生于海拔 500-1400 m 的阔叶林中。越南也有分布。

【识别要点】

落叶乔木，高 8-20 m；树皮灰色或浅灰色，光滑；幼枝淡灰色，皮孔明显。叶大型，薄革质，椭圆形或卵状长圆形或长圆状倒卵形，先端锐尖或渐尖，基部钝或近圆形，边缘有钝齿。花单性，雌雄异株，稀杂性，圆锥花序，顶生，花药黄色。蒴果大，椭圆形，内果皮为木质。

【生长习性】

喜温暖、较阴湿的环境。不耐寒。花期 5-6 月，果期 9-10 月。

【栽培养护】

播种繁殖。管理简单，较粗放。其不耐冻，冬季注意防寒。

【园林应用】

栀子皮树姿优美，叶大荫浓。在园林中可混植于树丛内，或作庭荫树。

（图文：唐凌云　审校：王仲朗、严荣业）

柽 柳

别 名 红筋条、观音柳、三春柳

拉丁名 *Tamarix chinensis*

科 属 柽柳科（Tamaricaceae）柽柳属（*Tamarix*）

【自然分布】

野生于辽宁、河北、河南、山东、江苏（北部）、安徽（北部）等省。栽培于我国东部至西南部各省（自治区）。

【识别要点】

落叶小乔木或灌木。老枝直立，暗褐红色，光亮；嫩枝繁密纤细，悬垂。叶鲜绿色，叶钻形或卵状披针形，先端尖。总状花序聚合成圆锥花序。花小，粉红色。每年开花两三次。蒴果圆锥形。

【生长习性】

强阳性树种，不耐阴。耐干旱、高温和寒冷。极耐盐碱、沙荒。

【栽培养护】

根系发达，抗风力强。萌芽力强，耐修剪。花期4-9月。

【园林应用】

柽柳干红枝软，叶纤如丝，适于配植碱土的池边、湖岸、河滩。根系发达，又耐盐碱，极宜营造海滨防护林。

（图：吴之坤 文：唐凌云 审校：王仲朗、严荣业）

大叶杨桐

别　名 大花杨桐

拉丁名 *Adinandra megaphylla*

科　属 山茶科（Theaceae）杨桐属（*Adinandra*）

【自然分布】

产于云南的贡山、碧江、泸水、盈江、龙陵、凤庆、景东及西藏东南部墨脱。印度东北部和缅甸北部也有分布。生于海拔（1300-）1850-2600 m 的常绿阔叶林或混交林中。

【识别要点】

常绿乔木，高可达 20 m；叶互生，两面无毛，中脉在叶面微凹，背面隆起；叶柄长 1.5-2 cm，上面具槽。花 3-6 朵簇生于小枝上部叶腋，稀单生；小苞片 2，早落；萼片 5，卵形或近圆形，边缘具睫毛；花瓣 5，长圆形，无毛，基部连合约 1 mm；雄蕊疏生长柔毛；子房卵形，无毛，先端 2-3 浅裂。果球形至长卵形，3 室，每室有种子 2 颗；种子卵形，褐色，有光泽，表面具蜂窝状凹点。

【生长习性】

花期 6-7 月，果期 10-11 月。

【栽培养护】

用种子繁殖。种子细小，数量多。播种时表土要过筛。

【园林应用】

叶片深绿，厚实，株形美丽，宜作庭园树和行道树。

（图文：王仲朗　审校：王仲朗、严荣业）

普洱茶

别　名 大叶茶、阿萨姆茶、大茶树

拉丁名 *Camellia assamica*

科　属 山茶科（Theaceae）山茶属（*Camellia*）

【自然分布】

原产于云南南部及西南部。印度东北部和斯里兰卡等地均为引种栽培。

【识别要点】

常绿乔木，高达16 m。叶薄革质，椭圆形，下面浅绿色，中肋上有柔毛，其余被短柔毛，老叶变秃；侧脉8-9对，在上面明显。花腋生，被柔毛。苞片2，早落。萼片5，近圆形，外面无毛。花瓣6-7片，倒卵形，无毛。雄蕊离生，无毛。子房3室，被茸毛。

【生长习性】

生于海拔1000-2100 m、坡度≤25°的山地；土壤为砖红壤、砖红性红壤、山地红壤和山地黄壤等；土壤有机质含量≥1%。抗寒性较茶 *Camellia sinensis* 弱，在−6℃以下便会遭受较严重冻害。花期10月至翌年2月，果期7-9月。

【栽培养护】

通常用扦插繁殖以保持品种的优良性状。野生型可用种子繁殖。采收茶果，要及时、分批进行，做到先熟先收，后熟迟收，以保证茶籽质量。播种时期最好冬播。冬播比春播发芽率高，出土早，可节省茶籽储藏的费用和人工。

【园林应用】

园林运用上选用抗性较强的野生型为好，其嫩叶可制茶，种子还可以榨油。在较温暖的地区栽种好些。

（图文：王仲朗　审校：王仲朗、严荣业）

博白大果油茶

别 名 博白大果茶、红皮油茶

拉丁名 *Camellia gigantocarpa*

科 属 山茶科（Theaceae）山茶属（*Camellia*）

【自然分布】

产于广西、福建、广东、江西。广西博白县是其栽培的中心。

【识别要点】

常绿乔木，高 5-10 m；小枝无毛。叶薄革质，矩圆形至倒卵形，长 7.0-13.5 cm，宽 3.0-9.5 cm，无毛，叶面主脉凹陷。花白色，单独近顶生，直径 12 cm；小苞片与萼片外面有淡黄褐色丝质毛；花瓣 6-7，顶端有凹缺；雄蕊多数；子房 4-5 室，花柱 4-5 个，分离，有微细毛。蒴果黄红色，直径 7-12 cm，果瓣厚至 2.5 cm，有疣状突起。

【生长习性】

喜温暖湿润气候，在土层深厚的环境生长势好，结实率高。花期 10-12 月，果期翌年 8-9 月。

【栽培养护】

通常用播种繁殖。坡地种植为好，管护粗放。种子成熟期较一致，采收后立即播种，发芽率高。

【园林应用】

广西博白一带，久经栽培，种子榨油供食用，是重要的油料植物。其花大果大，树势健壮，主干红黄色，也是很好的园林植物，可作为建群种布置庭园，或者作为专类园观花观果。

（图文：王仲朗　审校：王仲朗、严荣业）

毛蕊红山茶

别　名 毛蕊山茶
拉丁名 *Camellia mairei*
科　属 山茶科（Theaceae）山茶属（*Camellia*）

【自然分布】

自然分布于四川、广西、贵州、云南等省（自治区）交汇处。在曲靖多个县有自然分布。

【识别要点】

常绿小乔木或灌木。叶薄革质，边缘有细锯齿，叶柄有柔毛。花顶生，红色，无柄；苞片及萼片10片，外面有毛；花瓣长3-4 cm，5-8片，雄蕊长2.5-3 cm，外轮花丝连合成短管，游离花丝长约1.5 cm，有柔毛；子房有毛，花柱长2 cm，先端3浅裂。蒴果球形，直径4 cm，3室，每室有种子1个。果爿厚1.4 cm。本种是红花山茶组里花丝有毛的在云南的唯一代表。

【生长习性】

喜酸性土壤，并要求较好的透气性，喜半阴半阳环境，在盛夏高温季节，过强的阳光容易造成叶片灼伤。在日均气温达35℃以上时，绝大多数品种进入休眠状态，生长基本停止，耐热性较差。可忍受-7℃的低温。花期12至翌年3月，果期9-10月。

【栽培养护】

用种子繁殖，秋后成熟即采收，可以直播，也可用湿沙藏至翌年春播。种子干燥失水后即失去萌发力。宜选择适当遮风但空气流通较好的环境。花后施肥和修枝整形。夏季生长季节可施薄肥多次。适度通风和适宜光照的环境能有效控制病虫害的发生。

【园林应用】

曲靖有代表性的乡土树种。叶常绿，花色艳丽，具有较高的观赏价值。可孤植、群植于公园、庭院及风景区，是优良的观赏树种。种子含油量高，可食用和做化妆品原料，品质优良。

（图文：王仲朗　审校：王仲朗、严荣业）

油　茶

别　名 白花油茶、茶籽树、茶油树、白花茶
拉丁名 *Camellia oleifera*
科　属 山茶科（Theaceae）山茶属（*Camellia*）

【自然分布】

中国亚热带地区的高山及丘陵地带，在浙江、江西、河南、湖南、广西五省（自治区）广泛栽培。曲靖的麒麟区、沾益区、罗平县、富源县、师宗县、陆良县、会泽县、马龙县、宣威市的山林均可见栽培。

【识别要点】

常绿小乔木或灌木；嫩枝有粗毛。叶革质，先端尖而有钝头，侧脉在上面能见，在下面不很明显，边缘有细锯齿，有时具钝齿，叶柄长 4-8 mm，有粗毛。花顶生，近于无柄，苞片与萼片约 10 片，花后脱落，花瓣白色，5-7 片，外侧雄蕊仅基部略连生，无毛。子房有黄长毛，3-5 室，花柱无毛。

【生长习性】

喜温暖湿润环境，花期平均气温为 12-13℃。要求有较充足的阳光，否则只长枝叶，结果少，含油率低。要求在坡度和缓、侵蚀作用弱的地方栽植，对土壤要求不甚严格，一般适宜土层深厚的酸性土，而不适于石块多和土质坚硬的地方。花期 10 月至翌年 1 月，果期 9-10 月。

【栽培养护】

以种子、扦插或嫁接繁殖。为保持亲本的优良性状，多采用扦插繁殖，然后进行栽植造林，最适造林季节是立春到惊蛰，也有在 10 月进行的。直播造林以冬季为好。

【园林应用】

种子可榨油（茶油）供食用。茶油色清味香，营养丰富，耐储藏，是优质食用油；也可作为润滑油、防锈油用于工业。茶饼既是农药，又是肥料，可提高农田蓄水能力和防治稻田害虫。果皮是提制栲胶的原料。

（图文：王仲朗　审校：王仲朗、严荣业）

滇山茶

别　名 云南山茶、云南红花油茶、腾冲红花油茶

拉丁名 *Camellia reticulata*

科　属 山茶科（Theaceae）山茶属（*Camellia*）

【自然分布】

原产于云南中部和西部、四川南部。

【识别要点】

常绿小乔木。叶阔椭圆形，侧脉6-7对，网脉明显，边缘有细锯齿。花顶生，近白色至深红色，无柄；苞片及萼片10-11片，子房被毛。蒴果扁球形，高4.5 cm，宽5.5 cm，3爿裂开，果爿厚7 mm，种子卵球形，长约1.5 cm。

【生长习性】

喜酸性土壤，并要求较好的透气性，喜半阴半阳环境，在盛夏高温季节，过强的阳光容易造成叶片灼伤。在日均气温达35℃以上时，绝大多数品种进入休眠状态，生长基本停止，耐热性较差。可忍受−7℃的低温。花期12月至翌年3月，果期9-10月。

【栽培养护】

大部分品种需进行嫁接繁殖，少数可通过种子繁殖，很难用扦插繁殖。宜选择适当遮风但空气流通较好的环境。花后施肥和修枝整形。夏季生长季节可施薄肥多次。适度通风和适宜光照的环境能有效控制病虫害的发生。浇水要透，并干湿交替有利于根系生长。常年在高湿度环境容易烂根。

【园林应用】

云南山茶花大繁茂、花姿多样、色彩绚丽，有云南山茶甲天下的美誉。品种繁多，如狮子头、大理茶、童子面等。可孤植、群植于公园、庭院及风景区，是优良的观赏树种。种子含油量高，可食用和做化妆品原料，品质优良。

（图文：王仲朗　审校：王仲朗、严荣业）

厚壳红瘤果茶

别　名 红花瘤果茶
拉丁名 *Camellia rubituberculata*
科　属 山茶科（Theaceae） 山茶属（*Camellia*）

【自然分布】

原产于贵州省晴隆县栗树区上捧碧乡，海拔1000 m的常绿林中。

【识别要点】

常绿小乔木，嫩枝无毛。叶长圆形，长7-9 cm，宽2.5-3 cm，先端急锐尖，基部阔楔形，侧脉6-7对，边缘有疏锯齿；花单生叶腋或枝顶，红色，无柄，苞被片10-11片，外被灰色柔毛，最内数片阔卵形，先端钝；花瓣5-8片，红色，倒卵形，基部稍连生，子房被毛，3室，花柱3条，离生，被毛。蒴果球形，果皮有横向皱纹。种子有毛。

【生长习性】

生长健壮，适应性好。喜半阴环境，在富含腐殖质的土壤中生长更好。花期9-12月，果期6-8月。

【栽培养护】

通常以种子繁殖，也可扦插繁殖。果皮较厚，随采随播，既可直播，也可先在湿沙中催芽再行移栽。

【园林应用】

可于庭院和草坪中孤植或丛植，植于林缘、角落、墙基等处作点缀装饰，材质细密，其木可用于雕刻。

（图文：王仲朗　审校：王仲朗、佐树林）

五柱滇山茶

别　名 猴子木、猴子花红

拉丁名 *Camellia yunnanensis*

科　属 山茶科（Theaceae）山茶属（*Camellia*）

【自然分布】

产于云南（楚雄、大理）、四川（米易、盐边及会理）。生于海拔 1800-3200 m 的山地。

【识别要点】

常绿小乔木或灌木，高 7 m，树干黄色，嫩枝有长茸毛。叶纸质，中脉有短毛。花顶生，白色，无柄。苞片及萼片 8-9 片，脱落；花瓣 6-12 片，长 2-3 cm，基部略相连；雄蕊除基部略与花瓣连生外，完全分离，无毛；子房无毛或有疏毛，花柱 4-5 条，离生。蒴果球形，4-5 室，每室有种子 1-2 粒。

【生长习性】

花期 10 月至翌年 2 月，果期 9-10 月。

【栽培养护】

用种子繁殖。秋季采收成熟茶果，可在秋冬季直播，也可在湿沙中催芽，春季移栽。种子一旦失水，即不易发芽。

【园林应用】

花期长，白色花瓣配上放射状的雄蕊花丝，美丽可人。果实大，在阳光较好的地方如红苹果，是观花观果均出色的园林植物。可孤植，也可作为骨干树种进行庭园配置，亦可作为街道行道树种植。

（图文：王仲朗　审校：王仲朗、严荣业）

厚叶红淡比

别　名 **厚叶杨桐**
拉丁名 ***Cleyera pachyphylla***
科　属 **山茶科（Theaceae）红淡比属（*Cleyera*）**

【自然分布】

产于浙江、江西、福建、湖南、广东、云南及广西等地。

【识别要点】

常绿小乔木，高 3-8 m；全株无毛。叶互生，厚革质，长圆形，长 8-14 cm，上面深绿色，下面淡绿色，密被红色腺点。花 1-3 朵腋生，花瓣 5，椭圆状长圆形，长 10-12 mm。果实圆球形，成熟时黑色，直径 8-10 mm；宿存萼片卵状长圆形；种子深褐色，扁圆形，直径约 2 mm。

【生长习性】

喜温暖湿润、半阳半阴的环境，适度耐干旱贫瘠；能耐低温。花期 6-7 月，果期 10-11 月。

【栽培养护】

常用种子繁殖；性喜温暖湿润的环境，在富含腐殖质、排水良好的壤土中种植长势好。抗病虫害能力强。

【园林应用】

四季常青，叶翠绿浓密，树形优美，是很好的庭院观赏乔木。可孤植在草地、路旁或与其他观赏花木配植以营建优美的园林景观。

（图文：尹擎　审校：尹擎、严荣业）

四川大头茶

别　名 无

拉丁名 *Gordonia acuminata*

科　属 山茶科（Theaceae）大头茶属（*Gordonia*）

【自然分布】

产于四川、云南和广西，生于海拔 1200-2000 m 的阔叶林或混交林中。

【识别要点】

常绿乔木，高 15 m，嫩枝粗大，无毛。叶厚革质，椭圆形，长 12-22 cm，宽 4-7 cm。花生于枝顶叶腋，直径 7-9 cm，花柄极短，长 4-5 mm；苞片 4，早落；萼片卵圆形，长 1-1.5 cm，背面略有柔毛；花瓣长 4-5 cm，外侧有柔毛；雄蕊长 1.5-2 cm，有绢毛。蒴果长 3-3.5 cm，5 室，种子长 2 cm。

【生长习性】

喜富含腐殖质的酸性壤土，但在较贫瘠和恶劣的土壤中仍能生长，抗性好，病虫害少。在良好生长环境生长较快，可成中型乔木。花期 10-12 月，果期翌年 9-10 月。

【栽培养护】

通常用种子繁殖，也可扦插繁殖。种子产量大，发芽率高。花后施肥，在坡地排水良好处种植为好。

【园林应用】

适于亚热带地区园林及城市绿化。可供做庭园树、行道树、公园树、造林等用途。花大而奶白色，花期正值秋冬少花季节，可于园林中丛植观赏。

（图文：王仲朗　审校：王仲朗、严荣业）

黄药大头茶

别 名 云南山枇花
拉丁名 *Gordonia chrysandra*
科 属 山茶科（Theaceae）大头茶属（*Gordonia*）

【自然分布】

产于云南大部分地区、四川南部、贵州西部。生于海拔 1100-2500 m 的阔叶林下或常绿灌丛中。

【识别要点】

常绿小乔木，高 4-6 m，嫩枝无毛，芽体有绢毛。叶薄革质，狭倒卵形，长 5-12 cm，宽 2.5-4.5 cm，边缘几乎全部有锯齿，先端钝或圆。花生于枝顶叶腋，直径 5-8 cm，淡黄色，有香气，花柄极短；苞片 6，早落；萼片 5，近圆形，外面有紧贴柔毛；雄蕊无毛；子房有毛，5 室，花柱无毛，顶端 5 裂。

【生长习性】

在半阴和全阳环境下都能正常生长，适应性强，病虫害少。花期 11-12 月，果期翌年 8-9 月。

【栽培养护】

通常用种子繁殖。其每颗果实有 25 枚左右的种子，结实率高，种子产量大，最好随采随播，发芽率高，生长快速。适当施用有机肥能让叶片更亮绿。

【园林应用】

云南山枇花是亚热带地区园林及城市绿化的优良树种。可用做庭园树、行道树、公园树、造林树等。

（图文：王仲朗　审校：王仲朗、严荣业）

长果大头茶

别　名 无

拉丁名 *Gordonia longicarpa*

科　属 山茶科（Theaceae）大头茶属（*Gordonia*）

【自然分布】

产于云南的泸水、腾冲、梁河、龙陵、镇康、临沧、凤庆、景东、屏边、富宁等县市。分布于缅甸北部和越南北部。

【识别要点】

常绿乔木，高 15 m，嫩枝有微毛。叶革质，长圆形，长 7-14 cm，宽 3-4 cm，边缘上半部有锯齿，侧脉不明显，叶柄长约 1 cm。花生于枝顶叶腋，苞片 5-6 片，早落；萼片 5 片，被灰白色绒毛；花瓣 6 片，白色，阔倒卵形，基部连生，外面有毛；雄蕊离生，子房被毛，5 室。是国产大头茶属种类中具有最大的花和果实的种，花直径 8 cm，蒴果长 5 cm。

【生长习性】

喜温暖湿润气候及富含腐殖质的酸性壤土。在较贫瘠和恶劣的土壤中仍能生长，抗性好，病虫害少。在良好生长环境生长较快，可成中型乔木。花期 10-12 月，果期翌年 9-10 月。

【栽培养护】

通常用种子繁殖，也可扦插繁殖。种子产量大，发芽率高。花后施肥，在坡地排水良好地种植为好。

【园林应用】

适于亚热带地区园林及城市绿化。可供做庭园树、行道树、公园树、造林等用途。木材淡红色，质地致密坚韧，可供做建材及薪炭。花大而奶白色，花期正值冬季少花季节，可于园林中丛植观赏。

（图文：王仲朗　审校：王仲朗、张卫国）

折柄茶

别 名 舟柄茶
拉丁名 *Hartia sinensis*
科 属 山茶科（Theaceae）折柄茶属（*Hartia*）

【自然分布】

分布于云南中部至南部及西南部，生于山地常绿阔叶林中，海拔 1200-2400 m。

【识别要点】

小乔木，高 4-7 m，嫩枝被短柔毛。叶基部圆形，叶柄长 8-15 mm，有翅，翅宽 2 mm，被柔毛。花单生于叶腋，花柄长 6-9 mm；花瓣白色，阔倒卵形，长 1.8 cm，宽 1.2 cm，边缘齿状细裂；雄蕊多数；子房长圆锥形。蒴果木质，长圆状卵形，有 5 棱，宿萼的长度仅为蒴果的一半或 2/3，果爿近基部最宽。

【生长习性】

喜温暖湿润、半阳半阴的环境，适度耐干旱贫瘠；在富含腐殖质的土壤中生长较好。花期 4-5 月，果期 11 月。

【栽培养护】

通常用播种繁殖。在林下荫蔽处能良好生长，在开阔处开花更好。坡地种植、适当施农家肥，叶色墨绿。

【园林应用】

目前在园林上运用尚少，因其叶柄具二翅而看似舟而得名，果实独特，常绿，在园林上应用前景广阔。

（图文：王仲朗　审校：王仲朗、张卫国）

银木荷

别　名 金丝木、麻木树
拉丁名 *Schima argentea*
科　属 山茶科（Theaceae）木荷属（*Schima*）

【自然分布】

产于四川、云南、贵州、湖南等地。

【识别要点】

乔木，嫩枝有柔毛，老枝有白色皮孔。叶厚革质，长圆形或长圆状披针形，长 8-12 cm，宽 2-3.5 cm，先端尖锐，基部阔楔形，上面发亮，下面有银白色蜡被，有柔毛或秃净，侧脉 7-9 对，在两面明显，全缘；叶柄长 1.5-2 cm。花数朵生枝顶，直径 3-4 cm，花柄长 1.5-2.5 cm，有毛；苞片 2，卵形，长 5-7 mm，有毛；萼片圆形，长 2-3 mm，外面有绢毛；花瓣长 1.5-2 cm，最外 1 片较短，有绢毛；雄蕊长 1 cm；子房有毛，花柱长 7 mm。蒴果直径 1.2-1.5 cm。

【生长习性】

喜光，幼年稍耐庇荫。对土壤适应性较强，酸性土，如红壤、红黄壤、黄壤上均可生长，但以在肥厚、湿润、疏松的沙壤土生长良好。园林绿化地宜选土壤比较深厚的地带。易天然下种更新。萌芽力强，也可萌芽更新。花期 7-8 月，果期翌年 4 月。

【栽培养护】

播种繁殖为主，蒴果微裂时采集。蒴果采回后先堆放 3-5 天，然后摊晒取种，筛选后干藏。翌年 2-3 月播种为宜，选择深厚、肥沃、疏松的沙质土壤作苗圃地。深耕细翻，施足基肥后播种，条播或撒播均可，但以条播为好，便于管理及起苗。管理主要注意苗木根部，常有蛴螬危害，注意防治。其他管理都很粗放。

【园林应用】

树形美观，树姿优雅，枝繁叶茂，四季常绿，花白色。新叶初发及秋叶红艳可爱，是道路、公园、庭院等园林绿化的优良树种。其木质坚硬致密，纹理均匀，不开裂，易加工，是上等的用材树种。

（图文：王仲朗　审校：王仲朗、张卫国）

西南木荷

别 名 峨眉木荷、红木荷、红毛树

拉丁名 *Schima wallichii*

科 属 山茶科（Theaceae）木荷属（*Schima*）

【自然分布】

产于云南西部、西南部和南部，以及贵州西南部、广西西部。印度、尼泊尔、中南半岛及印度尼西亚等地有分布。

【识别要点】

常绿乔木，高 20 m，嫩枝有柔毛，老枝多白色皮孔。叶薄革质或纸质，椭圆形，长 10-17 cm，宽 5-7.5 cm，先端尖锐，基部阔楔形，侧脉 9-12 对，靠近叶边常有分叉，全缘。花数朵生于枝顶叶腋，直径 3-4 cm，苞片 2，早落；萼片半圆形，背面有柔毛，内面有长绢毛；花瓣长 2 cm，外面基部有毛；子房有毛。蒴果直径 1.5-2 cm，果柄有皮孔。

【生长习性】

旱生、常绿、阳性树种，根系深且较耐旱，生长在海拔 300-2700 m 的常绿阔叶林、杂木林或混交林中，适合坡地生长。花期 7-8 月，果期翌年 4 月。

【栽培养护】

用种子繁殖，秋天采收后自然晾干开裂，分离收种子。可立即冬播也可至翌年春播。可大面积条播，行距 20-30 cm，播种沟宽 8-10 cm，深 3 cm。播种后用薄土覆盖，并盖草淋水保湿。

【园林应用】

树干通直，材质坚韧，结构细致，耐久用，易加工，是桥梁、船舶、车辆、建筑、农具、家具、胶合板等优良用材，树皮、树叶含鞣质，可以提取单宁。

（图文：王仲朗　审校：王仲朗、张卫国）

厚皮香

别　名 **珠木树、猪血柴、水红树、野瑞香**

拉丁名 ***Ternstroemia gymnanthera***

科　属 **山茶科（Theaceae）厚皮香属（*Ternstroemia*）**

【自然分布】

广泛分布于安徽、浙江、江西、福建、湖北、湖南、广东、广西、云南、贵州、四川等省（自治区）。越南、老挝、泰国、柬埔寨、尼泊尔、不丹及印度也有分布。

【识别要点】

常绿小乔木或灌木；叶螺旋排列，常簇生枝顶，全缘偶有上半部疏生腺状齿突，齿尖具黑色小点或具细浅锯齿，或疏钝齿；侧脉5-8对；花两性，单生于叶腋内；萼片和花瓣均5枚，稀6枚；雄蕊多数，2轮排列，花丝合生；子房2-3室，每室有胚珠2颗或多颗；花柱1，全缘；果为一不开裂的蒴果。

【生长习性】

喜温暖、湿润气候，耐庇荫。根系发达，在酸性、中性及微碱性土壤中均能生长。抗风力强，耐−10℃低温。对二氧化碳、氯气、氟化氢等抗性强，并能吸收有毒气体。花期5-7月，果期8-10月。

【栽培养护】

播种和扦插繁殖。种子千粒重60-80 g，种子忌失水。春播，播后40天左右出苗。一年生苗高20-30 cm，亩产苗量可达4万株。厚皮香任其生长，仍能保持其姿态，故无整枝必要。病虫害少，管理粗放。

【园林应用】

树冠浑圆，枝平展成层，叶厚光亮，姿态优美。初冬部分叶片由墨绿转绯红，远看似红花满枝，分外鲜艳。适宜配置门厅两侧、道路角隅、草坪边缘。在林缘、树丛下成片种植，尤其能达到丰富色彩、增加层次的效果。厚皮香对二氧化碳、氯气、氟化氢等抗性强，并能吸收有毒气体，适宜于街坊、厂矿绿化和营造环境林。

（图文：王仲朗　审校：王仲朗、张卫国）

屏边石笔木

别　名　贵州石笔木、屏边核果茶

拉丁名　*Tutcheria pingpienensis*

科　属　山茶科（Theaceae）石笔木属（*Tutcheria*）

【自然分布】

产于云南的屏边县和西畴县等地。广西西北部和贵州西南部也有分布。

【识别要点】

常绿乔木，高 10-15 m；顶芽被灰色绒毛，幼枝红棕色，无毛，成年树干黄色。叶边缘具波状钝锯齿，侧脉 10-12 对，在叶面微凹，背面突起，网脉两面不显或略突；叶柄红棕色，长约 1 cm。花单生上部叶腋，白色，径 4-5 cm；果圆球形，径 2-3 cm，顶端凸尖，外面被绒毛，3（-4）室，每室有 2 颗种子，果皮木质。

【生长习性】

生于海拔 1340-2250 m 的常绿阔叶林中。生长速度较快，喜富含腐殖质的深厚土壤，在温暖湿润环境生长健壮，也适应较贫瘠的土壤，抗性强，病虫害少。花期 3 月，果期 9 月。

【栽培养护】

可用种子繁殖和扦插繁殖。种子采后选择排水良好、土层深厚、富含腐殖质、土壤结构疏松的圃地直播即可，发芽率高。也可在春秋季扦插。

【园林应用】

树冠椭圆形，多分枝，花色清丽，略有芳香，可于庭园中孤植或丛植观赏。根、叶可药用。

（图文：王仲朗　审校：王仲朗、张卫国）

毒药树

别　名 肋果茶
拉丁名 *Sladenia celastrifolia*
科　属 猕猴桃科（Actinidiaceae）
毒药树属（*Sladenia*）

【自然分布】

产于云南南部及贵州兴义、广西隆林县。生于海拔760-2500 m的山地森林、沟谷林、丛林中。缅甸、泰国也产。

【识别要点】

常绿乔木，高3-14 m；小枝疏生短柔毛，后变秃净。叶薄革质，互生，卵形或狭卵形，顶端短渐尖或尾状渐尖，基部钝或近圆形，稀楔形，侧脉8-12对；花序聚伞式，单生于叶腋；花白色，薄革质；花瓣5，覆瓦状排列；果为蒴果，圆锥状，淡绿色，熟时3裂，种子黄褐色，卵状披针形。

【生长习性】

肋果茶适生范围广阔，跨南、中、北3个亚热带气候带及湿润、半湿润两个湿度区。特别是能在半湿润区的岩溶山地和偏干热的南盘江河谷中成片生长，显现出其耐旱、耐瘠的特性。四季常绿。

【栽培养护】

可采用播种、扦插等方式扩繁，其中扦插育苗是主要的扩繁手段。秋季采种，自然干燥后，常温干藏至翌年春季播种，常规育苗即可。除冬季外，扦插育苗在昆明地区均可实施，普通土床育苗，苗床上方搭建塑料薄膜拱棚，生根期应适当遮阴。

【园林应用】

肋果茶是常绿高大乔木，树冠圆球形，形态优美，具有环境适应性强的特征。可作为行道树、庭院风景树等造林树种。

（图文：高富　审校：尹擎、张卫国）

白千层

别　名 无

拉丁名 *Melaleuca leucadendron*

科　属 桃金娘科（Myrtaceae） 白千层属（*Melaleuca*）

【自然分布】

原产于澳大利亚。我国广东、台湾、福建、广西等地均有栽种。

【识别要点】

乔木，树皮灰白色，厚而松软，呈薄层状剥落；嫩枝灰白色。叶互生，革质，披针形或狭长圆形，基出脉3-5（-7）条，多油腺点，香气浓郁；叶柄极短。花白色，密集于枝顶成穗状花序，花序轴常有短毛；萼管卵形，萼齿5；花瓣5，卵形；雄蕊常5-8枚成束；花柱线形。硕果近球形。

【生长习性】

生长速度适中，可在排水不良处正常生长，既耐潮湿，也耐干燥。性喜光，在全光照、排水性好、疏松肥沃的土壤条件下生长良好。花期6月。

【栽培养护】

扦插或种子繁殖均可，多用种子繁殖。花后需略微修剪。较耐低温和霜冻，可抗近 -10℃低温。高温期间移栽后，要及时搭棚遮阴，并及时浇水。

【园林应用】

可应用于公园、校园、庭院、小区、别墅等场所进行单植、列植和群植美化，也可作为绿篱或观赏花灌木进行园林配置，还可盆栽进行室内摆设或制作盆景等。

（图文：魏薇　审校：王仲朗、武红学）

滇　桐

别　名 克莱木

拉丁名 *Craigia yunnanensis*

科　属 椴树科（Tiliaceae）滇桐属（*Craigia*）

【自然分布】

分布于云南南部的麻栗坡、西畴、墨江等地。

【识别要点】

落叶乔木，高可达 30 m；嫩枝无毛，顶芽有灰白色毛。叶纸质，椭圆形，长 10-20 cm，宽 5-11 cm，边缘有小齿突；叶柄长 1.5-5 cm。聚伞花序腋生，两性花，萼片 5 片，长圆形，长约 1 cm，外面被毛；花瓣缺；外轮雄蕊退化，10 枚，内轮能育雄蕊 20 枚，比萼片短；子房无毛，5 室，每室有胚珠 6 颗，花柱 5 条，蒴果具翅，椭圆形，翅薄，膜质，5 棱。

【生长习性】

主要分布在南亚热带干湿交替炎热气候区及海拔 1700 m 一带的山地林中。土壤以黑石灰土为宜，pH 6.9-7.5。花期 5-6 月，果期 11 月。

【栽培养护】

一般用种子繁殖，秋季采收后，晾干、储存至第二年早春播种，播种时宜选排水良好的石灰岩土或掺混石灰的砂质壤土。园林绿化地应选在石灰岩石山下坡，并避开内涝的谷地。生长较快，利于成材和形成景观。

【园林应用】

树干大而直且材质好，是做家具的上等原料；其自然分布于石灰岩山区，是该地区绿化美化的良种。系国家二级保护植物，是国家确定的重点保护和挽救的濒危植物之一。在园林绿化上可作为景观大树孤植，较小的苗木也可对植，或三五群丛植。园林充分利用，可有效保护此珍贵优良树种。

（图文：王仲朗　审校：王仲朗、张卫国）

山杜英

别　名 香菌树、羊屎树

拉丁名 *Elaeocarpus sylvestris*

科　属 杜英科（Elaeocarpaceae）

杜英属（*Elaeocarpus*）

【自然分布】

产于澜沧、勐海、金平、屏边、河口、文山、西畴、马关、麻栗坡、富宁，生于海拔600-1550（-2000）m的常绿阔叶林中，如浙江、福建、台湾、江西、广东等丘陵地区。

【识别要点】

常绿乔木；树皮深褐色，平滑，小枝红褐色。叶纸质，倒卵形或倒披针形，上下两面均无毛，先端钝，或略尖，基部窄楔形，边缘有钝锯齿或波状钝齿。花黄白色，下垂；总状花序生于枝顶叶腋内；花盘5裂，圆球形，完全分开，被白色毛。核果细小，椭圆形，有腹缝沟3条。

【生长习性】

亚热带暖地树种，较速生。喜温暖湿润环境，多与常绿阔叶树混生于低山溪谷。最宜于排水良好的酸性黄壤土和红黄壤土中生长。稍耐阴、耐寒性不强。根系发达，萌发力强，较耐修剪。花期6-8月，果期10-11月。

【栽培养护】

以播种繁殖为主。一般于采种后随即播种，也可翌年春播。幼苗期，可于6-7月追施薄肥2-3次。入冬后需覆草防寒。第二年春季将幼苗分栽。主要害虫有铜绿金龟子，需注意防治。

【园林应用】

山杜英枝叶茂密，秋冬至早春部分树叶转为绯红色，红绿相间，鲜艳悦目。在园林绿地中宜丛植、群植或对植。也可植于草坪边缘，或作花木与雕塑的背景，或作防噪林带的中层树种。本种对二氧化硫的抗性较强，亦宜作厂矿区绿化树种。

（图文：魏薇　审校：王仲朗、张卫国）

仿　栗

别　名 无
拉丁名 *Sloanea hemsleyana*
科　属 杜英科（Elaeocarpaceae）猴欢喜属（*Sloanea*）

【自然分布】

产于湖南、湖北、四川、云南、贵州及广西。生长于海拔 1110-1400 m 的常绿林里。越南有分布。

【识别要点】

常绿乔木，高 25 m；顶芽有黄褐色柔毛；嫩枝秃净无毛，老枝干后暗褐色，有皮孔。叶簇生于枝顶，薄革质，形状多变，通常为狭窄倒卵形或倒披针形，有时为卵形；花生于枝顶，多朵排成总状花序，花序轴及花柄有柔毛；花瓣白色，先端有撕裂状齿刻，被微毛；蒴果大小不一，内果皮紫红色或黄褐色；种子黑褐色，发亮。

【生长习性】

仿栗具有野生性、耐旱、耐贫瘠的特点。野外多生长于山谷溪边土壤潮湿的小生境中，喜温；花期 7 月，果熟期为翌年 9 月，一树当年花与先年未成熟果、当年幼果与先年成熟果同期持续时间较长。仿栗为深根性树种，根系发育较好。

【栽培养护】

仿栗一般采用种子繁殖，但存在植株结实量低、出苗率低的缺陷，实生苗种源不足；采用扦插繁殖能保持母株优良性状和特性，成苗迅速，幼苗期短，结果早，可在一定程度上解决苗源不足的缺陷。定植苗的日常管护耐粗放管理方式。

【园林应用】

仿栗树干端直、常绿、枝叶繁茂，可供观赏；还是难得的油、材多用途树种；可用作护岸林、风景林营造树种，是难得的观花、观果植物种类。

（图文：高富　审校：尹擎、张卫国）

云南梧桐

别 名 无
拉丁名 *Firmiana major*
科 属 梧桐科（Sterculiaceae）梧桐属（*Firmiana*）

【自然分布】

产于云南中部、南部和西部以及四川西昌地区。生于海拔 1600-3000 m 的山地或坡地，村边、路边也常见。

【识别要点】

落叶乔木，高达 15 m；树干直，树皮青带灰黑色，略粗糙。叶掌状 3 裂，顶端急尖或渐尖，基部心形，上面几无毛，下面密被黄褐色短茸毛，后来逐渐脱落。圆锥花序顶生或腋生，花紫红色。蓇葖果膜质；种子圆球形，黄褐色。

【生长习性】

阳性树种，喜温暖湿润气候，不耐阴，耐寒性不强，在酸性、中性及钙质土上均能生长。土壤为红壤，pH 5.0-6.0 最佳，深根性，积水易烂根。花期 6-7 月，果熟期 10 月。

【栽培养护】

种子繁殖。幼苗生长缓慢，又喜一定的庇荫，7 月为速生期，应加强水肥管理，以促使苗木加快生长。移栽时宜选地势高燥处，穴内施入基肥，顶端优势强，但萌芽力弱，不耐修剪。

【园林应用】

云南梧桐是一种优美的观赏植物，枝叶茂盛，夏季开花，盛开时显得鲜艳而明亮，为优良的庭园树和行道树。点缀于庭园、宅前，也种植作行道树。

（图文：唐凌云　审校：王仲朗、张卫国）

梧 桐

别 名 青桐

拉丁名 *Firmiana platanifolia*

科 属 梧桐科（Sterculiaceae）梧桐属（*Firmiana*）

【自然分布】

原生于中国，从广东、海南到华北均产之。也分布于日本。

【识别要点】

落叶乔木，高达 16 m；树皮青绿色，平滑。叶心形，掌状 3-5 裂，顶端渐尖，基部心形。圆锥花序顶生，花淡黄绿色；萼 5 深裂几至基部，萼片条形，向外卷曲；雄花的雌雄蕊柄与萼等长，下半部较粗，无毛，花药 15 个不规则地聚集在雌雄蕊柄的顶端。蓇葖果膜质，有柄，成熟前开裂成叶状，外面被短茸毛或几无毛。

【生长习性】

喜光，喜温暖湿润气候，耐寒性不强；喜肥沃、湿润、深厚而排水良好的土壤，在酸性、中性及钙质土上均能生长，但不宜在积水洼地或盐碱地栽种，又不耐草荒。萌芽力弱，生长尚快，寿命较长，能活百年以上。花期 6 月。

【栽培养护】

常用播种繁殖，扦插、分根也可。秋季果熟时采收，晒干脱粒后当年秋播，也可干藏或沙藏至翌年春播。在播前最好先用温水浸种催芽处理。

【园林应用】

梧桐叶掌状，裂缺如花，十分美丽，圆锥花序顶生，盛开时鲜艳明亮，较为有趣。可作普通的行道树及庭园绿化观赏树种植，也可点缀于庭园、宅前等。

（图文：李云猛 审校：孔繁才、张卫国）

滇鼠刺

别　名 云南鼠刺
拉丁名 *Itea yunnanensis*
科　属 虎耳草科（Saxifragaceae）鼠刺属（*Itea*）

【自然分布】

产于云南西北部、中部至东南部，四川西南部，西藏东南部，贵州和广西。生于海拔 1100-3000 m 的针阔叶林、杂木林下或河边、岩石处。

【识别要点】

小乔木或灌木，高 1-10 m；幼枝黄绿色，具纵条纹；老枝深褐色，无毛。叶薄革质，卵形或椭圆形，边缘具稍内弯的刺状锯齿，两面均无毛。顶生总状花序，俯弯至下垂，长达 20 cm；花序轴及花梗被短柔毛；花多数，常 3 枚簇生；花瓣淡绿色，线状披针形 。蒴果锥状，长 5-6 mm，无毛。

【生长习性】

耐阴、耐水湿。花果期 5-12 月。

【栽培养护】

播种、扦插繁殖。

【园林应用】

树形饱满，可在庭院中孤植或丛植。

（图文：匡建　审校：尹擎、张卫国）

梅

别　名 梅花
拉丁名 *Armeniaca mume*
科　属 蔷薇科（Rosaceae）杏属（*Armeniaca*）

【自然分布】

我国各地均有栽培，但以长江流域以南各省最多。日本和朝鲜也有分布。

【识别要点】

小乔木，稀灌木，高 4-10 m；树皮浅灰色或带绿色，平滑；小枝绿色，光滑无毛。叶片卵形或椭圆形，长 4-8 cm，宽 2.5-5 cm，叶边常具小锐锯齿，灰绿色。花单生或有时 2 朵同生于 1 芽内，无梗或具短梗；花瓣倒卵形，白色至粉红色。果实近球形，直径 2-3 cm，黄色或绿白色，被柔毛，味酸。

【生长习性】

梅花原产中国。喜温暖气候，耐寒性不强，较耐干旱，不耐涝，寿命长，可达千年；花期对气候变化特别敏感，梅喜空气湿度较大，但花期忌暴雨。对土壤要求不严，较耐瘠薄。阳性树种，喜阳光充足，通风良好。花期冬春季，果期 5-6 月。

【栽培养护】

常用嫁接法繁殖，宜露地栽培，应于阳坡或半阳坡地段栽培，株距 3-5 m。通常在秋季至初冬施肥，在含苞前施速效性肥；在新梢停止生长后，适当控制水分并施肥，促进花芽分化。常见病害有穿孔病、炭疽病、白粉病、枯枝流胶病、干腐流胶病等。

【园林应用】

在园林、绿地、庭园、风景区，可孤植、丛植、群植等；也可在屋前、坡上、石际、路边自然配植。另外，梅花可布置成梅岭、梅峰、梅园、梅溪、梅径、梅坞等。

（图文：匡建　审校：尹擎、张卫国）

杏

别 名 **杏树、杏花**
拉丁名 ***Armeniaca vulgaris***
科 属 **蔷薇科（Rosaceae）杏属（*Armeniaca*）**

【自然分布】

产于全国各地，多数为栽培，尤以华北、西北和华东地区种植较多，少数地区逸为野生，在新疆伊犁一带野生成纯林或与新疆野苹果林混生，海拔可达 3000 m。世界各地也均有栽培。

【识别要点】

落叶乔木，高 5-8(-12) m；树皮灰褐色，纵裂；多年生枝浅褐色，皮孔大而横生，一年生枝浅红褐色，有光泽，无毛，具多数小皮孔；叶片宽卵形或圆卵形，叶边有圆钝锯齿；花单生，先于叶开放；花梗短；花萼紫绿色；花瓣白色或带红色；果实球形，稀到卵形，常具红晕；果肉多汁，成熟时不开裂；核卵形或椭圆形。

【生长习性】

杏为阳性树种，适应性强，深根性，喜光，耐旱，抗寒，抗风，寿命可达百年以上，为低山丘陵地带的主要栽培果树。3-4 月开花，6-7 月果实成熟。

【栽培养护】

杏是重要经济果树树种，以种子繁育为主，播种时种子需湿沙层积催芽；也可由实生苗作砧木嫁接繁育。定植时，应选土层深厚、排水良好的砂质壤土，避开低洼积涝地带。做好水肥管理，修剪时，注意果枝的培育。

【园林应用】

树冠圆形、扁圆形或长圆形，常在庭院周边栽种，为北方初夏常见水果。多孤植，亦可在绿化中用来布景。

（图：PPBC 文：高富 审校：尹擎、张卫国）

高盆樱桃

别　名 云南欧李、箐樱桃、冬樱花

拉丁名 *Cerasus cerasoides*

科　属 蔷薇科（Rosaceae）樱属（*Cerasus*）

【自然分布】

产于云南、西藏南部。生于沟谷密林中，海拔1300-2200 m。克什米尔地区、尼泊尔、印度、不丹、缅甸北部也有分布。

【识别要点】

落叶乔木，高3-10 m；枝幼时绿色，被短柔毛，老枝灰黑色；叶片卵状披针形或长圆披针形，先端长渐尖，基部圆钝，叶边有细锐重锯齿或单锯齿，上面深绿色，下面淡绿色、无毛，网脉细密，近革质；叶柄先端有2-4腺。总苞片先端深裂，花后凋落；花伞形排列，与叶同时开放，萼筒钟状，常红色；萼片三角形；花瓣卵圆形，淡粉色至白色。核果圆卵形，熟时紫黑色；核圆卵形。

【生长习性】

喜光、喜温、喜湿、喜肥，土壤以土质疏松、土层深厚的沙壤土为佳。在土质黏重的土壤中栽培时，根系分布浅，不抗旱，不耐涝也不抗风。盐碱地区不宜种植樱桃。花期10-12月，果期翌年1-4月。

【栽培养护】

繁殖方式为播种、扦插、压条、嫁接。日常管理时，花后和早春发芽前，需剪去枯枝、病弱枝、徒长枝。每年施肥两次，以酸性肥料为好。主要虫害为瘤蚜虫、红蜘蛛、蚧壳虫等。主要病害为流胶病、根瘤病、褐斑病、叶枯病等。

【园林应用】

花色鲜艳亮丽，枝叶繁茂旺盛，是早春重要的观花树种，常用于园林观赏。以群植，也可植于山坡、庭院、路边、建筑物前。可大片栽植造成“花海”景观，可三五成丛点缀于绿地形成锦团，也可孤植。还可作小路行道树、绿篱或制作盆景。

（图文：李函润　审校：孔繁才、张卫国）

山樱花

别 名 毛叶福岛樱、樱花、毛叶樱花

拉丁名 *Cerasus serrulata*

科 属 蔷薇科（Rosaceae）樱属（*Cerasus*）

【自然分布】

产于黑龙江、河北、山东、江苏、浙江、安徽、江西、湖南、贵州。生于山谷林中或栽培，海拔500-1500 m。

【识别要点】

落叶乔木，高3-8 m；树皮灰褐色或灰黑色，光滑而有光泽；小枝灰白色或淡褐色。叶片卵状椭圆形或倒卵椭圆形，边有渐尖单锯齿及重锯齿，齿尖有小腺体 上面深绿色，下面淡绿色，都无毛。伞房总状或近伞形花序；总苞片褐红色，倒卵长圆形，外面无毛，内面被长柔毛；花瓣白色，5数，稀粉红色，倒卵形，先端下凹。核果球形或卵球形，紫黑色。

【生长习性】

喜光，喜肥沃、深厚而排水良好的微酸性土壤，中性土也能适应，不耐盐碱。耐寒，喜空气湿度大的环境。根系较浅，忌积水与低湿。对烟尘和有害气体的抵抗力较差。花期4-5月，果期5-6月。

【栽培养护】

播种、扦插、压条、嫁接繁殖。以播种为主，应随采随播或低温冷藏翌年春播。每年施肥两次，以酸性肥料为好。7-8月花芽分化集中期，通过管养提高盛花量。其受病虫危害较为普遍，需适时防治。

【园林应用】

花色鲜艳亮丽，枝叶繁茂旺盛，是早春重要的观花树种。以群植，也可植于山坡、庭院、路边、建筑物前。盛开时节花繁艳丽，极为壮观。可片植，可点植，也可孤植；还可作小路行道树、绿篱或制作盆景。广泛用于绿化道路、小区、公园、庭院、河堤等。

（图文：李函润 审校：孔繁才、张卫国）

日本晚樱

别　名 山樱花、樱花

拉丁名 *Cerasus serrulata* var. *lannesiana*

科　属 蔷薇科（Rosaceae）樱属（*Cerasus*）

【自然分布】

我国各地庭园栽培，引自日本，供观赏用。樱花在日本有悠久的栽培历史，园艺品种极多，有日本国花之誉。

【识别要点】

落叶乔木，高 3-8 m；树皮灰褐色或灰黑色；小枝灰白色或淡褐色，无毛；叶片卵状椭圆形或倒卵椭圆形，有侧脉 6-8 对；叶柄无毛，先端有 1-3 圆形腺体；花序伞房总状或近伞形，有花 2-3 朵；总苞片褐红色，倒卵长圆形，外面无毛，内面被长柔毛；花瓣白色，稀粉红色，倒卵形，先端下凹；核果球形或卵球形，紫黑色。

【生长习性】

该绿化树种从我国东部到西南都有分布；喜光，耐低温；对土壤要求不严。花期 4-5 月，果期 6-7 月。

【栽培养护】

樱花植株栽植前，应在坑穴中施入足量有机肥、灌足定根水，做好支桩防护；日常养护中，花后和早春发芽前，及时修剪，剪去枯枝、病弱枝，保持树冠圆满；定植地点应避风、向阳；及时防治危害树叶的红蜘蛛、军配虫和蚧壳虫等虫害。

【园林应用】

该绿化树种管护得当则枝繁叶茂，春天繁花似锦、夏天则绿荫如盖，是广泛应用的绿化树种；可列植为行道树，也可孤植或丛植在庭院、公园中。

（图文：高富　审校：尹擎、张卫国）

野山楂

别　名 小叶山楂、牧虎梨、红果子、浮萍果、酸里红果

拉丁名 *Crataegus cuneata*

科　属 蔷薇科（Rosaceae）山楂属（*Crataegus*）

【自然分布】

产于河南、湖北、江西、湖南、安徽、江苏、浙江、云南、贵州、广东、广西、福建。生于山谷、多石湿地或山地灌木丛中，海拔 250-2000 m。也分布于日本。

【识别要点】

落叶乔木，高达 15 m，分枝密，常具细刺；一年生枝紫褐色，老枝灰褐色，散生长圆形皮孔；叶片宽倒卵形至倒卵状长圆形，先端急尖，基部楔形，下延连于叶柄，边缘有不规则重锯齿，叶脉显著；叶柄两侧有叶翼；托叶大形，草质，镰刀状，边缘有齿。伞房花序，具花 5-7 朵，总花梗和花梗均被柔毛。果实近球形或扁球形。

【生长习性】

喜光，耐贫瘠环境。花期 5-6 月，果期 9-11 月。

【栽培养护】

对立地环境要求不严，可采用嫁接繁殖和播种繁殖。

【园林应用】

野山楂属灌木型物种，植株耐修剪，花期清香，生长期叶片翠绿，果熟期则硕果累累，鲜艳红润；枝条上有皮刺，因此在绿化实践中根据需要可以用作分隔绿篱使用，亦具有观花、观果作用。

（图文：高富　审校：尹擎、张卫国）

山里红

别　名 红果、棠棣、大山楂
拉丁名 *Crataegus pinnatifida* var. *major*
科　属 蔷薇科（Rosaceae）山楂属（*Crataegus*）

【自然分布】

东北、西北、华北和西南地区均有栽培，在河北山区为重要果树。

【识别要点】

落叶小乔木，为山楂的变种，树皮粗糙，灰色或灰褐色；小枝圆柱形，当年生枝紫褐色，老枝灰褐色；叶片较山楂叶片大，为宽卵形或三角状卵形，稀菱状卵形，先端短渐尖，基部截形至宽楔形，通常两侧有3-5羽状浅裂片，裂片卵状披针形或三角状卵形，边缘有重锯齿。花白色，多花组成伞房花序。果近球形，鲜红色，较大。

【生长习性】

本种广泛分布于我国南北各地，特别是河北山区较多，为重要果树；对土壤要求不严，耐干旱、瘠薄；耐低温，喜光。一般5-6月开花，果期为9-10月。

【栽培养护】

山里红耐寒，生命力强，实生苗经定植后4-5年就开始结果；果实鲜红、口感好；良种培育时，多用山楂做砧木进行扩繁，保持优良品质；可以稍微粗放管理。

【园林应用】

常用作行道树，偶尔用作园林观赏树种。因山里红果实球形、梨形，数量多，肉厚皮红，使满山遍野绿色丛中悬挂着红艳艳的小果实，十分艳丽，它又有“红果”的别名，亦可作为秋季观果品种。

（图文：高富　审校：尹擎、张卫国）

云南移㭎

别　名 桃䄖、西南移、桃䄖酸楂
拉丁名 *Docynia delavayi*
科　属 蔷薇科（Rosaceae）移㭎属（*Docynia*）

【自然分布】

产于云南、四川、贵州。生于山谷、溪旁、灌丛中或路旁杂木林中，海拔 1000-3000 m。

【识别要点】

常绿乔木，高达 3-10 m，枝条稀疏；小枝粗壮，红褐色，老枝紫褐色；叶片披针形或卵状披针形，先端急尖或渐尖，基部宽楔形或近圆形，全缘或稍有浅钝齿；叶柄密被绒毛；托叶小，披针形，早落。花丛生于小枝顶端；花梗短粗，近于无毛，果期伸长，密被绒毛；果实卵形或长圆形，黄色，幼果密被绒毛，成熟后微被绒毛或近于无毛。

【生长习性】

本绿化树种主要分布于我国西南云南、贵州、四川区域；对土壤水分要求较高，半阳生物种，稍耐阴；对极端低温抗性较差。花期 3-4 月，果期 5-6 月；果成熟自行脱落。

【栽培养护】

实生苗繁殖，或分株方法扩繁，在苗圃基质配置良好的情况下，也可以尝试扦插繁殖；在日常管护中，需要及时修枝整形，保持植株茂盛生长；保持土壤湿度，满足植株正常需水量。

【园林应用】

常绿乔木树种，在我国南方城镇园林绿化实践中，根据苗木供应量及布景需求，可孤植、列植作为庭院布景个体或行道树。

（图文：高富　审校：尹擎、张显志）

窄叶枇杷

别　名 无
拉丁名 *Eriobotrya henryi*
科　属 蔷薇科（Rosaceae）枇杷属（*Eriobotrya*）

【自然分布】

产于云南、贵州。生于山坡稀疏灌木丛中，海拔 1800-2000 m。模式标本采自云南思茅。缅甸也有分布。

【识别要点】

常绿乔木，高可达 10 m 以上；叶片长圆形、椭圆形或披针形，先端渐尖，基部楔形，边缘有深刻尖锐锯齿，上面光亮，两面皆无毛，侧脉约 10 对；花成展开的圆锥花序，有绒毛；花瓣白色，倒卵形或近圆形，顶端圆形或微缺，无毛或内面基部有柔毛；果实卵球形，有 1-2 个大球形种子。

【生长习性】

本种为引进绿化苗木，原产于印度、缅甸等国亚热带常绿阔叶林；因此喜光、喜热，对土壤水分要求较高；对季节性土壤干旱具有一定耐受性。花期在季节性干旱的 11 月至翌年 2 月，果实成熟则在早春时节。

【栽培养护】

园林应用时常用实生苗；在日常管护过程中，注意立地土壤条件改造，以略酸性土壤为宜，并保持土壤湿度。

【园林应用】

在我国南方城镇园林绿化实践中，用作布景观赏使用；避免在极端温度低于 −10℃地点应用本物种，以免造成较大损失。

（图：PPBC　文：高富　审校：尹擎、张显志）

枇 杷

别 名 **芦橘、金丸、芦枝**

拉丁名 *Eriobotrya japonica*

科 属 **蔷薇科（Rosaceae）枇杷属（*Eriobotrya*）**

【自然分布】

产于甘肃、陕西、河南、江苏、安徽、浙江、江西、湖北、湖南、四川、云南、贵州、广西、广东、福建、台湾。各地广为栽培，四川、湖北有野生者。日本、印度、越南、缅甸、泰国、印度尼西亚也有栽培。

【识别要点】

常绿小乔木，高可达 10 m；小枝密生锈色或灰棕色绒毛。叶片革质，披针形、长倒卵形或长椭圆形，边缘有疏锯齿，表面皱，背面及叶柄密生锈色绒毛。圆锥花序花多而紧密；花序梗、花柄密生锈色绒毛；花白色，芳香。梨果近球形或长圆形，黄色或橘黄色，外有锈色柔毛，后脱落。因形似琵琶而得名。

【生长习性】

喜光，稍耐阴，喜温暖气候和肥水湿润、排水良好的土壤，稍耐寒，不耐严寒，生长缓慢，生长平均温度 12℃ 以上。花期 10-12 月，果期第二年 5-6 月。

【栽培养护】

以播种繁殖为主，可嫁接。播种可于 6 月采种后立即进行。嫁接一般以切接为主。

【园林应用】

树形整齐美观，叶大荫浓，四季常春，冬日白花满树，初夏黄果累累，有较高的观赏价值。宜孤植或散植于庭院及公园绿地做庭荫树或风景树，也可用作果树栽培。

（图文：匡建 审校：尹擎、张显志）

尖叶桂樱

别　名 无

拉丁名 *Laurocerasus undulata*

科　属 蔷薇科（Rosaceae）桂樱属（*Laurocerasus*）

【自然分布】

产于湖南、江西、广东、广西、四川、贵州、云南、西藏东南部。生于山坡混交林中或沿溪常绿林下，海拔500-3600 m。印度、孟加拉国、尼泊尔、缅甸北部、泰国和老挝北部、越南北部和南部、印度尼西亚也有分布。

【识别要点】

常绿小乔木或灌木，高5-16 m；小枝灰褐色至紫褐色，无毛；叶片草质或薄革质，椭圆形至长圆状披针形，先端渐尖，基部宽楔形至近圆形，叶边全缘，两面无毛，下面近基部常有1对扁平小基腺，侧脉6-9对；叶柄无毛，无腺体；总状花序单生或2-4个簇生于叶腋，果实卵球形或椭圆形，顶端急尖或稍钝，紫黑色，无毛。

【生长习性】

本绿化树种自然地理分布区域较广，适生于我国南方热带、亚热带区域；喜阳，对土壤属性要求不严；四季常绿，换叶期较为分散。秋季开花（8-10月），冬春季结果。

【栽培养护】

园林绿化上常用实生苗，较少采用分株方式繁殖；合适季节，可尝试采用扦插方式进行繁殖。在园林养护实践中，注意施用有机肥，保持土壤湿度；3-4年生植株修剪很重要，以塑造理想树形。

【园林应用】

园林实践中，可根据布景需求，对植株进行修剪，列植、丛植为绿篱植物，或者孤植为景观点缀植株。

（图文：高富　审校：尹擎、张显志）

垂丝海棠

别 名 无

拉丁名 *Malus halliana*

科 属 蔷薇科（Rosaceae）苹果属（*Malus*）

【自然分布】

产于江苏、浙江、安徽、陕西、四川、云南。生于山坡丛林中或山溪边，海拔 50-1200 m。

【识别要点】

落叶小乔木，高达 5 m，树冠开展。小枝最初有毛；冬芽卵形，紫色。叶片卵形或椭圆形至长椭卵形，先端长渐尖，基部楔形至近圆形，边缘有圆钝细锯齿，上面深绿色，有光泽并常带紫晕。伞房花序，具花 4-6 朵，粉红色。果实梨形或倒卵形。

【生长习性】

性喜阳光，不耐阴，也不甚耐寒，喜温暖湿润环境，适生于阳光充足、背风处，对土壤要求不高，微酸或微碱性土壤均可成长，但以土层深厚、疏松、肥沃、排水良好、略带黏质的环境生长更好。花期 3-4 月，果期 9-10 月。

【栽培养护】

繁殖可采用嫁接、扦插、分株、压条等方法进行，大多采用嫁接法繁育。该树种生性强健，栽培容易，不需要特殊技术管理，适时施肥，适当修剪，常见病虫害为锈病和褐斑病、角蜡蚧、红蜘蛛等。

【园林应用】

垂丝海棠花姿潇洒，花开似锦，自古以来是雅俗共赏的名花，在皇家园林中常与玉兰、牡丹、桂花相配植，形成“玉棠富贵”的意境。作为优良的早春花木，适宜孤植或列植于庭院、建筑物前，也可成行栽植于园路两侧。

（图文：唐凌云　审校：王仲朗、张显志）

湖北海棠

别　名 野海棠、秋子

拉丁名 *Malus hupehensis*

科　属 蔷薇科（Rosaceae）苹果属（*Malus*）

【自然分布】

产于湖北、湖南、江西、江苏、浙江、安徽、福建、广东、甘肃、陕西、河南、山西、山东、四川、云南、贵州。生于山坡或山谷丛林中，海拔50-2900 m。

【识别要点】

落叶乔木；老枝紫色至紫褐色。叶片卵形至卵状椭圆形，先端渐尖，基部宽楔形，稀近圆形，边缘有细锐锯齿；托叶草质至膜质，线状披针形，先端渐尖，有疏生柔毛。伞房花序，具花4-6朵；苞片膜质，披针形；花瓣倒卵形，基部有短爪，粉白色或近白色。果实椭圆形或近球形，黄绿色稍带红晕，萼片脱落。

【生长习性】

适应性极强，喜光，耐涝，抗旱，抗寒，抗病虫灾害。能耐 −21℃的低温，并有一定的抗盐能力。花期4-5月，果期8-9月。

【栽培养护】

以种子繁育为主，播种前应层积催芽30-50天，方可顺利发芽。

【园林应用】

枝条、嫩梢、幼叶、叶柄等部位均呈紫褐色，花蕾粉红、花开粉白，花梗细长，小果红色，为春秋两季观花、观果的良好园林树种，耐寒性强，为华北地区可选的优良绿化观赏树种。

（图文：魏薇　审校：王仲朗、张显志）

苹 果

别 名 无
拉丁名 *Malus pumila*
科 属 蔷薇科（Rosaceae）苹果属（*Malus*）

【自然分布】

本种原产于欧洲和亚洲西南部，云南各地均有栽培。

【识别要点】

落叶乔木，多具有圆形树冠和短主干。叶片椭圆形、卵形至宽椭圆形，先端急尖，基部宽楔形或圆形，边缘具有圆钝锯齿。伞房花序，具花3-7朵，集生于小枝顶端；苞片膜质，线状披针形，先端渐尖，全缘，被绒毛；花瓣倒卵形，基部具短爪，白色，含苞未放时带粉红色。果实扁球形，先端常有隆起。

【生长习性】

温带果树。喜阳光充足而冷凉干燥的气候。耐寒性强，不耐湿热。寿命长。在疏松、排水良好的砂质壤土中生长良好。对肥料要求较严，缺肥会影响其产量和品质。花期5月，果期7-10月。

【栽培养护】

嫁接繁殖。砧木常用山荆子、三叶海棠或楸子。砧木苗木要求高在50 cm以上，地径在0.5 cm以上。可于8月中旬至9月上旬进行芽接。

【园林应用】

苹果春天白花满树，皎洁美丽，秋季累累果实，色彩鲜艳。可植于庭院，在大型园林或风景区内宜作观赏果林布置，亦可盆栽观赏。

（图文：魏薇　审校：王仲朗、张显志）

丽江山荆子

别 名 无
拉丁名 *Malus rockii*
科 属 蔷薇科（Rosaceae）苹果属（*Malus*）

【自然分布】

产于贡山、泸水、德钦、维西、香格里拉、丽江；生于海拔 2400-3800 m 的山谷杂木林中。分布于四川西南部、西藏东南部。尼泊尔也有分布。

【识别要点】

落叶小乔木，枝多下垂。叶片椭圆形、卵状椭圆形或长圆卵形，先端渐尖，基部圆形或宽楔形，边缘有不等的紧贴细锯齿，上面中脉稍带柔毛，下面中脉、侧脉和细脉上均被短柔毛。近似伞形花序，具花 4-8 朵，花梗被柔毛；苞片膜质，披针形；萼筒钟形，密被长柔毛；花瓣倒卵形，白色，基部有短爪。果实卵形或近球形，红色。

【生长习性】

花期 5-6 月，果期 9 月。

【栽培养护】

播种繁殖。在充分成熟时采收果实，3 月 20-30 日为最佳播种时间。播种后覆土，播种后 7 天左右幼苗开始出土，控制温度 12-30℃，保持床面土壤温润。

【园林应用】

树姿优雅娴美，花繁叶茂，白花、绿叶、红枝互相映托，美丽鲜艳。幼树树冠圆锥形，成年树树冠圆形，早春开放白色花朵，秋季结成小球形红黄色果实，经久不落，十分美丽，可作庭园观赏树种，或植于草坪。

（图文：魏薇　审校：王仲朗、张显志）

滇池海棠

别　名 云南海棠木

拉丁名 *Malus yunnanensis*

科　属 蔷薇科（Rosaceae）苹果属（*Malus*）

【自然分布】

产于云南、四川。生于山坡杂木林中或山谷沟边，海拔1600-3800 m。缅甸也有分布。

【识别要点】

落叶乔木，高达10 m；小枝粗壮，微带棱条，暗紫色或紫褐色；叶片卵形、宽卵形至长椭卵形，先端急尖，基部圆形至心形，边缘有尖锐重锯齿；叶柄具绒毛；伞形总状花序，具花8-12朵，总花梗和花梗均被绒毛；果实球形红色，有白点，萼片宿存。

【生长习性】

本绿化树种喜阳，对水肥要求稍高；对低温耐受性差。一般5月开花，初秋的8-9月果实即成熟。

【栽培养护】

实生苗繁殖，或分株扩繁；在生产实践中，常用作苹果的砧木；对水分要求较为严格；疏松、肥沃土壤有利于植株树形塑造；不耐修剪。

【园林应用】

园林实践中，因其叶片到秋季变为红色，并结多数红色果实，满布枝头，颇为美丽，常用作观叶、观果树种配置；常与观花、赏叶物种混合搭配，起到视觉变换的效果，是优良观赏树种选项。

（图文：高富　审校：尹擎、张显志）

椤木石楠

别　名 水红树花、梅子树、山官木

拉丁名 *Photinia davidsoniae*

科　属 蔷薇科（Rosaceae）石楠属（*Photinia*）

【自然分布】

产于陕西、江苏、安徽、浙江、江西、湖南、湖北、四川、云南、福建、广东、广西。生于灌丛中，海拔 600-1000 m。分布于越南、缅甸、泰国。

【识别要点】

常绿乔木，高 6-15 m；幼枝老时灰色，无毛，有时具刺；叶片革质，长圆形、倒披针形或稀为椭圆形，先端急尖或渐尖，有短尖头，基部楔形，侧脉 10-12 对；叶柄无毛。花多数，密集成顶生复伞房花序；总花梗和花梗有平贴短柔毛；果实球形或卵形，黄红色，无毛；种子卵形，褐色。

【生长习性】

喜光照充足、土壤湿润的立地环境，对环境极端低温具有良好抵抗力。一般 4-5 月为花期，9-10 月果实成熟。花果期较长。

【栽培养护】

实生苗、分株或者扦插方式均可对此绿化树种进行扩繁；在日常管护中，应加强水肥供应；注意冬季采用必要的防寒措施。

【园林应用】

枝繁叶茂，树冠圆球形，早春时嫩叶为绛红，初夏时则白花点缀，秋季则黄红色果实挂满枝头。一年中的色彩变化大，花、果和叶都可观赏，是我国长江流域及南方适宜栽种的园林树种。

（图文：高富　审校：尹擎、张显志）

红叶石楠

别 名 无

拉丁名 *Photinia fraseri* 'Red Robin'

科 属 蔷薇科（Rosaceae）石楠属（*Photinia*）

【自然分布】

园艺品种，在全国各地公园、街道、厂矿或居民小区广泛种植。

【识别要点】

常绿小乔木或灌木，是光叶石楠和石楠杂交的品种；新叶鲜红、株形紧凑；园林绿化中使用广泛，易于识别。

【生长习性】

适应性强，对逆境抗性好，能耐低温、瘠薄，并且对土壤干旱和盐碱性均有抵抗力。喜强光照射；配合光照、修剪，能全年保持鲜红色。

【栽培养护】

播种繁殖为主，亦可采用分株和压条方式繁殖。田间管理注重整形，耐修剪。生长季期间，如施肥充分，可以保持其叶面鲜亮；嫩叶鲜红。

【园林应用】

枝繁叶茂，树冠圆球形，早春嫩叶绛红，初夏白花点点，秋末累累赤实，冬季老叶常绿，园林观赏价值高。

（图文：高富　审校：尹擎、张显志）

光叶石楠

别　名 山官木、扇骨木、红檬子

拉丁名 *Photinia glabra*

科　属 蔷薇科（Rosaceae）石楠属（*Photinia*）

【自然分布】

产于安徽、江苏、浙江、江西、湖南、湖北、福建、广东、广西、四川、云南、贵州。日本、泰国、缅甸有分布。

【识别要点】

常绿乔木，高 5-7 m；叶片革质，幼时呈红色，椭圆形，长 5-9 cm，边缘有疏生浅钝细锯齿，两面无毛。花多数，成顶生复伞房花序，直径 5-10 cm；总花梗和花梗均无毛；花瓣白色，反卷，倒卵形，长约 3 mm，内面近基部有白色绒毛；花柱 2，离生或下部合生，柱头头状，子房顶端有柔毛。果实卵形，长约 5 mm，红色。

【生长习性】

阳性植物，喜阳光充足，通风良好，稍耐阴；耐旱、喜温暖，但也稍耐寒。花期 4-5 月，果期 9-10 月。

【栽培养护】

种子繁殖为主，也可扦插。在土层深厚、富含腐殖质、排水良好的壤土中栽培，长势尤盛。生活力强，常规水肥管理即可健康生长。

【园林应用】

枝繁叶茂，树冠圆球形，早春嫩叶红，秋季与初冬红果累累，是极好的观叶、观果植物。可作行道树、庭荫树，或与其他花木配植。

（图文：尹擎　审校：尹擎、张显志）

球花石楠

别　名 无

拉丁名 *Photinia glomerata*

科　属 蔷薇科（Rosaceae）石楠属（*Photinia*）

【自然分布】

产于云南、四川。生于杂木林中，海拔 1500-2300 m。

【识别要点】

常绿小乔木或灌木，高 6-10 m；幼枝密生黄色绒毛，老枝无毛，有多数散生皮孔；叶片革质，长圆形、披针形、倒披针形或长圆披针形，先端短渐尖，基部楔形至圆形，常偏斜，侧脉 12-20 对；叶柄初密生绒毛，后几无毛；花多数，密集成顶生复伞房花序；总花梗、花梗和萼筒外面皆密生黄色绒毛；花芳香；花瓣白色；果实卵形，红色。

【生长习性】

喜阳，对土壤要求不严，中性、略酸性红土上均生长良好。花期 5 月，果期 9 月。

【栽培养护】

实生苗是主要繁殖方式，分株、扦插方式只有在苗圃内实施；但自然状态下实生苗繁育还存在困难；田间管护要求不高，容易种植。

【园林应用】

球花石楠树冠圆形，枝繁叶茂，初春嫩叶鲜红，春末白花点点，秋冬红果累累，是优美的观赏树种；可做园林、街道及厂矿绿化树种。

（图文：高富　审校：尹擎、张显志）

全缘石楠

别　名 蓝靛树、全缘叶石楠

拉丁名 *Photinia integrifolia*

科　属 蔷薇科（Rosaceae）石楠属（*Photinia*）

【自然分布】

产于云南。生于海拔 1350-2700 m 的山坡常绿林中。分布于缅甸。

【识别要点】

常绿乔木，高 5-7 m；幼枝无毛，老枝黑灰色，皮孔散生；叶片革质，长圆形、披针形或倒披针形，先端急尖或短渐尖，基部楔形，稀为圆形，全缘，两面皆无毛，侧脉 12-17 对；叶柄粗壮，无毛；花多数，成顶生复伞房花序，总花梗和花梗皆无毛，或微有短柔毛；花瓣白色，圆形，有短爪，无毛；果实近球形，紫红色。

【生长习性】

半阳生到阳生生境，稍耐阴；对极端低温抗性差；生长快速。花期 5-6 月，果期 10 月。

【栽培养护】

多采用播种繁殖，亦可用扦插、压条繁殖；定植初期注意水分管理，避免土壤干旱、板结现象发生；同时也不能使土壤出现过湿现象，遇到连日降雨，注意及时排涝。

【园林应用】

园林实践中，修剪为小乔木或灌木类型，布置为行道树、庭院景观树；可以满足春夏观叶、遮阴，秋季观果的需要。

（图文：高富　审校：尹擎、张显志）

美人梅

别 名 无

拉丁名 ***Prunus blireana*** **'Meiren'**

科 属 蔷薇科（Rosaceae）李属（*Prunus*）

【自然分布】

园艺杂交种，法国引进、各地园林多有栽培。

【识别要点】

落叶小乔木或灌木，是重瓣粉型梅花与红叶李的杂交品种。叶片卵圆形，紫红色，叶缘有细锯齿，叶被生有短柔毛。花初放时紫红色，逐渐过渡为浅紫色，繁密，重瓣花，先叶开放，萼筒宽钟状，萼片5枚，近圆形至扁圆形，花瓣15-17枚。

【生长习性】

抗寒性强，能抗−30℃的低温，喜光，强阳性树种，抗旱性较强，不耐水涝。对土壤要求不严，耐瘠薄，以pH 6左右微酸性黏壤土最适宜。不耐空气污染，对氟化物、二氧化硫和汽车尾气等比较敏感。花期2-3月。

【栽培养护】

嫁接、扦插繁殖。嫁接宜在早春萌芽前进行，接穗选1-2年生无病虫害的健壮枝条，砧木可选用桃或杏、梅的实生苗。扦插宜在春秋进行，选树冠上部生长健壮的枝条短截成长14 cm左右的插穗，插穗须具3-4个饱满芽。美人梅喜光性较强、不耐水湿，要种植在光照充沛、土壤排水良好之地。

【园林应用】

其生长健壮，枝繁叶茂，花先叶开放，猩红色的花朵布满全树，绚丽夺目，妩媚可爱；紫红色的叶色彩斑斓。可孤植、片植或与其他绿色景观植物相互搭配植于庭院、园路营造美丽景观小品，也可制作盆景。

（图文：孔繁才　审校：孔繁才、张显志）

紫叶李

别　名 红叶李、樱桃李

拉丁名 *Prunus cerasifera* 'Atropurpurea'

科　属 蔷薇科（Rosaceae）李属（*Prunus*）

【自然分布】

适应性较强，为广布种，在海拔 800-2000 m 处均有生长。

【识别要点】

落叶小乔木；多分枝，枝条细长，开展，暗灰色，有时有棘刺；小枝暗红色，无毛；冬芽卵圆形，紫红色，有时鳞片边缘有稀疏缘毛。叶片椭圆形、卵形或倒卵形，基部楔形或近圆形，边缘有圆钝锯齿和重锯齿；叶上面深绿色，无毛，下面颜色较淡。花瓣白色，长圆形或匙形，边缘波状，基部楔形。核果近球形或椭圆形。

【生长习性】

喜光，在庇荫条件下叶色变淡、花色不鲜艳。喜温暖、湿润气候。不耐寒，较耐湿，可在黏质土生长，根系浅，生长旺盛，萌枝力较强。花期 3-4 月，果期 6-7 月。

【栽培养护】

通常嫁接、压条繁殖，扦插生根慢，成活率低。嫁接选用毛桃、杏、梅、李作砧木。栽培管理中注意修剪，调整树形，注意防治病虫害。移栽宜早春枝叶萌动前进行。

【园林应用】

以叶色闻名，整个生长期紫叶满树，尤以春、秋二季叶色更艳。可丛植、孤植或对植于草坪、广场、建筑物周围。在园林中若以常绿树作背景，则会收到绿树红叶相映成趣的效果，也可盆栽。

（图文：李函润　审校：孔繁才）

李

别　名 山李子、嘉庆子、玉皇李
拉丁名 *Prunus salicina*
科　属 蔷薇科（Rosaceae）李属（*Prunus*）

【自然分布】

产于陕西、甘肃、四川、云南、贵州、湖南、湖北、江苏、浙江、江西、福建、广东、广西和台湾。生于海拔 400-2600 m 的山坡灌丛中。

【识别要点】

落叶乔木，高 9-12 m；树冠广圆形；小枝黄红色。叶片长圆倒卵形或长椭圆形，长 6-12 cm，边缘有圆钝重锯齿。花直径 1.5-2.2 cm，花瓣白色，长圆倒卵形，先端啮蚀状。核果球形、卵球形或近圆锥形，直径 3.5-5 cm，栽培品种可达 7 cm，黄色或红色，有时为绿色或紫色，外被蜡粉。

【生长习性】

温带树种，适应性强，生长快，喜光稍耐阴，性喜温凉湿润气候，但忌积水低洼地；耐寒、耐旱，忌盐碱。花期 4 月，果期 7-8 月。

【栽培养护】

繁殖用嫁接和播种。对土壤要求不严，但种植于土质松软、富含腐殖质的肥沃壤土中长势好。不宜密植，否则光照差，影响开花结果。秋季落叶后，需将根际土壤翻挖后施以厩肥。夏季有时会发生红点病，有时也有食心虫、红蜘蛛危害，应及时防治。

【园林应用】

初春白花繁密，入夏果实累累，是较好的观花、观果乔木。可在路边、窗前丛植；也可在公园、风景区、园林绿地系统中群植、配植。

（图文：尹擎　审校：尹擎、张显志）

滇合欢

别　名 大毛毛花

拉丁名 *Albizia simeonis*

科　属 豆科（Fabaceae）合欢属（*Albizia*）

【自然分布】

产于西藏、云南、贵州。印度、尼泊尔亦有分布。

【识别要点】

落叶乔木，二回羽状复叶；总叶柄近基部及顶部一对羽片着生处各有腺体 1 枚，被长茸毛。羽片 3-7 对，小叶 8-15 对，两面均密被长茸毛或老时叶面变无毛。头状花序排成腋生的圆锥花序，花白色。荚果带状，长 10-16 cm，宽 2.5-3 cm，扁平，棕色。

【生长习性】

喜水耐旱，喜阳耐寒。在排水良好的土壤环境生长好，速生树种，生长速度快。花期 5-6 月，果期 8-12 月。

【栽培养护】

播种繁殖，播种前先将种子浸泡于 60℃的温水中进行催芽，等种子吸水膨胀后及时播种，利于种子萌发。对环境要求不严，只要进行常规水肥管理即可健康生长。

【园林应用】

茎干挺拔，树形优美；叶秀美。可作行道树或孤植草地，作为主景树；也可与其他乔木配植营建园林景观。

（图文：尹擎　审校：尹擎、张显志）

滇皂荚

别 名 云南皂荚

拉丁名 *Gleditsia japonica* var. *delavayi*

科 属 豆科（Fabaceae）皂荚属（*Gleditsia*）

【自然分布】

产于云南、贵州。生于海拔 1200-2500 m 的山坡林中或路边村旁。

【识别要点】

落叶乔木，高达 25 m；刺略扁，粗壮，常分枝，长 2-15.5 cm。叶为一回或二回羽状复叶，长 11-25 cm；小叶 3-10 对，卵状长圆形，长 2-7（-9）cm，全缘或具波状疏圆齿。花黄绿色，组成穗状花序；花瓣 4，椭圆形，长 7-9 mm，被柔毛。荚果带形，扁平，长 30-54 cm，宽 4.5-7 cm。

【生长习性】

阳性植物，喜阳光充足，幼苗稍耐阴；能耐低温严寒、干旱瘠薄。花期 4-6 月，果期 6-11 月。

【栽培养护】

种子繁殖。适应性强，对土壤要求不严，但在土层深厚、排水良好、弱酸性、富含腐殖质的土壤中栽培，长势好。抗病虫害能力较强，常规水肥管理即可健康生长。

【园林应用】

树高大，形态优美，可在大面积的绿地中与其他植物配植，是四旁绿化的优良树种。

（图文：尹擎　审校：尹擎、张显志）

刺　槐

别　名 无

拉丁名 *Robinia pseudoacacia*

科　属 豆科（Fabaceae）刺槐属（*Robinia*）

【自然分布】

产于华北、陕西、甘肃、河南、江苏、浙江、湖北、湖南、广西、四川、贵州、云南、西藏。生于河谷沙丘和山坡路边的灌木丛中，海拔 2500 m 以下。

【识别要点】

落叶乔木，高 25 m；树皮有浅裂至深纵裂纹；树皮颜色为灰褐色至深褐色；小枝灰褐色；羽状复叶长 10-25 cm，甚至达 40 cm；叶轴上面有沟槽；小叶 2-12 对，常对生；总状花序腋生，下垂，花多数，芳香，花冠白色；荚果褐色，或具红褐色斑纹；每个荚果中有种子 2-15 粒；种子褐色至黑褐色，近肾形，种脐圆形。

【生长习性】

适应范围广泛；对土壤要求不严，土质疏松有利于根系扩展，浅根系物种；喜光，温度适应范围较广。一般 4-6 月开花，初秋果实成熟。

【栽培养护】

本种生长快、萌芽力强；常用种子繁殖，也可以分根繁殖；日常管护时对水肥要求不严。

【园林应用】

作为浅根系物种，常用作庭院绿化树种，也可以用作行道树；需要防止其倒伏现象发生。

（图文：高富　审校：尹擎、肖明秋）

槐

别 名 守宫槐、槐花木、槐花树、国槐

拉丁名 *Sophora japonica*

科 属 豆科（Fabaceae）槐属（*Sophora*）

【自然分布】

原产于中国，现南北各省（自治区）广泛栽培，华北和黄土高原地区尤为多见。日本、越南也有分布，欧洲、美洲各国均有引种。

【识别要点】

乔木，高达 25 m；树皮灰褐色，具纵裂纹。当年生枝绿色，无毛。羽状复叶长达 25 cm；叶柄基部膨大；小叶 4-7 对，对生或近互生，纸质，卵状披针形或卵状长圆形；圆锥花序顶生，常呈金字塔形；荚果串珠状。

【生长习性】

对土壤条件要求不严，喜光，耐温度变化幅度大。花期稍晚，为 7-8 月，几乎花果同期，荚果串珠状，8-10 月果皮变色，种子成熟。

【栽培养护】

多用种子繁殖，苗圃管理注意水肥追施；定植后不耐修剪，需要及时维护树形。

【园林应用】

树冠优美，花芳香，是行道树和优良的蜜源植物；形态多变，可产生许多变种和变型，如园林上常用的龙爪槐、五叶槐均为其变型。

（图文：高富 审校：尹擎、肖明秋）

龙爪槐

别　名 **槐花木、金药树**
拉丁名 ***Sophora japonica* var. *pendula***
科　属 **豆科（Fabaceae）　槐属（*Sophora*）**

【自然分布】

为槐的变型，其分布区域与槐相同。本变型枝和小枝均下垂，并向不同方向弯曲盘悬，形似龙爪，易与其他类型相区别。现广泛栽培供观赏。

【识别要点】

龙爪槐是国槐的芽变品种，落叶乔木；羽状复叶长达 25 cm；叶轴初被疏柔毛，旋即脱净；叶柄基部膨大，包裹着芽；圆锥花序顶生，常呈金字塔形，长达 30 cm；荚果串珠状，长 2.5-5 cm 或稍长；种子卵球形，淡黄绿色，干后黑褐色。

【生长习性】

喜光，稍耐阴。能适应干冷气候。喜生于土层深厚、湿润肥沃、排水良好的沙质壤土。深根性，根系发达，抗风力强，萌芽力亦强，寿命长。花期 7-8 月，果期 8-10 月。

【栽培养护】

本种由于生境不同，或由于人工选育结果，形态多变，产生许多变种和变型。需要及时修剪，保持其树形；适应肥沃土壤，须保持土壤湿润。

【园林应用】

对二氧化硫、氟化氢、氯气等有毒气体及烟尘有一定抗性。常孤植或列植在堤岸、道路旁边，是行道树和优良的蜜源植物物种。

（图文：高富　审校：尹擎、季炳元）

云南蕈树

别　名 蒙自蕈树
拉丁名 *Altingia yunnanensis*
科　属 金缕梅科（Hamamelidaceae）
蕈树属（*Altingia*）

【自然分布】

分布于云南的东南部，常见于红河及南溪河流域。

【识别要点】

常绿乔木，高约 15 m；老枝有皮孔。叶革质、矩圆形，长 6-15 cm，上面绿色，无毛，边缘有明显锯齿；叶柄长 1-2 cm，无毛。雌花头状花序单生或排成总状，每个头状花序有花 16-24 朵，萼齿鳞片状，果序柄长 3-4 cm，被毛。种子细小，有棱。

【生长习性】

适应性强。对土壤要求不高，酸性和中性土都能正常生长；强阳性树种，性喜阳光充足的环境；喜温暖，能耐低温，耐旱。

【栽培养护】

常用种子繁殖；对土壤与栽培环境没有特殊要求，但在温暖湿润、富含腐殖质、排水良好的壤土中种植长势好。抗病虫害能力强。

【园林应用】

树形高大挺拔，四季常青，叶翠绿，是较好的庭院观赏乔木。可孤植在草地，或与其他园林观赏植物配植。

（图文：尹擎　审校：尹擎、肖明秋）

亮叶蚊母树

别　名 无
拉丁名 *Distylium myricoides* var. *nitidum*
科　属 金缕梅科（Hamamelidaceae）
蚊母树属（*Distylium*）

【自然分布】

分布于浙江、安徽、江西、湖南及广东等省份。

【识别要点】

常绿小乔木，高达 4.5 m。一年生嫩枝有鳞垢，绿色，二年生以上老枝秃净，褐色，皆具皮孔；顶芽长卵形，被鳞垢。一二年生枝上叶革质，平展，无虫瘿，长椭圆形、长椭圆状披针形或卵状长椭圆形，先端短渐尖，基部楔形，不对称，上面无毛，光亮，下面疏被粉尘状鳞垢，脉腋明显具腺窝；侧脉 6-9 对，与中脉在上面凹陷，在边缘网结，上面网脉不显著，下面极其明显；全缘；叶柄被鳞垢。二年生以上枝老叶厚革质，椭圆形或卵形，较新叶短，基部圆形。总状花序腋生，两性花着生花序顶端，雄花着生于下部，花序具鳞垢，苞片披针形；萼齿 5，披针形；雄蕊 3-8，花药紫色。蒴果卵圆形，被黄褐色星状毛，先端尖，无宿存萼筒。

【生长习性】

喜温暖、湿润的气候，喜阳光充足，稍耐阴，耐寒。对土壤要求不严，但需排水良好、酸性、中性和微盐碱地也能适应。萌芽力强，耐修剪。广布种，生于山坡混交林。花期 4-5 月，果期 8-9 月。

【栽培养护】

以播种繁殖为主，也可压条和扦插繁殖。病虫害少见。在冬季霜降期和春季旱风期应注意防寒、防冻。

【园林应用】

叶片大而整齐，光亮，叶片浓密，四季常绿。可用于园林绿化，栽培作庭荫树和行道树。

（图文：李函润　审校：孔繁才、肖明秋）

蚊母树

别 名 无

拉丁名 *Distylium racemosum*

科 属 金缕梅科（Hamamelidaceae）
蚊母树属（*Distylium*）

【自然分布】

分布于福建、浙江、台湾、海南等地，生于海拔 100-300 m 的丘陵地带。由昆明植物园引种后驯化，在云南可作为适生种进行种植。

【识别要点】

常绿中乔木或灌木；嫩枝有鳞垢，老枝秃净；芽体裸露无鳞状苞片，被鳞垢。叶革质，上面深绿色，发亮，下面起初有鳞垢，后秃净；侧脉在叶上面不明显，下面稍突起；叶边缘无锯齿；叶柄略有鳞垢。总状花序，花序轴无毛，卵形，有鳞垢；花雌雄同在一个花序上。蒴果卵圆形，先端尖，外面有褐色星状绒毛，果梗短。种子卵圆形，深褐色、发亮，种脐白色。

【生长习性】

喜光，稍耐阴，喜温暖湿润气候，较耐寒。对土壤要求不严，酸性、中性土壤均能适应，而以排水良好而肥沃、湿润土壤为最好。萌芽、发枝力强，耐修剪。花期 3-4 月，果期 9 月。

【栽培养护】

播种、扦插繁殖。生长期需光线明亮、空气流通，平时保持土壤湿润，避免干旱，每月施一次腐熟的稀薄液肥。维持其美观须摘心、打头、修枝整形。

【园林应用】

枝叶密集，树形整齐，叶色浓绿，经冬不凋，春日开细小红花也颇美丽，抗性强、防尘及隔音效果好，是城市及工矿区绿化及观赏树种。植于路旁、庭前草坪上及大树下都很合适；丛植、成片栽植作为分隔空间或作为其他花木之背景效果亦佳。若修剪成球形，宜于门旁对植或作基础种植材料，亦可栽作绿篱和防护林带。

（图文：李函润　审校：孔繁才、肖明秋）

马蹄荷

别　名 合掌木、解阳树、白克木

拉丁名 *Exbucklandia populnea*

科　属 金缕梅科（Hamamelidaceae）
马蹄荷属（*Exbucklandia*）

【自然分布】

分布于我国西藏、云南、贵州及广西的山地常绿林，热带、亚热带地区丛林当中。

【识别要点】

常绿乔木，高 20 m，小枝被短柔毛，节膨大。叶革质，阔卵圆形，全缘，或嫩叶有掌状 3 浅裂，长 10-17 cm，宽 9-13 cm，嫩叶有时更大；先端尖锐，基部心形，或偶为短的阔楔形，上面深绿色，发亮，下面无毛；掌状脉 5-7 条，在上面明显，在下面突起，网脉在上下两面均明显；托叶椭圆形或倒卵形，长 2-3 cm，宽 1-2 cm，有明显的脉纹。头状花序单生或数枝排成总状花序，有花 8-12 朵。头状果序直径约 2 cm，有蒴果 8-12 个。

【生长习性】

喜光，稍耐阴，喜温暖、湿润的气候。根系发达，喜排水良好、土壤肥厚的微酸性红黄土壤。可适应中性土壤，生长速度比较缓慢。花期 4-8 月。

【栽培养护】

播种、扦插和嫁接繁殖，播种与扦插为主要方式。春夏两季需要追肥，冬季适当修剪以保证其长势，注意徒长枝的修剪。冬季过后需松土，促进根系发育。

【园林应用】

适合孤植，有较好的树形，树干笔直，可形成独立的风景树。常作为庭院绿化的庭荫树，丛植、对植、群植均可，作为小区绿化骨干树种。也可用于山地，营造风景林的景观。

（图：李函润　文：刘素璇　审校：孔繁才、肖明秋）

大果马蹄荷

别　名 宽幡、剃头刀树

拉丁名 *Exbucklandia tonkinensis*

科　属 金缕梅科（Hamamelidaceae）
马蹄荷属（*Exbucklandia*）

【自然分布】

产于屏边县马尾冲，海拔 1700 m 的密林中，分布于我国广西、广东、福建西部、江西南部、湖南南部和贵州东南部。

【识别要点】

常绿乔木，高达 30 m，嫩枝有褐色柔毛，老枝变秃净，节膨大，有环状托叶痕。叶革质，阔卵形，长 8-13 cm，宽 5-9 cm，先端渐尖，基部阔楔形，全缘或幼叶为掌状 3 浅裂，上面深绿色，发亮，下面无毛，常有细小瘤状突起，掌状脉 3-5 条，在上面很显著，在下面隆起；托叶狭矩圆形，稍弯曲，长 2-4 cm，宽 8-13 mm，被柔毛，早落。头状花序单生，或数个排成总状花序，有花 7-9 朵，被褐色绒毛。头状果序宽 3-4 cm，有蒴果 7-9 个；蒴果卵圆形，长 1-1.5 cm，宽 8-10 mm，表面有小瘤状突起。

【生长习性】

喜光，稍耐阴，喜温暖湿润气候。喜排水良好的微酸性土壤，生长迅速，根系较为发达。花期 3-7 月。

【栽培养护】

播种和扦插繁殖。春夏两季需要追肥，保持土壤湿润而松弛，冬季适当修剪以保证其长势，注意徒长枝的修剪。冬季过后需松土，促进根系发育。

【园林应用】

可作为行道树、庭院树。孤植成为庭院遮阴植物较好，生长较为迅速，也可作为山坡林的优选树种。

（图：李函润　文：刘素璇　审校：孔繁才、肖明秋）

枫香树

别 名 **枫子树、香枫、白胶香、鸡爪枫**

拉丁名 ***Liquidambar formosana***

科 属 **金缕梅科（Hamamelidaceae）**

枫香树属（*Liquidambar*）

【自然分布】

我国多地有分布，产于我国秦岭及淮河以南各省，北起河南、山东，东至台湾，西至四川、云南及西藏。生于海拔 500 m 以上的林地。

【识别要点】

落叶乔木，高可达 30 m，胸径最大可达 1 m；树皮灰褐色，方块状剥落。叶薄革质，阔卵形，掌状 3 裂，中央裂片较长，先端尾状渐尖；两侧裂片平展；基部心形，两侧裂片平展，上面绿色，干后灰绿色，不发亮；花柱常直立，花单性同株，无花瓣，排成头状或穗状花序，再组成总状花序式。头状果序圆球形，种子多数，褐色，多角形或有窄翅。

【生长习性】

喜阳光，幼苗稍耐阴，喜温暖湿润气候，耐干旱瘠薄，耐寒，抗风，抗大气污染，抗火烧，萌生力极强。生长情况分阶段性，早期生长比较快速，5-20 年成长达到旺盛时期，之后达到平衡。广布种，花期 3-4 月，果期 10-11 月。

【栽培养护】

播种、嫁接繁殖。种子采收晾干，低温冷藏至翌年春播。饱满成熟的种子发芽率可达 95%，低温冷藏的种子多年后其发芽率还可达 80% 以上。枫香苗木繁育、栽培容易，常规日常管理能确保生长健壮。裸根移苗宜在早春进行。

【园林应用】

树干端直高耸，树冠广卵形或略扁，树姿巨大壮丽，叶型独特，秋冬季节树叶叶色艳丽，具有极强的观赏价值。其在园林中可做庭荫树、行道树、风景树、孤景树等。由于其抗性较强，可用于工厂矿区绿化种植。也可作为荒山、城乡接合部自然环境恢复的重建树种。

（图文：李函润　审校：孔繁才、肖明秋）

北美枫香

别　名 胶皮糖香树

拉丁名 *Liquidambar styraciflua*

科　属 金缕梅科（Hamamelidaceae）

枫香树属（*Liquidambar*）

【自然分布】

原产于北美洲，在美国东南部有大量分布。江苏沿江地区农业科学研究所2003年开始进行标准化栽培技术研究，现为我国广布种。

【识别要点】

落叶乔木，树高可达30 m；树皮不规则纵裂。单叶互生，薄革质，阔卵形，掌状5-7裂，长10-18 cm，亮深绿色；叶柄长6.5-10 cm。花单性同株，无花瓣，排成头状或穗状花序，再组成总状花序式。头状果序圆球形，种子多数，褐色。

【生长习性】

喜光，喜凉热湿润气候，在潮湿、排水良好的微酸性土壤上生长较好。适应性强，稍耐阴，根深抗风，萌发能力强，但以肥沃、潮湿、冲积性黏土和江河底部的肥沃黏性微酸土壤最好。种植在山地和丘陵地区均有较好的表现。花期3-4月，果期10-11月。

【栽培养护】

播种繁殖。播种前用0.3%-0.5%的高锰酸钾溶液浸泡种子半小时，滤出置清水中漂去空瘪种粒，撒播。通常芽苗长至5 cm时移植，移植宜在阴天或晴天傍晚进行，容器袋培育苗木，如大田培育苗木，移植宜晚冬初春进行，北美枫香抗病力较强，正常情况不会发生病虫害，以预防为主。

【园林应用】

其树形挺拔，树冠宽阔，春季、夏季叶色暗绿，秋季叶色变为黄色、紫色或红色，是非常好的园林观赏树种。可成片种植或与其他高大树木群植；也可在大型园林中作为屏障、树篱种植；可作庭荫树、行道树、风景树、孤景树等。

（图文：李函润　审校：孔繁才、肖明秋）

显脉红花荷

别　名 小脉红花荷、滇南红花荷

拉丁名 *Rhodoleia henryi*

科　属 金缕梅科（Hamamelidaceae）
红花荷属（*Rhodoleia*）

【自然分布】

分布于云南、贵州等地区，云南东南部海拔2000-2400 m的山地常绿林中。

【识别要点】

常绿乔木，高达15 m。叶革质，卵状椭圆形，长11 cm，宽3.5-5.5 cm，先端渐尖，基部阔楔形，有明显的三出脉；上面深绿色，有光泽；下面黄绿色，无毛；叶柄长约5 cm，无毛。头状花序长3-3.5 cm，有花5朵；总苞片多数，外侧有锈褐色长绒毛；花瓣2-5片，匙形，长达3 cm，宽6 mm，深红色；雄蕊7-9个，与花瓣等长。

【生长习性】

喜肥沃酸性或微酸性透水较好的土壤。稍耐干旱瘠薄，喜湿润。幼年耐阴，成年后较为喜光，适宜于阳光充足但又有稍许遮蔽的地方。花期3-5月。

【栽培养护】

播种繁殖。种子10月至11月上旬成熟，果熟后开裂，种子飞散，因此可先采摘果实，晾至开裂，筛取种子进行干藏。容器育苗，随采随种或翌春1月播种。植株生长前期对肥力的要求较高，施腐熟有机肥和复合肥，加强肥水管理，促进生长发育。每年除草松土3-4次，以促进幼树生长。

【园林应用】

可成片种植，形成混交林景观或孤植。是较好的庭院植物。与蓝花楹、黄槐、杜英等配合可形成很好的市政绿化景观以及小区植物配植方式。对有害物质有一定吸附作用。

（图：李函润　文：刘素璇　审校：孔繁才、肖明秋）

杜 仲

别 名 **丝楝树皮、丝棉皮、棉树皮**

拉丁名 ***Eucommia ulmoides***

科 属 **杜仲科（Eucommiaceae）杜仲属（*Eucommia*）**

【自然分布】

分布于陕西、甘肃、河南、湖北、四川、云南、贵州、湖南及浙江等省（自治区），现各地广泛栽种。

【识别要点】

落叶乔木。树皮灰褐色，粗糙，内含橡胶，折断拉开有多数细丝。嫩枝有黄褐色毛，老枝有明显的皮孔。芽体卵圆形，红褐色，有鳞片。叶椭圆形、卵形或矩圆形，薄革质，上面暗绿色，下面淡绿色，初时有褐毛，以后仅在脉上有毛，边缘有锯齿。花生于当年枝基部，雌花单生。翅果扁平，长椭圆形；坚果位于中央。种子扁平，线形。

【生长习性】

喜温暖湿润气候和阳光充足的环境，能耐严寒，适应性很强，对土壤没有严格选择，但以土层深厚、疏松肥沃、湿润、排水良好的壤土最宜。杜仲树 50 年后植株自然枯萎。早春开花，秋后果实成熟。

【栽培养护】

播种、扦插、根插、压条和嫁接繁殖。选择土壤肥沃、土层深厚、湿润、排水性较好的微酸性土壤，栽植时间要选择在 3 月上旬，生长期间适当修剪，并适时松土、除草和追肥。

【园林应用】

树干笔直，枝叶茂密，根系发达，树姿优美，适应性强，可供药用，既是优良的园林绿化树种，又是优良的经济树种，可做庭园绿荫树或行道树。

（图：李函润 文：刘素璇 审校：孔繁才、肖明秋）

三球悬铃木

别　名　**梧桐、法桐、悬铃木**

拉丁名　*Platanus orientalis*

科　属　**悬铃木科（Platanaceae）悬铃木属（*Platanus*）**

【自然分布】

上海、杭州、南京、徐州、青岛、九江、武汉、郑州、西安等城市栽培的数量较多，生长较好。

【识别要点】

落叶大乔木，高达 30 m，树皮薄片状脱落；嫩枝被黄褐色绒毛，老枝秃净，干后红褐色，有细小皮孔。叶大，轮廓阔卵形，宽 9-18 cm，长 8-16 cm，基部浅三角状心形，或近于平截，上部掌状 5-7 裂，稀为 3 裂，中央裂片深裂过半。花 4 数，雌雄同株。有圆球形头状果序 3-5 个，稀为 2 个；头状果序直径 2-2.5 cm，宿存花柱突出呈刺状，长 3-4 mm，小坚果之间有黄色绒毛，突出头状果序外。

【生长习性】

喜光，喜湿润温暖气候，较耐寒。对土壤要求不严，但适生于微酸性或中性、排水良好的土壤，微碱性土壤虽能生长，但易发生黄化。根系分布较浅，台风时易受害而倒斜。该种树干高大，枝叶茂盛，生长迅速，适应性强，易成活，耐修剪。

【栽培养护】

扦插和播种繁殖。一般播种时间为春季，可以根据具体气候情况决定。栽植最佳时间是春季 3 月，在第 2 年的冬季定干，树高 3-3.5 m 处剪去梢部，将分枝点以下主干上的侧枝剪去。第 3 年待苗木萌芽后，选留 3-5 个处在分枝附近、生长粗壮的枝条作主枝，其余分批剪去。悬铃木易生虫害，防治上多采用人工捕捉或黑光灯诱杀成虫、杀卵、剪除虫枝、集中处理等方法。

【园林应用】

树形雄伟端庄，叶大荫郁，干皮光滑，是世界著名的优良庭荫树和行道树。适应性强，又耐修剪整形，是优良的行道树种，广泛应用于城市绿化，在园林中孤植于草坪或旷地，列植于通道两旁，尤为雄伟壮观。

（图：李函润　文：刘素璇　审校：孔繁才、肖明秋）

滇 杨

别 名 **云南白杨**
拉丁名 ***Populus yunnanensis***
科 属 **杨柳科（Salicaceae）杨属（*Populus*）**

【自然分布】

产于云南、贵州和四川。生于海拔 1300-2700 m 的山地。

【识别要点】

落叶乔木，高达 20 m。树皮灰色，纵裂。小枝黄褐色，无毛，老枝无棱，紫褐色。叶纸质，卵形、椭圆状卵形、广卵形或三角状卵形，边缘有细腺和圆锯齿；叶柄长，粗壮，带红色；短枝叶卵形，较大，蒴果 3-4 瓣裂，近无柄。

【生长习性】

适于长江以南山区生长，较耐湿热，在沟旁、河边土层深厚的冲积土上生长迅速。花期 4 月上旬，果期 4 月中旬、下旬。

【栽培养护】

通常用插条繁殖。良好立地环境水肥条件对于其快速生长有促进作用。

【园林应用】

常栽培为行道树，为速生树种。

（图文：高富　审校：尹擎、肖明秋）

垂　柳

别　名 **水柳、垂丝柳、清明柳**

拉丁名 ***Salix babylonica***

科　属 **杨柳科（Salicaceae）柳属（*Salix*）**

【自然分布】

产于长江和黄河流域，现各地均有栽培。

【识别要点】

落叶乔木，高达 12-18 m，树冠开展而疏散。树皮灰黑色，不规则开裂；枝细，下垂，淡褐黄色、淡褐色或带紫色，无毛。芽线形，先端急尖。叶狭披针形或线状披针形，先端长渐尖，基部楔形，两面无毛或微有毛，上面绿色，下面色较淡，具锯齿缘；花序先叶开放，或与叶同时开放；蒴果长 3-4 mm，带绿黄褐色。

【生长习性】

喜光，喜温暖湿润气候及潮湿深厚之酸性及中性土壤。较耐寒，特耐水湿，但亦能生于土层深厚之高燥地区。萌芽力强，根系发达，生长迅速，对有毒气体有一定的抗性，并能吸收二氧化硫。花期 3-4 月，果期 4-5 月。

【栽培养护】

扦插、嫁接繁殖。春夏适当施肥，保持土壤营养丰富。冬季可根据树形进行修剪。欧洲园林喜欢深度修剪，以长出新鲜的嫩枝。可根据喜好对柳条进行修剪。

【园林应用】

多与水相结合，在水景园中与石头形成良好的园林景致。成为庭院植物的重要植物之一，孤植、群植。可成为岸边护堤植物。中国古典园林中重要植物之一，具有古文化的植物。

（图：李函润　文：刘素璇　审校：孔繁才、肖明秋）

龙爪柳

别 名 无

拉丁名 *Salix matsudana* f. *tortuosa*

科 属 杨柳科（Salicaceae） 柳属（*Salix*）

【自然分布】

原产于东北、华北、西北，在南至淮河流域和北方平原地区最为常见。

【识别要点】

落叶乔木，高达 18 m，胸径达 80 cm。大枝斜上，树冠广圆形；树皮暗灰黑色，有裂沟；枝细长，直立或斜展，似龙爪般下垂并凹形内扣。叶披针形，长 5-10 cm，宽 1-1.5 cm，先端长渐尖，基部窄圆形或楔形，上面绿色，无毛，有光泽，下面苍白色或带白色，有细腺锯齿缘，幼叶有丝状柔毛；花序与叶同时开放；果序长达 2（-2.5）cm。

【生长习性】

耐寒，耐干旱瘠薄、水湿。在湿润而排水良好的土壤上生长最好。根系较为发达，喜阳光照射，稍耐阴。生长较为缓慢，生长势较弱，寿命短。花期 4 月，果期 4-5 月。

【栽培养护】

以扦插育苗为主，播种育苗辅助，园林上多以扦插为主。性喜温暖至高温，生长适温 15-28℃。喜好潮湿，栽培土质以湿润的壤土最佳，砂质壤土次之。日照要充足。每年冬季落叶后应修剪、整枝，维护树形美观；若植株过于老化，可施行强剪，促使萌发新枝叶。乔木类主干下部长出的侧枝，应随时剪去，以促使快速长高。

【园林应用】

枝条盘曲，特别适合冬季园林观景，也适合种植在绿地或道路两旁。结合中国古典文化，与龙的文化，多用于皇家园林中。叶片和枝干常在插花中被使用。

（图：李函润 文：刘素璇 审校：孔繁才）

毛杨梅

别　名 大树杨梅
拉丁名 *Myrica esculenta*
科　属 杨梅科（Myricaceae）杨梅属（*Myrica*）

【自然分布】

分布于四川中部以西、贵州西部及南部、广东西北部、广西和云南。

【识别要点】

常绿乔木或小乔木。小枝及芽密被毡毛，皮孔常密生而明显。叶革质，长椭圆状倒卵形或披针状倒卵形到楔状倒卵形，顶端钝圆至急尖，全缘或有时在中部以上有少数不明显的圆齿或锯齿，基部楔形，渐狭至长3-20 mm的叶柄，上面深绿色下面浅绿色，有极稀疏的金黄色腺体。雌雄异株。通常每花序上有数个孕性雌花发育成果实；核果通常椭圆状，成熟时红色，外表面具乳头状凸起，外果皮肉质，多汁液及树脂；核与果实同形，具厚而硬的木质内果皮。

【生长习性】

较耐寒，喜阴湿，适宜于年平均温度15-20℃。根系较浅，因此怕风。对光线要求不严，在较荫蔽环境也可适应。适宜松软、排水良好、含有石砾的沙质红壤或黄壤。花期9-10月，翌年3-4月果实成熟。

【栽培养护】

分株或扦插繁殖。定植当年只能浇水，不能施肥，否则会引起根系腐烂。高温季节要松土，遮阴，灌水，除草。每年结合中耕除草3-4次，3年后视情况，施基肥、深翻、扩塘、改土。

【园林应用】

多用于小区、庭院绿化景观种植中层植被，作为观果植物，形成趣味植物区，亦可作为行道树。大树杨梅具有一定吸附作用，是很好的净化空气植物。还可作为盆栽于庭院、阳台摆放。

（图：李函润　文：刘素璇　审校：孔繁才、肖明秋）

尼泊尔桤木

别　名 蒙自桤木、旱冬瓜
拉丁名 *Alnus nepalensis*
科　属 桦木科（Betulaceae）桤木属（*Alnus*）

【自然分布】

产于西藏、云南、贵州、四川西南部、广西。生于海拔 700-3600 m 的山坡林中、河岸阶地及村落中。印度、不丹、尼泊尔也有分布；越南、印度尼西亚有栽培。

【识别要点】

落叶乔木，高达 15 m。树皮灰色或暗灰色，平滑，老皮皱裂粗糙；枝条暗褐色，无毛；幼枝褐色，疏被黄色短柔毛或近无毛。叶厚纸质，倒卵状披针形、椭圆形或倒卵状矩圆形，密生腺点，幼时疏被长柔毛，以后沿脉被黄色短柔毛，脉腋间具簇生的髯毛。雄花序多数，排成圆锥状，下垂。果序多数，呈圆锥状排列；果苞木质；小坚果矩圆形，膜质翅宽为果的 1/2，较少与之等宽。

【生长习性】

喜温暖湿润气候。幼树稍耐阴，对土壤要求不高，中性和酸性均能生长，喜疏松、湿润、肥沃土壤，也耐干旱瘠薄土地，常生于干瘠石山、阳坡及湿润山谷。花期 9-10 月，果期 11 月至翌年 3 月下旬。

【栽培养护】

以播种扦插繁殖为主。生长迅速，对肥力要求低，易于管理。抗性强，病害少，但易受金龟子、天牛等害虫危害，需要多注意对虫害的防治。

【园林应用】

枝叶繁茂，叶大翠绿，且萌蘖能力强，是很好的园林绿化树种。可改良土壤，提高土壤肥力，适合与其他植物混栽，既增加观赏价值，也便于管理。适合种植于斜坡、公园等处。

（图文：单祖朋　审校：孔繁才、肖明秋）

白　桦

别　名 **粉桦、桦皮树**

拉丁名 ***Betula platyphylla***

科　属 **桦木科（Betulaceae）桦木属（*Betula*）**

【自然分布】

产于我国东北、华北、河南、陕西、宁夏、甘肃、青海、四川、云南、西藏东南部。生于海拔 400-4100 m 的山坡或林中。

【识别要点】

落叶乔木，高达 30 m。树皮白色；纸质分层剥落。小枝红褐色，外有白色蜡层。叶三角状卵形、菱状三角形、三角形，先端尾尖或渐尖，基部平截或宽楔形，侧脉 5-8 对，叶缘重锯齿。果序下垂单生、圆柱形；坚果小，果翅宽。

【生长习性】

喜光，不耐阴，耐严寒。对土壤适应性强，喜酸性土。深根性、耐瘠薄。

【栽培养护】

采用播种、扦插或压条繁殖。幼苗需要适当的荫蔽环境。

【园林应用】

其枝叶扶疏，姿态优美，尤其是树干修直，洁白雅致。适宜作庭荫树、风景林，可孤植或丛植。

（图文：匡建　审校：尹擎、肖明秋）

华 榛

别 名 山白果
拉丁名 *Corylus chinensis*
科 属 桦木科（Betulaceae） 榛属（*Corylus*）

【自然分布】

产于云南、四川西南部。生于海拔 2000-3500 m 的湿润山坡林中。

【识别要点】

落叶乔木，高可达 20 m；树皮灰褐色，纵裂；枝条灰褐色；小枝褐色，密被长柔毛和刺状腺体，很少无毛无腺体，基部通常密被淡黄色长柔毛。叶椭圆形、宽椭圆形或宽卵形，顶端骤尖至短尾状，基部心形，两侧显著不对称，边缘具不规则的钝锯齿，上面无毛，下面沿脉疏被淡黄色长柔毛，侧脉 7-11 对；叶柄长 1-2.5 cm，密被淡黄色长柔毛及刺状腺体。坚果球形。

【生长习性】

在平均气温为 7.6-17.1℃，年降水量为 763.9-1325.5 mm 的条件下生长，喜腐殖质丰富的酸性土壤。在林中单株零星生长，无根蘖发生。喜温凉、湿润的气候环境和肥沃、深厚、排水良好的中性或酸性的山地黄壤和山地棕壤。根系发达，生长较快，在疏林下天然更新良好，幼树稍耐阴。

【栽培养护】

华榛种皮虽极薄不会影响种子的萌发，但其果皮由呈柱状紧密排列的栅栏状石细胞层和多数近球形的、排列紧密整齐的厚壁组成，可采用压条、嫁接、扦插和播种等多种方法进行繁殖，一般多用播种繁殖。嫁接、扦插也可以使用，但成活率不高。

【园林应用】

可作植被恢复及园林绿化树种。华榛生长较快，是产区的重要造林与干果树种，可用于污染严重厂区绿化。华榛适应范围广，是公路护坡等环境恶劣地块的绿化首选用苗。华榛抗污染能力强，生长快，叶长革质，表面有华榛蜡质层，对二氧化硫、氯化氢、氟化物及汽车尾气等光化学烟雾有较强抗性。对粉尘的吸滞能力强，能使空气得到净化。

（图文：高富 审校：尹擎）

锥 栗

别 名 珍珠栗、榛栗、箭栗、尖栗、旋栗

拉丁名 *Castanea henryi*

科 属 壳斗科（Fagaceae）栗属（*Castanea*）

【自然分布】

广布于秦岭南坡以南、五岭以北各地，但台湾及海南不产。生于海拔 100-2000 m 的丘陵与山地，常见于落叶或常绿的混交林中。

【识别要点】

落叶乔木，高达 30 m，胸径 1.5 m；小枝暗紫褐色。叶长圆形或披针形，长 10-23 cm，顶部长渐尖至尾状长尖，新生叶的基部狭楔尖，两侧对称，成长叶的基部圆形或宽楔形，一侧偏斜，叶缘的裂齿有长 2-4 mm 的线状长尖，叶背无毛；开花期的叶柄长 1-1.5 cm，结果时长至 2.5 cm。雄花序花簇有花 1-3 (-5) 朵；每壳斗有雌花 1（偶 2 或 3）朵，仅 1 花（稀 2 或 3）发育结实；坚果，顶部有伏毛。

【生长习性】

喜光，喜温暖湿润气候，喜土层深厚、排水好的壤土，耐寒，不耐水淹，萌芽力强，生长快。常见于落叶或常绿的混交林中。花期 5-7 月，果期 9-10 月。

【栽培养护】

播种繁殖。种子随采随播；或湿沙储藏，胚根长出、子叶露白时播种。苗床条播、容器点播，埋土深度 1 cm。幼苗期适当遮阴，保持土壤湿润，忌水淹，中耕除草，薄肥勤施。宜冬季、初春树苗未萌动前移植。

【园林应用】

其树形高大、树冠伞形，萌芽强，生长快，易栽培，可作为遮阴树、庭院树、孤景树、行道树种植。也可作生态经济景观林成片种植用于荒山绿化、城乡接合部景观营造、河流沿岸林带等。

（图文：李函润 审校：孔繁才、肖明秋）

元江锥

别　名 猪栗、扁栗、毛锥栗

拉丁名 *Castanopsis orthacantha*

科　属 壳斗科（Fagaceae）锥属（*Castanopsis*）

【自然分布】

产于贵州西部、四川西南部、云南大部分地区。生于海拔 1500-3200 m 的疏林或密林中，为针叶阔叶混交林中的主要树种，有时成小片纯林。

【识别要点】

常绿乔木，高 10-15 m，少有达 20 m。叶革质，卵状椭圆形或披针形，顶部短或长尖，常向一侧弯斜，基部近于圆，或急尖，一侧短而弯斜，两侧明显不对称，或同时有两侧对称的叶，叶缘有锯齿状锐齿，中脉在叶面平坦，但近基部一段微凸起；叶柄长很少超过 1 cm。果序轴基部横断；壳斗近圆球形，幼嫩壳斗有时为阔卵形，坚果圆锥形。

【生长习性】

喜光，喜温暖湿润气候。花期 4-5 月，果翌年 9-11 月成熟。

【栽培养护】

播种繁殖。坚果成熟后立即采收，应沙埋湿藏，否则种子失水后易散失发芽力。宜选择肥沃湿润的腐殖土作苗床，直接播种，保持适当的光照条件。

【园林应用】

本种树干高耸，枝叶茂密，四季常绿，宜庭园中孤植、丛植或混交栽植或作风景林、沿海防风林及工厂区绿化树种应用。

（图文：李云猛　审校：孔繁才、肖明秋）

滇青冈

别　名 滇椆

拉丁名 *Cyclobalanopsis glaucoides*

科　属 壳斗科（Fagaceae）青冈属（*Cyclobalanopsis*）

【自然分布】

分布于四川、贵州、云南，生于海拔 1500-2500 m 的林中山坡或石灰岩山区。

【识别要点】

常绿乔木，株高 15-20 m；小枝灰绿色。冬芽被绒毛。叶片革质，长椭圆形或倒卵状披针形，顶端渐尖或尾尖，基部楔形或近圆形，叶缘有锯齿。叶面绿色，叶背灰绿色，幼时被弯曲黄褐色绒毛。中脉在叶面凹陷，在叶背凸起，壳斗碗形，包着坚果 1/3-1/2。坚果椭圆形至卵形。

【生长习性】

稍耐阴，喜半湿润环境；喜偏干土壤，耐干旱瘠薄，耐寒。萌芽期 4-5 月，花期 5 月，果期 10 月。

【栽培养护】

播种和嫁接繁殖，以播种为主，种子随采随播。播种时条播，种子腹面向下。嫁接对砧木要求严格，芽接最好，也可切接、腹接或插皮接。春秋可移植，施足基肥。日常合理水肥，适时防治病虫害。

【园林应用】

冠大荫浓，枝叶繁茂，树形高大。可用作背景树、主景树、骨干树等。庭植观赏，或用于保持和改善城市山地水土。适合配置于公园绿地、风景林、居住区附属绿地等场所，以营造具地域特色的开敞空间景观。

（图文：李函润　审校：孔繁才、肖明秋）

西畴青冈

别　名 无

拉丁名 *Cyclobalanopsis sichourensis*

科　属 壳斗科（Fagaceae）青冈属（*Cyclobalanopsis*）

【自然分布】

分布于云南西畴、富宁等地，生于海拔 850-1500 m 的常绿阔叶林中。

【识别要点】

常绿乔木，高达 20 m。小枝粗壮，微有沟槽，微被毛和凸起的淡棕色圆形皮孔。叶片厚革质，长椭圆形至卵状椭圆形，顶端短骤尖，基部圆形或宽楔形，叶缘 1/4 以上有疏锯齿，中脉凹陷，叶背支脉明显，叶面亮绿色，叶背粉白色；叶柄初被棕色绒毛。壳斗扁球形，几乎全包坚果，壁薄。坚果扁球形，有黄色绒毛，顶端凹陷，中央有小尖头，果脐突起。

【生长习性】

喜光，喜温暖气候，不耐严寒。适宜在湿润、肥沃、排水良好的中性至微酸性土壤上生长。深根性，萌芽力强。花期 4-5 月，果期 10 月。

【栽培养护】

播种繁殖。种子随采随播，或湿沙、珍珠岩层聚储藏，储藏期间经常翻动观察及添加水分，待种子胚根长出、子叶萌动时营养土容器播种，每个容器内播 1 粒种子，埋土深度 0.8 cm。日常精细管理，合理水肥，适时防治病虫害。

【园林应用】

西畴青冈四季常绿，树体高大挺拔，树形优美，萌蘖力强，是优良的园林绿化树种，可孤植、片植或列植应用于城市各种园林景观建设。西畴青冈又是国家优先拯救保护的极小种群野生植物，通过合理的园林应用，可有效保护该物种。

（图文：李函润　审校：孔繁才、张俊）

麻　栎

别　名 栎、橡碗树

拉丁名 *Quercus acutissima*

科　属 壳斗科（Fagaceae）栎属（*Quercus*）

【自然分布】

广布种，生于海拔 60-2200 m 的山地阳坡，成小片纯林或混交林。

【识别要点】

落叶乔木，高达 30 m，树皮深灰褐色，深纵裂。叶片形态多样，通常为长椭圆状披针形，叶缘有刺芒状锯齿，叶片两面同色。雄花序常数个集生于当年生枝下部叶腋，有花 1-3 朵。坚果卵形或椭圆形，果脐突起。

【生长习性】

喜光，喜湿润气候。耐寒，耐干旱瘠薄，不耐水湿、盐碱，在湿润、肥沃、排水良好的中性至微酸性沙壤上生长最宜。深根性，萌芽力强，但不耐移植。抗污染、抗尘土、抗风能力都较强。成小片纯林或混交林。其萌芽期为 3 月，花期 3-4 月，果期为翌年 10 月。

【栽培养护】

播种繁殖。种子采收后及时播种，条播，种子腹面向下；或湿沙、珍珠岩层聚储藏，湿沙、珍珠岩含水量以手捏不出水分为宜，待种子胚根长出，容器袋播种。早春树苗未萌动前移植，施足基肥。日常合理水肥，防治病虫害。

【园林应用】

冠大荫浓，枝叶繁茂，树形高大。可用作背景树、主景树、骨干树等。庭植观赏，或用于保持和改善城市山地水土。适合配置于公园绿地、风景林、居住区附属绿地等场所，以营造具地域特色的开敞空间景观。

（图文：李函润　审校：孔繁才、张俊）

槲 栎

别 名 大叶栎树、白栎树、虎朴

拉丁名 *Quercus aliena*

科 属 壳斗科（Fagaceae）栎属（*Quercus*）

【自然分布】

产于陕西、山东、江苏、安徽、浙江、江西、河南、湖北、湖南、广东、广西、四川、贵州、云南。生于海拔 100-2000 m 的向阳山坡，常与其他树种组成混交林或成小片纯林。

【识别要点】

落叶乔木，高达 30 m。树皮暗灰色，深纵裂。小枝灰褐色，近无毛，具圆形淡褐色皮孔。叶片长椭圆状倒卵形至倒卵形，叶缘具波状钝齿，叶背被灰棕色细绒毛。雄花单生或数朵簇生于花序轴，微有毛，花被 6 裂，雄蕊通常 10 枚；雌花序生于新枝叶腋，单生或 2-3 朵簇生。壳斗杯形，包着坚果约 1/2；小苞片卵状披针形，排列紧密，被灰白色短柔毛。坚果椭圆形至卵形，果脐微突起。

【生长习性】

阳性树种，喜光，耐寒，对土壤适应性强。耐干旱瘠薄，萌芽力强。耐烟尘，对有害气体抗性强。抗风性强。花期 3-5 月，果期 9-10 月。

【栽培养护】

以播种、扦插和嫁接繁殖为主。苗期时要加强对根系的保护，可用草帘子进行覆盖，能保湿且防止根系遭受冻害。可进行适当的枝叶修剪，以保持良好的树形。

【园林应用】

槲栎叶片大且肥厚，叶形奇特、美观，叶色翠绿油亮、枝叶稠密，属于美丽的观叶树种。适宜浅山风景区造景之用。与其他植物混搭，既丰富了层次感，增加了观赏价值，也可以充分利用空间。

（图文：单祖朋 审校：孔繁才、张俊）

锥连栎

别　名 黄栗

拉丁名 *Quercus franchetii*

科　属 壳斗科（Fagaceae）栎属（*Quercus*）

【自然分布】

产于四川、云南。生于海拔 800-2600 m 的山地，在海拔 800-1700 m 为干热河谷常绿阔叶林代表类型，是干热河谷的主要乔木树种，在滇中高原分布在海拔 1200-2600 m 成小面积纯林或生于云南松林下。

【识别要点】

常绿乔木，高达 15 m，树皮暗褐色，纵裂；小枝密被灰黄色单毛和束毛。叶面平坦，叶片倒卵形、椭圆形，顶端渐尖或钝尖，基部楔形或圆形，叶缘中部以上有腺锯齿，幼叶两面密被灰黄色腺质束毛或单毛，老时背面密被灰黄色腺毛。雄花序生于新枝基部，花序轴被灰黄色绒毛；雌花序有花 5-6 朵。壳斗杯形，包着坚果约 1/2；坚果矩圆形，顶端平截或凹陷，果脐突起。

【生长习性】

喜光、喜温暖湿润气候，喜土层深厚、肥沃、排水良好的微酸性山地红壤。耐寒、不耐水涝。花期 2-3 月，果期 9 月。

【栽培养护】

播种繁殖。种子随采随播；或珍珠岩、沙子湿藏，胚根长出、子叶露白时播种。幼苗期适当遮阴，夏季施二次薄肥；容器育苗，树苗每年春季移栽到更大的容器内，3-4 年的树苗可用于园林绿化。

【园林应用】

其树形优美，枝叶紧密，四季常绿，可孤植、成片种植作庭荫树、列植作行道树及成林种植作观赏风景树。也可在城乡接合部成林种植作景观林、景观带。

（图文：李函润　审校：孔繁才、张俊）

灰背栎

别　名 灰背高山栎、灰背山栎

拉丁名 *Quercus senescens*

科　属 壳斗科（Fagaceae）栎属（*Quercus*）

【自然分布】

产于四川、贵州、云南及西藏等省（自治区）。为组成西南高山地区硬叶常绿栎林的重要树种之一。不丹亦有分布。

【识别要点】

常绿乔木或灌木，高达 15 m。幼枝密被灰黄色星状绒毛，后渐脱落，但老时仍有残存褐色绒毛。叶片长圆形或倒卵状椭圆形，基部圆形或浅心形，全缘或有刺状锯齿。壳斗杯形，包着坚果约 1/2；小苞片长三角形，被灰色绒毛。坚果卵形。

【生长习性】

生于海拔 1900-3300 m 的向阳山坡、山谷或松栎林中。耐干旱、瘠薄，而以深厚、肥沃、适当湿润而排水良好的壤土和沙质壤土最适宜，不耐积水。花期 3-5 月，果期 9-10 月。

【栽培养护】

播种繁殖。种子采集后需在通风处摊开阴干，播种前需进行催芽处理。施足基肥，灰背栎喜光，但幼树以有侧方庇荫为好，对气候、土壤的适应性强，冬末或春初修去下面的枯死枝、下垂枝、遮阴枝及影响主杆杆形完满的枝。

【园林应用】

灰背栎四季常绿，树形优美，树叶背面灰白色，起风的时候，树叶随风摆动，树影婆娑，十分美丽，是园林绿化中值得推广运用的优良树种，可孤植做庭园树。

（图文：唐凌云　审校：孔繁才、张俊）

栓皮栎

别　名 软木栎、粗皮青冈
拉丁名 *Quercus variabilis*
科　属 壳斗科（Fagaceae）栎属（*Quercus*）

【自然分布】

产于四川、贵州、云南及西藏等省（自治区）。为组成西南高山地区硬叶常绿栎林的重要树种之一。不丹亦有分布。

【识别要点】

落叶乔木，高达 30 m，树皮黑褐色，深纵裂，木栓层发达。小枝灰棕色，无毛。叶片卵状披针形或长椭圆形，顶端渐尖，基部圆形或宽楔形，叶缘具刺芒状锯齿，叶背密被灰白色星状绒毛，直达齿端。壳斗杯形，包着坚果 2/3；小苞片钻形，反曲，被短毛。坚果近球形或宽卵形，顶端圆，果脐突起。

【生长习性】

喜光，对气候、土壤的适应性较强。在 pH 4-8 的酸性、中性及石灰性碱土壤中均能生长，亦耐干旱、瘠薄，而以深厚、肥沃、适当湿润而排水良好的壤土和沙质壤土最适宜。花期 3-4 月，果期翌年 9-10 月。

【栽培养护】

播种繁殖。种子采收后可及时播种，或种子晾干后湿沙层聚储藏，待种子胚根长出、子叶萌动时营养土容器播种，每个容器内播 1 粒种子，埋土深度 1 cm。日常精细管理，合理水肥，适时防治病虫害。

【园林应用】

栓皮栎树形优美，树冠雄伟，枝叶浓荫茂盛。可用作背景树、主景树、骨干树、防风林和防护林等。也可庭院种植观赏，或用于城乡接合部成林种植，保持水土，改善环境。

（图文：李函润　审校：孔繁才、张俊）

四蕊朴

别 名 滇朴、石朴、昆明朴、凤庆朴、西藏朴
拉丁名 *Celtis tetrandra*
科 属 榆科（Ulmaceae）朴属（*Celtis*）

【自然分布】

分布于西藏南部，云南中部、南部和西部，四川（西昌），广西西部。

【识别要点】

落叶乔木，高达 30 m，树皮灰白色；叶厚纸质至近革质，通常卵状椭圆形或带菱形，长 5-13 cm，宽 3-5.5 cm，基部多偏斜，一侧近圆形，一侧楔形，先端渐尖至短尾状渐尖，边缘变异较大，近全缘至具钝齿，秋季变为黄色或褐黄色，果成熟时黄色至橙黄色，近球形，直径约 8 mm；核近球形，直径约 5 mm，具 4 条肋，表面有网孔状凹陷。

【生长习性】

生长快，寿命长，喜酸性土壤，忌水湿，较为耐干旱，稍耐寒，喜阳光。多生于海拔 700-2000 m 沟谷、河谷的林中或林缘。花期 3-4 月，果期 9-10 月。

【栽培养护】

播种或扦插繁殖。每年需适当修剪，较为耐旱，适量正常浇水、施肥即可。对于修剪应根据需要，保证其长势的同时形成较好的观赏效果。易得虫害，在春季适当喷农药进行防护。

【园林应用】

非常美观的庭院树种，在行道树中可作为中央隔离带的骨干植物。较好的观叶植物和变色植物。是营造秋季景观较好的选择，作为云南本地植物，可用于各类景观营造。

（图：李函润 文：刘素璇 审校：孔繁才、张俊）

榔　榆

别　名 小叶榆
拉丁名 *Ulmus parvifolia*
科　属 榆科（Ulmaceae）榆属（*Ulmus*）

【自然分布】

主要分布于华南地区、华中地区。

【识别要点】

落叶乔木，或冬季叶变为黄色或红色宿存至第二年新叶开放后脱落，高达 25 m，胸径可达 1 m；树冠广圆形，树干基部有时成板状根，树皮灰色或灰褐色，裂成不规则鳞状薄片剥落，露出红褐色内皮，近平滑，微凹凸不平；叶质地厚，披针状卵形或窄椭圆形，稀卵形或倒卵形，先端尖或钝，基部偏斜，楔形或一边圆，叶面深绿色，有光泽。边缘从基部至先端有钝而整齐的单锯齿，稀重锯齿（如萌发枝的叶）。花 3-6 数在叶腋簇生或排成簇状聚伞花序，果翅稍厚，两侧的翅较果核部分为窄，果核部分位于翅果的中上部。

【生长习性】

喜光，耐干旱，喜气候温暖、土质肥沃、排水良好的中性土壤。花果期 8-10 月。

【栽培养护】

播种和扦插繁殖。但榔榆的种子获取比较困难，用一般的扦插方法成活率也仅为 20%-40%。榔榆虫害较多，常见的有榆叶金花虫、蚧壳虫、天牛、刺蛾和蓑蛾等。可喷洒 80% 的敌敌畏 1500 倍液防治；天牛危害树干，可用石硫合剂堵塞虫孔。

【园林应用】

盆栽的优良树种。树皮斑驳雅致，小枝婉垂，秋日叶色变红，是良好的观赏树及工厂绿化、四旁绿化树种，常孤植成景，适宜种植于池畔、亭榭附近，也可配于山石之间。因抗性较强，还可选作厂矿区绿化树种。

（图：李函润　文：刘素璇　审校：孔繁才、张俊）

大叶榉树

别　名 血榉、鸡油树、榉树
拉丁名 *Zelkova schneideriana*
科　属 榆科（Ulmaceae）榉属（*Zelkova*）

【自然分布】

产于陕西南部、甘肃南部、江苏、安徽、浙江、江西、福建、河南南部、湖北、湖南、广东、广西、四川东南部、贵州、云南和西藏东南部。华东和中南地区有栽培。

【识别要点】

落叶乔木，高达 25 m，胸径达 80 cm。树皮灰褐色至深灰色，呈不规则的片状剥落；当年生枝灰绿色或褐灰色，密生伸展的灰色柔毛；冬芽常 2 个并生，球形或卵状球形。叶厚纸质，大小形状变异很大，卵形至椭圆状披针形，叶面绿色，被糙毛，叶背浅绿色，密被柔毛，边缘具圆齿状锯齿；叶柄粗短，长 3-7 mm，被柔毛。雄花 1-3 朵簇生于叶腋，雌花或两性花常单生于小枝上部叶腋。

【生长习性】

喜光，喜温暖湿润气候，肥沃的酸性、中性及钙质土，以及石灰性的土壤上均可生长。忌积水地，也不耐干旱和贫瘠；深根性，侧根广展，抗风力强。其生长速度快，寿命较长。花期 3-4 月，果期 10-11 月。

【栽培养护】

种子繁殖。为培育榉树通直主干，栽植后每年要进行修枝，并在榉树旁插一竹竿，将树绑在竹竿上，待主干枝下高达 2 m 以上时，解绑除竿留养树冠。并用纵伤的方法，促进树干的增粗生长。

【园林应用】

抗风抗烟尘，耐二氧化硫的性能强，有防风、净化空气的作用，抗病虫能力强，是绿化、营造防风林的好树种。其形色兼美，可作为中心景观单独成景，也可与其他植物配置，构成景观树丛或生态群落。同时也是庭院良好的林荫树种。

（图文：李云猛　审校：孔繁才、张俊）

构 树

别 名 **楮桃、构桃树、谷浆树、假杨梅**
拉丁名 ***Broussonetia papyrifera***
科 属 **桑科（Moraceae）构属（*Broussonetia*）**

【自然分布】

产于我国南北各地。

【识别要点】

落叶乔木，高 10-20 m，树皮暗灰色，小枝密生柔毛，树冠开展，全株含乳汁；叶螺旋状排列，叶缘具粗锯齿，不分裂或 3-5 裂，小树之叶常有明显分裂，表面粗糙，疏生糙毛，背面密被绒毛，基生三出叶脉；雌雄异株，雄花序为柔荑花序，雌花序球形头状，果实为聚花果，直径 1.5-3 cm，成熟时橙红色，种子瘦果。

【生长习性】

构树喜光，速生、适应性极强，既耐干旱瘠薄，也耐潮湿多水。多生于石灰岩山地，也能在酸性土壤及中性土壤上生长。耐烟尘，抗大气污染力强。花期 4-5 月，果期 6-7 月。

【栽培养护】

播种、扦插繁殖。果实采收后搓烂、漂洗净种，种子晾干冷藏备用，翌年 3 月将种子湿沙催芽处理，当有 50% 的种子裂嘴时，即可播种。构树种子发芽率高、栽培容易，很容易自然更新。

【园林应用】

枝叶茂密，且生长快、繁殖容易，是城乡绿化的重要树种，尤其适合用作矿区及荒山坡地绿化，亦可选做庭荫树及防护林种植。其对二氧化硫、氯气等有毒气体有较强的抗性，可在大气污染严重地区栽植。构树的果实酸甜，可食用，利用生物技术发酵生产的构树叶饲料具有独特的清香味，是上等猪饲料，可作为城乡一体化生态经济林大量推广种植。

（图文：孔繁才 审校：孔繁才、张俊）

高山榕

别　名 大叶榕、大青树、万年青

拉丁名 *Ficus altissima*

科　属 桑科（Moraceae）榕属（*Ficus*）

【自然分布】

产于海南、广西、云南（南部至中部、西北部）、四川。生于海拔 100-1600（-2000) m 的山地或平原。尼泊尔、不丹、印度、缅甸、越南、泰国、马来西亚、印度尼西亚、菲律宾也有分布。

【识别要点】

大乔木，高 25-30 m。叶厚革质，广卵形至广卵状椭圆形，全缘，两面光滑，无毛，基生侧脉延长，侧脉 5-7 对；叶柄长 2-5 cm，粗壮。榕果成对腋生，椭圆状卵圆形，直径 17-28 mm，幼时包藏于早落风帽状苞片内，成熟时红色或带黄色，顶部脐状凸起；雄花散生榕果内壁，花被片 4，膜质，透明；雌花无柄，花被片与瘿花同数。瘦果表面有瘤状凸起，花柱延长。

【生长习性】

阳性，喜高温多湿气候，耐干旱瘠薄，抗风，抗大气污染。生长最适宜温度为 20-25℃。花期 3-4 月，果期 5-7 月。

【栽培养护】

繁殖常用播种、扦插、压条等方法，多用扦插繁殖法。植于散射光充足处，生长期间应充分供给水分，保持土壤湿润。

【园林应用】

四季常绿，树冠广阔，树姿丰满壮观，生性强健，生长迅速，耐旱耐贫瘠，抗风耐潮，对空气污染抗力大，耐修剪，且移栽容易成活，是极好的城市绿化树种。可作亭植添景、行道树、防风林或盆景。

（图文：匡建　审校：孔繁才、张俊）

黄葛树

别　名 大叶榕、葛榕、马尾榕、雀树

拉丁名 *Ficus virens*

科　属 桑科（Moraceae）榕属（*Ficus*）

【自然分布】

原产于华南和西南地区。斯里兰卡、印度、不丹、缅甸、泰国、越南、马来西亚、印度尼西亚、菲律宾和澳大利亚北部均有分布。

【识别要点】

落叶大乔木，高 15-20 m。叶互生；叶柄长 2.5-5 cm；叶片纸质，长椭圆形或近披针形，全缘，基出脉 3 条，侧脉 7-10 对，网脉稍明显。榕果单生或成对腋生，近球形，成熟时黄色或红色；无总花梗；雄花、瘿花、雌花同生于一花序托内。瘦果微有皱纹。

【生长习性】

喜光，耐旱，耐瘠薄，有气生根，适应能力特别强。生于疏林中或溪边湿地，喜温暖、湿润的气候，耐旱而不耐寒。对土质要求不严。花果期 4-7 月。

【栽培养护】

繁殖常用播种、扦插、压条等方法，目前多用扦插繁殖法。常于春末秋初用当年生的枝条进行嫩枝扦插，或于早春用去年生的枝条进行老枝扦插。在冬季植株进入休眠或半休眠期，要把瘦弱、病虫、枯死、过密等枝条剪掉。

【园林应用】

其树冠庞大，枝繁叶茂，生长快，是优良的观赏植物。适宜栽植于公园湖畔、草坪、河岸边、风景区，孤植或群植造景，也可用作行道树。

（图文：匡建　审校：孔繁才、张俊）

桑

别　名 无
拉丁名 *Morus alba*
科　属 桑科（Moraceae）桑属（*Morus*）

【自然分布】

产于我国中部和北部，各地有栽培。

【识别要点】

落叶乔木或为灌木，高 3-10 m；树皮厚，灰色，具不规则浅纵裂；冬芽红褐色，卵芽鳞形；灰褐色，有细毛；小枝有细毛。叶卵形或广卵形，边缘锯齿粗钝，表面鲜绿色，无毛，背面沿脉有疏毛；叶柄具柔毛。花单性，腋生或生于芽鳞腋内，与叶同时生出；雄花序下垂，密被白色柔毛。花被片宽椭圆形，淡绿色。聚花果卵状椭圆形，成熟时红色或暗紫色。

【生长习性】

喜温暖湿润气候，喜光，幼时稍耐阴；耐寒，耐旱，耐水湿，也可在温暖湿润的环境生长；耐瘠薄。对土壤的适应性强。花期 4-5 月，果期 5-8 月。

【栽培养护】

以种子和嫁接繁殖为主，也可根蘖繁殖，春季、夏季、秋季皆可播种。在园林日常管理中加强除草、施肥，及时浅耕除草，疏芽，防治病虫害。

【园林应用】

树冠宽阔，树叶茂密，夏季叶片鲜绿，秋季叶色变黄，颇为美观，且能抗烟尘及有毒气体，适于城市、工矿区及农村四旁绿化。适应性强，为良好的绿化及经济树种。庭园中适于成片种植，也可配合其他主景树丛植。配置时可将其作为背景树进行搭配种植。在文化中有故乡、故土之意。

（图文：李函润　审校：孔繁才、张俊）

全缘冬青

别　名 无

拉丁名 ***Ilex integra***

科　属 冬青科（Aquifoliaceae） 冬青属（*Ilex*）

【自然分布】

产于浙江普陀潮音洞和佛顶山。生于海滨山地。

【识别要点】

常绿小乔木，高 5.5 m；树皮灰白色。小枝粗壮，茶褐色，具纵皱褶及椭圆形凸起的皮孔。叶生于一至二年生枝，叶片厚革质，倒卵形或倒卵状椭圆形，先端钝圆，基部楔形，全缘。聚伞花序簇生于当年生枝的叶腋内，花 4 基数。果 1-3 粒簇生于当年生枝的叶腋内，果球形，成熟时红色。

【生长习性】

喜湿润肥沃、排水良好的酸性土壤。其适应性和抗逆性极强，有较强的耐盐碱性、耐干旱能力和抗风能力。花期 4 月，果期 7-10 月。

【栽培养护】

播种繁殖。采收成熟果实，搓去果皮，洗净，晾干后播种。幼苗生长缓慢，需搭荫棚遮阴和精细培育。移栽时应带宿土，一般可在春季萌动前进行。注意蚧壳虫的防治。

【园林应用】

四季常青，树形挺拔，枝叶浓密，叶色深绿，果实鲜红，为优良的观果树种，园林中适用于做行道树、庭院树，孤植或群植。

（图文：唐凌云　审校：王仲朗）

丝绵木

别　名 白杜、明开夜合

拉丁名 *Euonymus maackii*

科　属 卫矛科（Celastraceae）卫矛属（*Euonymus*）

【自然分布】

产地广阔，北起黑龙江包括华北、内蒙古各省（自治区），南到长江南岸各省（自治区），西至甘肃，除陕西、西南和广东、广西未见野生外，其他各省（自治区）均有，但长江以南常以栽培为主。分布达乌苏里地区、西伯利亚南部和朝鲜半岛。

【识别要点】

落叶小乔木，高达 6 m。叶卵状椭圆形、卵圆形或窄椭圆形，边缘具细锯齿。聚伞花序 3 至多花；花 4 数，淡白绿色或黄绿色。蒴果倒圆心状，4 浅裂，成熟后果皮粉红色；种子长椭圆状，种皮棕黄色，假种皮橙红色。

【生长习性】

喜光，稍耐阴，耐寒，对土壤要求不严，耐干旱，也耐水湿，而在肥沃、湿润而排水良好的土壤生长最好。根系深而发达，能抗风；根蘖萌发力强，生长速度中等偏慢。花期 5-6 月，果期 9 月。

【栽培养护】

可采用播种、分株及硬枝扦插法繁殖。一般播种时间在 3 月中下旬至 4 月中上旬，扦插在 3 月下旬至 4 月上旬腋芽萌动前进行。生长旺季注意肥水管理，适时中耕除草，防止杂草滋生及土壤板结，增加土壤透气性。

【园林应用】

丝绵木耐严寒，适应性好，果实成熟时果皮为粉红色，是非常好的秋冬季观果植物。可植于公园、庭院中，或用于观果专类园的景观建设。

（图：沈云光、李函润　文：沈云光　审校：王仲朗、张俊）

染用卫矛

别　名 有色卫矛、脉瓣卫矛

拉丁名 *Euonymus tingens*

科　属 卫矛科（Celastraceae）卫矛属（*Euonymus*）

【自然分布】

产于四川、云南、广西及西藏。生长于海拔2600-3600 m 的山间林中及沟边。分布于印度。

【识别要点】

常绿乔木，高 5-8 m；小枝紫黑色，近圆形。叶厚革质，长方窄椭圆形，偶为窄倒卵形，边缘有极浅疏齿，中脉明显，侧脉细弱；聚伞花序 1-5 花，集生小枝顶端；花 5 数；花瓣白绿色带紫色脉纹；蒴果倒锥状或近球状，5 棱，上部宽圆平截，有线状宿存柱头，基部狭窄；种子棕色或深棕色，长圆卵状，假种皮橘黄色，厚而多皱纹。

【生长习性】

喜阳，对温度适应幅度较广；耐贫瘠；春季开花，果期从 8 月开始，10 月果实成熟。

【栽培养护】

种子萌发需要特定条件，可采用扦插繁殖；定植后除做好水肥管理外，还需要注意修剪；本物种不耐修剪。

【园林应用】

园林实践中，可列植或孤植，作为行道树或特别位置的景观布置树。

（图文：高富　审校：尹擎、张俊）

枳 椇

别 名 拐枣、金果梨、万字果

拉丁名 *Hovenia acerba*

科 属 鼠李科（Rhamnaceae）枳椇属（*Hovenia*）

【自然分布】

产于甘肃、陕西、河南、安徽、江苏、浙江、江西、福建、广东、广西、湖南、湖北、四川、云南、贵州。生于海拔 2100 m 以下的开旷地、山坡林缘或疏林中。

【识别要点】

落叶高大乔木，高 10-25 m；小枝褐色或黑紫色，被棕褐色短柔毛或无毛，有明显白色的皮孔。叶互生，厚纸质至纸质，宽卵形、椭圆状卵形或心形，顶端长渐尖或短渐尖，基部截形或心形，边缘常具整齐、浅而钝的细锯齿。二歧式聚伞圆锥花序，顶生和腋生，被棕色短柔毛。浆果状核果近球形。

【生长习性】

拐枣适应环境能力较强，抗旱，耐寒，又耐较瘠薄的土壤。喜阳光，如土层深厚肥沃、潮湿，能迅速生长。花期 5-7 月，果期 8-10 月。

【栽培养护】

种子繁殖。拐枣幼苗生长缓慢，要加强幼树的管理。每年春夏杂草生长时要松土除草，干旱时及时浇水。生命力比较强，抗病性能好，树苗期常见有叶枯病和蚜虫。

【园林应用】

拐枣是一种速生树种。树势优美，枝叶繁茂，叶大浓荫，果梗虬曲，状甚奇特，是“四旁”绿化的理想树种，作城市园林的喜阴花木及草坪遮阴树，亦十分相宜。

（图文：唐凌云　审校：王仲朗、张俊）

俅江枳椇

别　名 毛叶拐枣

拉丁名 ***Hovenia acerba*** **var.** ***kiukiangensis***

科　属 鼠李科（Rhamnaceae）枳椇属（*Hovenia*）

【自然分布】

分布于云南西北部至南部（俅江、贡山、景洪、勐海、西畴、富宁、屏边）、西藏东南部（察隅）。生于山谷常绿阔叶林或混交林中，海拔 650-1800 m。

【识别要点】

此变种的叶形、锯齿及花序等性状与原种（枳椇）相同，仅以果实被疏柔毛，花柱下部被疏柔毛相区别。

【生长习性】

适应环境能力较强，抗旱，耐寒，又耐较瘠薄的土壤，喜光，喜土层深厚肥沃、潮湿，能迅速生长。花期 6-7 月，果期 9-10 月。

【栽培养护】

播种繁殖。幼苗生长缓慢，要加强幼树的管理。一般 5-6 年才开始挂果。每年春夏杂草生长时要松土除草，干旱时及时浇水。春季 3 月，夏季 6 月，冬季 11 月施三次肥料，促进生长。栽后第二年，小树长到 1-1.5 m 时把主干拉弯；让其分生二级枝条，再用同法拉技，在第三级和第四级枝条上即可开花结果，并且树枝向四面展开，达到早结果。抗病性能好，树苗期常见有叶枯病和蚜虫。

【园林应用】

生长快，叶大而圆，叶色浓绿，树形优美，病虫害少，是理想的园林绿化树种，尤宜列入观光果园布局（但在酒厂附近不宜种植，因其枝叶、果实有败酒作用）。适应性广，种植容易，管理方便，是大有发展前景的树种。

（图文：李函润　审校：孔繁才、张俊）

千里香

别 名 七里香、万里香、九秋香

拉丁名 *Murraya paniculata*

科 属 芸香科（Rutaceae）九里香属（*Murraya*）

【自然分布】

产于台湾、福建、广东、海南及湖南、广西、贵州、云南四省（自治区）的南部等地区，以及菲律宾、印度尼西亚、斯里兰卡等地。

【识别要点】

常绿小乔木，高达 12 m。树干及小枝白灰色或淡黄灰色，略有光泽，当年生枝绿色。成长叶有小叶 3-5 片，稀 7 片；小叶深绿色，叶面有光泽，卵形或卵状披针形，长 3-9 cm，宽 1.5-4 cm，边全缘，波浪状起伏；小叶柄长不足 1 cm。花序腋生及顶生，萼片卵形，长达 2 mm，边缘有疏毛，宿存；花瓣倒披针形或狭长椭圆形，长达 2 cm，盛花时稍反折，散生淡黄色半透明油点；雄蕊 10 枚，长短相间，花丝白色，线状，药隔中央及顶端极少有油点；果橙黄色至朱红色，狭长椭圆形，稀卵形，种子 1-2 粒；种皮有棉质毛。

【生长习性】

喜温暖湿润气候，耐旱，不耐寒。最适年平均温度 15-18℃，最高月平均温度 27-29℃，最低月平均温度 1-2℃，能耐极端最低温度 −7℃，年降雨量 1000-1600 mm 为宜。以选阳光充足、土层深厚、疏松肥沃的微碱性土壤栽培为宜。花期 4-9 月，也有秋季、冬季开花，果期 9-12 月。

【栽培养护】

可采用播种繁殖、扦插繁殖、压条繁殖。采摘饱满、成熟的朱红色鲜果，在清水中揉搓，去掉果皮及浮在水面上的杂质和瘪粒，晾干备用。春、秋两季均可播种，一般多采用春播。

【园林应用】

树姿优美，枝叶秀丽，四季常青，开花时花浓香而持久，果实红艳，花色洁白而美丽。南方暖地可作绿篱栽植，或植于建筑物周围，也可作为盆栽供室内观赏。

（图文：李云猛　审校：孔繁才、张俊）

川黄檗

别　名 云南黄檗
拉丁名 *Phellodendron chinense*
科　属 芸香科（Rutaceae）黄檗属（*Phellodendron*）

【自然分布】

产于云南、湖北、湖南、江苏、浙江、台湾、广东、广西、贵州、四川。多生于海拔 800-1500 m 的山地疏林或密林中，也有生于海拔 2000-3000 m 的高山地区。栽种于丘陵坡地或屋旁。

【识别要点】

树高达 15 m。树皮淡灰褐色，皮孔明显。叶轴、叶柄及小叶柄无毛或被疏毛，小叶纸质。两侧通常略不对称，边全缘或浅波浪状，小叶叶面仅中脉有短毛，叶背沿中脉两侧被疏柔毛，有时几为无毛，但有棕色甚细小的鳞片状体。果序上的果通常较疏散。花序顶生，花通常密集，花序轴粗壮，密被短柔毛。果多数密集成团，果绿色，近球形至纺锤形。

【生长习性】

外果皮富含油质，芳香。阳性树种。山区、平原均可种植，以土层深厚、便于排灌、腐殖质含量较高的地方为佳。花期 4-5 月，果期 7-8 月。

【栽培养护】

主要以播种和分根繁殖为主。育苗地则宜选地势比较平坦、排灌方便、肥沃湿润的地方，适时施肥。根据树形需要，合理进行枝叶修剪，同时也要注意病虫害防治。

【园林应用】

枝繁叶茂，叶色苍翠，花果都极具观赏价值，是优良的观叶、观果植物。既可独植，亦可与其他植物搭配，适宜广场绿化、庭院绿化及道路绿化，单植、丛植、群植和列植均宜。

（图文：单祖朋　审校：孔繁才、张俊）

楝

别　名　**楝树、紫花树、森树**
拉丁名　***Melia azedarach***
科　属　**楝科（Meliaceae）楝属（*Melia*）**

【自然分布】

产于我国黄河以南各省（自治区），较常见；生于低海拔旷野、路旁或疏林中，目前已广泛引种栽培。广布于亚洲热带和亚热带地区，温带地区也有栽培。

【识别要点】

落叶乔木，高达10余米；树皮灰褐色，纵裂。分枝广展，小枝有叶痕。叶为二至三回奇数羽状复叶；小叶对生，卵形、椭圆形至披针形，顶生一片通常略大，先端短渐尖，基部楔形或宽楔形，边缘有钝锯齿。圆锥花序约与叶等长；花芳香；花萼5深裂；花瓣淡紫色，倒卵状匙形，两面均被微柔毛，通常外面较密。核果球形至椭圆形。

【生长习性】

生于低海拔旷野、路旁或疏林中。在湿润的沃土上生长迅速，对土壤要求不严，在酸性土、中性土与石灰岩地区均能生长。花期4-5月，果期10-12月。

【栽培养护】

可用播种、扦插进行繁殖。选择土层深厚、土壤肥沃的育苗地，精耕细作，施足基肥，同时做好土壤的消毒和灭虫工作。

【园林应用】

树形优美，叶形秀丽，春夏之交开淡紫色花朵，颇美丽，且有淡香，宜作庭荫树及行道树；加之耐烟尘、抗二氧化硫，是良好的城市及工矿区绿化树种，宜在草坪孤植、丛植，或配植于池边、路旁、坡地。

（图文：魏薇　审校：王仲朗、张茜）

复羽叶栾树

别　名 国庆花、灯笼树、摇钱树

拉丁名 ***Koelreuteria bipinnata***

科　属 无患子科（Sapindaceae）
栾树属（*Koelreuteria*）

【自然分布】

产于云南、贵州、四川、湖北、湖南、广西、广东等省（自治区）。生于海拔 400-2500 m 的山地疏林中。

【识别要点】

落叶乔木，高可达 20 余米；叶平展，二回羽状复叶，长 45-70 cm；小叶 9-17 片，互生，很少对生，纸质，长 3.5-7 cm，边缘有内弯的小锯齿，花瓣 4，长圆状披针形，瓣片长 6-9 mm，被长柔毛，鳞片深 2 裂。蒴果椭圆形或近球形，具 3 棱，淡紫红色，老熟时褐色，长 4-7 cm；有小凸尖。

【生长习性】

速生树种，阳性植物，喜阳光充足；稍耐寒，稍耐干旱瘠薄，稍微耐湿。花期 7-9 月，果期 8-10 月。

【栽培养护】

种子繁殖。对土壤及环境要求不严，但在排水良好、肥沃之地生长繁茂。生活力强，只要进行常规水肥管理即可健康生长。

【园林应用】

树形为球形或伞形，花色金黄，果色嫣红。是极好的庭院观果树种，宜作行道树；也可与其他植物配植。

（图文：尹擎　审校：尹擎、张茜）

川滇无患子

别　名 无患子、油患子、皮哨子
拉丁名 *Sapindus delavayi*
科　属 无患子科（Sapindaceae）
无患子属（*Sapindus*）

【自然分布】

分布于湖北西部、四川、贵州、云南。

【识别要点】

落叶乔木，植株高为 10 m 左右。小枝圆柱状，被微柔毛。偶数羽状复叶长达 35 cm，有小叶 4-7 对，小叶对生或互生，纸质，卵形或长圆形，长 6-12 cm，宽 2.5-5.5 cm，基部明显偏斜，小叶柄长 4-7 mm。圆锥花絮长达 16 cm，花黄白色，花瓣 4，核果球形，径约 2 cm，果皮肉质，具未发育的子房残基，种子与果同形，黑色。

【生长习性】

喜光、稍耐阴，喜温暖湿润和肥沃的土壤。具有很强的深根性，抗风能力强。抗二氧化硫、三氧化硫强。生长快，而且寿命较长。花期 5-7 月，果期 8-10 月。

【栽培养护】

播种繁殖。可当年采集后秋播，也可以用湿沙层积埋藏越冬春播。小苗出土后要及时拔除过密苗，适当追肥。定植需要带宿土，随起随植，及时浇足定植根水。

【园林应用】

树干通直，枝叶广展，绿茵稠密，秋叶金黄，羽叶秀丽；果实累累，橙黄美观，是优良的观叶观果树种。做行道树、庭荫树、孤赏树、背景树等。

（图文：李云猛　审校：孔繁才、张茜）

云南七叶树

别 名 娑罗子
拉丁名 *Aesculus wangii*
科 属 七叶树科（Hippocastanaceae）
七叶树属（*Aesculus*）

【自然分布】

产于云南东南部的西畴、麻栗坡、马关、砚山、广南、富宁和金平等地。

【识别要点】

落叶乔木，高可达 20 m。树冠圆伞状，树干通直，树皮具迷彩状斑块。掌状复叶，具 7 小叶，有显著的小叶柄。花序窄小近于圆柱形；蒴果扁球形，种脐较大，占种子的 1/2 以上。

【生长习性】

阳性树种，多零星混生于石灰岩山地半常绿阔叶林中，幼苗、幼树多出现于林隙透光度较大的地方。耐旱，甚至在岩石缝隙中也能生长，但在砂页岩山地上罕见。花期 4-5 月，果期 10-11 月。

【栽培养护】

以种子繁殖为主，扦插、压条、嫁接繁殖也可。种子失水后即丧失生命力，应在 10-11 月果实成熟时采收，随采随播，或用湿沙层积储藏，防霉烂，至翌年早春点播于苗床。幼苗耐阴，需遮光，成年树则喜光，稍耐阴，喜温和气候，并适宜深厚、肥沃、湿润而排水良好的土壤。庭园和道路绿化，要穴垦整地，加施基肥，并带宿土栽植，宜用大苗。

【园林应用】

七叶树属植物是世界上著名的观赏树种，宜作庭园树和行道树。云南七叶树种子是重要的药材（娑罗子），富含淀粉，脱涩后可制饼食用。而且种子含油量高，可提取油酸供工业用。树形美观，花果秀丽，是优良的观赏树种，常作为名胜古迹庭院风景树。材质良好，木质白色，微黄、细密、轻软，可作细木家具之用。

（图文：王仲朗 审校：王仲朗、张茜）

宁波三角槭

别　名 三角枫

拉丁名 *Acer buergerianum* var. *ningpoense*

科　属 槭树科（Aceraceae）槭属（*Acer*）

【自然分布】

产于江苏、浙江、江西、湖北、湖南、云南等省，生于低海拔的山坡林中。

【识别要点】

落叶乔木，高达 10-13 m。冬芽小，褐色，长卵圆形或楔形，外貌椭圆形或倒卵形，通常浅 3 裂，裂片向前延伸，稀全缘。本变种与原种的区别在于本变种的当年生小枝和花序有很密的淡黄色或灰色绒毛，叶长与宽均为 5-6 cm，下面有疏柔毛，雄蕊为花瓣长 3 倍，翅果张开成钝角。

【生长习性】

喜光，耐半阴，喜生于阴坡及山谷，喜温凉气候及肥沃、湿润而排水良好的土壤，在酸性、中性及钙质土上均能生长，有一定的耐旱力，但不耐涝，土壤太湿易烂根。生长速度较快。花期 4 月，果期 10 月。

【栽培养护】

播种繁殖。秋季采种，去翅干藏，至第二年春天前播种。在播种前 2 周浸种，混沙催芽后播种，也可秋播。宁波三角槭根系发达，裸根移栽不难成活，但大树移栽需带土球。

【园林应用】

树形优美、叶形秀丽。叶色具有很强的季候变化，是很好的园林观叶树种。宜孤植、丛植作庭荫树，也可做行道树及护岸树，在湖岸、溪边谷地草坪配植或点缀于亭廊、山石间。

（图文：李云猛　审校：孔繁才、张茜）

小叶青皮槭

别　名 鸭掌木、洋照木

拉丁名 *Acer cappadocicum* var. *sinicum*

科　属 槭树科（Aceraceae）槭属（*Acer*）

【自然分布】

主要分布于湖北西部、四川、云南。

【识别要点】

落叶乔木，株高 9-15（-20）m。冬芽仅具 2 枚对生的鳞片，叶对生，单叶，较小，常宽 6-10 cm，长 5-8 cm，基部近于心脏形或截形，常 5 裂，裂片短而宽，先端锐尖至尾状锐尖，叶柄细瘦，淡紫色；翅果较小；长 2.5-3 cm，稀达 3.5 cm，张开成锐角，稀近于钝角。

【生长习性】

适应性强，生长旺盛，对土壤无特殊要求；喜湿润，也耐干旱；耐半阴、喜冷凉，也耐炎热；一般以地中海式气候最为理想。花期 5-8 月，果期 9-10 月。

【栽培养护】

播种繁殖，也可扦插或嫁接繁殖。小叶青皮槭枝干较脆，枝叶繁茂。生长一定时间后须要及时修剪，以保持良好的生长状况。

【园林应用】

树姿优美，叶形秀丽，秋季叶渐变为红色或黄色，是良好的秋色叶树种。可作庇荫树、行道树或风景园林中的伴生树，与其他秋色叶树或常绿树配置，彼此衬托掩映，以增加秋景色彩之美。

（图文：李云猛　审校：孔繁才、张茜）

青榨槭

别　名 青虾蟆、大卫槭

拉丁名 *Acer davidii*

科　属 槭树科（Aceraceae）槭属（*Acer*）

【自然分布】

产于中国华北、华东、中南、西南各省（自治区）。在黄河流域、长江流域和东南沿海各省（自治区），常生于海拔500-1500 m的疏林中。模式标本采自四川宝兴。

【识别要点】

落叶乔木，高10-15 m，稀达20 m。树皮黑褐色或灰褐色，常纵裂成蛇皮状；冬芽腋生，长卵圆形，绿褐色，鳞片的外侧无毛。叶纸质，上面深绿色，无毛；下面淡绿色，嫩时沿叶脉被紫褐色的短柔毛，渐老成无毛状；主脉在上面显著，在下面凸起，侧脉呈羽状；叶柄细瘦，嫩时被红褐色短柔毛，渐老则脱落。翅果嫩时淡绿色，成熟后黄褐色。展开成钝角或几成水平。

【生长习性】

耐半阴，喜生于湿润溪谷。耐寒，能抵抗-35--30℃的低温。耐瘠薄，对土壤要求不严，适宜中性土。生长较快，病虫害少，繁殖容易。花期4月，果期9月。

【栽培养护】

种子繁殖。移栽宜在春季萌芽前或秋季落叶后，栽植时挖穴施足基肥，苗木栽好后，填土、压实、浇透水。苗栽植后，于离地面10 cm处断干，或留主干单株生长。

【园林应用】

树态苍劲挺拔，枝繁叶茂、树形优美，绿色的树皮、银白色枝条与繁茂的叶片，巧妙而完美的组合，具有很高的绿化和观赏价值。用于园林绿化可培育主干型或丛株型，多株墩状绿化效果极佳。

（图文：李云猛　审校：孔繁才、张茜）

扇叶槭

别　名 七裂槭、扇叶枫

拉丁名 *Acer flabellatum*

科　属 槭树科（Aceraceae）槭属（*Acer*）

【自然分布】

产于湖北、四川、贵州、云南、广西、江西等。

【识别要点】

落叶乔木，高约 10 m。小枝无毛，叶薄纸质或膜质，近于圆形，直径 8-12 cm，常 7 裂；叶柄细瘦，长达 7 cm。花杂性，常生成无毛的圆锥花序，长 3-5 cm；花瓣 5，淡黄色，倒卵形，与萼片等长。翅果的翅宽 1-1.2 cm，连小坚果长 3-3.5 cm，张开近于水平。

【生长习性】

喜水耐旱，喜阳耐阴，喜热耐寒，在排水良好的土壤环境生长好，常生于疏林中。花期 6 月，果期 10 月。

【栽培养护】

播种繁殖。扇叶槭生命力强，对环境要求不严，只要进行常规水肥管理即可健康生长，但在土质松软、肥沃、排水良好的壤土中生长好。

【园林应用】

茎干挺拔，树形优美；叶秀美，秋季变黄色或红色，果形奇特，先红色后变为黄褐色，是很好的观叶、观果植物。可孤植草地，作为主景树，也可与其他乔木配置营建园林景观。

（图文：尹擎　审校：尹擎、张茜）

怒江光叶槭

别　名 无

拉丁名 *Acer laevigatum* var. *salweenense*

科　属 槭树科（Aceraceae）槭属（*Acer*）

【自然分布】

产于云南东南部和西南部。生于海拔 1000-2500 m 的山谷疏林中。缅甸东北部也有分布。

【识别要点】

常绿乔木，植株高 5-10 m，少数可达 15 m；单叶对生，革质，矩圆形或矩圆状披针形，长 10 cm，宽 4 cm，顶端短锐尖，基部阔楔形或楔形，全缘或近顶端具稀疏细锯齿，侧脉 7-8 对。花序总轴、花梗和叶柄均被黄色长柔毛，嫩时更密，渐老则陆续脱落成无毛状；翅果张开成锐角，嫩时紫色，成熟后黄褐色，小坚果椭圆形，凸出。

【生长习性】

喜温暖、湿润的气候条件。喜生长于湿润、肥沃、偏弱酸性的土壤中。要求生长于通风透气性良好、光照充足的环境条件。花期 4 月，果期 9 月。

【栽培养护】

播种繁殖。采种去翅，可秋播，播种后盖草，待发芽后，防止日灼，需在 7-8 月短期遮阴，浇水防干旱。翌年分栽培育大苗，二年生时再行移栽，根据绿化需要，培育不同规格的苗木。

【园林应用】

怒江光叶树叶形、翅果多姿多彩，在园林造景上，能丰富空间层次，增加景观质感。树冠冠幅较大，叶多而浓密，四季郁郁葱葱，遮阴良好，可做庇荫树、行道树。

（图文：李云猛　审校：孔繁才、张茜）

紫红鸡爪槭

别 名 红枫

拉丁名 *Acer palmatum* ‘Atropurpureum’

科 属 槭树科（Aceraceae）槭属（*Acer*）

【自然分布】

产于中国、日本和朝鲜；中国分布于长江流域各省，山东、河南、浙江也有分布。

【识别要点】

落叶小乔木，单叶对生，掌状 5-9 分裂，卵状披针形，春、夏、秋三季叶片均为红色，尤其春季叶色为鲜红色，仲夏叶为棕红色。被誉为“四季火焰枫”。冬季叶片落尽后，枝条呈紫红色。它奇特极富观赏性的枝干仍然为冬季园林增添一景。伞房花序生于枝端叶腋，花紫红色，翅果紫红色。

【生长习性】

喜光，但不耐强烈阳光直接照射，稍耐阴，喜湿润而冬季温暖、夏季凉爽的气候，对土壤要求不严，喜营养丰富且排水良好的微酸性土壤，但也能在中性、微碱性土壤中生存。抗旱力及抗寒力弱。

【栽培养护】

繁殖方式主要有扦插、播种和嫁接。其繁殖大都采用嫁接法，其中高干、单芽腹接可在梅雨季节进行。壮砧嫁接红枫多以青枫作砧木。

【园林应用】

树姿婆娑，叶色红艳而秀丽，是重要的彩叶树种，无论栽植何处均能引人入胜，若与常绿树或落叶阔叶绿色树种相衬托，红绿相间，景色更优美，在住宅小区、庭院、草地、池畔、路、假山石旁点缀 3-5 株，摇曳生辉的红叶，有鲜艳、典雅之趣。

（图文：李云猛　审校：孔繁才、张茜）

细叶鸡爪槭

别　名 羽毛枫、塔枫

拉丁名 *Acer palmatum* var. *dissectum*

科　属 槭树科（Aceraceae）槭属（*Acer*）

【自然分布】

主要分布于湖北。

【识别要点】

落叶乔木。为鸡爪槭的栽培变种。树皮深灰色，小枝细瘦，当年生枝条紫红色。叶纸质，叶深裂达叶片基部，比原种深，裂片长圆状披针形，先端锐尖，边缘具缺刻锯齿，叶春秋两季鲜红色，夏季紫红色。树冠开展而枝略下垂。

【生长习性】

喜光，忌夕晒，夕晒会焦叶、生长不良。较耐阴，在高大树木庇荫下长势良好。不耐水涝，在阳光暴晒及潮风影响的地方生长不良。喜湿润肥沃土壤，耐涝，较耐旱，耐寒。对二氧化硫和烟尘抗性较强。

【栽培养护】

播种繁殖，也可扦插或嫁接。移栽要在落叶休眠期进行，小苗可露根移，但大苗要带土球移。定植后，春夏间宜施 2-3 次速效肥，夏季保持土壤适当湿润，入秋后土壤以偏干为宜。

【园林应用】

叶形美观，入秋后转为鲜红色，色艳如花，灿烂如霞，为优良的观叶树种。无论栽植何处，无不引人入胜。植于草坪、土丘、溪边、池畔和路隅、墙边、亭廊、山石间点缀，均十分得体，若以常绿树或白粉墙作背景衬托，尤感美丽多姿。制成盆景或盆栽用于室内美化也极雅致。

（图文：李云猛　审校：孔繁才、张茜）

金沙槭

别　名 金江槭、川滇三角槭、川滇三角枫

拉丁名 *Acer paxii*

科　属 槭树科（Aceraceae）槭属（*Acer*）

【自然分布】

分布于云南西北部及四川西南部的金沙江流域。生于海拔 1500-2500 m 的林中。

【识别要点】

常绿乔木，植株常高 5-10 m，少数可达至 15 m。树皮褐色或深褐色，粗糙；冬芽椭圆形，鳞片淡褐色，边缘被纤毛。叶厚革质，中裂片三角形，裂片边缘多系全缘，稀微呈浅波状；上面深绿色，无毛，平滑，有光泽；下面淡绿色，密被白粉；初生脉 3 条，在上面微现，在下面显著；翅果嫩时黄绿色或绿褐色；小坚果特别凸起；翅长圆形，张开成钝角，稀成水平。

【生长习性】

耐寒、耐半阴、喜温暖湿润的气候环境。对土壤要求不严，酸性、碱性、中性土壤均可生长。其中在排水良好、通风透气、肥沃的土壤中长势最佳。花期 3 月，果期 8 月。

【栽培养护】

播种繁殖。秋季收集种子，去翅后可当年秋季播种，也可干藏后翌年春季催芽后播种。做景观配置时，应栽植在通风、透光、温暖潮湿之处。夏季要恰当遮阴防止在烈日下暴晒灼伤。

【园林应用】

金江槭树树姿优美、叶形秀丽，树冠较大，枝叶茂密，遮阴效果良好，在园林绿化中可用作行道树、庭院林荫树。

（图文：李云猛　审校：孔繁才、张茜）

元宝槭

别　名 **枫香树、元宝树**
拉丁名 ***Acer truncatum***
科　属 **槭树科（Aceraceae）槭属（*Acer*）**

【自然分布】

产于吉林、辽宁、内蒙古、河北、山西、山东、江苏北部（徐州以北地区）、河南、陕西及甘肃等省（自治区）。

【识别要点】

落叶乔木，高达10-13 m。树皮灰褐色或深褐色，深纵裂。冬芽小，卵圆形；鳞片锐尖，外侧微被短柔毛。叶纸质，常5裂，稀7裂，边缘全缘，上面深绿色，无毛，下面淡绿色；花黄绿色，杂性，雄花与两性花同株，常成无毛的伞房花序，萼片5，花瓣5。翅果常成下垂的伞房果序；小坚果压扁状；翅长圆形，两侧平行，常与小坚果等长，稀稍长，张开成锐角或钝角。

【生长习性】

喜光，耐半阴，喜生于阴坡及山谷，喜温凉气候及肥沃、湿润而排水良好的土壤，在酸性、中性及钙质土上均能生长，有一定的耐旱力，但不耐涝，土壤太湿易烂根。生长速度较快。花期4月，果期10月。

【栽培养护】

主要采用播种、扦插繁殖。萌蘖力强，深根性，抗风雪能力较强，植于背风、湿润和有侧方遮阴处更好。雨季注意排水，积水会导致烂根。生长季节保持土壤湿润，入秋保持干燥，以利叶片转红。

【园林应用】

本种冠大荫浓，树姿优美，叶形秀丽，嫩叶红色，秋季叶又变成橙黄色或红色。可栽做庭荫树和行道树，在堤岸、湖边、草地及建筑附近配置皆甚雅致；也可在营造风景林中作伴生树种。

（图文：李云猛　审校：孔繁才、张茜）

黄连木

别 名 **楷木、楷树、黄楝树**

拉丁名 ***Pistacia chinensis***

科 属 **漆树科（Anacardiaceae）黄连木属（*Pistacia*）**

【自然分布】

在中国分布广泛，在温带、亚热带和热带地区均能正常生长。主要分布于云南、西藏、四川、青海、甘肃、陕西、山西、河北、北京。

【识别要点】

落叶乔木，高达20余米，树皮暗褐色，鳞片状剥落；奇数羽状复叶互生，小叶5-6对，对生或近对生，纸质，披针形或卵状披针形，全缘，基部歪斜。花单性异株，先花后叶。雌花成腋生圆锥花序，子房上位。雄花成密总状花序；果为核果球形倒卵状，熟时红色或紫蓝色。

【生长习性】

喜光，喜温暖，畏严寒；耐干旱瘠薄，对土壤要求不严，而以在肥沃、湿润而排水良好的石灰岩山地生长最好。生长较慢，寿命可长达300年以上。花期3-4月，果期10-11月。

【栽培养护】

采用种子育苗。根据幼苗的生长情况施肥，幼苗生长期以氮肥、磷肥为主，速生期氮肥、磷肥、钾肥混合，苗木硬化期以钾肥为主，停施氮肥。

【园林应用】

黄连木先叶后花，早春嫩叶红色，入秋叶又变成深红色或橙黄色，红色的雌花序也极美观，是城市及风景区的优良绿化树种，宜作庭荫树、行道树及观赏风景树。在园林中植于草坪、坡地、山谷或于山石、亭阁之旁配植无不相宜。

（图文：李云猛 审校：孔繁才、张茜）

清香木

别　名 香叶树、紫油木
拉丁名 *Pistacia weinmannifolia*
科　属 漆树科（Anacardiaceae）黄连木属（*Pistacia*）

【自然分布】

产于云南、西藏（东南部）、四川（西南部）、贵州（西南部）、广西（西南部）；生于海拔580-2700 m的石灰山林下或灌丛中。分布于缅甸掸邦。

【识别要点】

小乔木或灌木，高2-8 m，稀达10-15 m；树皮灰色，小枝具棕色皮孔，幼枝被灰黄色微柔毛。偶数羽状复叶互生，叶轴具狭翅，上面具槽，被灰色微柔毛，叶柄被微柔毛；小叶革质，长圆形或倒卵状长圆形，较小，先端微缺，具芒刺状硬尖头，基部略不对称，阔楔形，全缘，略背卷；小叶柄极短。花序腋生，与叶同出，被黄棕色柔毛和红色腺毛。

【生长习性】

阳性树，但亦稍耐阴，喜温暖，要求土层深厚，萌发力强，生长缓慢，寿命长。能耐−10℃低温，喜光照充足、不易积水的土壤。

【栽培养护】

人工培育清香木苗木主要采用种子繁殖，也可采用扦插繁殖。幼苗时，土壤应尽量保持干燥、疏松，适量浇水，增加苗木透光度，保持土壤通风透气性。

【园林应用】

可作为绿篱栽培，用于分隔空间；树形优美，也可作为主景配置在大草坪的重心上，凸显其苍劲古朴的树身骨干。也作为草坪围护或作为装饰性纹线与其他低矮彩叶植物交互组图造景。

（图文：李云猛　审校：孔繁才、张茜）

盐肤木

别　名 五倍子树、山梧桐
拉丁名 *Rhus chinensis*
科　属 漆树科（Anacardiaceae）盐肤木属（*Rhus*）

【自然分布】

我国除东北、内蒙古和新疆外，其余省（自治区）均有。生于海拔 170-2700 m 的向阳山坡、沟谷、溪边的疏林或灌丛中。分布于印度、中南半岛、马来西亚、印度尼西亚、日本和朝鲜。

【识别要点】

落叶小乔木或灌木，高 2-10 m；小枝棕褐色，被锈色柔毛，具圆形小皮孔。奇数羽状复叶，纸质，边缘具粗钝锯齿，叶轴具宽的叶状翅，叶轴和叶柄密被锈色柔毛；小叶卵形或椭圆状卵形或长圆形。圆锥花序宽大，多分枝，花乳白色，花瓣倒卵状长圆形。核果球形，略压扁，成熟时红色，果核径 3-4 mm。

【生长习性】

喜温暖湿润气候，能耐一定寒冷和干旱。对土壤要求不严，酸性、中性或石灰岩的碱性土壤上都能生长，耐瘠薄，不耐水湿。根系发达，有很强的萌蘖性。花期 7-9 月，果期 10 月。

【栽培养护】

采用分蘖、播种、扦插、压条进行繁殖。宜选向阳温暖、土层深厚、疏松肥沃、排水良好的沙壤土种植。

【园林应用】

在园林绿化中，可作为观叶、观果的树种。枝繁叶茂，花多芳香，叶形优美。既可以独植、片植，也可以与其他植物搭配，适宜栽植于庭院、花园或作为行道树，有很强的观赏价值。

（图文：匡建　审校：尹擎、张茜）

青钱柳

别 名 山麻柳、山化树、青钱李

拉丁名 *Cyclocarya paliurus*

科 属 胡桃科（Juglandaceae）
青钱柳属（*Cyclocarya*）

【自然分布】

产于安徽、江苏、浙江、江西、福建、台湾、湖北、湖南、四川、贵州、广西、广东和云南东南部。常生长在海拔 500-2500 m 的山地湿润的森林中。

【识别要点】

落叶乔木，高达 10-30 m。树皮灰色；枝条黑褐色，具灰黄色皮孔。奇数羽状复叶，叶轴密被短毛或有时脱落；小叶纸质；侧生小叶近于对生或互生，长椭圆状卵形至阔披针形；叶缘具锐锯齿。雄性柔荑花序，总梗自 1 年生枝条的叶痕腋内生出；雌性柔荑花序单独顶生。果序轴长 25-30 cm，果实扁球形。

【生长习性】

喜光，幼苗稍耐阴；土层深厚、湿润、排水良好的酸性肥沃土壤中生长较好；喜风化岩湿润土质；耐旱，萌芽力强，生长中速。花期 4-5 月，果期 7-9 月。

【栽培养护】

可以用扦插、嫁接、压条、播种 4 种方法繁殖，其中扦插法较为普遍。青钱柳适宜在湿润凉爽的生境中生长，尤其是幼苗期特别喜阴怕光，就地播种育苗，发芽出土早，且生长快。适时施肥，防治病虫害。

【园林应用】

青钱柳属落叶速生乔木，树木高大挺拔，枝叶美丽多姿，其果实像一串串的铜钱，迎风摇曳，别具一格，颇具观赏性，可作为园林绿化观赏树种和材用树种，且具药用价值，因此是一种多用途的珍贵树种。

（图文：唐凌云 审校：王仲朗、张茜）

枫　杨

别　名 **白杨、大叶柳、大叶头杨树**

拉丁名 *Pterocarya stenoptera*

科　属 **胡桃科（Juglandaceae）枫杨属（*Pterocarya*）**

【自然分布】

产于陕西、河南、山东、安徽、江苏、浙江、江西、福建、台湾、广东、广西、湖南、湖北、四川、贵州、云南。生于海拔 1500 m 以下的沿溪涧河滩、阴湿山坡地的林中。在长江流域和淮河流域最为常见，华北和东北仅有栽培。

【识别要点】

落叶乔木，高达 30 m，胸径 1 m 以上。幼树树皮平滑，浅灰色，老时则深纵裂；芽具柄，密被锈褐色盾状着生的腺体。叶多为偶数或稀奇数羽状复叶；无小叶柄，对生或稀近对生，雄性柔荑花序，单独生于去年生枝条上叶痕腋内，花序轴常有稀疏的星芒状毛。雌花几乎无梗，苞片及小苞片基部常有细小的星芒状毛，并密被腺体。果实长椭圆形，基部常有宿存的星芒状毛。

【生长习性】

生长较快，60 年以后开始衰败。喜光，喜温暖湿润气候，也较耐寒；耐湿性强，但不宜长期积水。对土壤要求不严，在酸性至微碱性土上均可生长。花期 4-5 月，果期 8-9 月。

【栽培养护】

种子繁殖。秋季干藏，春播于 3 月下旬。枫杨发枝力很强，应注意修去干部侧枝，修剪后主干上休眠芽容易萌发，要及早抹掉。枫杨有丛枝病、天牛、刺蛾等危害，要注意及早防治。

【园林应用】

枫杨树冠宽广，枝叶繁茂，生长快，适应性强，可用作遮阴树及行道树。此外，对烟尘和二氧化硫等有毒气体有一定抗性，也适合用于工厂绿化。

（图文：李云猛　审校：孔繁才、张茜）

喜　树

别　名 旱莲木、千丈树、薄叶喜树

拉丁名 *Camptotheca acuminata*

科　属 蓝果树科（Nyssaceae）喜树属（*Camptotheca*）

【自然分布】

产于江苏南部、浙江、福建、江西、湖北、湖南、四川、贵州、广东、广西、云南等省（自治区）。常生于海拔 1000 m 以下的林边或溪边。

【识别要点】

落叶乔木，高达 20 余米。主干通直。树皮光滑，灰白色。侧枝平展，幼时绿色，有突起的皮孔。叶互生，全缘，长椭圆形至长卵形。花单性，淡绿色或白色，群聚成头状花序，雄花序生于叶腋，雌花序顶生。果实是具窄翅的三棱形瘦果，熟时淡褐色。

【生长习性】

喜光，不耐严寒。根深性。在土层深厚、湿润肥沃的土壤中生长良好。不耐瘠薄，也不耐干旱，稍耐水湿。花期 5-7 月，果期 9 月。

【栽培养护】

播种繁殖。于 11 月采种，将种子风干后沙藏或干藏。发芽率 65% 以上。移植在萌芽初期进行为宜。害虫主要是刺蛾。注意排水，以免根腐。

【园林应用】

喜树高大雄伟，根深叶浓，果形奇特，是优良的观赏树种。常作为庭荫树，也是宅边绿化和造林的优良树种。抗烟尘能力弱，对肥力要求高，若作行道树，需在郊外。

（图文：唐凌云　审校：王仲朗、陈小伟）

珙　桐

别　名 **水梨子、鸽子树、鸽子花树**
拉丁名 ***Davidia involucrata***
科　属 **蓝果树科（Nyssaceae）珙桐属（*Davidia*）**

【自然分布】

产于湖北西部、湖南西部、四川以及贵州和云南两省的北部，在四川西部的宝兴、天全、峨眉、马边、峨边等县极常见。生于海拔 1500-2200 m 的润湿的常绿阔叶落叶混交林中。

【识别要点】

落叶乔木，树高 15-20 m，稀达 25 m，胸径约 1 m。树皮深灰色或深褐色，常裂成不规则的薄片而脱落。当年生枝紫绿色，多年生枝深褐色或深灰色。叶纸质，无托叶，常密集于幼枝顶端，上面亮绿色，下面密被淡黄色或淡白色丝状粗毛。两性花与雄花同株，两性花位于花序顶端，雄蕊环绕其周围。长卵圆形核果，紫绿色具黄色斑点，外表皮很薄，中表皮肉质，内果皮骨质具沟纹。

【生长习性】

多生于空气湿润处，喜中性或微酸性腐殖质深厚且排水良好的土壤；不耐贫瘠、干旱。幼苗生长缓慢，喜湿阴，成树趋于喜光。花期 4 月，果期 10 月。

【栽培养护】

繁殖多以播种、扦插、压条为主。起苗时不可伤根皮和顶芽，对一些长侧根、侧枝可以适当修剪，并灌足定根水。要剪去过多的侧枝，使剩余侧枝交互着生，但长度不能超过主枝，并及时剪除病虫枝、交叉重叠枝、直立枝。大树成型后每一至两年修剪一次，以避免污染。

【园林应用】

世界著名的珍贵观赏树。花奇色美，由多数雄花与一朵两性花组成顶生的头状花序，宛如一个长着“眼睛”和“嘴巴”的鸽子脑袋，花序基部两片大而洁白的苞片，则像是白鸽的一对翅膀，被西方植物学家命名为“中国鸽子树”，有和平的象征意义。

（图文：单祖朋　审校：孔繁才、陈小伟）

蓝果树

别　名 紫树、柅萨木

拉丁名 *Nyssa sinensis*

科　属 蓝果树科（Nyssaceae）蓝果树属（*Nyssa*）

【自然分布】

产于江苏南部、浙江、安徽南部、江西、湖北、四川东南部、湖南、贵州、福建、广东、广西、云南等省（自治区）。在湖南、贵州两省南部和毗邻的广东、广西两省（自治区）的北部，比较常见。常生于海拔 300-1700 m 的山谷或溪边潮湿混交林中。

【识别要点】

落叶乔木，树高达 20 余米。树皮淡褐色或深灰色，粗糙，常裂成薄片脱落。小枝圆柱形，无毛，当年生枝淡绿色，多年生枝褐色。叶纸质或薄片，顶端短急锐尖，边缘略呈浅波状，上面无毛，深绿色，下面有稀疏微绒毛，浅绿色，叶柄淡紫绿色。花序伞状或短总状，花单性；雄花着生于叶已脱落的老枝上，生于肉质花盘周围；雌蕊生于具叶的幼枝上，花盘垫状，肉质。核果矩圆状椭圆形或倒卵圆形，种子外壳坚硬，骨质稍扁。

【生长习性】

为喜光阳性树种，喜温暖湿润气候；生长快，耐寒性强，抗雪压能力强；根系发达，能钻入石缝生长，根的萌芽能力强。花期 4 月下旬，果期 9 月。

【栽培养护】

播种繁殖为主。春季移栽宜在芽孢未萌动时进行，秋季移栽宜在顶芽形成时或落叶后进行。抚育时注意修枝整形，培养干形。

【园林应用】

其干形挺直，枝繁叶茂。春季嫩叶紫红，秋日渐转绯红，分外艳丽，适宜做庭荫树。在园林中常与常绿阔叶树混植，作为上层骨干树种，构成林丛。树冠呈宝塔形，宏伟壮观，是极好的观赏树种。

（图文：单祖朋　审校：孔繁才、陈小伟）

云南金叶子

别　名 **云南假木荷、疯姑娘、老火树、泡花树、细叶子**

拉丁名 ***Craibiodendron yunnanense***

科　属 **杜鹃花科（Ericaceae）**
金叶子属（*Craibiodendron*）

【自然分布】

产于广西、云南、西藏（与缅甸相邻地区）。生于海拔 1200-3200 m 的干燥阳处。模式标本采自云南中部。缅甸也有分布。

【识别要点】

常绿小乔木或灌木，高 3-4 m，稀达 5-6 m。叶互生，革质，椭圆状披针形，先端渐尖，全缘，表面亮绿色，背面淡绿色并疏生黑褐色腺点，两面无毛；叶柄无毛。圆锥花序顶生或腋生，多花；花萼 5 深裂，裂片宽卵形，无毛；花冠钟形，淡黄白色，口部缢缩，浅裂为 5 个直立的三角形齿，无毛；雄蕊 10 枚，花丝长为花冠之半，被微毛，中部弯曲；花柱长约 1 mm，无毛。蒴果球形，具 5 棱。种子单侧有翅。

【生长习性】

喜生于干燥向阳处，耐干旱。花期 4-7 月，果期 7-10 月。

【栽培养护】

通常用种子繁殖，也可扦插繁殖。喜土层深厚、肥沃、排水良好的土壤，在酸性、中性和微碱性土壤中都能正常生长，抗性较强。喜光但幼苗期应注意搭棚遮阴。

【园林应用】

云南假木荷枝叶繁茂，且四季常绿，花开宛如繁星点点，可植于草坪一角、桥头、广场边缘、园路转角处、建筑周围等，与常绿树种、落叶树种配置皆宜。

（图文：魏薇　审校：王仲朗、陈小伟）

马缨杜鹃

别　名　马缨花、马鼻缨

拉丁名　*Rhododendron delavayi*

科　属　杜鹃花科（Ericaceae）

杜鹃属（*Rhododendron*）

【自然分布】

广布云南全省，海拔 1200-3200 m，生于常绿阔叶林或云南松林下，局部地区成马缨花纯林；贵州西部也有。越南北部、泰国、缅甸及印度东北部也有分布。

【识别要点】

常绿小乔木或灌木；树皮淡灰褐色，薄片状剥落。叶革质，长圆状披针形，先端钝尖或急尖，边缘反卷，上面深绿色至淡绿色，下面有白色至灰色或淡褐色海绵状毛被。顶生伞形花序，圆形，紧密，有花 10-20 朵；花冠钟形，肉质，深红色，顶端有缺刻。蒴果长圆柱形，黑褐色，有肋纹及毛被残迹。

【生长习性】

散生于云南松或栎林内，或自成纯林或灌丛。喜凉爽、湿润气候，恶酷热干燥。要求通风良好的半阴环境，夏季应防晒遮阴，冬季则应注意保暖防寒。花期 2-5 月，果期 12 月。

【栽培养护】

播种繁殖或扦插繁殖，多用播种繁殖。扦播一般在 5-6 月取半木质化的新枝，5-8 cm 作插穗，基部用吲哚丁酸或 ABT 生根粉等溶液浸蘸处理，然后扦插在疏松透气、富含腐殖质、pH 4.5-6.0 的酸性土壤中，温度保持在 20-25℃，遮阴并经常喷雾保湿，促进生根。

【园林应用】

马缨杜鹃树形优美，花开繁盛鲜艳，具有较高的观赏价值。可作观赏树孤植，亦可列植、对植、片植，或与小灌木杜鹃搭配，作中层树种，营造层次丰富、繁花盛开的杜鹃林景观。

（图文：魏薇　审校：王仲朗、陈小伟）

乌　柿

别　名 **山柿子、丁香柿、金弹子**

拉丁名 ***Diospyros cathayensis***

科　属 **柿科（Ebenaceae）柿属（*Diospyros*）**

【自然分布】

分布于四川西部、湖北西部、云南东北部、贵州、湖南、安徽南部。生于海拔 600-1500 m 的河谷、山地或山谷林中。

【识别要点】

常绿或半常绿小乔木，高 10 m 左右，干短而粗，树冠开展，多枝，有刺；枝圆筒形，深褐色至黑褐色，散生纵裂近圆形的小皮孔；小枝纤细，褐色至带黑色，平直，有短柔毛。叶薄革质，长圆状披针形，上面光亮深绿色，下面淡绿色，嫩时有小柔毛，中脉在上面稍凸起，有微柔毛，在下面突起；叶柄短，有微柔毛。种子褐色，长椭圆形，侧扁；宿存萼的裂片宽短，裂片革质，卵形；果柄纤细。

【生长习性】

喜湿润疏林中及光谷林缘，喜光，耐寒性不强，年平均温度 15℃以上，年降雨量 750 mm 以上地区都可生长。对土壤适应性较强，沿河两岸冲积土、平原水稻土、低山丘陵黏质红壤、山地红黄壤都能生长。以深厚、湿润、肥沃的冲积土生长最好。土壤水分条件好时生长旺盛。能耐短期积水，亦耐旱。花期 4-5 月，果期 8-10 月。

【栽培养护】

可采用播种和嫁接繁殖。嫁接要考虑柿树含有单宁物质，宜选择树液流动缓慢时期进行。枝接宜选择树液刚开始流动的春季为好；芽接应选择在生长缓慢时期进行。定植适期是在冬季休眠期。宜在冬季落叶后进行适度回缩修剪。主要虫害有柿蒂虫、柿绵蚧、柿毛虫。病害主要有柿圆斑病、角斑病等。

【园林应用】

其花、果尚美丽，宜植于庭园观赏；宜于制作树桩盆景，果经久不落，形似弹丸，故名为“金弹子”。在园林中可作为观果植物进行点缀，孤植、丛植均可，因其果实有微毒，为防止游人采食，配置时应考虑其位置的合理性。

（图文：李函润　审校：孔繁才、陈小伟）

女　贞

别　名 青蜡树、大叶蜡树、白蜡树

拉丁名 *Ligustrum lucidum*

科　属 木犀科（Oleaceae）女贞属（*Ligustrum*）

【自然分布】

产于长江以南至华南、西南各省（自治区），向西北分布至陕西、甘肃。生于海拔 2900 m 以下的疏林、密林中。

【识别要点】

常绿小乔木；叶片对生、革质、全缘；花小，两性，组成聚伞花序再排成顶生的圆锥花序，长 8-20 cm，宽 8-25 cm；果实具棱，果为浆果状核果，肾形，长 7-10 mm，径 4-6 mm，深蓝黑色，成熟时呈红黑色，被白粉。

【生长习性】

耐寒性好，能耐 −12℃的低温，耐水湿，喜温暖湿润气候，喜光耐阴。为深根性树种，须根发达，生长快，萌芽力强，耐修剪，但不耐瘠薄。花期 5-7 月，果期 7 月至翌年 5 月。

【栽培养护】

播种繁殖。3 月上中旬至 4 月播种，播种前将去皮的种子用温水浸泡 1 天，1 个月后出苗，苗期植株容易受到蚜虫的侵害，可以用敌杀死或氧化乐果 800-1200 倍液进行喷洒。女贞栽培容易，一般的肥水管理就能保证其正常生长。

【园林应用】

女贞四季常绿，枝繁叶茂，树形整齐，是园林中常用的观赏树种，可于庭院孤植或丛植，亦可作为行道树。因其适应性强，生长快又耐修剪，也可用作绿篱。女贞对二氧化硫、氯气、氟化氢、铅蒸气均有较强的抗性，也能忍受较高的粉尘、烟尘污染。

（图文：孔繁才　审校：孔繁才、陈小伟）

油橄榄

别　名 齐墩果、木犀榄
拉丁名 ***Olea europaea***
科　属 木犀科（Oleaceae）木犀榄属（*Olea*）

【自然分布】

原产于小亚细亚，后广栽于地中海地区，现全球亚热带地区都有栽培。我国长江流域以南地区亦栽培。

【识别要点】

常绿小乔木，高可达10 m。枝灰色或灰褐色，近圆柱形，散生圆形皮孔，小枝具棱角，密被银灰色鳞片，节处稍压扁。叶片革质，披针形，叶缘反卷，上面深绿色，稍被银灰色鳞片，下面浅绿色，密被银灰色鳞片，两面无毛。圆锥花序腋生或顶生，较叶为短；花芳香，白色，两性；花冠深裂几达基部，裂片长圆形，边缘内卷；子房球形，花柱短，柱头头状。果椭圆形，成熟时呈蓝黑色。

【生长习性】

喜阳植物，抗寒性差。油橄榄对其生长的土壤没有特别的要求，只要pH为6.5-8.0，土壤疏松透气，在硅质土里或钙质土里都能生长。花期4-5月，果期6-9月。

【栽培养护】

以播种、扦插、压条和嫁接繁殖为主。较耐修剪，每年冬季应结合整形，剪除瘦弱枝、过密枝、枯死枝。易受病虫害侵染，应多注意病虫害的防治。

【园林应用】

株形美丽，枝繁叶茂，非常适合庭院种植、家庭盆景和城市绿化，是很理想的观叶、观花和观果植物。对二氧化硫和其他有毒气体有较强的抗性，是工矿区绿化的好树种。

（图文：单祖朋　审校：孔繁才、陈小伟）

云南木犀榄

别　名 旱生木犀榄、白桂花

拉丁名 *Olea yuennanensis*

科　属 木犀科（Oleaceae）木犀榄属（*Olea*）

【自然分布】

产于云南、四川、贵州西南部。常生于海拔800-2300 m的疏林、密林及灌丛中。

【识别要点】

常绿乔木或灌木，高3-15 m；树皮灰白色；叶对生、革质，倒披针形、倒卵状椭圆形或椭圆形，长3-13 cm，宽1.5-6 cm，常全缘或具不规则的锯齿；花杂性异株，排成腋生的圆锥花序，花冠白色、淡黄色或红色；果为核果，卵球形、长椭圆形或近球形，长0.6-1.3 cm，径3-9 mm，先端短尖，呈紫黑色。果梗长2-4 mm。

【生长习性】

耐寒性较好，喜温暖湿润气候，喜光，稍耐阴。为深根性树种，须根发达，生长快，萌芽力强。花期2-6月，果期7-11月。

【栽培养护】

播种繁殖，种子采收后及时搓揉清洗，去除种皮后用湿沙或湿珍珠岩层聚储藏，湿沙或湿珍珠岩含水量不能过大或过分干燥。云南木犀榄生长适应性较强，少有病虫感染，栽培容易，适当的水肥管理就能保证植株正常生长。

【园林应用】

云南木犀榄四季常青，树形优美，可于庭院孤植、丛植、成片种植或与其他园林植物混合种植，亦可作为行道树种植。

（图文：孔繁才　审校：孔繁才、陈小伟）

木　犀

别　名 桂花

拉丁名 *Osmanthus fragrans*

科　属 木犀科（Oleaceae）木犀属（*Osmanthus*）

【自然分布】

原产于我国西南部，长江以南各地广泛种植。

【识别要点】

常绿乔木或灌木，最高可达 18 m；树皮灰褐色；叶对生、革质，椭圆形、长椭圆形或椭圆状披针形，全缘或上半部具细锯齿；聚伞花序簇生叶腋，或近于帚状，每腋内有花多朵，花芳香，花冠黄白色、淡黄色、黄色或橘红色；核果歪斜，椭圆形，长 1-1.5 cm，呈紫黑色。

【生长习性】

桂花耐寒性较好，能耐最低气温 −13℃，阳性植物，喜温暖、湿润气候条件。湿度对桂花生长发育极为重要，在全光照、年平均湿度 75%-85% 的条件下植物生长健壮，其枝繁叶茂，开花繁密。桂花除碱性土或过于黏重、排水不畅的土壤外，均可生长。花期 9-10 月上旬，果期翌年 3 月。

【栽培养护】

播种、扦插、靠接、嫁接及压条均可繁殖；种植土以疏松肥沃、排水良好的微酸性砂质壤土最为适宜；褐枯斑病、炭疽病是桂花常见的叶部病害，发病初期喷洒 200 倍液的波尔多液或 50% 多菌灵可湿性粉剂 1000 倍液；红蜘蛛、棉蚧是桂花常见的虫害。

【园林应用】

桂花秋季开花，芳香四溢，在园林中应用极为普遍，可孤植、对植、丛植成林栽种。在中国古典园林中，桂花常与建筑物、山石相配，与台、亭、楼、阁相伴。桂花对二氧化硫、氟化氢有一定的抗性，也是工矿区绿化的好树种。

（图文：孔繁才　审校：孔繁才、陈小伟）

滇　　楸

别　名　紫楸、楸木、紫花楸
拉丁名　*Catalpa fargesii* f. *duclouxii*
科　属　紫葳科（Bignoniaceae）梓属（*Catalpa*）

【自然分布】

产于湖北、湖南、四川、贵州、云南等地。生于村庄、公路附近。

【识别要点】

乔木，高达 25 m；幼枝、花序、叶柄均有分枝毛。叶厚纸质，卵形或三角状心形，侧脉 4-5 对，基部有 3 出脉，叶幼时表面微有分枝毛，背面较密。顶生伞房状总状花序，有花 7-15 朵。花冠淡红色至淡紫色，内面具紫色斑点，钟状；蒴果细圆柱形，下垂，果爿革质，2 裂。种子椭圆状线形，薄膜质。

【生长习性】

喜光，耐干旱、低温；对土壤要求不严格。花期 3-5 月，果期 6-11 月。

【栽培养护】

滇楸的结实、出种、发芽率低和扦插生根困难等原因，制约了其发展，致使其资源日益萎缩。传统繁殖主要是用大树根段或从起苗后的根段进行育苗，扦插生根过程中，插条保护酶与丙二醛的动态变化相关，嫁接苗以梓树做砧木，适应性强，生长快，且表现出很好的抗逆性和遗传品质。

【园林应用】

因其株形优美、花冠淡紫色，具有良好的观赏性，因此常作为观花植物。

（图文：高富　审校：尹擎、陈小伟）

梓

别　名 花楸、水桐、河楸

拉丁名 *Catalpa ovata*

科　属 紫葳科（Bignoniaceae）梓属（*Catalpa*）

【自然分布】

产于长江流域及其以北地区；日本也有分布。多栽培于村庄附近及公路两旁，野生者已不可见，海拔（500-）1900-2500 m。

【识别要点】

落叶乔木，高可达 15 m；树冠伞形，主干通直；叶对生或近于对生，有时轮生，阔卵形，长宽近相等，顶端渐尖，基部心形，全缘或浅波状，常 3 浅裂，叶片上面及下面均粗糙，微被柔毛或近于无毛，侧脉 4-6 对，基部掌状脉 5-7 条；顶生圆锥花序；花序梗微被疏毛；花冠钟状，淡黄色；蒴果线形，下垂。

【生长习性】

适应性较强，喜温暖，也能耐寒。土壤以深厚、湿润、肥沃的夹沙土较好。不耐干旱瘠薄。抗污染能力强，生长较快。可利用边角隙地栽培。

【栽培养护】

种子育苗繁殖方式为主，亦可采用嫁接方式繁殖；注意对植株的整形、修剪，保持其良好的树形。

【园林应用】

在适地生长颇速，春日满树白花，秋冬荚垂如豆，是很好的庭院、景观树种。

（图文：高富　审校：尹擎、陈小伟）

布迪椰子

别名 冻子椰子、弓葵

拉丁名 *Butia capitata*

科属 棕榈科（Arecaceae）果冻椰子属（*Butia*）

【自然分布】

原产于阿根廷、乌拉圭、巴西，可分布至南美洲西部南纬37°，是美洲大陆分布最南的棕榈植物。我国南方各省有引种栽培。

【识别要点】

乔木状，单干型，株高7-8 m。叶基宿存，灰色，具叶鞘纤维。叶羽状全裂，羽片长披针形，蓝绿色；叶长2-4 m，下弯几近茎基部而呈弓形，故又名弓葵；叶柄两缘具长8-11 cm的刺，叶柄基部包被茎干，排列有序。花序梗苞片绿灰色而光滑；花小。果卵球形，扁平，成熟时黄色或浅红色，肉甜。

【生长习性】

布迪椰子适生于阳光充足、气候温暖的环境，耐干热、干冷，能耐严寒，可忍受−10℃以下的低温，是抗冻性最强的棕榈科植物之一。它的气候适应范围较广，从亚热带至温带均可栽培。抗风性强。对土壤要求不严，但在土质疏松、湿润的壤土中生长最好。花期3-5月，果期10-11月。

【栽培养护】

布迪椰子适应性强，栽培养护粗放，主要做好水分管理。生长期浇水忌水涝，保持土壤湿润即可，浇水过多，易引起植株下部叶腐烂发病，造成叶片枯黄甚至死亡；冬季适当减少浇水量，以利于越冬。生长旺盛期可每月追施1次复合肥。每年春季修剪干枯的老叶，以利新叶生长。

【园林应用】

布迪椰子形态优美，适应性强，可广泛种植于热带、亚热带及温带地区，是一种极受欢迎的园林绿化树种。可植于公园、广场、草地边或作为行道树，可丛植、列植或孤植，颇具热带风情。布迪椰子具有耐盐碱的特性，也可用于海边或海岛绿化。而且它的果实还可制作果酱和果冻，因此又被称为“冻椰”。

（图文：沈云光　审校：王仲朗、陈小伟）

董　棕

别　名 酒假桄榔、果榜
拉丁名 *Caryota urens*
科　属 棕榈科（Arecaceae）鱼尾葵属（*Caryota*）

【自然分布】

产于中国广西、云南等省（自治区）。印度、斯里兰卡、缅甸至中南半岛亦有分布。

【识别要点】

乔木状，高 5-25 m；茎黑褐色，膨大或不膨大成花瓶状；叶大型、常绿，二回羽状裂，裂片鱼鳍形；圆锥花序下垂，果实球形至扁球形，成熟时红色。

【生长习性】

喜阳光充足、高温、湿润的环境。较耐寒，最适生长温度在 20-28℃，当低于 5℃时就会发生冻害；董棕要求生长环境的空气相对湿度在 70%-80%，当相对湿度过低时，叶尖会出现干枯的现象。花期 6-10 月，果期 5-10 月。

【栽培养护】

董棕以种子繁殖，土壤要求疏松肥沃、排水良好，以土质通透性较好、湿润的壤土较佳；董棕可耐盐碱并且耐贫瘠。可在曲靖较低海拔、低温高于 5℃的地区栽种。

【园林应用】

在成员众多的棕榈一族中，董棕独具特色，巨大的树叶是棕榈家族中最大的，宽 3 m 多，长可达 7 m，使得董棕在丛林中特别显眼。其棕叶婆娑，树干挺拔，越来越受到景观设计师的青睐，在公园、绿地中孤植、散植，孑孑而立，显得高大伟岸。

（图文：王仲朗　审校：王仲朗、陈小伟）

蒲　葵

别　名 扇叶葵、葵树、华南葵

拉丁名 *Livistona chinensis*

科　属 棕榈科（Arecaceae）蒲葵属（*Livistona*）

【自然分布】

产于我国南部，中南半岛亦有分布，是多年生的热带和亚热带常绿乔木。

【识别要点】

乔木状，单干型，高 5-20 m，直径 20-30 cm，基部常膨大。叶阔肾状扇形，直径达 1 m 余，掌状深裂至中部，裂片线状披针形；叶柄下部两侧有黄绿色或淡褐色下弯的短刺。花序呈圆锥状，粗壮，长约 1 m。花小，两性。果实椭圆形（如橄榄状），黑褐色；种子椭圆形。

【生长习性】

蒲葵喜温暖湿润的气候条件，在肥沃、湿润、有机质丰富的中性土壤里生长良好。蒲葵适应性强，能耐短期的水涝、干旱和 0℃左右的低温。花果期 4 月。

【栽培养护】

蒲葵采用种子繁殖，幼苗期要遮阴保湿，冬季注意保温。成苗移栽时要选择土壤疏松肥沃、土层深厚的环境，栽时施底肥，浇透定根水。成苗移栽需带土球，由于根系较浅，无主根，种时不宜过深，否则易引起基部腐烂。夏季温度高、光照强时可经常向叶面喷水，降低叶面温度，防止叶片变黄。每年春季修剪干枯的老叶，以利新叶生长。

【园林应用】

蒲葵四季常青，树冠伞形，叶大如扇，是优良的园林绿化树种。可种于公园、广场、草地边，孤植或丛植，也可列植作行道树、背景树，夏日浓荫蔽日，一派热带风光。蒲葵生长慢，小苗也可盆栽，常用于庭院或大厅陈设。

（图文：沈云光　审校：王仲朗、李秀娟）

加拿利海枣

别　名 长叶刺葵、加拿利枣椰

拉丁名 *Phoenix canariensis*

科　属 棕榈科（Arecaceae）刺葵属（*Phoenix*）

【自然分布】

原产于非洲西海岸的加那利群岛，我国早在19世纪就有零星引种，近些年在南方地区广泛栽培。

【识别要点】

乔木状，单干型，茎杆粗壮，高可达20 m。叶基宿存，羽状复叶，顶生丛出，较密集，长可达6 m，每叶有100多对小叶（复叶），小叶狭条形，长1 m左右，宽2-3 cm，近基部小叶呈针刺状，基部由黄褐色网状纤维包裹。穗状花序腋生，长可至1 m以上；花小，黄褐色。浆果，卵状球形至长椭圆形，熟时黄色至淡红色。

【生长习性】

加拿利海枣性喜温暖湿润的气候环境，喜光照又耐阴，耐热耐寒性好。生长适温20-30℃，冬季可忍受-10℃的低温，也有在更低温度下生存的记录。热带、亚热带地区可露地栽培，在长江流域冬季需稍加遮盖。加拿利海枣尽管原产于海岛，却非常适合在内陆气候下生长繁殖。

【栽培养护】

加拿利海枣以播种繁殖，但发芽时间较长，幼株生长缓慢，宜用袋栽培育，可适当遮阴，并保持土壤湿润。栽培土壤要求不严，但以土质肥沃、排水良好的壤土为佳。大苗生长较快，肥水需求大，且要有充足光照，才能生长健壮。成株移栽需带完整土球，并适量剪取基部叶片，减少水分蒸发，有利于栽后根系再生。近年来一些地区的加拿利海枣受红棕象甲危害严重，这种害虫主要从生长点处侵入茎杆取食髓心部分，造成整株死亡，可采用氧化乐果和敌杀死药液浇灌整个杆部和顶端茎尖进行防治。

【园林应用】

加拿利海枣茎杆粗壮，直立雄伟，树形优美舒展，富有热带风情，可孤植作景观树，或列植为行道树，也可三五株群植造景，目前国内许多城市已广泛应用于街道绿化、公园造景。幼株亦可盆栽观赏，用于布置庭院、厅堂。

（图文：沈云光　审校：王仲朗、李秀娟）

林刺葵

别　名 银海枣、中东海枣
拉丁名 *Phoenix sylvestris*
科　属 棕榈科（Arecaceae）刺葵属（*Phoenix*）

【自然分布】

原产于巴基斯坦南部、印度、斯里兰卡、不丹、缅甸、孟加拉国。

【识别要点】

乔木状，单干型，高达 16 m，直径达 33 cm，叶密集成半球形树冠。茎具宿存的叶柄基部。叶长 3-5 m，羽状全裂，羽片长达 60 cm，灰绿色，剑形，下部羽片变为针刺状。佛焰苞近革质，长 30-40 cm，开裂为 2 舟状瓣；花序长 60-100 cm，花小。果实长圆状椭圆形或卵球形，橙黄色。种子长圆形，苍白褐色。

【生长习性】

喜阳光充足、温暖的环境，抗旱力较强，耐水淹、耐盐碱。生长适温为 20-28℃，耐霜冻，能抵抗 −10℃的严寒。对栽培土壤要求不严，在滨海地带、沙土、微酸性土壤及石灰质土壤均可种植，但以土质肥沃、排水良好的有机壤土最佳。银海枣生长快速，在我国南方各地均能引种栽培。花期 4-5 月，果期 9-10 月。

【栽培养护】

银海枣采用种子繁殖，因其种子发芽较快，适宜集中在苗床撒播，幼苗期要遮阴保湿，冬季注意保温。大苗栽种时要选择光照充足、土层深厚、质地疏松肥沃的土壤作为种植地，栽时施足底肥，浇透定根水。在生长旺季每月追施 1 次复合肥，促进植株长高长大。

【园林应用】

银海枣高大雄伟，形态优美，树冠半圆丛出，叶色银灰，为优美的热带风光树。可孤植于水边、草坪、广场作景观树，或列植为行道树，也可三五株群植造景，相当壮观，观赏效果极佳。由于它具有耐盐碱的特性，也适合海边或海岛绿化。

（图文：沈云光　审校：王仲朗、鲁飞、李秀娟）

灌木

千头柳杉

别　名 猴爪杉、猴爪松

拉丁名 *Cryptomeria japonica* 'Vilmoriniana'

科　属 杉科（Taxodiaceae）柳杉属（*Cryptomeria*）

【自然分布】

日本柳杉的栽培变种，原产于日本，我国长江以南各地引种栽培。

【识别要点】

常绿灌木，高可达 5 m，树冠圆球形或卵圆形、宝塔形，小枝密集，短而微弯。叶甚小，针状，长 3-4 mm，排列紧密，深绿色。

【生长习性】

喜光，稍耐阴，耐寒性强，喜温暖湿润气候，畏高温、炎热，忌干旱贫瘠。适生于土层深厚肥沃、排水良好的砂质红壤，土壤积水时易烂根。对二氧化硫等有毒气体有较强的吸收能力。

【栽培养护】

扦插繁殖。春夏季节都可扦插繁殖，用 1000 倍液的 α- 萘乙酸浸泡插穗 1 h 能有效促进插条生根，生根率可达 85%，插床适当遮阴、湿度保持在 70%-80%，一般 60 天后就能成苗。扦插苗头两年生长较慢，需加强肥水管理。

【园林应用】

千头柳杉是优良的园林绿化植物，其枝条密集、针叶排列紧密，叶色浓绿靓丽，树形优美，四季常绿，皆可观赏。可孤植、三五成团种植或与其他裸子植物配植形成错落有致、协调美观的园林植物小景观。

（图文：孔繁才　审校：孔繁才、王学宝）

线　柏

别　名 无

拉丁名 *Chamaecyparis pisifera* 'Filifera'

科　属 柏科（Cupressaceae）

扁柏属（*Chamaecyparis*）

【自然分布】

日本花柏的栽培变种，原产于日本。我国庐山、南京、杭州、昆明等地引种栽培。

【识别要点】

常绿灌木或小乔木，树冠卵状球形或近球形，通常宽大于高；枝叶浓密，绿色或淡绿色；小枝细长下垂；鳞叶先端锐尖。雄球花长圆形，较小；球果较小，通常不育。

【生长习性】

喜光，喜凉爽湿润气候，稍耐寒，在土层深厚、肥沃、排水良好的微酸性壤土上生长较好。

【栽培养护】

扦插繁殖。扦插繁殖宜在夏季进行，选二年生枝条剪成长 12-15 cm 的插穗，用 1000 倍液的萘乙酸浸泡半小时后扦插，90 天后插穗开始生根。容器育苗，插穗生根后移植，依据用苗规格每二年换大 1 号的容器培育苗木。地苗移植宜夏季进行，带土球移栽。

【园林应用】

其树冠卵状球形或近球形，枝叶浓密、小枝细长下垂，是优良的园林绿化植物，可孤植成景，可与其他树冠呈球形的景观植物镶嵌片植成球形树林，也可种植在庭院、建筑物周边等。

（图文：孔繁才　审校：孔繁才、鲁飞、李秀娟）

金黄球柏

别　名 洒金柏、洒金千头柏
拉丁名 *Platycladus orientalis* 'Semperaurescens'
科　属 柏科（Cupressaceae）侧柏属（*Platycladus*）

【自然分布】

侧柏的栽培变种，各地用于绿化栽培。

【识别要点】

常绿矮型灌木，树皮薄，浅灰褐色，纵裂成条片。树冠球形或卵状、广圆形。生鳞叶的小枝细，向上直展或斜展，扁平，排成一平面；叶鳞形，全年为金黄色。雄球花黄色，卵圆形；雌球花近球形；球果近卵圆形，成熟前近肉质，蓝绿色，被白粉，成熟后木质，开裂，红褐色。种子卵圆形或近椭圆形，顶端微尖，灰褐色或紫褐色。

【生长习性】

喜光，喜温暖湿润气候，喜土层深厚、肥沃、排水良好的微酸性红壤；不耐阴，稍耐严寒、干旱、瘠薄。花期3-4月，球果10月。

【栽培养护】

播种、扦插或嫁接繁殖。通常种子繁殖，种子空粒较多，春季播种，幼苗期防范猝倒病发生；扦插宜夏季进行，插床适当遮阴、保湿、保温。栽培容易，常规水肥养护，实生地苗移栽需带土球。

【园林应用】

其枝叶紧凑，树冠球形，常年金黄，是优良的彩叶园林绿化树种，可成片种植形成群体景观，可列植作绿篱、作隔断与阻挡，可与其他景观植物配植作修饰、点缀景观。

（图文：孔繁才　审校：孔繁才、鲁飞、李秀娟）

千头柏

别 名 子孙柏、扫帚柏

拉丁名 *Platycladus orientalis* 'Sieboldii'

科 属 柏科（Cupressaceae）侧柏属（*Platycladus*）

【自然分布】

侧柏的栽培变种，长江流域作绿篱或庭园树种广泛栽培。

【识别要点】

常绿灌木，高可达3-5 m；植株丛生状，树冠卵圆形或圆球形。树皮薄、浅褐色，呈片状剥离；大枝斜出，小枝直展，扁平，排成一平面。叶鳞形，交互对生，紧贴于小枝，两面均为绿色。球花单生小枝顶端。球果卵圆形，肉质，蓝绿色，被白粉，熟时红褐色。种子卵圆形或长卵形。

【生长习性】

喜光，喜温暖湿润气候，其适应性强，对土壤要求不严，但需排水良好；稍耐干旱瘠薄，不耐水涝，大水易使植株烂根，导致植株生长不良直至死亡。花期3-4月，果期10-11月。

【栽培养护】

播种、扦插繁殖。球果采收后净种低温储藏，翌年4月播种，条播或撒播于露地苗床，用沙土覆盖，并用塑料布遮盖保湿、保温，待种子发芽后逐渐撤去塑料布，幼苗期防范猝倒病发生；生长季节加强水肥管理、薄肥勤施、中耕除草。地生苗移植宜夏季进行，带土球移栽。

【园林应用】

其枝叶紧凑，青翠浓绿，树冠紧密，形如气球，是优良的园林绿化树种，可成片相等间距或不等间距种植营造不一样的园林景观，可列植作绿篱、作隔断与阻挡，可与其他景观植物配植，可庭院孤植。

（图文：孔繁才 审校：孔繁才、鲁飞、李秀娟）

匍地龙柏

别 名 无
拉丁名 *Sabina chinensis* 'Kaizuca Procumbens'
科 属 柏科（Cupressaceae）圆柏属（*Sabina*）

【自然分布】

匍地龙柏为圆柏的栽培变种。分布广泛，适应性强，我国各地都有种植。

【识别要点】

常绿灌木，为圆柏的栽培变种，全株匍地生长，无直立主干，枝就地平展。叶二型，即刺及叶鳞叶，小枝密集。雌雄异株，稀同株。球果近圆球形，两年成熟，熟时暗褐色，被白粉或白粉脱落。

【生长习性】

喜光，喜温凉、温湿气候；幼龄树稍耐庇荫。在温凉湿润及土层深厚地区生长较快。适应性强，酸性、中性、钙质土及干燥瘠薄地均能生长。极耐寒，忌水湿，深根性，萌芽力强，耐修剪，易整形。

【栽培养护】

扦插、靠接、枝接、插条和压条繁殖，以扦插繁殖为主，生根率在 80% 以上。病害发生较少，常见的虫害有布袋蛾，应在 6 月上旬幼虫尚未扩散时喷布 1000 倍 98% 晶体敌百虫以治之。

【园林应用】

耐修剪，生长快，为绿篱和植物造景的优良树种，常修剪成球形或带状及各种图案造型供观赏。对多种有害气体有吸收功能，有除尘效果。适用于人行道栽植、围墙沿线、花园、道路旁边、滨水带等空间作美化。

（图文：李函润　审校：孔繁才、李秀娟）

粉 柏

别 名 高山柏、大香桧、岩刺柏、山柏、藏柏、香青、刺柏、团香、浪柏、柏香（西藏）

拉丁名 *Sabina squamata* 'Meyeri'

科 属 柏科（Cupressaceae）圆柏属（*Sabina*）

【自然分布】

高山柏的栽培变种，各地园林广泛栽培。

【识别要点】

常绿灌木，高 1-3 m，或呈匍匐状，或为乔木，高 5 米至 10 余米；树皮褐灰色。叶全为刺形，三叶交叉轮生，披针形或窄披针形，基部下延生长，通常斜伸或平展，下延部分露出；小枝密叶，排列紧密，叶上下两面均被白粉。雄球花、球果都为卵圆形。本栽培变种与原种的区别在于叶的上下两面均被白粉，原种不被白粉。

【生长习性】

喜光，喜凉爽湿润的气候，耐寒性强，喜肥沃的钙质红壤土。忌低湿，耐修剪，适应性强，生长慢，寿命长。

【栽培养护】

扦插繁殖。春夏季节扦插，选二年生枝条剪成长 12-15 cm 的插穗，用 1000 倍液的萘乙酸浸泡半小时后扦插，80 天后插穗开始生根。容器育苗，插穗生根后移植，依据用苗规格每二年换大 1 号的容器培育苗木。实生苗移植宜雨季进行，带土球移栽。

【园林应用】

其树姿古朴浑厚，树冠浓郁，枝叶稠密，叶色翠蓝，四季耸翠，最适合孤植点缀假山石、庭院或建筑，尤其适宜与假山岩石配植，也可盆栽或盆景观赏。

（图文：孔繁才 审校：孔繁才、鲁飞、李秀娟）

崖　柏

别　名 四川侧柏

拉丁名 *Thuja sutchuenensis*

科　属 柏科（Cupressaceae）崖柏属（*Thuja*）

【自然分布】

分布于四川城口、重庆巴山，生长于海拔 1500 m 以上的林地。

【识别要点】

常绿灌木或小乔木；高 5-6（-10）m；树皮灰褐色或褐色，长条薄片状开裂。枝条密，开展，生于鳞叶的小枝扁。叶鳞形，生于小枝中央的叶斜方状倒卵形，有隆起的纵脊，有的纵脊有条形凹槽。雌雄同株异枝，雄球花近椭圆形，雄蕊约 8 对，交叉对生，药隔宽卵形，先端钝，幼小球果长约 5.5 mm，椭圆形，种鳞 8 片，交叉对生，最外面的种鳞倒卵状椭圆形，顶部下方有一鳞状尖头。

【生长习性】

喜光，稍耐阴，耐瘠薄干燥土壤，忌积水，喜空气湿润和钙质土壤，不耐酸性土和盐碱土；要求气温适中，超过 32℃生长停滞，在 -10℃低温下持续 10 天即受冻害。

【栽培养护】

播种繁殖。球果采收后净种低温储藏，翌年 3 月播种，条播或撒播，沙土覆盖，幼苗期防范猝倒病发生。生长季节加强水肥管理、薄肥勤施、中耕除草、松土。容器育苗为佳，如裸根苗移植宜夏季进行，带土球移栽。

【园林应用】

目前在城市园林绿化中应用范围较小，可作为物种保护及城乡一体化生态经济林建设大量推广种植。

（图文：孔繁才　审校：孔繁才、鲁飞、李秀娟）

含笑花

别　名 含笑

拉丁名 *Michelia figo*

科　属 木兰科（Magnoliaceae）含笑属（*Michelia*）

【自然分布】

原产于华南各省（自治区），广东鼎湖山有野生，现广植于中国各地。

【识别要点】

常绿灌木或小乔木。分枝多而紧密，组成圆形树冠，树皮和叶上均密被褐色绒毛。单叶互生，叶椭圆形，绿色，光亮，厚革质，全缘。花单生叶腋，花形小，呈圆形，花瓣6枚，肉质淡黄色，边缘常带紫晕，花香袭人，有香蕉气味，花常不开全，有如含笑之美人。果卵圆形。

【生长习性】

性喜暖热湿润，不耐寒，适半阴，宜酸性及排水良好的土质，可露地栽培或盆栽。适宜在10℃以上温度越冬，能耐短时0℃低温。花期3-4月，9月果熟。

【栽培养护】

以种子繁殖为主。种子可随采随播，也可用湿沙储藏到早春2月下旬至3月上旬播种。移栽可在早春发芽前或初冬进行，移栽时植株要带土球，可在3月中旬至4月中旬进行。最好选疏林下、土质疏松、排水良好的地方定植。

【园林应用】

著名的香花植物，适于在小游园、花园、公园或街道上成丛种植，可配植于草坪边缘或稀疏林丛之下，使游人在休息之中常得芳香气味的享受。

（图文：匡建　审校：尹擎、李秀娟）

云南含笑

别　名 皮袋香
拉丁名 *Michelia yunnanensis*
科　属 木兰科（Magnoliaceae）含笑属（*Michelia*）

【自然分布】

产于云南中部、南部。生于海拔 1100-2300 m 的山地灌丛中。

【识别要点】

常绿灌木，高可达 4 m；芽、嫩枝、嫩叶上面及叶柄、花梗密被深红色毛。叶革质，上面深绿色，有光泽，下面有毛；侧脉干时网脉两面凸起；叶痕为叶柄长的 2/3 或达顶端。花梗有 1 苞片脱落痕；花白色，极芳香，花被片倒卵形；花药侧向开裂，花丝白色，隔伸出成短尖头，雌蕊群及雌蕊群柄均被红褐色平伏细毛；蓇葖扁球形，顶端具短尖，残留有毛；种子 1-2 粒。

【生长习性】

喜光，耐半阴，但阴生条件下开花较少。适应性较强，最怕水渍，喜温暖多湿气候，有一定耐寒力，喜微酸性土壤。耐修剪，在立地条件良好的情况下，寿命较长。花期 3-4 月，果期 8-9 月。

【栽培养护】

播种繁殖。种子随采随播，或湿沙储藏、低温冷藏至翌年春播。其最怕水渍，土壤保持疏松、湿润、微干为好，管理好水肥和病虫害。忌裸根移植，裸根大苗移植很难成活。

【园林应用】

枝叶繁茂，花繁色雅，清香宜人，为优良的观赏植物，可丛植、群植或成片种植作不同景观需求营造各种景观景象。也可用作隔离绿化、景观小品点缀，或盆栽，摆放于城市广场和休闲绿地中。

（图文：李函润　审校：孔繁才、鲁飞、李秀娟）

红叶小檗

别 名 紫叶小檗

拉丁名 *Berberis thunbergii* 'Atropurpurea'

科 属 小檗科（Berberidaceae）小檗属（*Berberis*）

【自然分布】

原产于日本，产地在中国浙江、安徽、江苏、河南、河北等地，中国各省市广泛栽培。生于海拔1000 m左右的林缘或疏林空地。

【识别要点】

落叶灌木。幼枝淡红带绿色，老枝暗红色具条棱，茎刺单一，偶3分叉。叶菱状卵形，全缘。花2-5朵成具短总梗并近簇生的伞形花序，或无总梗而呈簇生状，花被黄色，小苞片带红色，花瓣长圆状倒卵形。浆果红色，椭圆体形，含种子1-2颗。

【生长习性】

喜凉爽湿润环境，适应性强，耐寒也耐旱，不耐水涝，喜阳也能耐阴，萌蘖性强，耐修剪，对土壤的适应性强。

【栽培养护】

采用分株、扦插和播种进行繁殖。宜栽植在排水良好的砂壤土中，对水分要求不严，苗期土壤过湿会烂根。生长季节进行适当轻剪，休眠季节适度重剪。

【园林应用】

春开黄花，秋缀红果，是良好的观果、观叶和刺篱材料。常用作花篱或在园路角隅丛植，点缀于池畔、岩石间。也用作大型花坛镶边或剪成球形对称状配植。适宜坡地成片种植，与常绿植物作块面色彩布置花坛、花境，是园林绿化中色块组合的重要植物。

（图文：匡建　审校：尹擎、李秀娟）

十大功劳

别　名 老鼠刺、猫刺叶、黄天竹

拉丁名 *Mahonia fortunei*

科　属 小檗科（Berberidaceae）
十大功劳属（*Mahonia*）

【自然分布】

产于广西、四川、贵州、湖北、江西、浙江。生于山坡沟谷林中、灌丛中、路边或河边，海拔350-2000 m。

【识别要点】

常绿灌木。叶倒卵形至倒卵状披针形，具2-5对小叶，上面暗绿色至深绿色，叶脉不显，背面淡黄色，偶稍苍白色，叶脉隆起，边缘每边具5-10刺齿，先端急尖或渐尖。总状花序4-10个簇生；花黄色；花瓣长圆形，基部腺体明显，先端微缺裂，裂片急尖。浆果球形，紫黑色，被白粉。

【生长习性】

喜温暖湿润的气候，性强健、耐阴，忌烈日暴晒，有一定的耐寒性，也比较抗干旱。花期7-9月，果期9-11月。

【栽培养护】

大量繁殖多采用种子繁殖，少量繁殖可采用扦插法。对土壤要求不严，在疏松肥沃、排水良好的沙质壤土上生长最好。喜排水良好的酸性腐殖土，极不耐碱，怕水涝。

【园林应用】

本种枝干挺直，叶型奇异，黄花成簇，十分典雅。可植于庭院、林缘及草地边缘，可点缀于假山上或岩隙、溪边，或作绿篱种植，也可作盆栽。

（图文：魏薇　审校：王仲朗、李秀娟）

南天竹

别　名 蓝田竹
拉丁名 *Nandina domestica*
科　属 小檗科（Berberidaceae）南天竹属（*Nandina*）

【自然分布】

产于福建、浙江、山东、江苏、江西、安徽、湖南、湖北、广西、广东、四川、云南、贵州、陕西、河南。生于海拔 1200 m 以下的山地林下沟旁、路边或灌丛中。

【识别要点】

常绿灌木；茎常丛生而少分枝，光滑无毛，幼枝常为红色，老后呈灰色。叶互生，集生茎的上部，三回羽状复叶；二至三回羽片对生；小叶薄革质，顶端渐尖，基部楔形，全缘，上面深绿色，冬季变红色，两面无毛；近无柄。圆锥花序直立；花小，白色，具芳香；浆果球形，熟时鲜红色，稀橙红色；种子扁圆形。

【生长习性】

喜温暖及湿润的环境，比较耐阴，也耐寒。栽培要求肥沃、排水良好的沙质壤土。对水分要求不严，既能耐湿也能耐旱。较喜肥，可多施磷肥、钾肥。花期 3-6 月，果期 5-11 月。

【栽培养护】

繁殖以播种、分株为主，也可扦插繁殖。浇水应见干见湿。干旱季节要勤浇水，保持土壤湿润。栽后第一年内在春、夏、冬三季各中耕除草、追肥 1 次，同时还要补栽。

【园林应用】

树姿秀丽，树干丛生，枝叶扶疏，清秀挺拔，秋冬时叶色变红，且红果累累，经久不落，为赏叶、观果的优良树种，是常用的观叶、观果植物，无论地栽、盆栽还是制作盆景，都具有很高的观赏价值。可植于山石旁、屋前或墙角阴处，也可丛植于林缘阴处与树下。

（图文：李函润　审校：孔繁才、佐树林）

石海椒

别　名 **迎春柳、黄花香草**

拉丁名 ***Reinwardtia indica***

科　属 **亚麻科（Linaceae）石海椒属（*Reinwardtia*）**

【自然分布】

分布于湖北、福建、广东、广西、四川、贵州和云南。生于海拔 550-2300 m 的林下、山坡灌丛、路旁和沟坡潮湿处。常喜生于石灰岩土壤上。印度、巴基斯坦、尼泊尔、不丹、缅甸、泰国北部、越南和印度尼西亚有分布。

【识别要点】

小灌木，高可达 1 m；叶纸质，全缘或有圆齿状锯齿，托叶小。花序顶生或腋生，花瓣黄色，蒴果球形，种子具膜质翅。

【生长习性】

喜欢温暖、湿润和阳光充足的气候环境，具有喜光和耐阴的特性。喜生于石灰性土壤中，不耐寒。花果期 4-12 月。

【栽培养护】

采用播种、扦插和分株进行繁殖。

【园林应用】

其花、叶具有极高的观赏性，可丛植或片植，还是岩石园及各类立壁缝隙立体绿化的好材料。

（图文：匡建　审校：尹擎、佐树林）

萼距花

别 名 无

拉丁名 *Cuphea hookeriana*

科 属 千屈菜科（Lythraceae）萼距花属（*Cuphea*）

【自然分布】

分布于热带、南亚热带地区。在我国广东、广西、云南、福建等省（自治区）已引种栽培。

【识别要点】

灌木或亚灌木状，植株高 30-60 cm。茎具黏质柔毛或硬毛。叶对生，长卵形或椭圆形，叶细小，顶端渐尖，基部短尖，中脉在下面凸起，有叶柄。花顶生或腋生。花梗长 2-6（-15）mm；花萼长 16-24 mm，被黏质柔毛或粗毛，基部有距；花瓣 6，紫红色，背面 2 枚较大，近圆形，其余 4 枚较小，倒卵形或倒卵状圆形；雄蕊稍突出萼外。

【生长习性】

全日照、半日照均理想，稍荫蔽处也能生长，但日照充足则生育较旺盛。对土壤适应性强，沙质壤土栽培生长最佳，耐水湿。性喜高温。

【栽培养护】

幼苗定植后宜摘心或修剪 1 次，促使分枝生长。生育期间每 1-2 个月施肥 1 次，有机肥料或氮、磷、钾均佳。植株过高或枝叶拥挤可进行修剪。生育适温为 18-32℃。春季毒蛾危害，可用敌杀死、扑灭松等防治。

【园林应用】

由于枝繁叶茂，叶色浓绿，四季常青，且具有光泽，花繁色美，周年开花不断，耐修剪，有较强的绿化功能和观赏价值。庭园石块旁作矮绿篱；适于花丛、花坛边缘种植；栽培在乔木下，或与常绿灌木或其他花卉配置均能形成优美景观。

（图文：李云猛　审校：孔繁才、佐树林）

地被银桦

别　名 无

拉丁名 *Grevillea baueri* 'Dwarf'

科　属 山龙眼科（Proteaceae）银桦属（*Grevillea*）

【自然分布】

原产于澳大利亚，现我国部分地区有引种栽培。

【识别要点】

低矮的匍匐灌木，高 0.3-1.5 m。叶长圆状椭圆形至狭卵形，边缘反卷。总状花序顶生和腋生，1-4 分枝，直立至下弯；着花（4-)8-18 朵，花粉红色；雌蕊花柱长 16-23（-28.5）mm，伸出花被外。蓇葖果狭卵球形，13-14 mm 长，被稀疏绒毛，有纵向脊。

【生长习性】

地被银桦喜阳光充足、温暖的环境，稍耐阴；耐寒，抗霜冻；在肥沃疏松、排水良好的微酸性砂质壤土上生长良好。耐干旱，根系发达，生长快。

【栽培养护】

地被银桦采用扦插繁殖，一般选取 1 年生的健壮枝条。地被银桦耐干旱，喜排水良好的土壤环境，因此栽培管理中注意水分管理，防止积水。作地被时，适时修枝整形，保持株形平整。

【园林应用】

地被银桦植株低矮，四季青翠，花色粉红娇嫩，观赏价值好，且适应性强、生长快，是优良的园林地被植物。可用于坡地绿化、岩石园绿化，或制作花坛、花境。

（图文：沈云光　审校：王仲朗、佐树林）

马 桑

别 名 千年红
拉丁名 *Coriaria nepalensis*
科 属 马桑科（Coriariaceae）马桑属（*Coriaria*）

【自然分布】

产于云南、贵州、四川、湖北、陕西、甘肃、西藏；生于海拔 400-3200 m 的灌丛中。分布于印度、尼泊尔。

【识别要点】

灌木或小乔木，分枝水平开展，小枝四棱形或成四狭翅，常带紫色，老枝紫褐色，具显著圆形突起的皮孔；叶对生，纸质至薄革质，椭圆形或阔椭圆形，全缘，两面无毛或沿脉上疏被毛，基出 3 脉，弧形伸至顶端，在叶面微凹，叶背突起；总状花序生于二年生的枝条上，雄花序先叶开放，雌花序与叶同出，果球形，成熟时由红色变紫黑色。

【生长习性】

马桑性喜温，萌芽力强，生长迅速。其根系发达，具有抗旱、抗寒、耐贫瘠、适应性强的特点；马桑根瘤可与弗兰克氏放线菌形成共生固氮根瘤，具有固氮作用，可改良土壤。

【栽培养护】

可以采用播种、埋条等方式扩繁。播种育苗时，需要苗床土壤保持疏松、肥力中等，有利于幼苗根系发育；幼苗移栽时，注意避免单株移植，采用多株簇状移植有利于提高成活率，并且保持幼苗移栽后的土壤较高肥力，有利于幼苗的高生长。

【园林应用】

可孤植或列植，应用于管理相对粗放、立地条件相对差的区域。

（图文：高富 审校：尹擎、佐树林）

异叶海桐

别　名 **野桂花、臭皮、细杉树**
拉丁名 ***Pittosporum heterophyllum***
科　属 **海桐花科（Pittosporaceae）**
海桐花属（*Pittosporum*）

【自然分布】

分布于西藏东南部、云南北部，海拔1900-3000 m，亦见于四川木里。

【识别要点】

常绿灌木，树高2.5 m。叶簇生枝顶，薄革质，二年生，线形或狭窄披针形。花1-5朵簇生枝顶，作伞形状，花梗无毛，苞片早落；萼片卵形，基部稍合生，先端钝，无毛，或有睫毛；花瓣合生，披针形，先端圆；雌蕊比雄蕊稍短，子房被毛；侧膜胎座2个，胚珠5-8个。蒴果近球形，稍压扁，2片裂开，果片薄，木质，有种子5-8个。种子干后黑色，种柄极短。

【生长习性】

对气候的适应性较强，能耐寒冷，亦颇耐暑热。对光照的适应能力也较强，较耐荫蔽，亦颇耐烈日，但以半阴地生长最佳。喜肥沃湿润土壤，干旱贫瘠地生长不良，稍耐干旱，颇耐水湿。花期4-6月，果期7-10月。

【栽培养护】

以播种和扦插繁殖为主。适应能力强，水肥管理简单。枝叶萌发能力强，可根据需要进行修剪。注意枯病枝修剪，防治病虫害侵袭。

【园林应用】

枝繁叶茂，花味芳香，是著名的观叶、观果植物。抗二氧化硫等的能力强，为环保树种。适于盆栽布置展厅、会场、主席台等处；也宜地植于花坛四周、花径两侧，或作园林中的绿篱、绿带；尤宜于工矿区种植。

（图文：单祖朋　审校：孔繁才、佐树林）

海　　桐

别　名 无

拉丁名 *Pittosporum tobira*

科　属 海桐花科（Pittosporaceae）

海桐花属（*Pittosporum*）

【自然分布】

分布于长江以南滨海各省，内地多栽培供观赏。

【识别要点】

常绿灌木或小乔木，高达 6 m，嫩枝被褐色柔毛，有皮孔。叶聚生枝顶呈假轮生状，二年生，革质，倒卵形，上面深绿色，发亮，干后暗晦无光，基部窄楔形，网脉稍明显，网眼细小，全缘，干后反卷。伞形花序或伞房状伞形花序顶生或近顶生，密被黄褐色柔毛；花白色，有芳香，后变黄色。蒴果圆球形，有棱或呈三角形，果片木质，内侧黄褐色，有光泽，具横格；种子红色。

【生长习性】

喜温暖湿润气候，喜光，也耐阴。耐盐碱。能抗风防潮。对土壤要求不严，以偏碱性和中性土壤为好，萌芽力强，耐修剪。经长期栽培，雄蕊常退化而不育，结实率亦低。花期 5 月，果期 9-10 月。

【栽培养护】

播种、扦插繁殖。于采种后用草木灰脱粒后即播。扦插在梅雨季节进行。移植在春季 3 月进行，小苗带宿土，大苗带土球。日常管理可适当给予水肥，按照需求修剪。

【园林应用】

枝叶繁茂，叶色浓绿光亮，花洁白芳香，是常用的观叶树种。宜在建筑物前孤植，或在草坪边缘丛植。也可修剪成球状配置于树坛、花坛、假山石旁。或作绿篱。对有毒气体有抗性，是矿区优良绿化树种。

（图文：李函润　审校：孔繁才、佐树林）

尖连蕊茶

别　名 尖叶山茶
拉丁名 *Camellia cuspidata*
科　属 山茶科（Theaceae） 山茶属（*Camellia*）

【自然分布】

产于云南、四川、贵州、广西北部、广东北部、湖南、江西、福建、浙江、安徽、湖北、陕西等地。

【识别要点】

常绿灌木或小乔木，高 1-5 m，嫩枝密生柔毛或长丝毛。叶先端渐尖，仅在中脉上有毛，花较大，萼杯状，长 4-5 mm，无毛，花瓣无毛，雄蕊无毛，花丝几乎完全离生，子房无毛。

【生长习性】

喜温暖湿润的气候环境，忌烈日，喜半阳的散射光照，亦耐阴。花期 4-5 月，果期 7-8 月。

【栽培养护】

通常用播种繁殖，也可用扦插繁殖。春季花开过后至抽梢前，可及时追施复合肥水 1 次。种子也需要随采随播，发芽率高。

【园林应用】

树形好，叶有光泽，靓丽，枝条稠密，四季常绿，是良好的园林绿化树种。

（图文：王仲朗　审校：王仲朗、佐树林）

尖萼红山茶

别　名 东南山茶
拉丁名 *Camellia edithae*
科　属 山茶科（Theaceae） 山茶属（*Camellia*）

【自然分布】

产于福建、江西、浙江、广东等地。

【识别要点】

常绿灌木或小乔木，嫩枝有毛，叶披针形，基部心形，被毛，叶柄有毛，萼片卵形，先端尖，蒴果小，果爿薄，有宿存苞片及萼片。

【生长习性】

喜温暖湿润的气候环境，在散射光照和较荫蔽的环境，叶色墨绿，在阳光较强的环境，叶色会偏黄，生长较差。花期12月至翌年3月。

【栽培养护】

通常用播种繁殖，也可用扦插繁殖。目前在市面上常见其品种黑牡丹 *Camellia edithae* 'Heimudan'，适应能力更强。

【园林应用】

小枝及叶片均被毛，叶基心形，形状独特，识别率高，红色花在深绿的叶片衬托下也分外美丽，在园林绿化中可以突出特色，是很好的园林植物。目前人工种植少见，有较大的市场开发潜力。

（图文：王仲朗　审校：王仲朗、佐树林）

蒙自连蕊茶

别　名 小花山茶
拉丁名 *Camellia forrestii*
科　属 山茶科（Theaceae） 山茶属（*Camellia*）

【自然分布】

云南特有种，产于云南中部、东南部、南部和西部。曲靖地区有自然分布。

【识别要点】

常绿灌木，高可达 5 m，嫩枝密生柔毛。叶长 2-3.5 cm，宽 1-2.3 cm，尖头钝，基部略圆。花顶生或腋生，苞片 2-4，有睫毛；萼片 5 片，不等大，半月形至圆形，边缘有睫毛；花瓣 5-6 片，白色，最外侧 1-2 片离生，有睫毛，内侧 4 片基部连生；雌雄蕊均无毛。果实有宿存苞片及萼片。

【生长习性】

生长于海拔 1100-3200 m 的地区，多生长在混交林下、常绿阔叶林中、草坡、灌丛中或林中。适应性强，在阳光充足和半阴环境均能良好生长，对土壤要求不甚严格，在土层深厚的酸性土中生长较好。花期 1-2 月，果期 8-9 月。

【栽培养护】

可以用种子、扦插或嫁接繁殖。由于在苗圃中尚属鲜见，通常用种子繁殖。秋天果实成熟后，立即播种或者先用湿沙藏，待翌年春天再播种。成苗率高，管理可较粗放。

【园林应用】

植株叶较小，枝条密集，株形好，开花量大，结实率高。在园林上可运用于灌木层，既可孤植，也可三五成群种植，亦可作为绿篱植物种植。

（图文：王仲朗　审校：王仲朗、佐树林）

茶 梅

别 名 茶梅花

拉丁名 *Camellia sasanqua*

科 属 山茶科（Theaceae） 山茶属（*Camellia*）

【自然分布】

分布于日本，中国有众多栽培品种。

【识别要点】

常绿灌木或小乔木，嫩枝有毛。叶革质，互生，椭圆形，侧脉 5-6 对，在上面不明显，在下面能见，网脉不显著；边缘有细锯齿。花大小不一，直径 4-7 cm；苞及萼片 6-7，被柔毛；花瓣 6-7 片，阔倒卵形，近离生，白色至红色；雄蕊离生，长 1.5-2 cm，子房被茸毛，花柱长 1-1.3 cm，3 深裂几及离部。蒴果球形，宽 1.5-2 cm，1-3 室，果爿 3 裂，种子褐色，无毛。

【生长习性】

茶梅喜温暖湿润气候，性喜阴湿，以半阴半阳最为适宜，抗性比一般的茶花强，较耐寒，病虫害少。宜生长在富含腐殖质、湿润的微酸性土壤，pH 5.5-6 为宜。花期 9-11 月，果期翌年 7 月。

【栽培养护】

可用扦插、嫁接、压条和播种等方法繁殖，一般多用扦插繁殖。春季花开过后至抽梢前，可及时追施复合肥水 1-2 次。夏季施肥可在春梢老化的 6 月以后，此时肥量可稍大些，并可连施 2-3 次。

【园林应用】

树形优美、花叶茂盛的茶梅品种，可于庭院和草坪中孤植或对植；较低矮的茶梅可与其他花灌木配置花坛、花境，或作配景材料，植于林缘、角落、墙基等处作点缀装饰；茶梅姿态丰盈，花朵瑰丽，着花量多，适宜修剪，绿化亦可作基底种植及常绿篱垣材料，开花时可为花篱，落花后又可为绿篱。

（图文：王仲朗 审校：王仲朗、武红学）

茶

别　名 小叶茶、茶叶、槚、茗、荈、茶树、元茶
拉丁名 *Camellia sinensis*
科　属 山茶科（Theaceae）　山茶属（*Camellia*）

【自然分布】

野生种遍见于中国长江以南各省的山区，栽培品种繁多，河南以南各省（自治区）广泛栽培。

【识别要点】

常绿灌木或小乔木，嫩枝具细毛。叶薄革质，椭圆状披针形或长椭圆形，叶脉明显，背面有时有毛，先端钝尖。花单生于叶腋或2-3朵组成聚伞花序，白色，花梗下弯；萼片5-7，宿存；花瓣5-9；子房密被白色柔毛。蒴果球形，径约1.5 cm，3棱；种子棕褐色。

【生长习性】

茶树喜欢温暖湿润的气候，喜光耐阴，适于在漫射光下生育；宜排水良好的砂质壤土，有机质含量2%以上，通气性、透水性或蓄水性能好，pH 4.5-6.5为宜。花期10月至翌年2月，果期7-9月。

【栽培养护】

通常用扦插繁殖以保持品种的优良性状。冬季施有机肥料，如农家肥、饼肥、商品有机肥等。在3月上旬、5月中下旬、8月中旬三次结合浅耕作业时薄施复合肥料，亩施40-60 kg。在树冠缘下开条沟深15-20 cm，将肥料均匀施于沟内，施后盖土。

【园林应用】

茶是世界三大饮料植物之一，在中国中南部广泛栽培，毛被及叶形变化很大。作为城乡绿化树种也很适合，茶树的叶子可制茶，种子还可以榨油。品种繁多，习性也有不少差异，除了绿叶种类，尚有黄叶、紫叶品种，既可布置花坛、庭院种植，也可作为高档绿篱栽植，开花时成为花篱，果期的绿篱更有特色。

（图文：王仲朗　审校：王仲朗、武红学）

岗 柃

别 名 米碎木、蚂蚁木

拉丁名 *Eurya groffii*

科 属 山茶科（Theaceae）柃木属（*Eurya*）

【自然分布】

产于云南、福建西南部、广东、海南、广西、四川中部、重庆、贵州南部及西南部及西藏东南部等地。曲靖乡土树种。

【识别要点】

常绿灌木或小乔木，高 2-7 m。幼枝被开展长柔毛，叶基楔形至宽楔形，上面无毛，下面密被贴伏短柔毛，侧脉 10-14 对，在上面不明显，叶柄极短，长约 1 mm，密被柔毛。花 1-9 朵簇生于叶腋，单性，雌雄异株，小包片 2，卵圆形；萼片 5，外面密被黄褐色短柔毛；花瓣 5，乳白色。果实圆球形，直径约 4 mm，成熟时黑色。

【生长习性】

广布于长江以南各地，生于海拔 50-2700 m 的山坡、林缘、沟边。花期 9-11 月，果期翌年 4-6 月。

【栽培养护】

通常用种子繁殖。分布广，适应性强，管理可粗放。

【园林应用】

柃木属植物种类众多，全世界有 130 余种，我国有 80 余种，但由于花小而应用于庭园的很少。枝干密集，为观花、观果园林植物，可用于园林植物配置、花坛栽培或盆栽观赏等。

（图文：王仲朗　审校：王仲朗、武红学）

中华猕猴桃

别　名　阳桃、羊桃、猕猴桃

拉丁名　*Actinidia chinensis*

科　属　猕猴桃科（Actinidiaceae）　猕猴桃属（*Actinidia*）

【自然分布】

广泛分布于长江流域，在北纬23°-24°的亚热带山区，如河南、陕西、湖南、江西、四川、福建、广东、广西、台湾等地区有分布。

【识别要点】

大型落叶藤本；幼枝及叶柄密生灰棕色柔毛，老枝无毛；髓大，白色，片状。叶片纸质，圆形、卵圆形或倒卵形，顶端突尖、微凹或平截，边缘有刺毛状齿，上面仅叶脉有疏毛，下面密生灰棕色星状绒毛。花开时白色，后变黄色；花被5数，萼片及花柄有淡棕色绒毛；雄蕊多数；花柱丝状，多数。浆果卵圆形或矩圆形，密生棕色长毛。

【生长习性】

喜光，但怕暴晒。不耐涝，长期积水会导致萎蔫枯死。在年平均气温10℃以上的地区可以生长。喜土层深厚、肥沃、疏松的腐殖质土和冲积土。最忌黏性重、易渍水及瘠薄的土壤。果期8-10月。

【栽培养护】

播种、嫁接和扦插繁殖。播种时，选择个大的熟果，采下后经过六七天后熟，取出种子，用水洗净，晾干后用纱布包好，然后埋在稍微湿润的沙里，储藏1-2个月，可提高其发芽势和发芽率。圃地最好选择比较荫蔽、可导排水、较疏松肥沃的砂质土。

【园林应用】

花大而美观，芳香。叶形、叶色各异，具有极高的观赏价值。可做垂直绿化，丰富绿化景观，增加植物景观层次的变化。

（图：孙卫邦　文：李云猛　审校：孔繁才、武红学）

花叶香桃木

别　名 祝福木
拉丁名 *Myrtus communis* 'Variegata'
科　属 桃金娘科（Myrtaceae） 香桃木属（*Myrtus*）

【自然分布】

原产于地中海沿岸，自古在南欧的庭园栽植。分布于东南亚、我国长江以南各省，为园林中的常见绿化常绿灌木。

【识别要点】

常绿灌木，高 2-4 m；枝四棱，幼嫩部分稍被腺毛。叶片具金黄色条纹，有光泽，全缘，有小油点，叶揉搓后具香味，革质，交互对生或 3-4 叶轮生，叶片卵形至披针形，顶端渐尖，基部楔形，除中脉和边缘有柔毛外，余皆无毛；叶柄极短，长不及 3 mm。花芳香，被腺毛，通常单生于叶腋，稀 2 朵丛生；花梗细长；萼片 5，花瓣 5，白色或淡红色，倒卵形，顶端钝或圆，被腺毛，边缘毛较密；雄蕊多数（达 50 枚），离生，与花瓣等长。浆果圆形或椭圆形，黑紫色，顶部有宿萼。

【生长习性】

喜光，喜温暖湿润的气候，适应性强，亦耐半阴，萌芽力强，耐修剪，病虫害少，适应土层深厚、排水良好的微酸性至微碱性土壤。花期为 5-6 月，果实成熟期 11-12 月。

【栽培养护】

扦插、播种繁殖。嫩枝扦插，宜春末至早秋进行，选用当年生粗壮枝条作为插穗；播种繁殖苗易返祖，叶色变深绿。宜容器培育苗，浇水以土壤湿润为宜，春夏二季各施复合肥 1 次，病虫害较少发生，以预防为主。

【园林应用】

其生长繁茂，全株常年金黄色，色彩艳丽，叶形秀丽，是优良的新型彩叶灌木。植物体所含桃金娘烯，具有强烈杀菌效果，可广泛用于城乡绿化，尤其适用于庭园、公园、小区及高档居住区的绿地栽种。配置中可成片种植作色块、绿篱，亦可修剪成球状造型苗，也可根据设计方案选择合理的配置方式。

（图文：李函润　审校：孔繁才、武红学）

朝天罐

别　名 罐子草、线鸡腿、公石榴

拉丁名 *Osbeckia opipara*

科　属 野牡丹科（Melastomataceae） 金锦香属（*Osbeckia*）

【自然分布】

分布于贵州、广西至台湾、长江流域以南各省（自治区）。生于海拔 250-800 m 的山坡、山谷、水边、路旁、疏林中或灌木丛中。

【识别要点】

灌木；茎四棱形或稀六棱形，被平贴的糙伏毛或上升的糙伏毛。叶对生或有时轮生，叶片坚纸质，顶端渐尖，基部钝或圆形，全缘，具缘毛，两面除被糙伏毛外，尚密被微柔毛及透明腺点；叶柄密被平贴糙伏毛。稀疏的聚伞花序组成圆锥花序，顶生；花瓣深红色至紫色，卵形。蒴果长卵形，为宿存萼所包，宿存萼长坛状，中部略上缢缩，被刺毛状有柄星状毛。

【生长习性】

喜温暖湿润的气候，稍耐旱和耐瘠，抗逆性强。以疏松而含腐殖质多的土壤栽培为好。耐瘠薄。野生种多生长于山坡松林下或开阔的灌草丛中，是酸性土常见的植物。花果期 7-9 月。

【栽培养护】

采用种子繁殖方式。春季 3 月下旬至 4 月上旬播种，将种子混合草木灰或细土，均匀地撒播于苗床上，覆盖细土 2 cm，然后盖草、浇水。栽培管理粗放，春季、夏季、秋季各追施人粪尿或复合肥 1 次，冬季追施堆肥或草木灰，追肥后进行培土。较少感染病害，每月喷洒一次杀菌剂即可对病害起到预防作用。

【园林应用】

美丽的观花植物，可孤植或片植，或丛植布置园林。花苞陆续开放，花期可达全年，具有很高的观赏价值。植株的形态甚佳，照顾管理也比较容易，在园林绿化中逐渐被推广利用，适合在花坛种植或盆栽。

（图文：李函润　审校：孔繁才、武红学）

美丽金丝桃

别　名 无

拉丁名 *Hypericum bellum*

科　属 藤黄科（Guttiferae） 金丝桃属（*Hypericum*）

【自然分布】

产于四川西部、云南西北部、西藏东南部。生于海拔 1900-3500 m 的山坡草地、林缘、疏林下及灌丛中。

【识别要点】

常绿灌木。高 0.3-1.5 m，枝条密集，直立或拱弯，茎红色至橙色；叶对生，卵状长圆形或宽菱形至近圆形；近伞房花序，具花 1-7 朵，苞片叶状至狭椭圆形，宿存至凋落；花杯状，花瓣金黄色至奶油黄色或稀为暗黄色，无红晕，内弯，宽至狭的倒卵形；蒴果宽至狭的卵珠形，种子深红褐色。

【生长习性】

喜光，稍耐阴，耐修剪、萌发强，喜温暖湿润的气候，在土层深厚、肥沃、透气性好的土壤上生长较好。花期 5-7 月，果期 8-9 月。

【栽培养护】

播种、扦插繁殖。其种子非常细小，播种基质要细腻、透气透水，浸盆吸湿浇水，种子易发芽，播种 3 个月后可分苗。扦插繁殖春夏季进行，保持插床 75%-85% 湿度，插条 2 个月后能生根。美丽金丝桃适应性强，耐修剪、萌发强，易栽培。

【园林应用】

美丽金丝桃叶色浓绿、叶形漂亮，生长快、耐修剪、萌蘖性强，易整形，花繁色艳，雄蕊量多，形如金丝，十分美丽，是较好的地被植物绿化材料，可用于成片种植覆盖地表，或与其他植物图案配置营造不同景观。

（图文：孔繁才　审校：孔繁才、武红学）

旱地木槿

别　名 无

拉丁名 *Hibiscus aridicola*

科　属 锦葵科（Malvaceae） 木槿属（*Hibiscus*）

【自然分布】

产于云南西北部丽江市和四川西南部盐边县。生于海拔 1300-1400 m 的干热河谷中。在滇中高原栽植也能正常开花结实。

【识别要点】

落叶灌木，高 1-2 m；嫩枝具棱，小枝圆柱形，密被黄色星状绒毛。叶厚革质，卵形或圆心形，先端圆或钝，基部截形或心形，边缘粗齿状，两面均密被黄色星状绒毛。花单生于叶腋，密被黄色星状绒毛，花萼杯状，花药红黄色；花柱枝 5，具长丝状毛。蒴果卵圆形；种子肾形，被白色细软毛。

【生长习性】

喜阳光，喜排水良好的土壤，只要环境得当，管理可粗放，在曲靖地区能健康生长。

【栽培养护】

用种子或扦插繁殖。旱地木槿的果实从夏季开始陆续成熟，需根据成熟度分阶段采集，晾干分裂后收集种子，可立即播种也可待翌年春天播种。扦插繁殖需要在落叶期间采集枝干作为插穗，在适当保温保湿环境扦插即容易生根。

【园林应用】

其花纯白色，配以红色的雌雄蕊柱显得特别美丽，花期长达 4 个月以上。适应能力强又耐干旱，在园林中可广泛运用，成片种植，开花时节十分壮观。

（图文：唐凌云　审校：王仲朗、武红学）

木芙蓉

别 名 **芙蓉花、酒醉芙蓉**
拉丁名 ***Hibiscus mutabilis***
科 属 **锦葵科（Malvaceae） 木槿属（*Hibiscus*）**

【自然分布】

辽宁、河北、山东、陕西、安徽、江苏、浙江、江西、福建、台湾、广东、广西、湖南、湖北、四川、贵州和云南等省（自治区）栽培，系我国湖南原产。日本和东南亚各国也有栽培。

【识别要点】

落叶灌木或小乔木，高 2-5 m 。小枝、叶柄、花梗和花萼均密被星状毛。叶宽卵形至圆卵形或心形，5-7 裂，裂片三角形，先端渐尖，具钝圆锯齿，两面有毛。花单生于枝端叶腋间，白色或淡红色后变深红色。蒴果扁球形，密被黄色毛。

【生长习性】

木芙蓉喜阳光，也略耐阴。喜温暖湿润的气候，不耐寒。忌干旱，耐水湿。在肥沃临水地生长最盛。花期 8-10 月。

【栽培养护】

繁殖多用扦插或分株。栽种易活，萌枝力强，须及时修剪、摸芽。春季萌芽期需多施肥和水，生长期需施磷肥。常见的害虫有蚜虫、红蜘蛛、盾蚧等，需注意防治。

【园林应用】

芙蓉花晚秋开花，花大色美。可丛植于墙边、路旁，也可成片栽于坡地。植于水滨时，波光花影，景色妩媚。适应性强，也可在铁路、公路、沟渠边种植。

（图文：唐凌云 审校：王仲朗、武红学）

木　　槿

别　名 喇叭花、朝开暮落花、木棉

拉丁名 *Hibiscus syriacus*

科　属 锦葵科（Malvaceae） 木槿属（*Hibiscus*）

【自然分布】

台湾、福建、广东、广西、云南、贵州、四川、湖南、湖北、安徽、江西、浙江、江苏、山东、河北、河南、陕西等省（自治区）均有栽培，系我国中部各省原产。

【识别要点】

落叶灌木，高 3-4 m，小枝密被黄色星状绒毛。叶菱形至三角状卵形，先端钝，基部楔形，边缘具不整齐齿缺；托叶线形，疏被柔毛。花单生于枝端叶腋间，被星状短绒毛；小苞片 6-8，线形，密被星状疏绒毛；花萼钟形，花钟形，淡紫色。蒴果卵圆形，密被黄色星状绒毛；种子肾形，背部被黄白色长柔毛。

【生长习性】

暖地树种。喜光，也稍耐阴。好水湿，又耐干旱。喜湿润、肥沃的土壤。抗寒性较强。萌芽力强，耐修剪，易整形。花期 7-10 月。

【栽培养护】

用扦插繁殖。根从皮孔长出，极易成活。用作绿篱的苗木，长至适当高度时需要修剪。害虫中蚜虫为害较多，应注意防治。

【园林应用】

木槿枝繁叶茂，花期长。在园林中常用作花篱、绿篱，因枝条柔软作围篱时可进行编织。也可丛植或单植点缀庭园。对二氧化硫、氯气等抗性很强，又有滞尘功能，可作为有污染源的工厂和街坊的绿化树种。

（图文：唐凌云　审校：王仲朗、武红学）

绣　球

别　名　八仙花、紫绣球、粉团花

拉丁名　*Hydrangea macrophylla*

科　属　虎耳草科（Saxifragaceae）　绣球属（*Hydrangea*）

【自然分布】

产于山东、江苏、安徽、浙江、福建、河南、湖北、湖南、广东及其沿海岛屿、广西、四川、贵州、云南等省（自治区）。野生或栽培。生于山谷溪旁或山顶疏林中，海拔 380-1700 m。日本、朝鲜有分布。

【识别要点】

落叶或半常绿灌木，高 1-4 m。茎常于基部发出多数放射枝而形成一圆形灌丛；叶纸质或近革质，倒卵形或阔椭圆形，先端骤尖，基部钝圆或阔楔形，边缘于基部以上具粗齿，伞房状聚伞花序近球形，粉红色、淡蓝色或白色。蒴果，长陀螺状。

【生长习性】

暖温带阴性树种。较耐寒。能适应一般土壤，好生于湿润、排水良好而富含腐殖质的壤土。花期 6-8 月。

【栽培养护】

扦插繁殖为主。于“梅雨”期间，选取幼龄母树上的健壮嫩枝做插穗，插穗基部需带节，插后需遮阴，经常保持湿润。也可用压条和嫁接繁殖。嫁接用琼花实生苗做砧木。

【园林应用】

绣球花树姿舒展呈半圆形，开花时白花满树，犹似积雪压枝。宜孤植于草坪旷地，也可配植在堂前屋后、墙下窗外。

（图文：唐凌云　审校：王仲朗、武红学）

云南山梅花

别 名 西南山梅花

拉丁名 *Philadelphus delavayi*

科 属 虎耳草科（Saxifragaceae）
山梅花属（*Philadelphus*）

【自然分布】

分布于四川、云南、西藏等地。生于海拔 700-3800 m 的林中及林缘。

【识别要点】

灌木，高 2-4 m；叶对生，长圆状披针形，边缘具细锯齿或近全缘，上面被糙伏毛，下面密被灰色稍弯长柔毛。总状花序有花 5-9（-21）朵；花萼紫红色或红褐色，外面无毛，常具白粉；花瓣白色，近圆形或阔倒卵形，无毛；雄蕊 30-35 枚，最长可达 9 mm；花柱长 7-8 mm，柱头棒形，较花药长。蒴果倒卵形，长 8-10 mm，直径约 7 mm。

【生长习性】

适应性强，喜光，喜温暖也耐寒耐热，怕水涝。对土壤要求不严，生长速度较快。花期 6-8 月，果期 9-11 月。

【栽培养护】

播种、扦插、压条和分株法繁殖。种子细小，覆以薄土。扦插、压条、分株于春季萌芽前进行。苗期应遮阴。移栽应于深秋或早春进行。性强健、管理粗放。露地栽培的植株可于冬季在植株周围 20-50 cm 处挖浅沟，施入有机肥。春季 3-4 月，在植株周围挖浅沟，施以磷钾肥，以满足植株花芽分化所需养分。

【园林应用】

其花芳香、美丽，多朵聚集，花期较久，为优良的观赏花木。宜栽植于庭园、风景区，亦可作切花材料。宜丛植、片植于草坪、山坡、林缘地带，若与建筑、山石等配植效果也合适。根皮有活血、止痛的功能，用于疟疾、挫伤、腰肋疼痛。

（图文：王仲朗　审校：王仲朗、武红学）

滇南山梅花

别　名 无
拉丁名 *Philadelphus henryi*
科　属 虎耳草科（Saxifragaceae）
山梅花属（*Philadelphus*）

【自然分布】

产于贵州和云南。生于海拔 1300-2200 m 的山坡灌丛中。

【识别要点】

灌木，高 1.5-2.5 m。当年生小枝暗紫色，疏被白色长柔毛，二年生小枝深褐色，表面横裂，片状脱落。叶纸质，卵形或卵状长圆形。总状花序有花 5-22 朵，稀 1-3 朵，最下的 1-3 对分枝顶端常具 2-3 花，排成聚伞状，其基部具叶；花萼筒杯状，暗紫色，外面密被刚毛，裂片 4；花瓣白色，圆形或长圆形，雄蕊 35-38 枚，花药卵状长圆形；花盘及花柱无毛。蒴果倒卵形；种子具短尾。

【生长习性】

适应性强，喜光，喜温暖也耐寒耐热，但怕水涝。对土壤要求不严，生长速度较快，适生于中原地区以南。喜肥沃、排水良好的土壤。花期 6-7 月，果期 8-10 月。

【栽培养护】

以播种、扦插、压条和分株法繁殖为主。适应性强，管理粗放，可根据植株的长势和生理特点，合理浇水和施肥。根据树形需要，可适当进行修枝。注意病虫害防治以及枯枝病枝修理。

【园林应用】

其枝叶繁茂，叶色清新；花芳香、美丽、多朵聚集，花期较久，为优良的观叶观花植物。适宜栽植于庭园、风景区；亦可作切花材料。宜丛植、片植于草坪、山坡、林缘地带，还可与建筑、山石等配植。

（图文：单祖朋　审校：孔繁才、武红学）

郁　李

别　名 爵梅、秧李
拉丁名 *Cerasus japonica*
科　属 蔷薇科（Rosaceae） 樱属（*Cerasus*）

【自然分布】

产于黑龙江、吉林、辽宁、河北、山东、浙江。日本和朝鲜也有分布。

【识别要点】

落叶灌木，高 1-1.5 m；小枝灰褐色无毛。叶片卵形，长 3-7 cm，边有缺刻状尖锐重锯齿，上面深绿色，无毛，下面淡绿色，无毛或脉上有稀疏柔毛。花 1-3 朵，簇生，花先叶开放，花瓣粉红色，倒卵状椭圆形。核果近球形，深红色，直径约 1 cm。

【生长习性】

阳性树种，喜阳光充足、通风良好的环境。耐严寒，抗旱抗湿力均强，一般土地均可栽植。

【栽培养护】

本种以分株繁殖为主，也可压条。生命力旺盛，适应性强，对环境要求不严，只要进行常规水肥管理即可健康生长。

【园林应用】

花先叶开放，粉红色开满枝头，是极好的观花灌木；可植于岩石旁、池畔、草坪边缘，采用孤植或丛植方式景观效果为佳。

（图文：尹擎　审校：尹擎、武红学）

毛叶木瓜

别　名 **木桃、木瓜海棠**
拉丁名 ***Chaenomeles cathayensis***
科　属 **蔷薇科（Rosaceae） 木瓜属（*Chaenomeles*）**

【自然分布】

产于陕西、甘肃、江西、湖北、湖南、四川、云南、贵州、广西。

【识别要点】

落叶灌木至小乔木，高 2-6 m；枝条直立，具短枝刺。叶片椭圆形，长 5-11 cm，上半部边缘有芒状细尖锯齿，下半部锯齿较稀，幼时叶下面密被褐色绒毛，以后脱落近于无毛；花先叶开放，2-3 朵簇生，花瓣倒卵形，长 10-15 mm，淡红色或白色。果实卵球形，长 8-12 cm，黄色有红晕，味芳香。

【生长习性】

阳性树种，喜阳光充足、通风良好的环境。耐寒，抗旱抗湿力均强，一般土地均可栽植。花期 3-5 月，果期 9-10 月。

【栽培养护】

播种繁殖为主，也可扦插。生命力旺盛，适应性强，对环境要求不严，只要进行常规水肥管理即可健康生长。移栽最好在秋季落叶后或春季萌芽前进行。

【园林应用】

春季，花先叶开放，粉红色开满枝头，是极好的观花大灌木或小乔木；宜植于院前庭后，可植于溪流或池塘畔，丛植草坪边缘。

（图文：尹擎　审校：尹擎、武红学）

日本木瓜

别　名 **倭海棠、樝子、和圆子、日本贴梗海棠**

拉丁名 ***Chaenomeles japonica***

科　属 **蔷薇科（Rosaceae） 木瓜属（*Chaenomeles*）**

【自然分布】

原产于日本。陕西、江苏、浙江、四川、云南、贵州等地栽培。

【识别要点】

落叶矮灌木，高约 1 m；枝条有细刺；小枝圆柱形，二年生枝条有疣状突起，无毛。叶片倒卵形，长 3-5 cm，无毛。花 3-5 朵簇生，花直径 2.5-4 cm，花瓣倒卵形，长约 2 cm，砖红色，花柱 5，基部合生，无毛。

【生长习性】

喜温暖湿润、光照充足的环境；耐寒，同时也耐湿热；适度耐旱。花期 3-6 月，果期 8-10 月。

【栽培养护】

繁殖主要采用扦插、压条或嫁接。生命力旺盛，适应性强，对环境要求不严，只要进行常规水肥管理即可健康生长。苗木在秋季落叶后或春季萌芽前进行移栽成活率高。植株矮小，应及时进行杂草清除工作。

【园林应用】

春季，花先叶开放，花色艳丽，浪漫如锦，为极好的园林观花灌木。适宜庭院墙隅、草坪边、石头旁、池畔溪边丛植，也可与其他植物配植。

（图文：尹擎　审校：尹擎、武红学）

木 瓜

别 名 榠楂、木李、海棠

拉丁名 *Chaenomeles sinensis*

科 属 蔷薇科（Rosaceae） 木瓜属（*Chaenomeles*）

【自然分布】

产于陕西、甘肃、江西、湖北、湖南、四川、云南、贵州、广西。

【识别要点】

落叶灌木或小乔木，高达 5-10 m；小枝无刺，圆柱形，二年生枝无毛，紫褐色。叶片椭圆卵形，长 5-8 cm，边缘有刺芒状尖锐锯齿，齿尖有腺，幼时下面密被黄白色绒毛，不久即脱落无毛。花单生叶腋，花直径 2.5-3 cm；花瓣倒卵形，淡粉红色。果实长椭圆形，长 10-15 cm，味芳香，果梗短。

【生长习性】

阳性树种，喜阳光充足、通风良好的环境，稍耐阴；耐寒。喜生于水湿条件好的环境、适度耐旱。花期 4 月，果期 9-10 月。

【栽培养护】

播种繁殖为主，也可扦插、压条或嫁接。生命力旺盛，适应性强，对环境要求不严，只要进行常规水肥管理即可健康生长。苗木在秋季落叶后或春季萌芽前进行移栽成活率高。

【园林应用】

春花浪漫，入秋金果满树，芳香袭人。为极好的园林观花以及观果灌木。宜孤植于院前庭后、丛植草坪，或与其他花木相配植。

（图文：尹擎 审校：尹擎、武红学）

皱皮木瓜

别　名 木瓜、贴梗海棠、铁脚梨

拉丁名 *Chaenomeles speciosa*

科　属 蔷薇科（Rosaceae） 木瓜属（*Chaenomeles*）

【自然分布】

产于陕西、甘肃、四川、贵州、云南、广东。缅甸亦有分布。

【识别要点】

落叶灌木，高达 2 m；枝条有刺；小枝无毛。叶片卵形，长 3-9 cm，无毛。花 3-5 朵簇生于二年生老枝上；花梗短粗或近于无柄；花直径 3-5 cm。花瓣倒卵形，长 10-15 mm，猩红色，稀淡红色或白色。果实卵球形，直径 4-6 cm，味芳香；果梗短或近于无梗。

【生长习性】

喜光，稍耐阴；对土壤要求不严；忌湿，耐旱；喜温暖，也耐寒；根蘖能力强，耐修剪。花期 3-5 月，果期 9-10 月。

【栽培养护】

繁殖常用扦插、压条或嫁接。生命力旺盛，适应性强，对环境要求不严，只要进行常规水肥管理即可健康生长，但在深厚、肥沃、排水良好的壤土中种植长势好。苗木在秋季落叶后或春季萌芽前进行移栽成活率高。

【园林应用】

春花浪漫，入秋金果满树，芳香袭人，为极好的园林观花以及观果灌木。宜孤植于院前庭后、丛植草坪，或与其他花木相配植。

（图文：尹擎　审校：尹擎、武红学）

西南栒子

别　名 佛氏栒子

拉丁名 *Cotoneaster franchetii*

科　属 蔷薇科（Rosaceae） 栒子属（*Cotoneaster*）

【自然分布】

产于四川、云南、贵州。生于多石向阳山地灌木丛中，海拔 2000-2900 m。泰国也有分布。

【识别要点】

半常绿灌木，高 1-3 m；枝暗灰褐色或灰黑色，嫩枝密被糙伏毛，老时逐渐脱落。叶片厚，椭圆形至卵形，全缘，上面幼时具伏生柔毛，下面密被带黄色或白色绒毛；叶柄长 2-3 mm，具绒毛。花 5-11 朵，成聚伞花序，生于短侧枝顶端，总花梗和花梗密被短柔毛；花瓣直立，宽倒卵形或椭圆形，粉红色。果实卵球形，直径 6-7 mm，橘红色。

【生长习性】

喜温暖湿润的半阴环境，耐干燥和瘠薄的土地，不耐湿热，有一定的耐寒性，怕积水。花期 6-7 月，果期 9-10 月。

【栽培养护】

常用扦插和种子繁殖。春夏都能扦插，夏季嫩枝扦插成活率高。种子秋播或湿沙存积春播。移栽宜在早春进行，大苗需带土球。可适当进行修剪。

【园林应用】

枝密叶小，秋季红果艳丽，是优美的观花、观果植物，是地被、绿篱、点缀岩石园和保护堤岸的良好植物材料。适宜在庭园绿地中自然式点植、丛植，也可修剪成球形与乔木配植。

（图文：匡建　审校：尹擎、武红学）

平枝栒子

别　名 栒刺木、平枝灰栒子、矮红子

拉丁名 *Cotoneaster horizontalis*

科　属 蔷薇科（Rosaceae） 栒子属（*Cotoneaster*）

【自然分布】

产于湖北、陕西、四川、贵州、云南。生于海拔 2000-3500 m。

【识别要点】

落叶或半常绿匍匐灌木，高不超过 0.5 m；枝开展，排成整齐的二列状。叶片近圆形，长 5-14 mm，下面有稀疏平贴柔毛。花 1-2 朵，近无梗，直径 5-7 mm；花瓣直立，倒卵形，长约 4 mm，粉红色；雄蕊短于花瓣；子房顶端有柔毛。果实近球形，直径 4-6 mm，鲜红色，常具 3 小核。

【生长习性】

阳性树种，喜阳光充足、通风良好的环境，稍耐阴，有一定的耐寒性；耐干燥和瘠薄的土地，但不耐涝。花期 5-6 月，果期 9-10 月。

【栽培养护】

常用种子繁殖，也可扦插；6-7 月用当年生半木质化枝条扦插成活率高；宜种植在高燥坡地，或排水良好的壤土中。为提高结果数量，可在 7-8 月增施磷钾肥。生长期间注意防治蚜虫、红蜘蛛。

【园林应用】

枝叶横展，春季花开满枝头，晚秋时节叶色红亮，红果满枝。是布置岩石园、庭院、绿地系统的优良材料，同时也是制作盆景的好材料。

（图文：尹擎　审校：尹擎、肖明秋）

小叶栒子

别 名 **铺地蜈蚣、地锅把**
拉丁名 *Cotoneaster microphyllus*
科 属 **蔷薇科**（Rosaceae） **栒子属**（*Cotoneaster*）

【自然分布】

产于四川、云南、西藏。生于海拔 2500-4100 m 的多石山坡地、灌木丛中。

【识别要点】

常绿矮生灌木，高达 1 m；枝条开展，幼时具黄色柔毛。叶片厚革质，倒卵形，长 4-10 mm，下面被灰白色短柔毛。花常单生，稀 2-3 朵，直径约 1 cm，花梗甚短；花瓣平展，近圆形，白色；花柱 2，离生；子房先端有短柔毛。果实球形，直径 5-6 mm，红色，内常具 2 小核。

【生长习性】

阳性树种，喜阳光充足、通风良好的环境，也稍微耐阴；耐干旱瘠薄，耐寒，但不耐涝。花期 5-6 月，果期 8-9 月。

【栽培养护】

种子繁殖，也可扦插繁殖；用当年生半木质化枝条扦插成活率高；宜种植在排水良好的壤土中。为提高结果数量，可在 7-8 月增施磷钾肥。生长期间注意防治蚜虫等。

【园林应用】

枝繁叶茂，晚秋时节红果累累。是布置岩石园、庭院、绿地系统的优良材料，同时也是制作盆景的好材料。

（图文：尹擎 审校：尹擎、肖明秋）

毡毛栒子

别　名 无

拉丁名 *Cotoneaster pannosus*

科　属 蔷薇科（Rosaceae） 栒子属（*Cotoneaster*）

【自然分布】

产于四川、云南。生于海拔 1100-3200 m 的荒山多石地或灌木丛中。

【识别要点】

半常绿灌木，高达 2 m；枝条呈弓形弯曲，幼时密生白色绒毛。叶片椭圆形，长 1-2.5 cm，下面密被白色绒毛。聚伞花序具花 10-21 朵，总花梗和花梗密生绒毛；花瓣平展，宽卵形或近圆形，长 3-3.5 mm，白色；花柱 2 稀 3，离生；子房先端有柔毛。果实球形或卵形，直径 7-8 mm，深红色，常具 2 小核。

【生长习性】

强阳性植物，喜阳光充足、通风良好的环境，稍微耐阴；耐干旱瘠薄，耐寒性强。花期 6-7 月，果期 10 月。

【栽培养护】

种子繁殖；宜种植在排水良好的壤土中。为提高结实率，增加观果效果，可在 7-8 月增施磷钾肥。抗病虫害能力强，只要进行常规水肥管理即可健康生长。

【园林应用】

晚秋与初冬时节红果累累，是极好的观果植物。可在草坪边缘丛植，也是布置庭院、绿地系统的优良材料。

（图文：尹擎　审校：尹擎、肖明秋）

柳叶栒子

别　名 木帚子
拉丁名 *Cotoneaster salicifolius*
科　属 蔷薇科（Rosaceae） 栒子属（*Cotoneaster*）

【自然分布】

产于湖北、湖南、四川、贵州、云南。生于山地或沟边杂木林中，海拔 1800-3000 m。

【识别要点】

半常绿或常绿灌木，高达 5 m；枝条开张，小枝灰褐色；叶片椭圆长圆形至卵状披针形，先端急尖或渐尖，基部楔形，全缘，上面无毛，侧脉 12-16 对，下陷，具浅皱纹，下面被灰白色绒毛及白霜，叶脉显明突起；叶柄粗壮，具绒毛；花多而密，生成复聚伞花序，总花梗和花梗密被灰白色绒毛；果实近球形，深红色，小核 2-3。

【生长习性】

该绿化树种产于我国中部、西南部；半阳生植物，对土壤要求不严；对低温具有抵抗力。花期 6 月，果期 9-10 月。

【栽培养护】

播种繁殖，实生苗 2 年左右即可定植；对田间管理要求不严；苗木生长到 3 年后应及时修剪，以保证树形满足园林布景需要。

【园林应用】

由于本种枝条开张，常绿或半常绿特征，因此在园林布景中可修剪、整形为绿篱，或作为墙体垂直绿化的底部用材料。

（图文：尹擎　审校：尹擎、肖明秋）

榅　桲

别　名 木梨

拉丁名 *Cydonia oblonga*

科　属 蔷薇科（Rosaceae） 榅桲属（*Cydonia*）

【自然分布】

我国新疆、陕西、江西、福建等地有栽培。

【识别要点】

灌木或小乔木，有时高达 8 m；小枝无刺，圆柱形，紫红色，二年生枝条无毛，紫褐色，有稀疏皮孔；叶片卵形至长圆形，先端急尖、凸尖或微凹，基部圆形或近心形，叶脉显著；花单生；花瓣白色；果实梨形，密被短绒毛，黄色，有香味；果梗短粗，被绒毛。

【生长习性】

我国西北至东南区域均可栽培，对光照、水分和土壤肥力条件适应性较广；对环境条件要求不严，适应性强，不论是黏土或砂土均能生长。花期 4-5 月，果期 10 月。

【栽培养护】

种子繁殖为主，亦可以扦插、分株方式繁殖。通过整形把树高控制在 4 m 左右，全树留 5 个主枝；由于发枝力强成枝力弱，大多以短果枝结果为主，因此应在修剪时注意果枝组培养；同时注意辅养枝的保育。

【园林应用】

常孤植，作为园林造景树种。也是重要的果树品种和药材原料植物。

（图文：高富　审校：尹擎、肖明秋）

牛筋条

别　名 红眼睛、白牛筋

拉丁名 *Dichotomanthes tristaniicarpa*

科　属 蔷薇科（Rosaceae）

牛筋条属（*Dichotomanthes*）

【自然分布】

产于云南、四川。生于海拔 1500-2300 m 的山坡开旷地杂木林中。

【识别要点】

常绿灌木至小乔木；小枝幼时密被黄白色绒毛，老时灰褐色；树皮光滑，暗灰色，密被皮孔。叶片长圆披针形，全缘，上面无毛，光亮，下面幼时密被白色绒毛；叶柄粗壮，密被黄白色绒毛。花多数，密集成顶生复伞房花序；花萼筒钟状，外面密被绒毛，内面被柔毛；萼片三角形，边有腺齿，外面密被绒毛，内面无毛。果期心皮干燥，革质。

【生长习性】

喜光、喜温暖气候，耐寒，抗酸碱土壤，适宜在云南本土种植。产于云南、四川。生于山坡开旷地杂木林中或常绿栎林边缘。花期 4-5 月，果期 8-11 月。

【栽培养护】

播种繁殖。种子可随采随播，或低温冷藏翌年 3 月播种，种子发芽率高。容器育苗，2 年生苗可出圃，大苗培育需施足底肥，中耕除草，生长季追施复合肥 2-3 次。

【园林应用】

牛筋条树形优美，枝叶紧凑，进入秋天以后，红果满枝，尤为漂亮，是极佳的观赏树种，在草地中丛植、群植或作背景树都很合适。

（图文：李函润　审校：孔繁才、肖明秋）

华西小石积

别　名 沙糖果

拉丁名 *Osteomeles schwerinae*

科　属 蔷薇科（Rosaceae） 小石积属（*Osteomeles*）

【自然分布】

产于四川、云南、贵州、甘肃。生于海拔1500-3000 m的山坡或向阳干燥地。

【识别要点】

落叶或半常绿灌木，高达1-3 m，枝条开展密集；小枝细弱，幼时密被灰白色柔毛。奇数羽状复叶，具小叶片7-15对，被毛；小叶片对生，椭圆形，长5-10 mm。顶生伞房花序，有花3-5朵，直径2-3 cm；花瓣长圆形，长5-7 mm，白色。果实卵形，直径6-8 mm，蓝黑色；小核5，骨质。

【生长习性】

阳性植物，喜阳光充足，稍耐阴；极耐干旱与贫瘠、耐寒。花期4-5月，果期7月。

【栽培养护】

种子繁殖。虽极耐旱，但种植在富含腐殖质、排水良好的壤土中，生长好。生活力强，常规水肥管理即可健康生长。

【园林应用】

枝条开展密集，小巧玲珑，是岩石园种植的好材料；也可种植于溪流畔。是极好的石漠化地区绿化灌木。

（图文：尹擎　审校：尹擎、肖明秋）

带叶石楠

别　名 牛筋条、黄牛筋、红牛筋

拉丁名 *Photinia loriformis*

科　属 蔷薇科（Rosaceae） 石楠属（*Photinia*）

【自然分布】

产于四川、云南。生于干燥山坡丛林中，海拔2100-2700 m。

【识别要点】

常绿灌木或小乔木，高 3 m；小枝密生黄色伏贴绒毛，老枝灰褐色，近无毛，有散生皮孔；叶片革质，带状长圆形或狭披针形，上面光亮，无毛，下面密生黄色绒毛，叶脉在上面深陷，在下面隆起，侧脉 10-20 对；花多数，密集成顶生复伞房花序，总花梗和花梗均有黄色绒毛；花瓣白色；圆形，无毛；果实卵形，红色，含 2-4 粒种子。

【生长习性】

对立地环境要求不严格，喜阳，不耐阴；对土壤水分要求低，相对干燥的土壤对其生长反而有利。花期 5 月，果期 9 月。

【栽培养护】

多用种子播种扩繁，在苗圃条件好的情况下，也可以采用扦插、压条方式繁殖；日常养护中注意避免出现缺水和过涝现象。种植地土壤以质地疏松、肥沃、微酸性至中性为好，且最好灌溉方便，排水良好。

【园林应用】

在园林应用中，通过修剪调控其外形，满足园林布景需要。

（图文：高富　审校：尹擎、肖明秋）

石　楠

别　名　千年红、扇骨木、将军梨

拉丁名　*Photinia serrulata*

科　属　蔷薇科（Rosaceae）　石楠属（*Photinia*）

【自然分布】

产于陕西、甘肃、河南、江苏、安徽、浙江、江西、湖南、湖北、福建、台湾、广东、广西、四川、云南、贵州。生于杂木林中，海拔 1000-2500 m。日本、印度尼西亚也有分布。

【识别要点】

常绿灌木或小乔木，株高达 12 m，树冠球形。叶片革质，长椭圆形、长倒卵形或倒卵状椭圆形，先端尾尖，基部圆形或宽楔形，边缘疏生具腺细锯齿，近基部全缘；中脉显著，侧脉 25-30 对；叶柄粗壮，幼时有绒毛，以后无毛。复伞房花序顶生，直径 10-16 cm，花瓣白色。果实球形，直径 5-6 mm，红色，后呈褐紫色。

【生长习性】

喜光稍耐阴，深根性，对土壤要求不严，但以肥沃、湿润、土层深厚、排水良好、微酸性的砂质土壤最为适宜，能耐短期 -15℃的低温，喜温暖、湿润气候。花期 4-5 月，秋季结果，以 10 月为盛果期。

【栽培养护】

可采用播种或扦插方式扩繁；注意田间管理时土壤水分变化，多施用农家肥或者有机复合肥有助于植株扩展。萌芽力强，耐修剪。

【园林应用】

具圆形树冠，叶丛浓密，嫩叶红色，花白色、密生，冬季果实红色、鲜艳，是常见的栽培树种。对烟尘和有毒气体有一定的抗性。

（图文：高富　审校：尹擎、肖明秋）

扁核木

别　名 青刺尖、枪刺果（曲靖）、打油果
拉丁名 *Prinsepia utilis*
科　属 蔷薇科（Rosaceae） 扁核木属（*Prinsepia*）

【自然分布】

产于云南、贵州、四川、西藏。生于山坡、荒地、山谷或路旁等处，海拔1000-2560 m。巴基斯坦、尼泊尔、不丹和印度北部也有分布。

【识别要点】

半落叶灌木；老枝粗壮，灰绿色，小枝圆柱形，绿色或带灰绿色，有棱条，被褐色短柔毛或近于无毛；枝刺上生叶，近无毛；叶片长圆形或卵状披针形，全缘或有浅锯齿，两面均无毛，上面中脉下陷，下面中脉和侧脉突起；叶柄无毛；总状花序；花瓣白色；核果长圆形或倒卵长圆形；核平滑，紫红色。

【生长习性】

半阳生习性，喜生于林荫、散斑光照环境，对于土壤条件要求不严；如果土壤肥沃、水分充足则很容易形成膨大的散生和丛生植丛。花期4-5月，果熟期8-9月。

【栽培养护】

播种或扦插繁殖；因其耐寒、适应性强，喜肥沃、湿润不积水的沙壤土；因此耐粗放管理；秋季果实成熟变红时采摘，挫去果肉，留种；翌年春季播种。亦可春季3月，采1-2年生尚未萌芽枝条，扦插育苗。

【园林应用】

青刺尖花、果均具观赏价值，枝叶繁茂，初夏百花繁密，入秋果实累累。适宜在园林绿地中的草坪边缘、庭院角隅种植或与山石配植。

（图文：高富　审校：尹擎、肖明秋）

窄叶火棘

别　名 狭叶火棘
拉丁名 *Pyracantha angustifolia*
科　属 蔷薇科（Rosaceae） 火棘属（*Pyracantha*）

【自然分布】

产于湖北、云南、四川、西藏。生于阳坡灌丛中或路边，海拔 1600-3000 m。

【识别要点】

常绿灌木或小乔木，高达 4 m，多枝刺，小枝密被灰黄色绒毛，老枝紫褐色。叶片窄长圆形至倒披针状长圆形，全缘，微向下卷，上面初时有灰色绒毛，逐渐脱落，暗绿色，下面密生灰白色绒毛；叶柄密被绒毛。复伞房花序，总花梗、花梗、萼筒和萼片均密被灰白色绒毛；花瓣近圆形，白色。果实扁球形，砖红色，顶端具宿存萼片。

【生长习性】

阳性树种，喜温暖气候，不耐寒，能耐短时0℃低温；耐修剪。花期 5-6 月，果期 10-12 月。

【栽培养护】

繁殖方法主要是播种，可秋播或春播；也可用枝条扦插繁殖。

【园林应用】

适宜在庭园绿地中自然式点植、丛植，可修剪成形作带状绿篱，也可修剪成球形与乔木配植。

（图文：匡建 审校：尹擎、肖明秋）

火 棘

别 名 **火把果、救军粮**

拉丁名 ***Pyracantha fortuneana***

科 属 **蔷薇科（Rosaceae）火棘属 （*Pyracantha*）**

【自然分布】

产于陕西、河南、江苏、浙江、福建、湖北、湖南、广西、贵州、云南、四川、西藏。生于山地、丘陵地阳坡灌丛草地及河沟路旁，海拔 500-2800 m。

【识别要点】

常绿灌木。株高约 3 m，侧枝短，先端成尖刺。叶多为倒卵状长圆形，缘具圆钝齿。复伞房花序，花小、白色，梨果近球形，橘红色或深红色。

【生长习性】

喜温暖、湿润、阳光充足的环境；喜疏松、肥沃的土壤；具有耐旱、耐寒、耐瘠的特点。花期 4-5 月，果期 8-12 月。

【栽培养护】

繁殖方法主要是播种，可秋播或春播；也可用枝条扦插繁殖。扦插可于 2-3 月进行，也可以在夏季进行。

【园林应用】

春天满树白花、秋天硕果累累，是较好的观花、观果植物。适宜园林种植，可孤植、丛植，也可作隔断绿篱种植。

（图文：匡建 审校：尹擎、肖明秋）

鸡　麻

别　名 无

拉丁名 *Rhodotypos scandens*

科　属 蔷薇科（Rosaceae） 鸡麻属（*Rhodotypos*）

【自然分布】

产于辽宁、陕西、甘肃、山东、河南、江苏、安徽、浙江、湖北。生于山坡疏林中及山谷林下阴处，海拔 100-800 m。日本和朝鲜也有分布。

【识别要点】

落叶灌木，高达 3 m；小枝紫褐色，嫩枝绿色，光滑；叶对生，卵形，顶端渐尖，基部圆形至微心形，边缘有尖锐重锯齿，上面幼时被疏柔毛，以后脱落无毛，下面被绢状柔毛，老时脱落，仅沿脉被稀疏柔毛；叶柄被疏柔毛；单花顶生于新梢上；花瓣白色，倒卵形；核果 1-4，黑色或褐色，斜椭圆形，光滑。

【生长习性】

喜荫蔽环境，耐低温，对土壤水分要求稍高；生长迅速。花期 4-5 月，果期 6-9 月。

【栽培养护】

播种、扦插繁殖均可。种子有休眠习性，可秋播或沙藏至翌年春播，实生苗第 3 年开花。花后应及时疏剪老枝，以促生新枝，保证着花繁密。开花前不应短截枝梢。

【园林应用】

鸡麻花叶清秀美丽，适宜丛植于草地、路旁、角隅或池边，也可植于山石旁。我国南北各地栽培供庭园绿化用。

（图文：高富　审校：尹擎、肖明秋）

木香花

别 名 木香、七里香

拉丁名 *Rosa banksiae*

科 属 蔷薇科（Rosaceae） 蔷薇属（*Rosa*）

【自然分布】

产于四川、云南。生于溪边、路旁或山坡灌丛中，海拔 500-1300 m。全国各地均有栽培。

【识别要点】

落叶攀缘小灌木，高可达 6 m；小枝圆柱形，有短小皮刺；老枝上的皮刺较大，坚硬，经栽培后有时枝条无刺；小叶片椭圆状卵形或长圆披针形，边缘有紧贴细锯齿，上面无毛，深绿色，下面淡绿色，中脉突起，沿脉有柔毛；小叶柄和叶轴有稀疏柔毛和散生小皮刺；花小形，多朵成伞形花序；花瓣重瓣至半重瓣，白色至淡黄色。

【生长习性】

阳生环境，对低温抗性差，适宜向阳背风位置栽种；棚架栽培则扩展迅速。花期 4-5 月。

【栽培养护】

一般不建议使用种子进行培育。生产上多用当年嫩枝扦插育苗，容易成活。另外，分株方法繁殖也较快，有时候也采用压条方法来繁殖新的植株。田间管理时，除做好水肥管理，还应防治常见的蚧壳虫、蚜虫和焦叶病等。

【园林应用】

木香花可以吸收废气，阻挡灰尘，净化空气。其花朵密，色艳，香浓，秋果红艳，是极好的垂直绿化材料，适用于布置花柱、花架、花廊和墙垣，是作绿篱的良好材料，非常适合家庭种植。著名观赏植物，常栽培供攀缘棚架之用。

（图文：高富 审校：尹擎、肖明秋）

长尖叶蔷薇

别　名 粉棠果、倒挂刺

拉丁名 *Rosa longicuspis*

科　属 蔷薇科（Rosaceae） 蔷薇属（*Rosa*）

【自然分布】

产于云南各地；生于海拔 400-2900 m 的丛林中或路边灌丛中。分布于四川、贵州。印度北部也有分布。

【识别要点】

常绿攀缘灌木，高 1.5-3 m。枝弓形弯曲，常具粗短钩状皮刺。小叶片革质，卵形、椭圆形或卵状长圆形，稀倒卵状长圆形，边缘具锐尖锯齿，两面无毛。花多数，排成伞房状；萼片披针形，全缘或有羽状裂片，两面均被柔毛；花瓣白色，宽倒卵形，先端凹凸不平，基部宽楔形，外面被平铺绢毛。果倒卵球形，暗红色。

【生长习性】

喜阳光，亦耐半阴，较耐寒，适生于排水良好的肥沃润湿地。耐干旱，耐瘠薄，但栽植在土层深厚、疏松、肥沃湿润而又排水通畅的土壤中则生长更好，不耐水湿，忌积水。花期 5-7 月，果期 7-11 月。

【栽培养护】

可采用多种繁殖方法，分株、扦插、压条、嫁接均可。栽培地必须为阳光充足、干燥通风、排水良好、富含有机质的沙质土壤。

【园林应用】

蔷薇花可以吸收废气，阻挡灰尘，净化空气。蔷薇花密，色艳，香浓，秋果红艳，是极好的垂直绿化材料，适用于布置花柱、花架、花廊和墙垣，也是作绿篱的良好材料。

（图文：魏薇　审校：孔繁才、肖明秋）

野蔷薇

别 名 刺花、墙靡、多花蔷薇
拉丁名 *Rosa multiflora*
科 属 蔷薇科（Rosaceae） 蔷薇属（*Rosa*）

【自然分布】

产于江苏、山东、河南等省。日本、朝鲜习见。本种变异性强，庭园栽培中有较多的栽培变种。

【识别要点】

落叶攀缘灌木；小枝圆柱形，通常无毛；小叶片倒卵形、长圆形或卵形，先端急尖或圆钝，基部近圆形或楔形，边缘有尖锐单锯齿，稀混有重锯齿；小叶柄和叶轴有柔毛或无毛；花多朵，排成圆锥状花序；花瓣白色，宽倒卵形，先端微凹，基部楔形；果近球形，红褐色或紫褐色，有光泽，无毛，萼片脱落。

【生长习性】

适应幅度广，不耐低温，喜阳；土壤肥沃的情况下，易于分枝。

【栽培养护】

常用分株、扦插和压条繁殖，春季、初夏和早秋均可进行。也可播种，可秋播或沙藏后春播，播后 1-2 个月发芽。

【园林应用】

野蔷薇初夏开花，花繁叶茂，芳香清幽。花形千姿百态，花色五彩缤纷，且适应性极强，栽培范围较广，易繁殖，是较好的园林绿化材料。

（图文：高富 审校：尹擎、肖明秋）

橘黄香水月季

别 名 芳香月季、黄酴醿

拉丁名 *Rosa odorata* var. *pseudoindica*

科 属 蔷薇科（Rosaceae） 蔷薇属（*Rosa*）

【自然分布】

产于云南。江苏、浙江、四川、云南有栽培。

【识别要点】

常绿或半常绿攀缘灌木，有长匍匐枝，枝粗壮，无毛，有散生而粗短钩状皮刺；小叶5-9；小叶片椭圆形、卵形或长圆卵形，边缘有紧贴的锐锯齿，两面无毛，革质；顶端小叶片有长柄，总叶柄和小叶柄有稀疏小皮刺和腺毛。花单生，花瓣芳香，白色或带粉红色，倒卵形；果实呈压扁的球形，稀梨形，外面无毛，果梗短。

【生长习性】

喜光照充足、空气质量好的区域，土壤肥沃、水分充足的情况下，生长旺盛。花期长，花期一般为6-9月。

【栽培养护】

用扦插、压条和种子繁殖，成活率均较高。种子采收后秋播，或层积过冬进行春播。适宜在阳光充足、空气流通的环境中生长，它对土壤要求不严。

【园林应用】

橘黄香水月季以它的花大、色彩艳丽、气味幽香驰名；是培育月季园艺新品种的重要种质材料。在自然界也有由它自然杂交变异产生的很多品种，如红色、粉红色、白色、黄色的粉团花，这些粉团花由于具有防尘，耐干旱，抗污染，有吸音作用，被广泛用来绿化装饰庭院的围墙，以美化环境和街道，使得城市环境得到保护。

（图文：高富　审校：尹擎、肖明秋）

单瓣缫丝花

别　名 刺糜（mi）、刺梨（贵州）、文光果

拉丁名 *Rosa roxburghii* f. *normalis*

科　属 蔷薇科（Rosaceae） 蔷薇属（*Rosa*）

【自然分布】

产于陕西、甘肃、江西、福建、广西、湖北、四川、云南、贵州。多生于向阳山坡、沟谷、路旁以及灌丛中，海拔 500-2500 m。

【识别要点】

半常绿开展灌木，高 1-2.5 m；树皮灰褐色；小枝圆柱形；小叶片椭圆形或长圆形，稀倒卵形，边缘有细锐锯齿，两面无毛，下面叶脉突起，网脉明显，叶轴和叶柄有散生小皮刺；花生于短枝顶端；花瓣重瓣至半重瓣，淡红色或粉红色，微香，倒卵形，外轮花瓣大，内轮花瓣较小；果扁球形，绿红色，外面密生针刺。

【生长习性】

喜光，在通风良好的环境内长势也好；能耐受低温考验，昆明植物园种植成功；喜生于土壤透水性好、肥沃立地环境。花期 5-7 月，果期 8-10 月。

【栽培养护】

可采用分株、扦插和压条繁殖；田间管理重点关注土壤水分状态调整，同时注意病虫害防治。

【园林应用】

与其他蔷薇科物种应用类似，用作街景、假山等周边的绿化点缀物种，其粉红色的花瓣造景作用明显。

（图文：高富　审校：尹擎、肖明秋）

绢毛蔷薇

别　名 无

拉丁名 *Rosa sericea*

科　属 蔷薇科（Rosaceae） 蔷薇属（*Rosa*）

【自然分布】

产于云南、四川、贵州、西藏。多生于山顶、山谷斜坡或向阳燥地，海拔2000-3800 m。印度、缅甸、不丹也有分布。

【识别要点】

半常绿直立灌木，高1-2 m；枝粗壮，弓形；皮刺散生或对生，基部稍膨大，有时密生针刺；小叶片卵形或倒卵形，稀倒卵长圆形，先端圆钝或急尖，基部宽楔形，边缘仅上半部有锯齿，基部全缘，上面无毛，有褶皱；叶轴、叶柄有极稀疏皮刺和腺毛；花单生于叶腋，无苞片；花瓣白色，宽倒卵形；果倒卵球形或球形，红色或紫褐色，无毛。

【生长习性】

阳生物种，通风良好的立地小环境更利于其生长；对 −15℃以下低温抵抗力差；在土壤疏松、透气良好的立地上，长势良好。花期5-6月，果期7-8月。

【栽培养护】

采用扦插、播种繁殖，亦可采用组培、水培、嫁接、压条、分株等方法繁殖；田间管护关注水肥管理，加强病虫害防治。

【园林应用】

绿化实践中，多用于绿篱构建。

（图文：高富　审校：尹擎、肖明秋）

麻叶绣线菊

别 名 麻叶绣球、麻毬、石棒子

拉丁名 *Spiraea cantoniensis*

科 属 蔷薇科（Rosaceae） 绣线菊属（*Spiraea*）

【自然分布】

产于广东、广西、福建、浙江、江西。在河北、河南、山东、陕西、安徽、江苏、四川均有栽培。日本也有记录。庭园栽培供观赏。

【识别要点】

半常绿灌木，高达 1.5 m；小枝细瘦，圆柱形，呈拱形弯曲，无毛；叶片菱状披针形至菱状长圆形，先端急尖，基部楔形，边缘自近中部以上有缺刻状锯齿，上面深绿色，下面灰蓝色，两面无毛，有羽状叶脉；叶柄无毛；伞形花序具多数花朵；花梗无毛；花瓣近圆形或倒卵形，先端微凹或圆钝，白色；蓇葖果直立开张，无毛。

【生长习性】

性喜温暖和阳光充足的环境。稍耐寒、耐阴，较耐干旱，忌湿涝。分蘖力强。生长适温 15-24℃，冬季能耐 −5℃低温。土壤以肥沃、疏松和排水良好的沙壤土为宜。花期 4-5 月，果期 7-9 月。

【栽培养护】

可采用种子繁殖，如果在母树下创造适度荫蔽环境有利于种子发芽和幼苗快速生长；也可用扦插方式繁殖，春季用硬枝扦插，夏季可用软枝扦插；由于绣线菊属植物萌蘖性强，因此本种也可进行分株繁殖，分株繁殖于每年 10-12 月进行为好；日常管护中在做好水肥管理的同时，还应注意病虫害防治工作。

【园林应用】

庭园栽培供观赏。花序密集，花色洁白，早春盛开如积雪，甚美丽。因此适于在城镇园林绿化中应用，或布置广场，或居民区绿化；还可在城市园林植物造景中起到点缀或映衬作用；还可用作鲜切花的材料。

（图文：高富 审校：尹擎、季炳元）

粉花绣线菊

别　名 日本绣线菊、蚂蟥梢、火烧尖

拉丁名 *Spiraea japonica*

科　属 蔷薇科（Rosaceae） 绣线菊属（*Spiraea*）

【自然分布】

原产于日本、朝鲜。我国各地栽培供观赏。

【识别要点】

落叶直立灌木，高达 1.5 m；枝条细长，开展。叶片卵形至卵状椭圆形，长 2-8 cm，边缘有缺刻状重锯齿或单锯齿，上面暗绿色，下面色浅或有白霜，通常沿叶脉有短柔毛。复伞房花序生于当年生新枝顶端，花朵密集，密被短柔毛；花直径 4-7 mm；花瓣卵形至圆形，粉红色。

【生长习性】

喜阳光，稍耐阴，耐旱，忌水涝；对土壤要求不严。花期 6-7 月，果期 8-9 月。

【栽培养护】

繁殖以扦插为主，也可播种。种植在气候温暖、土质松软、肥沃、排水良好的弱酸性或中性壤土中长势好。移植在落叶期进行，花后应进行修剪。春季有时会有蚜虫危害，应及时防治。

【园林应用】

枝繁叶茂，夏季粉花密集成团，花开满枝头，是极好的观花灌木。可丛植于池畔、山坡、路径或草坪一隅。也可沿道路或建筑物列植成花篱。

（图文：尹擎　审校：尹擎、季炳元）

夏蜡梅

别　名 牡丹木、大叶柴、蜡木

拉丁名 *Calycanthus chinensis*

科　属 蜡梅科（Calycanthaceae）
夏蜡梅属（*Calycanthus*）

【自然分布】

昆明等地均有栽培。原产于浙江临安、天台等地。生于海拔 600-1000 m 的山地沟边林荫下。

【识别要点】

落叶灌木，高 1-3 m；树皮灰褐色或褐色，皮孔凸起。叶宽卵状椭圆形、卵圆形或倒卵形，全缘或有不规则的细齿，叶面有光泽，略粗糙，无毛。花芳香，苞片 5-7；花被片螺旋状着生于杯状的花托上，倒卵形或倒卵状匙形，粉红色至粉白色。果托钟状或近顶口紧缩，密被柔毛，顶端有 14-16 个披针状钻形的附属物；瘦果矩圆形，被绢毛。

【生长习性】

适宜较阴湿、疏松肥沃、排水良好的土壤，喜温暖、湿润的环境，怕烈日暴晒。花期 5-6 月，果期 9-10 月。

【栽培养护】

繁殖方法主要有播种法、分株法、压条法。宜栽在疏林下或其他夏季无直射阳光处，若光照过强，应及时向植株及周围洒水，增加空气湿度，可延长花期。生长期要保持土壤湿润，阴雨连绵要注意排水，以免土壤积水导致烂根。

【园林应用】

夏蜡梅花形奇特，色彩淡雅，可孤植、丛植或配植。宜栽在半阴半阳处及有散射光的林下和建筑物背光处，如庭院、假山旁、大树下、林带边等处。也可盆栽观赏，布置阳台、庭院等。

（图文：魏薇　审校：孔繁才、季炳元）

西南蜡梅

别　名　蜡木、麻木柴、素心蜡梅

拉丁名　*Chimonanthus campanulatus*

科　属　蜡梅科（Calycanthaceae）

蜡梅属（*Chimonanthus*）

【自然分布】

通常生于海拔 2000-2900 m 的山坡灌丛中及石灰岩山地。

【识别要点】

常绿灌木；叶近革质，先端渐长尖，上面平滑，下面无白粉、无毛。花淡黄色，具短梗，花被片 9-12，雄蕊 4-5，心皮 6-8。果托梨形，瘦果长 1-1.4 cm，深褐色。

【生长习性】

性喜阳光，能耐阴、耐寒、耐旱，忌渍水。好生于土层深厚、肥沃、疏松、排水良好的微酸性至弱碱性沙质壤土上。耐旱性较强，怕涝，故不宜在低洼地栽培。树体生长势强，分枝旺盛，根茎部易生萌蘖。耐修剪，易整形。

【栽培养护】

主要通过种子繁殖，也可分株和扦插繁殖。平时浇水以维持土壤半墒状态为佳，雨季注意排水，防止土壤积水。干旱季节及时补充水分，开花期间，土壤保持适度干旱，不宜浇水过多。每年花谢后施一次充分腐熟的有机肥即可。每次施肥后都要及时浇水、松土，以保持土壤疏松，花期不要施肥。

【园林应用】

西南蜡梅花在霜雪寒天傲然开放，花黄似蜡，浓香扑鼻，是冬季观赏主要花木。可片状栽植，形成西南蜡梅花林，成为人们游玩散心、健身之地；也可与岩石、假山相配置，以西南蜡梅为主景，桂花、地柏、翠竹相配衬，造景美丽，显得别致。

（图文：唐凌云　审校：王仲朗、季炳元）

山蜡梅

别 名 秋蜡梅、香风茶、野蜡梅

拉丁名 *Chimonanthus nitens*

科 属 蜡梅科（Calycanthaceae）

蜡梅属（*Chimonanthus*）

【自然分布】

产于安徽、浙江、江苏、江西、福建、湖北、湖南、广西、云南、贵州和陕西等省（自治区）。生于山地疏林中或石灰岩山地。

【识别要点】

常绿灌木，高 1-3 m；幼枝四方形，老枝近圆柱形，被微毛，后渐无毛。叶纸质至近革质，椭圆形至卵状披针形，少数为长圆状披针形，叶面略粗糙，有光泽，基部有不明显的腺毛，叶背无毛，或有时在叶缘、叶脉和叶柄上被短柔毛；叶脉在叶面扁平，在叶背凸起，网脉不明显。花黄色或黄白色；果托坛状口部收缩，成熟时灰褐色，被短绒毛，内藏聚合瘦果。

【生长习性】

广布于我国中部、南部和西南地区，适生于山地疏林中或石灰岩山地，耐贫瘠，喜光。花期 10 月至翌年 1 月，果期 4-7 月。

【栽培养护】

可以采用播种、扦插、分株和压条等多种途径增加植株数量，但存在不利于优良品质保存、投入大、见效慢的缺陷；逐渐采用嫁接和组织培养的技术手段来增加新植株数量。在植株日常管护中，应及时防治蜡梅炭疽病、叶斑病、黑斑病等真菌引起的叶部病变，以及蜡梅白纹羽病等根部病变。

【园林应用】

花黄色美丽，叶常绿，是良好的园林绿化植物。

（图文：高富 审校：尹擎、季炳元）

蜡　梅

别　名 **黄梅花、蜡木、腊梅**
拉丁名 ***Chimonanthus praecox***
科　属 **蜡梅科**（**Calycanthaceae**）
蜡梅属（***Chimonanthus***）

【自然分布】

生于山地林中，野生于华北、华东至西南地区；华南地区有栽培。

【识别要点】

落叶大灌木，高达 4 m；幼枝四方形，老枝近圆柱形，灰褐色，无毛或被疏毛，有皮孔；叶纸质至近革质，顶端急尖至渐尖。花着生于二年生枝条的叶腋内，先花后叶，芳香；花被片多数，无毛，内层较小，紫红色；中层较大，黄色，稍有光泽，似蜡质；最外层由细小鳞片组成。萼片与花瓣相似，不易区分。果托近木质化，坛状或倒卵状椭圆形。

【生长习性】

性喜阳光，能耐阴、耐寒、耐旱，忌渍水。好生于土层深厚、肥沃、疏松、排水良好的微酸性沙质壤土上，在盐碱地上生长不良。根茎部易生萌蘖。耐修剪，易整形。花期 11 月至翌年 3 月，果期 4-11 月。

【栽培养护】

繁殖以嫁接、播种为主。春季萌芽前栽植。小苗采取适当株行距栽植。平时浇水以维持土壤半墒状态为佳，雨季注意排水，防止土壤积水。每年花谢后施一次充分腐熟的有机肥。

【园林应用】

利于庭院栽植，又适作古桩盆景和插花与造型艺术，是冬季赏花的理想名贵花木。它更广泛地应用于城乡园林建设，可片状栽植、主景配置、混栽配置、漏窗透景或与岩石、假山配置。

（图文：高富　审校：尹擎、季炳元）

紫　荆

别　名　裸枝树、毛紫荊、紫珠

拉丁名　*Cercis chinensis*

科　属　豆科（Fabaceae）　紫荆属（*Cercis*）

【自然分布】

产于我国东南部，北至河北，南至广东、广西，西至云南、四川，西北至陕西，东至浙江、江苏和山东等省（自治区）。

【识别要点】

丛生或单生灌木。树皮和小枝灰白色。叶纸质，近圆形或三角状圆形，互生，较薄，下面通常无毛或沿脉上被短柔毛。花紫红色或粉红色，2朵至10余朵成束，簇生于老枝和主干上，通常先于叶开放。荚果扁狭长形，绿色，荚果薄，通常不开裂，有翅，喙细小而弯曲。

【生长习性】

较耐寒，喜光。好生于向阳、肥沃的土壤，畏水湿。萌蘖性强，耐修剪。花期3-4月，果期8-10月。

【栽培养护】

繁殖以播种为主，也可分株。分株和移植宜于春季萌芽前进行。丛栽树每年发芽前应剪除部分老枝，适当施肥。夏季、秋季间常发生刺蛾、大蓑蛾等食叶害虫，要注意防治。

【园林应用】

紫荆干直丛出，先叶开花，花形似蝶，密密层层，满树嫣红。适宜在公园、庭院、草坪、园路隅角配植。它对氯气有一定抗性，滞尘能力也强，是城市绿地、厂矿绿化的好材料。

（图文：唐凌云　审校：王仲朗、季炳元）

美叶油麻藤

别 名 无

拉丁名 *Mucuna calophylla*

科 属 豆科（Fabaceae） 黧豆属（*Mucuna*）

【自然分布】

中国特有，产于云南西部和中部，生于海拔1000-3000 m的林中。

【识别要点】

常绿攀缘大藤本，幼枝具毛。羽状复叶具3小叶，叶长15-22 cm，被毛；顶生小叶卵形、椭圆形或菱形，长7-11 cm，侧生小叶极偏斜，长7-10.5 cm。花序腋生，长3-12 cm，每节有3花，多聚集在近顶端；花冠紫色，旗瓣近圆形，长2-2.4 cm，翼瓣长2.8-3.2 cm。果木质，带状长圆形，长15 cm，种子木质。

【生长习性】

性喜温暖湿润环境；稍耐寒、耐旱；喜阳光充足，但也稍耐阴。花期4-5月，果期8-10月。

【栽培养护】

种子繁殖。抗病虫害能力较强，常规水肥管理即可健康生长。在土层深厚、富含腐殖质、排水良好的壤土中栽培，长势尤盛。

【园林应用】

种植在高大棚架、花门、墙垣旁，攀缘绿化效果好，还可用于采石场等地植被恢复。

（图文：尹擎 审校：尹擎、季炳元）

常春油麻藤

别 名 常绿油麻藤、牛马藤、棉麻藤
拉丁名 *Mucuna sempervirens*
科 属 豆科（Fabaceae） 黧豆属（*Mucuna*）

【自然分布】

产于四川、贵州、云南、陕西南部（秦岭南坡）、湖北、浙江、江西、湖南、福建、广东、广西。生于海拔 300-3000 m 的亚热带森林、灌木丛、溪谷、河边。

【识别要点】

常绿木质藤本，长可达 25 m。幼茎有纵棱和皮孔。羽状复叶具 3 小叶，小叶纸质或革质，顶生小叶椭圆形、长圆形或卵状椭圆形，侧生小叶极偏斜。总状花序生于老茎上，无香气或有臭味，花冠深紫色，下垂花序上的花朵，盛开时形如成串的小雀。果木质，带形。

【生长习性】

耐阴，喜光、喜温暖湿润气候，适应性强，耐寒，耐干旱和耐瘠薄，对土壤要求不严，喜深厚、肥沃、排水良好、疏松的土壤。花期 4-5 月，果期 8-10 月。

【栽培养护】

播种、扦插、压条、嫁接均可，目前采用最多的是播种育苗法。常春油麻藤属于多年生大型藤本植物，需要搭设棚架。定植初期，应注意根系周围土壤保水，随时除草，该植物抗逆性强，病害较少。

【园林应用】

常春油麻藤是园林价值较高的垂直绿化藤本植物，用以保护墙面，栅栏，花架、凉棚、屋顶绿化等，还可防暑降温，吸滞尘埃，减少噪声，净化空气，并且对硫、氯等有较强的吸附能力和净化能力。

（图文：唐凌云　审校：王仲朗、季炳元）

白刺花

别　名 铁马胡烧、狼牙槐（陕西）
拉丁名 *Sophora davidii*
科　属 豆科（Fabaceae） 槐属（*Sophora*）

【自然分布】

产于华北、陕西、甘肃、河南、江苏、浙江、湖北、湖南、广西、四川、贵州、云南、西藏。生于河谷沙丘和山坡路边的灌木丛中，海拔 2500 m 以下。

【识别要点】

落叶灌木或小乔木，高 1-2 m，有时 3-4 m；枝多开展，小枝初被毛，旋即脱净，不育枝末端明显变成刺，有时分叉。羽状复叶，疏被短柔毛；小叶 5-9 对，一般为椭圆状卵形或倒卵状长圆形；总状花序着生于小枝顶端；花萼钟状，稍歪斜，蓝紫色；花冠白色或淡黄色；荚果非典型串珠状，有种子 3-5 粒；种子卵球形，深褐色。

【生长习性】

本种分布地域较广；喜阳，适应温度范围较宽；耐瘠薄，耐旱；生长状态良好的植株，其花期较长，从 3 月到 8 月均有花枝持续开放；相应的结果期也持续较长时间，从 6 月至 10 月均有荚果先后成熟。

【栽培养护】

一般在春季播种，在苗圃中养护 18 个月左右即可定植；由于根萌发力强，亦可采用分根方式扩繁；不耐修剪。

【园林应用】

本种耐旱性强，是水土保持树种之一，也可供观赏；用作庭院绿化或者景观树种。

（图：PPBC　文：高富　审校：尹擎、季炳元）

紫　藤

别　名　**葛麻、葛花、藤花、藤萝、朱藤、招藤**
拉丁名　***Wisteria sinensis***
科　属　**豆科（Fabaceae）　紫藤属（*Wisteria*）**

【自然分布】

产于河北以南黄河、长江流域及陕西、河南、广西、贵州、云南。

【识别要点】

落叶大藤本。奇数羽状复叶互生。总状花序发自去年短枝的腋芽或顶芽；花冠紫色，花上下几同时开放，长 2-2.5 cm，花梗长 2-3 cm，旗瓣先端截形，无毛，最下 1 枚萼齿长于两侧萼齿。荚果倒披针形，密被绒毛，悬垂枝上不脱落，种子褐色，圆形扁平。

【生长习性】

紫藤生性强健，性喜光而略耐阴；喜湿润、肥沃土壤，要求避风向阳，排水良好，也有一定的耐瘠薄与水湿的能力。对土壤酸碱度的适应性强，在微碱性土中亦可生长良好。

【栽培养护】

可用播种、扦插、压条、嫁接、分蘖等法繁殖。紫藤的日常管理较为简便，依树势或疏剪枝叶，或适当施肥，为使其生长良好，需设置棚架。注意刺蛾、蚜虫、蛀心虫等虫害的防治。

【园林应用】

紫藤寿命长，开花繁，植株成长后，条蔓蜿蜒，老枝扭绕，宛若蛟龙翻腾。用于攀爬棚架或亭廊，就池畔、水迹设之；或作灌丛状独立栽植在草坪上、溪边、假山旁以点缀园景。

（图文：唐凌云　审校：王仲朗、季炳元）

蜡瓣花

别 名 无

拉丁名 *Corylopsis sinensis*

科 属 金缕梅科（Hamamelidaceae）
蜡瓣花属（*Corylopsis*）

【自然分布】

分布于湖北、湖南、安徽、浙江、福建、江西、广东、广西及贵州等省（自治区），常见于山地灌丛。

【识别要点】

落叶灌木；嫩枝有柔毛，老枝秃净，有皮孔；叶薄革质，倒卵圆形或倒卵形；叶先端急短尖或略钝，基部不等侧心形；边缘有锯齿，齿尖刺毛状。托叶窄矩形，总状花序；花序柄被毛，花序轴有长绒毛；总苞状鳞片卵圆形，苞片卵形，小苞片矩圆形，萼筒有星状绒毛，萼齿卵形，花瓣匙形，子房有星毛，花柱基部有毛。蒴果近圆球形，种子黑色。

【生长习性】

喜光，稍耐阴。能适应干冷气候。喜生于土层深厚、湿润肥沃、排水良好的沙质壤土。深根性，根系发达，抗风力强，萌芽力亦强，寿命长。花期3-4月，果期9-10月。

【栽培养护】

播种繁殖为主，亦可采用分株和压条方式繁殖。田间管理注重整形，不耐修剪。

【园林应用】

蜡瓣花为先叶开花，花序长而下垂，具芳香味；因此常选用盆栽赏花，或配置庭院、街道向阳处，与紫荆、碧桃等构成春景花卉园。

（图文：高富　审校：尹擎、季炳元）

红花檵木

别 名 红继木、红梽木、红桎木

拉丁名 *Loropetalum chinense* var. *rubrum*

科 属 金缕梅科（Hamamelidaceae）

檵木属（*Loropetalum*）

【自然分布】

主要分布于长江中下游及以南地区，产于湖南浏阳市、长沙县，江苏苏州、无锡、宜兴、溧阳等。

【识别要点】

常绿或半落叶灌木，偶为小乔木，有较多分枝，小枝有星毛。叶革质，卵形，长 2-5 cm，宽 1.5-2.5 cm，叶片暗绿色、红色或暗红色，无光泽，下面被星毛，稍带灰白色，托叶三角状披针形。花 3-8 朵簇生于顶端，有短花梗，为紫红色，比新叶先开放，或与嫩叶同时开放，花瓣带状，四瓣，长 1-2 cm，雄蕊 4 枚，退化雄蕊 4 枚，蒴果卵圆形，长 7-8 mm，宽 6-7 mm，先端圆，被褐色星状绒毛。

【生长习性】

适应性强，耐旱，喜温暖，耐寒冷。萌芽力和发枝力强，耐修剪。耐瘠薄，但适宜在肥沃、湿润的微酸性土壤中生长。花期 3-4 月。

【栽培养护】

嫁接、扦插和播种繁殖。嫁接主要用切接和芽接。扦插在 3-9 月均可进行，选用疏松的黄土为扦插基质，确保扦插基质通气、透水和较高的空气湿度，保持温暖但避免阳光直射，同时注意扦插环境通风透气。在早春、初秋等生长季节进行轻度、中度修剪，配合正常水肥管理。生长季节中，摘去红花檵木的成熟叶片及枝梢，经过正常管理 10 天左右即可再抽出嫩梢，长出鲜红的新叶。

【园林应用】

多用于园林绿化、市政绿化、道路绿化等。作为绿篱、花坛效果较佳，为配色运用中的重要植物。自由生长或修剪为规则的球形皆可，孤植或成片栽种皆有不同效果，是中下层群落中较好的组成部分。对粉尘有吸附作用，病虫害较少。

（图：李函润　文：刘素璇　审校：孔繁才、季炳元）

雀舌黄杨

别　名 匙叶黄杨

拉丁名 *Buxus bodinieri*

科　属 黄杨科（Buxaceae） 黄杨属（*Buxus*）

【自然分布】

产于云南、四川、贵州、广西、广东、江西、浙江、湖北、河南、甘肃、陕西（南部）。

【识别要点】

常绿灌木，小枝四棱形。叶薄革质，通常匙形，亦有狭卵形或倒卵形，大多数中部以上最宽，先端圆或钝，往往有浅凹口或小尖凸头，基部狭长楔形，有时急尖，叶面绿色，光亮，叶背苍灰色，中脉两面凸出，侧脉极多。花序腋生，头状，长 5-6 mm，花密集，蒴果卵形，长 5 mm。

【生长习性】

喜温暖湿润和阳光充足的环境，较耐寒，耐干旱和半阴，要求疏松、肥沃和排水良好的沙壤土，忌黏土、板结。花期 2 月，果期 5-8 月。生长较为缓慢。

【栽培养护】

扦插和压条繁殖。需要充足的光照，应选择上午有充足日照，下午可半阴的地方，土壤需要经常保持湿润。施以自然肥较好。修剪的可塑性不大，注意徒长枝的修剪以及摘心。

【园林应用】

是盆栽植物的良好选择，成为群落中下层的骨干植物。适合作为绿篱种植，是花坛种植不错的选择。点缀庭院和重要景观节点的配合植物。

（图：李函润　文：刘素璇　审校：孔繁才、季炳元）

黄 杨

别 名 黄杨木、瓜子黄杨、锦熟黄杨

拉丁名 *Buxus sinica*

科 属 黄杨科（Buxaceae） 黄杨属（*Buxus*）

【自然分布】

产于江苏、甘肃、湖南、湖北、四川、贵州、广西、广东、江西、浙江、安徽、山东各省（自治区）。

【识别要点】

灌木或小乔木，高 1-6 m；枝圆柱形，有纵棱，灰白色；小枝四棱形，全面被短柔毛或外方相对两侧面无毛。叶革质，阔椭圆形、阔倒卵形、卵状椭圆形或长圆形，叶面光亮，中脉凸出，下半段常有微细毛。花序腋生，头状，花密集。蒴果近球形。

【生长习性】

生于山谷、溪边、林下。耐性较好，较耐寒，耐干旱和半阴，要求疏松、肥沃和排水良好的沙壤土，忌黏土、板结。花期 3 月，果期 5-6 月。生长较为缓慢。

【栽培养护】

播种和扦插繁殖。其对土壤要求不严格，只要不是过于黏重都能生长。施基肥时应注意有机肥一定要充分腐熟，深施在种植穴内。在较为干旱的地方需定期浇水，灌溉应在早晨和傍晚，避免高温时浇水。结果之后须要及时摘果。蚧蚜虫、蚧壳虫和黄杨尺蛾是最重要的病虫害防治。

【园林应用】

具有文化价值的园林植物，常用于盆景制作，中国古典园林中使用。具有一定香气，作为芳香园设计用树之一，常用于绿篱、独立灌木球体，对植，群植。

（图：李函润 文：刘素璇 审校：孔繁才、季炳元）

野扇花

别　名 胃友、野樱桃、清香桂

拉丁名 *Sarcococca ruscifolia*

科　属 黄杨科（Buxaceae） 野扇花属（*Sarcococca*）

【自然分布】

主要分布于江西、湖北、湖南、广西、四川、贵州、云南等。

【识别要点】

灌木，高 1-4 m，分枝较密。叶阔，椭圆状卵形、卵形、椭圆状披针形、披针形或狭披针形，先端急尖或渐尖，一般中部或中部以下较宽，叶面亮绿色，叶背淡绿色，叶面中脉凸出，成离基三出脉。花序短总状，芳香。果实球形。

【生长习性】

喜生于石灰岩地区，耐阴。喜生于混交林下，较为耐干旱瘠薄。喜排水良好的土壤，忌黏土板结，适应性较强。花果期为 10 月至翌年 2 月。

【栽培养护】

播种或分株繁殖，扦插较难成活。分株繁殖需尽量带须根。及时修剪清理徒长枝。耐性较好，正常浇水施肥即可。

【园林应用】

其叶片光亮，为园林观叶植物。其花香，作为芳香植物也是很好的选择。其果红，可作观果植物。作为盆栽和林下植被都是不错的材料。偶作为绿篱使用。

（图：李函润　文：刘素璇　审校：孔繁才、季炳元）

云南野扇花

别 名 厚叶清香桂

拉丁名 *Sarcococca wallichii*

科 属 黄杨科（Buxaceae） 野扇花属（*Sarcococca*）

【自然分布】

产于滇西南（腾冲、泸水、镇康、景东、凤庆、保山、永平、漾濞），海拔 1300-2700 m 的沟边、山坡杂木林下。

【识别要点】

常绿灌木，小枝直伸或左右屈曲，具蔓生习性，有纵棱，无毛。叶薄革质，椭圆形、长圆状披针形或披针形，先端渐尖，甚至短尾状，基部圆形或阔楔形，叶面亮绿色，叶背淡绿色，两面无毛，离基三出脉。花序近头状或短穗状；花白色，芳香；萼片卵形、长圆形、阔卵形或阔椭圆形，先端急尖，或圆而有小尖凸头。果实近球形或椭圆形。

【生长习性】

喜温暖湿润的半阴环境。具有一定的耐寒性；耐阴，忌阳光直晒；生长较慢。花果期 10-12 月，或继续至翌年 3 月。

【栽培养护】

用播种或分株繁殖。播种于种子成熟后，随采随播。分株在夏季进行。适宜富含腐殖质的石灰性土壤，栽培盆土可用腐叶土；生长季在荫棚下养护，冬季在 5℃以上的低温温室越冬。

【园林应用】

作为优良的园林耐阴植物，其叶光亮，花香，果红，适应性强，宜盆栽观赏或作林下地被，也可作绿篱。

（图文：魏薇 审校：王仲朗、季炳元）

云南杨梅

别　名 矮杨梅

拉丁名 *Myrica nana*

科　属 杨梅科（Myricaceae） 杨梅属（*Myrica*）

【自然分布】

产于云南中部，向东达贵州西部。生长在海拔1500-3500 m的山坡、林缘及灌木丛中。

【识别要点】

常绿灌木，高0.5-2 m。小枝较粗壮，无毛或有稀疏柔毛。叶革质或薄革质，叶片长椭圆状倒卵形至短楔状倒卵形，长2.5-8 cm，宽1-3 cm，顶端急尖或钝圆，基部楔形。雌雄异株。雌雄花序均单生于叶腋，雌花具2小苞片，子房无毛。核果红色，球状，直径1-1.5 cm。

【生长习性】

喜温暖湿润气候，耐阴，不耐强烈日照。喜排水良好的酸性土，微碱性土壤也适应。不耐寒。深根性，萌芽力强。2-3月开花，6-7月果实成熟。

【栽培养护】

用播种、压条和嫁接繁殖。移栽时以1月中旬至2月上旬为宜，植株需带土球。云南杨梅雌雄异株，定植时应适当配植雄株，以利授粉。

【园林应用】

云南杨梅叶常绿，株形圆润，初夏又有红果累累，较适宜作为庭园栽植的园林灌木树种，可将其丛植于草坪或庭院，既能美化环境，又有很好的观赏性。

（图文：唐凌云　审校：王仲朗）

滇　榛

别　名 无

拉丁名 *Corylus yunnanensis*

科　属 桦木科（Betulaceae） 榛属（*Corylus*）

【自然分布】

产于云南中部、西部、西北部，四川西部、西南部，贵州西部。生于海拔 2000-3700 m 的山坡灌丛中。

【识别要点】

灌木或小乔木，高 1-7 m；树皮暗灰色；枝条暗灰色或灰褐色；小枝褐色，密被黄色绒毛和具或疏或密的刺状腺体。叶厚纸质，几圆形或宽卵形，顶端骤尖或尾状，基部几心形，边缘具不规则的锯齿，上面疏被短柔毛，幼时具刺状腺体，下面密被绒毛；侧脉 5-7 对；叶柄粗壮，密被绒毛，幼时密生刺状腺体。坚果球形，密被绒毛。

【生长习性】

喜光，喜湿润生境，对低温具有一定耐受性。

【栽培养护】

种子繁殖为主，在土壤肥沃的情况下，生长迅速；日常管理中需要及时补充水肥，耐修剪。

【园林应用】

园林布景，常作为赏叶材料，既可孤植为布景树种，也可修剪为灌木，列植为行道布景灌木材料。

（图文：高富　审校：尹擎）

地　果

别　名 地石榴、地瓜
拉丁名 *Ficus tikoua*
科　属 桑科（Moraceae） 榕属（*Ficus*）

【自然分布】

产于湖南、湖北、广西、云南、西藏、四川、甘肃、陕西。

【识别要点】

常绿匍匐木质藤本，茎上生细长不定根，节膨大；叶坚纸质，倒卵状椭圆形，长 2-8 cm，边缘具波状疏浅圆锯齿，表面被短刺毛，背面沿脉有细毛。榕果成对或簇生于匍匐茎上，常埋于土中，球形至卵球形，直径 1-2 cm，成熟时深红色；雌花生于另一植株榕果内壁，有短柄；无花被。

【生长习性】

强阳性树种，喜阳光充足，也稍耐阴；喜温暖，也耐寒；极耐干旱瘠薄。花期 5-6 月，果期 7 月。

【栽培养护】

扦插与分株繁殖。生活力极强，抗病虫害能力强，只要进行常规水肥管理即可健康生长。

【园林应用】

在光照强，土壤干燥、贫瘠的地方，它是极好的地被植物。同时它也是公路边坡绿化护坡的极好材料。

（图文：尹擎　审校：尹擎）

华中枸骨

别　名 针齿冬青、齿缺枸骨、小果冬青

拉丁名 *Ilex centrochinensis*

科　属 冬青科（Aquifoliaceae） 冬青属（*Ilex*）

【自然分布】

湖北西部、四川、安徽黄山有栽培。生于海拔（500-）700-1000 m 的路旁、溪边的灌丛中或林缘。

【识别要点】

常绿灌木，高达 3 m。叶椭圆状披针形，长 4-9 cm，先端渐尖，具刺尖，基部宽楔形或近圆形，具 3-10 对刺尖牙齿，侧脉 6-8 对。雄花序簇生于二年生枝叶腋；花 4 基数，黄色，被微柔毛；花瓣长圆形。果 1-3 成簇，球形，径 6-7 mm，宿存柱头薄盘状；果柄长 2 mm，被微柔毛。分核 4，长圆状三棱形，背部具纵脊，内果皮石质。

【生长习性】

喜阳光充足，也颇耐阴，耐寒性较差。在气候温暖及排水良好的酸性肥沃土壤上生长良好。生长缓慢，萌发力强，耐修剪。花期 3-4 月，果期 8-9 月。

【栽培养护】

播种和扦插繁殖均可，但以扦插繁殖为主。通常在雨季实行嫩枝扦插，成活率较高。播种繁殖多于 10 月间采收后，第二年春季播种。管理可粗放。害虫主要有木虱、蚧壳虫，要注意防治。

【园林应用】

华中枸骨枝繁叶茂，叶形奇特，叶质坚而光亮，且经冬不凋。入秋后果实累累，艳丽可爱。为良好的观叶、观果树种，可作庭院树及绿篱栽培。

（图文：唐凌云　审校：王仲朗）

无刺枸骨

别　名 无

拉丁名 *Ilex cornuta* var. *fortunei*

科　属 冬青科（Aquifoliaceae） 冬青属（*Ilex*）

【自然分布】

无刺枸骨是冬青属枸骨的自然变种，产于我国长江以南地区，各地均有栽培。

【识别要点】

常绿灌木或小乔木，树高可达3-4 m，树皮灰白色至平滑。叶硬革质，卵形至椭圆形，表面深绿色，有光泽，背面淡绿色，无锯齿。雌雄异株，聚伞花序，花为黄绿色，丛生于二年生小枝叶腋内。核果球形，熟时鲜红色。

【生长习性】

喜阳光充足，也耐阴。在气候温暖及排水良好的酸性肥沃土壤上生长良好。生长缓慢，萌发力强，耐修剪。花期4-5月，果期10-11月。

【栽培养护】

播种和扦插繁殖均可，以扦插繁殖为主。雨季进行嫩枝扦插。播种经低温湿沙层积储藏，翌年春季播种。出苗前保湿遮阴。日常管理可比较粗放。害虫主要为木虱、蚧壳虫，需注意防治。

【园林应用】

枝叶繁茂，叶形区别于枸骨，叶质坚而光亮，且经冬不凋。入秋后果实累累，艳丽可爱。为良好的观叶、观果树种，可作为庭院树和绿篱栽培。具有抗有害气体的功效，宜作矿区绿化树种。

（图文：李函润　审校：孔繁才）

冬青卫矛

别　名 正木、大叶黄杨
拉丁名 *Euonymus japonicus*
科　属 卫矛科（Celastraceae） 卫矛属（*Euonymus*）

【自然分布】

本种最先于日本发现，我国南北各省（自治区）均有栽培。

【识别要点】

常绿灌木，高可达 3 m。小枝具四棱。叶对生，革质，椭圆形，长 3-5 cm，边缘具有浅细钝齿。聚伞花序 5-12 花，花白绿色，花瓣近卵形，长宽各约 2 mm。蒴果近球状，直径约 8 mm，淡红色；假种皮橘红色，全包种子。

【生长习性】

阳性树种，喜阳光充足、通风良好的环境，稍微耐阴；耐寒，耐干旱瘠薄。花期 6-7 月，果熟期 9-10 月。

【栽培养护】

扦插繁殖为主，也可种子繁殖。生活力强，但在阳光充足、气候温暖湿润的地方，种植在肥沃、排水良好的土壤中长势尤盛。种植在光照弱的地方，易发生白粉病；有时有龟蜡蚧以及黄杨斑蛾等危害，要注意防治。

【园林应用】

叶色光亮洁净，耐修剪，是极好的绿篱和整形材料，植于门旁、草地、大型花坛中央。它对多种有毒气体抗性很强，抗烟吸尘功能强，并能净化空气，是污染区理想的绿化树种。

（图文：尹擎　审校：尹擎）

沙 针

别 名 无

拉丁名 ***Osyris wightiana***

科 属 **檀香科（Santalaceae） 沙针属（*Osyris*）**

【自然分布】

产于广西、四川、云南。

【识别要点】

灌木或小乔木，高 2-5 m；小枝光滑，具棱角。单叶互生，革质，椭圆状披针形、长圆形或倒卵形，全缘，两面均无毛，中脉及侧脉在表面不明显，但在背面凸出，几无叶柄。花杂性，雄花组成聚伞花序生于叶腋，具总梗；雌花单生于花梗上；花小，黄绿色；花被 3 裂；雄蕊 4，花丝极短，生于裂片基部；子房下位。核果球形，成熟时红色；种子球形。

【生长习性】

喜光、耐阴、耐旱，生长于松林下或干燥灌木丛中。对土壤要求不高，适应性较广，耐瘠薄，常生于酸性红壤。花期 3-10 月，果期 9-10 月。

【栽培养护】

播种繁殖。种子成熟采收后，堆放待外种皮软化搓去种皮，洗净阴干，低温沙藏至翌年春播。条播后，盖草保湿，幼苗期注意遮阴。定植地宜选土层深厚肥沃、温凉湿润处。

【园林应用】

枝叶纤细秀丽，秋天红果艳丽，为优良的观果树种，可在庭园草坪、入口、路边、林下、假山旁、湖岸边等处孤植、对植、列植或群植，精致秀丽。

（图文：李云猛 审校：孔繁才）

多叶勾儿茶

别　名 小通花、金刚藤
拉丁名 *Berchemia polyphylla*
科　属 鼠李科（Rhamnaceae） 勾儿茶属（*Berchemia*）

【自然分布】

产于陕西、甘肃、四川、贵州、云南、广西。常生于山地灌丛或林中，海拔 300-1900 m。印度、缅甸也有分布。

【识别要点】

藤状灌木，高 3-4 m；小枝黄褐色，被短柔毛；叶纸质，卵状椭圆形、卵状矩圆形或椭圆形，两面无毛，侧脉每边 7-9 条，叶脉在上面明显凸起，下面稍凸起；叶柄被短柔毛；托叶小，披针状钻形，基部合生，宿存；花浅绿色或白色，无毛；花瓣近圆形。核果圆柱形，顶端尖，成熟时红色，后变黑色。

【生长习性】

喜阳，对土壤水分条件要求较高；可生长于红壤、山地黄壤区域，最适宜土壤为红壤。花期 5-9 月，果期 7-11 月。

【栽培养护】

种子繁殖，扦插或者分株繁殖均可；稍耐粗放管理方式。

【园林应用】

以观果、赏叶为主，可以列植、丛植等方式作为街道布景、垂直绿化底部装饰材料。

（图：PPBC　文：高富　审校：尹擎）

云南勾儿茶

别　名 鸦公藤、黑果子

拉丁名 *Berchemia yunnanensis*

科　属 鼠李科（Rhamnaceae） 勾儿茶属（*Berchemia*）

【自然分布】

产于陕西、甘肃东南部、四川、贵州、云南及西藏东部。常生于山坡、溪流边灌丛或林中，海拔 1500-3900 m。

【识别要点】

藤状灌木，高 2.5-5 m；小枝平展，淡黄绿色，老枝黄褐色。叶纸质，卵状椭圆形、矩圆状椭圆形或卵形，顶端锐尖，稀钝，具小尖头；托叶膜质，披针形。花黄色，通常数个簇生，排成聚伞总状或窄聚伞圆锥花序，花序长 2-5 cm；花瓣倒卵形，顶端钝；雄蕊稍短于花瓣。核果圆柱形，成熟时红色，后黑色，基部宿存的花盘皿状。

【生长习性】

喜温暖湿润环境。花期 6-8 月，果期翌年 4-5 月。

【栽培养护】

采用种子进行播种繁殖。

【园林应用】

其枝梢蔓生，可作攀缘植物。

（图文：匡建　审校：尹擎）

胡颓子

别名 半春子、半含春、卢都子

拉丁名 *Elaeagnus pungens*

科属 胡颓子科（Elaeagnaceae） 胡颓子属（*Elaeagnus*）

【自然分布】

产于江苏、浙江、福建、安徽、江西、湖南、湖北、贵州、广东、广西；生于向阳山坡沟谷旁。日本也有分布。

【识别要点】

常绿直立灌木，高 3-4 m，具刺，深褐色；幼枝微扁棱形，密被锈色鳞片，老枝鳞片脱落，黑色，具光泽。叶革质，椭圆形或阔椭圆形，边缘微反卷或皱波状，下面密被银白色和少数褐色鳞片。花白色或淡白色，下垂，密被鳞片，1-3 花生于叶腋锈色短小枝上。果实椭圆形，幼时被褐色鳞片，成熟时红色。

【生长习性】

生于山地杂木林内和向阳沟谷旁。胡颓子喜高温、湿润气候，但抗寒力比较强，能忍耐 −8℃左右的绝对低温。不怕阳光暴晒，也能耐阴。对土壤要求不严，在中性、酸性和石灰质土壤上均能生长，耐干旱和瘠薄，不耐水涝，抗风性强。花期 9-12 月，果期翌年 4-6 月。

【栽培养护】

胡颓子可采用种子和扦插繁殖，种子繁殖在 5 月中下旬进行，扦插通常在 4 月上旬进行，剪充实的 1-2 年生枝条做插穗。成苗移植以 3 月最适宜，需带有完好的土球，盛夏到来之前追施 3-4 次液肥，为了能大量结果，秋季应继续追肥。

【园林应用】

胡颓子株形自然，红果下垂，观赏性好，且适应性强，是优良的园林绿化植物。适于草地丛植，也可用于林缘、树丛外围作自然式绿篱。此外胡颓子种子、叶和根可入药。

（图文：沈云光　审校：尹擎）

黄栌

别名 灰毛黄栌、柔毛黄栌

拉丁名 *Cotinus coggygria*

科属 漆树科（Anacardiaceae） 黄栌属（*Cotinus*）

【自然分布】

分布于中国西南、华北和浙江，南欧、叙利亚、伊朗、巴基斯坦及印度北部亦有分布。

【识别要点】

落叶灌木或小乔木，树冠圆形，高可达 3-5 m，木质部黄色；单叶互生，叶片全缘或具齿，叶柄细，无托叶，叶倒卵形或卵圆形；圆锥花序疏松，花小、杂性，仅少数发育，花瓣 5 枚，长卵圆形或卵状披针形，雄蕊 5 枚，着生于环状花盘的下部，花盘 5 裂，紫褐色；核果小，干燥，肾形扁平，绿色，外果皮薄，种子肾形，无胚乳。

【生长习性】

黄栌性喜光，也耐半阴；耐寒，耐干旱瘠薄和碱性土壤，不耐水湿，宜植于土层深厚、肥沃而排水良好的砂质壤土中。生长快，根系发达，萌蘖性强。秋季当昼夜温差大于 10℃时，叶色变红。花期 5-6 月，果期 7-8 月。

【栽培养护】

播种繁殖，也可分株和根插繁殖。黄栌果皮有坚实的栅栏细胞层，能阻碍水分的渗透，种子采收后需搓揉漂洗净种后湿沙层聚催芽储藏，翌年 3 月播种。黄栌萌蘖力强，可挖成年植株的根蘖苗定植。春季用硬枝插，30 天左右即可生根。

【园林应用】

黄栌树姿优美，茎、叶、花都有较高的观赏价值，特别是深秋，叶色彩鲜艳，美丽壮观，其果形别致，成熟果实色鲜红、艳丽夺目，是重要的观赏树种，可孤植或丛植于草坪一隅、山石之侧、常绿树树丛间，或混植于其他树丛间，以及常绿树群边缘，还可以成片、成林种植于山坡、公园、城市绿地。

（图文：孔繁才 审校：孔繁才）

桃叶珊瑚

别　名 青木、东瀛珊瑚
拉丁名 *Aucuba chinensis*
科　属 山茱萸科（Cornaceae） 桃叶珊瑚属（*Aucuba*）

【自然分布】

产于福建、台湾、广东、海南、广西等省（自治区）。常生于海拔 1000 m 以下的常绿阔叶林中。

【识别要点】

常绿灌木或小乔木，高 3-6 m；小枝绿色，被柔毛，老枝具白色皮孔。叶对生，薄革质，长椭圆形至倒卵状披针形，边缘微反卷，常具 5-8 对锯齿或腺状齿。花紫色，排成总状花序，核果浆果状，熟时深红色。

【生长习性】

喜温暖湿润环境，耐阴性强，不耐旱，不耐寒，要求肥沃湿润、排水良好的土壤，属耐阴植物，夏季怕强光暴晒，不耐高温。花期 1-2 月，果熟期 11 月至翌年 2 月。

【栽培养护】

采用播种和扦插进行繁殖。移栽宜在春季或雨季进行。夏季高温强光，保持土壤湿润和遮阴。

【园林应用】

是优良的观叶植物，宜盆栽或庭院中栽植。其枝叶可用于插花。

（图文：匡建　审校：尹擎）

细齿桃叶珊瑚

别　名 绿花桃叶珊瑚

拉丁名 *Aucuba chlorascens*

科　属 山茱萸科（Cornaceae） 桃叶珊瑚属（*Aucuba*）

【自然分布】

产于云南。常生于海拔 1400-2800 m 的林中。

【识别要点】

灌木或小乔木，高达 3 m，具明显叶痕。叶纸质，通常披针形、倒披针形，边缘有锯齿。尖塔形圆锥花序顶生，花瓣微肉质，绿色或黄白色。浆果长圆形，成熟时红色。

【生长习性】

耐阴植物，喜温暖湿润环境。花期 3-4 月，果期 8-10 月。

【栽培养护】

采用播种和扦插进行繁殖。

【园林应用】

是优良的观叶植物。

（图文：匡建　审校：尹擎）

花叶青木

别名 东瀛珊瑚、洒金桃叶珊瑚

拉丁名 *Aucuba japonica* var. *variegata*

科属 山茱萸科（Cornaceae） 桃叶珊瑚属（*Aucuba*）

【自然分布】

产于浙江南部及台湾。日本南部、朝鲜也有分布。本变种的叶片有大小不等的黄色或淡黄色斑点，植株常高 1-1.5 m。我国各大中城市公园及庭园中均引种栽培为观赏植物。

【识别要点】

常绿灌木，高约 3 m；枝、叶对生。叶革质，长椭圆形、卵状长椭圆形，稀阔披针形，上面亮绿色，下面淡绿色，边缘上段具 2-4（-6）对疏锯齿或近于全缘。圆锥花序顶生，果卵圆形，暗紫色或黑色，具种子 1 枚。

【生长习性】

半阳生物种，亦耐阴；土壤肥沃、湿润，则能较快形成地被覆盖物。花期 3-4 月，果期至翌年 4 月。

【栽培养护】

种子繁殖，生长期间加强水肥管理，能在较短时间内形成对地面的覆盖。

【园林应用】

常用其叶片上具有金黄色散斑点的变种作为园林绿化材料，作为绿地边界或林下地被物使用。

（图文：高富　审校：尹擎）

富源杜鹃

别　名 无

拉丁名 ***Rhododendron fuyuanense***

科　属 **杜鹃花科（Ericaceae） 杜鹃属（*Rhododendron*）**

【自然分布】

产于云南富源县宽塘，生于海拔 2000 m 的山坡杂木林中，其中伴生植物有华山松、露珠杜鹃和云南含笑。

【识别要点】

常绿灌木。幼枝有稀疏黑色腺鳞。叶散生或聚生于枝顶，叶片椭圆形或狭椭圆形，顶端渐尖，边缘明显反卷，具缘毛，上面疏生黑色小鳞片，下面灰绿色，密被褐色鳞片，叶柄有鳞片。花序腋生于枝顶或上部叶腋，花 3-5 朵；花梗密被鳞片；花萼 5 裂，被鳞片，具缘毛；花冠漏斗状，紫红色，5 裂，外面被鳞片。

【生长习性】

性喜温凉、湿润的环境，以及排水良好的偏酸性土壤。花期 3-4 月，果期 9-10 月。

【栽培养护】

播种繁殖或扦插繁殖，多用播种繁殖。扦插一般在 5-6 月取 5-8 cm 半木质化的新枝作插穗，基部用吲哚丁酸或 ABT 生根粉等溶液浸蘸处理，然后扦插在疏松透气、富含腐殖质、pH 4.5-6.0 的酸性土壤中，温度保持在 20-25℃，遮阴并经常喷雾保湿，促进生根。

【园林应用】

可在林缘、溪边、池畔及岩石旁成丛成片栽植，也可于疏林下散植，或丛植点缀在草坪中。宜在花坛中大片种植，营造繁花似锦的景观效果。

（图文：魏薇　审校：王仲朗、周玲）

皋月杜鹃

别　名 无
拉丁名 *Rhododendron indicum*
科　属 杜鹃花科（Ericaceae） 杜鹃属（*Rhododendron*）

【自然分布】

系园艺品种，原产于日本，我国广为栽培。

【识别要点】

半常绿灌木；分枝多，小枝坚硬，初时密被红褐色糙伏毛。叶集生于枝端，近于革质，狭披针形或倒披针形，边缘疏具细圆齿状锯齿，上面深绿色，有光泽，疏被糙伏毛，下面苍白色。花 1-3 朵生于枝顶；花萼 5 裂，外面及边缘被白色柔毛；花冠鲜红色，有时玫瑰红色，阔漏斗形，具深红色斑点。蒴果长圆状卵球形，密被红褐色平贴糙伏毛。本种与杜鹃 *R. simsii* 相近，不同在于本种的雄蕊 5；叶缘具细圆齿状锯齿，易于区别。

【生长习性】

耐寒怕热，花期 5-6 月。

【栽培养护】

扦插或种子繁殖均可。要求疏松透气、富含腐殖质、pH 4.5-6.0 的酸性土壤，温度保持在 20-25℃，遮阴并经常喷雾保湿，促进生根。耐修剪。

【园林应用】

适宜群植于湿润而有庇荫的林下、岩际，园林中宜配植于树丛、林下、溪边、池畔及草坪边缘；在建筑物背阴面可作花篱、花丛配植，营造繁花似锦的景观效果。

（图文：魏薇　审校：王仲朗、周玲）

露珠杜鹃

别　名 无

拉丁名 *Rhododendron irroratum*

科　属 杜鹃花科（Ericaceae） 杜鹃属（*Rhododendron*）

【自然分布】

产于昆明、嵩明、寻甸、富民、禄丰、武定、禄劝、大姚、宾川、大理、漾濞、鹤庆、剑川、丽江、永平、巍山、凤庆、镇康、临仓、景东、元江、易门等地。生于海拔 1800-3600 m 的常绿阔叶林、松林或杂木林中。四川西南部也有分布。

【识别要点】

常绿灌木或小乔木，幼枝有薄层绒毛和腺体，老枝光滑。叶多密生于枝顶，革质，椭圆形、披针形或长圆状椭圆形，先端渐尖，边缘全缘或呈波状皱缩，中脉在上面下方凹陷，在下面显著隆起。总状伞形花序，花 7-15 朵；花冠管状或钟状，淡黄色、白色或粉红色，有黄绿色至淡紫红色斑点，顶端有凹缺。蒴果圆柱状，有腺体。

【生长习性】

性喜温凉、湿润环境和酸性土壤。花期 3-5 月，果期 9-10 月。

【栽培养护】

播种繁殖或扦插繁殖，多用播种繁殖。扦插繁殖一般在 5-6 月取半木质化的新枝，5-8 cm 作插穗，基部用吲哚丁酸或 ABT 生根粉等溶液浸蘸处理，然后扦插在疏松透气、富含腐殖质、pH 4.5-6.0 的酸性土壤中，温度保持在 20-25℃，遮阴并经常喷雾保湿，促进生根。

【园林应用】

露珠杜鹃枝繁叶茂，树姿优美，花色变异大，有黄、白、淡玫瑰等色，是较好的庭院观赏树种，可用作下木或花篱、绿篱等。

（图文：魏薇　审校：王仲朗、周玲）

亮毛杜鹃

别　名 无

拉丁名 *Rhododendron microphyton*

科　属 杜鹃花科（Ericaceae） 杜鹃属（*Rhododendron*）

【自然分布】

广布于贡山、福贡、泸水、腾冲、龙陵、沧源、临沧、大理、下关、景东、大姚、易门、双柏、禄劝、富民、昆明、寻甸、玉溪、峨山、通海、新平、元江、屏边、砚山、文山、西畴、麻栗坡、富宁、广南等地；生于山坡灌丛、松林下、杂木林或针阔叶混交林，在东南部常见于石灰岩山地灌丛内，海拔1000-3000 m。贵州、四川西南部也有分布。分布至泰国。

【识别要点】

常绿直立灌木；分枝繁多，小枝密被红棕色扁平糙伏毛。叶革质，椭圆形或卵状披针形，边缘具细圆齿，向上被褐色扁平糙伏毛，上面深绿色，下面淡绿色，两面散生红褐色糙伏毛。伞形花序顶生，花3-7朵，花冠漏斗形，蔷薇色或近于白色，花冠上方3裂片具红色或紫色斑点。蒴果卵球形，密被亮红棕色糙伏毛并混生微柔毛。

【生长习性】

性耐旱，在松林采伐后裸露而瘠薄土壤也能生长。花期3-6月，稀至9月，果期7-12月。

【栽培养护】

播种繁殖或扦插繁殖，多用播种繁殖。扦插繁殖一般在5-6月取半木质化的新枝，5-8 cm作插穗，基部用吲哚丁酸或ABT生根粉等溶液浸蘸处理，然后扦插在疏松透气、富含腐殖质、pH 4.5-6.0的酸性土壤中，温度保持在20-25℃，遮阴并经常喷雾保湿，促进生根。

【园林应用】

可在林缘、溪边、池畔及岩石旁成丛成片栽植，也可于疏林下散植，或列植于路边、墙根，或丛植点缀在草坪中，作花灌木用。亦可在花坛中大片种植，营造繁花似锦的景观效果。

（图文：魏薇　审校：王仲朗、周玲）

羊踯躅

别　名 黄杜鹃、闹羊花、羊不食草

拉丁名 *Rhododendron molle*

科　属 杜鹃花科（Ericaceae） 杜鹃属（*Rhododendron*）

【自然分布】

产于江苏、安徽、浙江、江西、福建、河南、湖北、湖南、广东、广西、四川、贵州和云南。生于海拔 1000 m 的山坡草地或丘陵地带的灌丛或山脊杂木林下。

【识别要点】

落叶灌木；分枝稀疏，枝条直立。叶纸质，长圆形至长圆状披针形，边缘具睫毛，沿中脉被黄褐色刚毛，中脉和侧脉凸出；总状伞形花序顶生，花多达 13 朵；花冠阔漏斗形，黄色或金黄色，内有深红色斑点，花冠管向基部渐狭，圆筒状，外面被微柔毛。蒴果圆锥状长圆形，具 5 条纵肋，被微柔毛和疏刚毛。

【生长习性】

性喜温凉、湿润的环境，以及排水良好的偏酸性土壤。花期 3-5 月，果期 7-8 月。

【栽培养护】

播种繁殖或扦插繁殖，多用播种繁殖。扦插繁殖一般在 5-6 月取半木质化的新枝，5-8 cm 作插穗，基部用吲哚丁酸或 ABT 生根粉等溶液浸蘸处理，然后扦插在疏松透气、富含腐殖质、pH 4.5-6.0 的酸性土壤中，温度保持在 20-25℃，遮阴并经常喷雾保湿，促进生根。耐修剪。

【园林应用】

羊踯躅花朵美丽，颜色独特鲜艳。可在林缘、溪边、池畔及岩石旁成丛成片栽植，也可于疏林下散植，或丛植点缀在草坪中，作花灌木用。亦可在花坛中大片种植，营造繁花似锦的景观效果。

（图文：魏薇　审校：王仲朗、周玲）

云上杜鹃

别　名 白豆花、波瓣杜鹃、粗柄杜鹃

拉丁名 *Rhododendron pachypodum*

科　属 杜鹃花科（Ericaceae） 杜鹃属（*Rhododendron*）

【自然分布】

产于腾冲、保山、大理、漾濞、云龙、巍山、弥渡、凤庆、景东、双江、临沧、楚雄、双柏、新平、元江、思茅、富民、昆明、江川、蒙自、金平、屏边、砚山、文山、西畴、麻栗坡、广南等地，生于干燥山坡灌丛或山坡杂木林下、石山阳处，海拔1200-3100 m。

【识别要点】

常绿灌木，稀为小乔木。叶椭圆形、长椭圆状披针形、倒卵形，革质，上面疏生鳞片，后渐脱落，下面带灰白色，密被褐色或红褐色大小不等的鳞片。花序顶生，花2-4朵，伞形着生，通常3花着生；花冠宽漏斗状，白色，外面带淡红色晕，内面有一淡黄色斑块，外面密被鳞片。蒴果卵形或长圆状卵形，基部托以宿萼。

【生长习性】

性喜温凉、湿润的环境，以及排水良好的偏酸性土壤。花期4-6月，滇东南花期在3月，果期10-11月。

【栽培养护】

播种繁殖或扦插繁殖，多用播种繁殖。扦插繁殖一般在5-6月取半木质化的新枝，5-8 cm作插穗，基部用吲哚丁酸或ABT生根粉等溶液浸蘸处理，然后扦插在疏松透气、富含腐殖质、pH 4.5-6.0的酸性土壤中，温度保持在20-25℃，遮阴并经常喷雾保湿，促进生根。

【园林应用】

可在林缘、溪边、池畔及岩石旁成丛成片栽植，也可于疏林下散植，或列植于路边、墙根，或丛植点缀在草坪中，作花灌木用。亦可在花坛中大片种植，营造繁花似锦的景观效果。

（图文：魏薇　审校：王仲朗、周玲）

锦绣杜鹃

别　名 无

拉丁名 *Rhododendron pulchrum*

科　属 杜鹃花科（Ericaceae） 杜鹃属（*Rhododendron*）

【自然分布】

产于江苏、浙江、江西、福建、湖北、湖南、广东和广西。著名栽培种，传说产于我国，但至今未见野生。

【识别要点】

半常绿灌木，高 1.5-2.5 m。枝开展，淡灰褐色，被淡棕色糙伏毛；叶薄革质，椭圆状长圆形至椭圆状披针形或长圆状倒披针形，长 2-5（-7）cm，宽 1-2.5 cm，上面无毛，下面被微柔毛和糙伏毛，中脉和侧脉在上面下凹，下面显著凸出；花冠玫瑰紫色，阔漏斗形，具深红色斑点，花丝线形，下部被微柔毛；蒴果长圆状卵球形，被刚毛状糙伏毛。

【生长习性】

喜凉爽湿润和阳光充足的环境。耐寒，怕热，耐半阴，不耐长时间强光暴晒。生长适温 15-28℃，冬季能耐 -8℃低温。土壤以肥沃、疏松、排水良好的酸性沙质壤土为宜。花期 4-5 月，果期 9-10 月。

【栽培养护】

播种繁殖或扦插繁殖，多用扦插繁殖。一般在 5-6 月取半木质化的新枝，5-8 cm 作插穗，基部用吲哚丁酸或 ABT 生根粉等溶液浸蘸处理，然后扦插在疏松透气、富含腐殖质、pH 4.5-6.0 的酸性土壤中，温度保持在 20-25℃，遮阴并经常喷雾保湿，促进生根。耐修剪。

【园林应用】

适宜成片栽植，开花时万紫千红，可增添园林的自然景观效果。也可在岩石旁、池畔、草坪边缘丛栽，增添庭园气氛。

（图文：魏薇　审校：王仲朗、周玲）

基毛杜鹃

别　名 无

拉丁名 *Rhododendron rigidum*

科　属 杜鹃花科（Ericaceae） 杜鹃属（*Rhododendron*）

【自然分布】

产于四川西南部、云南中部至西北部。生于灌丛或林缘，海拔 2000-3400 m。

【识别要点】

常绿灌木。幼枝无鳞片或疏生鳞片，无毛或有微柔毛，老枝光滑。叶椭圆形、长圆状椭圆形、长圆状披针形或倒披针形，顶端钝、锐尖、短渐尖或圆，上面褐绿色，下面灰绿色，疏生鳞片。花序顶生或同时枝顶腋生，花 2-6 朵；花冠宽漏斗状，初始淡紫色，开放后白色、淡红色或深红紫色，内面有绿褐色或紫色斑点。蒴果长圆形。

【生长习性】

性喜温凉、湿润的环境，以及排水良好的偏酸性土壤。花期 4-5 月，果期 10 月。

【栽培养护】

播种繁殖或扦插繁殖，多用播种繁殖。扦插繁殖一般在 5-6 月取半木质化的新枝，5-8 cm 作插穗，基部用吲哚丁酸或 ABT 生根粉等溶液浸蘸处理，然后扦插在疏松透气、富含腐殖质、pH 4.5-6.0 的酸性土壤中，温度保持在 20-25℃，遮阴并经常喷雾保湿，促进生根。

【园林应用】

适宜成片栽植，开花时万紫千红，可增添园林的自然景观效果。也可在岩石旁、池畔、草坪边缘丛栽，增添庭园气氛。

（图文：魏薇　审校：王仲朗、周玲）

碎米花

别　名 毛叶杜鹃、上坟花
拉丁名 *Rhododendron spiciferum*
科　属 杜鹃花科（Ericaceae） 杜鹃属（*Rhododendron*）

【自然分布】

产于大理、双柏、玉溪、江川、昆明、寻甸、师宗、广南、砚山等地。生于海拔 800-2880 m 的山坡灌丛中、松林下或杂木林下。贵州也有分布。

【识别要点】

常绿小灌木，多分枝；幼枝密被柔毛和伸展的长硬毛。叶散生，坚纸质，狭长圆形或长圆状披针形，边缘反卷，上面深绿色，密被短柔毛和长硬毛，下面黄绿色，密被灰白色短柔毛。花序短总状，有花 3-4 朵；花冠漏斗状，粉红色，外面疏生腺鳞，花柱细长，伸出花冠外。蒴果长圆柱形，被毛和鳞片。

【生长习性】

性喜温凉、湿润的环境，以及排水良好的偏酸性土壤。花期 2-5 月，果期 9 月。

【栽培养护】

播种繁殖或扦插繁殖，多用扦插繁殖。一般在 5-6 月取半木质化的新枝，5-8 cm 作插穗，基部用吲哚丁酸或 ABT 生根粉等溶液浸蘸处理，然后扦插在疏松透气、富含腐殖质、pH 4.5-6.0 的酸性土壤中，温度保持在 20-25℃，遮阴并经常喷雾保湿，促进生根。

【园林应用】

可在林缘、溪边、池畔及岩石旁成丛成片栽植，也可于疏林下散植，或列植于路边、墙根，或丛植点缀在草坪中，作花灌木用。亦可在花坛中大片种植，营造繁花似锦的景观效果。

（图文：魏薇　审校：王仲朗、周玲）

爆杖花

别　名 密通花

拉丁名 *Rhododendron spinuliferum*

科　属 杜鹃花科（Ericaceae） 杜鹃属（*Rhododendron*）

【自然分布】

产于腾冲、大理、景东、双柏、路南、易门、禄丰、富民、通海、昆明、武定、禄劝、寻甸、巧家（荞麦地）、盐津、玉溪、建水等地。生于山谷灌木林、松林或次生松 - 栎林、油杉林下，海拔 1900-2500 m 的中山。

【识别要点】

常绿灌木。幼枝被柔毛，杂生长刚毛，老枝褐红色。叶坚纸质，散生，叶片倒卵形、椭圆形、椭圆状披针形或披针形，上面黄绿色，有柔毛，下面色较淡，密被灰白色柔毛和鳞片。花序腋生枝顶成假顶生，伞形，花 2-4 朵；花冠筒状，朱红色、鲜红色或橙红色，两端狭缩，似爆杖状，花柱长，伸出花冠之外。蒴果长圆柱形，密被绒毛。

【生长习性】

性喜温凉、湿润的环境，以及排水良好的偏酸性土壤。花期 2-6 月，果期 9-10 月。

【栽培养护】

播种繁殖或扦插繁殖，多用播种繁殖。扦插繁殖一般在 5-6 月取半木质化的新枝，5-8 cm 作插穗，基部用吲哚丁酸或 ABT 生根粉等溶液浸蘸处理，然后扦插在疏松透气、富含腐殖质、pH 4.5-6.0 的酸性土壤中，温度保持在 20-25℃，遮阴并经常喷雾保湿，促进生根。耐修剪。

【园林应用】

本种花冠形似鞭炮，故名“爆杖杜鹃”。花期较长，宜作庭园绿化及观花植物，可用于屋顶、墙体、围栏、花篱、造型等立体绿化。

（图文：魏薇　审校：王仲朗、周玲）

红马银花

别　名 无
拉丁名 *Rhododendron vialii*
科　属 杜鹃花科（Ericaceae） 杜鹃属（*Rhododendron*）

【自然分布】

产于建水、广南。生于多岩石的山坡、草地或林内，海拔 1550-2000 m。老挝和越南北部交界地区也有分布。

【识别要点】

常绿灌木，小枝被长柔毛。叶卵状披针形，先端长尖，基部广楔形至近圆形，边缘具一钝齿，两面近于无毛或仅脉上被星状疏柔毛；叶柄上面被长柔毛。花单生于叶腋，花梗被长柔毛；小苞片匙形，边缘具长硬毛，基部合生；萼钟状；花红色，下垂，筒状，仅于上部略开展。

【生长习性】

性喜温凉、湿润的环境，以及排水良好的偏酸性土壤。花期 2-4 月，果期 8-11 月。

【栽培养护】

扦插或种子繁殖均可。要求疏松透气、富含腐殖质、pH 4.5-6.0 的酸性土壤，温度保持在 20-25℃，遮阴并经常喷雾保湿，促进生根。耐修剪。

【园林应用】

本种花朵美丽，颜色鲜艳，具有较高的观赏价值。适宜群植于湿润而有庇荫的林下、岩际，园林中宜配植于树丛、林下、溪边、池畔及草坪边缘；在建筑物背阴面可作花篱、花丛配植，营造繁花似锦的景观效果。

（图文：魏薇　审校：王仲朗、周玲）

柳条杜鹃

别　名 无

拉丁名 *Rhododendron virgatum*

科　属 杜鹃花科（Ericaceae） 杜鹃属（*Rhododendron*）

【自然分布】

产于巍山、下关、大理、漾濞、宾川、洱源、鹤庆、碧江、维西、贡山等地。生于山坡湿润草地、山坡林下或灌丛中，海拔1700-3000 m，西藏东南部也有分布。分布于印度、不丹。

【识别要点】

常绿小灌木，枝条细长，褐色，密被鳞片。叶革质，狭长圆形或长圆状披针形，边缘反卷，上面密生腺鳞，下面灰绿色，密被大小不等的鳞片。花序腋生，每花序1-2朵花，于枝上排列成总状式；花冠钟状或漏斗状，淡红色，偶有白色，外面密被鳞片和灰白色短柔毛，稀无毛。蒴果长圆形或长圆状球形，密被褐色腺鳞。

【生长习性】

性喜温凉、湿润的环境，以及排水良好的偏酸性土壤。花期4-5月，果熟期10-11月。

【栽培养护】

播种繁殖或扦插繁殖，多用扦插繁殖。一般在5-6月取半木质化的新枝，5-8 cm作插穗，基部用吲哚丁酸或ABT生根粉等溶液浸蘸处理，然后扦插在疏松透气、富含腐殖质、pH 4.5-6.0的酸性土壤中，温度保持在20-25℃，遮阴并经常喷雾保湿，促进生根。

【园林应用】

可在林缘、溪边、池畔及岩石旁成丛成片栽植，也可于疏林下散植，或列植于路边、墙根，或丛植点缀在草坪中，作花灌木用。亦可在花坛中大片种植，营造繁花似锦的景观效果。

（图文：魏薇　审校：王仲朗、周玲）

云南杜鹃

别　名 无

拉丁名 ***Rhododendron yunnanense***

科　属 **杜鹃花科（Ericaceae） 杜鹃属（*Rhododendron*）**

【自然分布】

产于德钦、维西、中甸、丽江、宁蒗、大理、漾濞、鹤庆、宾川、洱源、巍山、腾冲、大姚、禄劝、马龙、寻甸、昭通、镇雄、巧家等地。生于山坡杂木林内、次生灌丛、松林或松栎混交林以至云杉、冷杉林下，分布海拔2200-4000 m。

【识别要点】

落叶、半落叶或常绿灌木。幼枝疏生鳞片，老枝光滑。叶通常向下倾斜着生，叶片长圆形、披针形、长圆状披针形或倒卵形，上面无鳞片或疏生鳞片，无毛或沿中脉被微柔毛，下面绿色或灰绿色，疏生鳞片。花序顶生或同时枝顶腋生，花3-6朵；花冠宽漏斗状，白色、淡红色或淡紫色，内面有红色、褐红色、黄色或黄绿色斑点。蒴果长圆柱形。

【生长习性】

性喜温凉、湿润的环境，以及排水良好的偏酸性土壤。生于云南松疏林和云杉林或灌木丛中，散生或成纯灌木林，有时也生于石山岩坡。花期4-6月，果期10-11月。耐修剪。

【栽培养护】

播种繁殖或扦插繁殖，多用播种繁殖。扦插繁殖一般在5-6月取半木质化的新枝，5-8 cm作插穗，基部用吲哚丁酸或ABT生根粉等溶液浸蘸处理，然后扦插在疏松透气、富含腐殖质、pH 4.5-6.0的酸性土壤中，温度保持在20-25℃，遮阴并经常喷雾保湿，促进生根。

【园林应用】

可在林缘、溪边、池畔及岩石旁成丛成片栽植，也可于疏林下散植，或列植于路边、墙根，或丛植点缀在草坪中，作花灌木用。亦可在花坛中大片种植，营造繁花似锦的景观效果。

（图文：魏薇　审校：王仲朗、陶正荣）

大花野茉莉

别　名 兰屿安息香

拉丁名 *Styrax grandiflorus*

科　属 安息香科（Styracaceae） 安息香属（*Styrax*）

【自然分布】

产于西藏、云南、贵州、广西、广东和台湾。阳性树种，生于海拔 1000-2100 m 的疏林中，在山坡、沟旁、土壤肥沃、湿润而疏松之处生长良好。不丹、印度、缅甸和菲律宾也有分布。

【识别要点】

灌木或小乔木，高 4-7 m。嫩枝近圆柱形，被黄褐色星状柔毛，老枝被毛渐脱落。叶纸质或近革质，椭圆形或长椭圆形。总状花序顶生，有花 3-9 朵，有时 1-2 花生于下部叶腋；花梗密被灰黄色星状绒毛和黄褐色稀疏星状柔毛；花冠裂片卵状长圆形或椭圆形，两面均密被星状细柔毛，花蕾时作覆瓦状排列。果实卵形，顶端具短尖头，密被灰黄色星状绒毛，干时具皱纹，3 瓣开裂；种子 1-2 颗，卵形，褐色，有深皱纹。

【生长习性】

阳性树种，喜光，稍耐阴，喜温暖湿润的气候，生长迅速。在山坡、沟旁、土壤肥沃、湿润而疏松之处生长良好，不能积水。花期 4-6 月，果期 8-10 月。

【栽培养护】

繁殖方式主要以播种和扦插为主。定植时要边踩边提苗，以保证根系舒展，能更快恢复活力。适时浇水施肥，并注意病虫害的防治。

【园林应用】

花繁多，盛开时繁花似雪，芳香，观赏性很高，丛植、列植、片植均极优美。园林中多用于水滨、湖畔或阴坡谷地、溪流两旁，在常绿树丛边缘群植，白花映于绿叶中，饶有风趣。

（图文：单祖朋　审校：孔繁才、陶正荣）

互叶醉鱼草

别　名 白茨梢、白积梢、泽当醉鱼草

拉丁名 *Buddleja alternifolia*

科　属 马钱科（Loganiaceae） 醉鱼草属（*Buddleja*）

【自然分布】

分布于四川、西藏、河北、河南、山西、陕西、甘肃、宁夏、青海和内蒙古贺兰山等地区。生长于海拔 1500-4000 m 的阳坡沟壑或者河谷石崖岩缝中。

【识别要点】

灌木，株高 2-3 m，树冠开展，树皮暗灰色，基部深裂，小枝树皮为黄色或黄绿色。叶互生，叶片披针形，叶基渐狭，叶背有白色短绒毛。簇生圆锥花序，长 3-60 cm，最长可达 80 cm。花冠紫红色或紫堇色，先端 4 裂，开花时有浓郁的清香味。蒴果卵形，深褐色，种子多数，有短翅，长 4-7 mm。

【生长习性】

适生性强，耐土壤贫瘠；抗盐碱，pH 9 以下、含盐量 0.3% 以下可正常开花。抗逆性强，耐严寒酷暑，节水耐旱。花期 5-6 月，果期 8-9 月。

【栽培养护】

播种、扦插、组培繁殖，尤其是嫩枝扦插繁殖容易成活，插后 2-3 年可开花。生长期管理粗放，不需防寒等越冬保护措施；发枝力强，耐修剪，一般宜在花后进行修剪；极少施肥，在定植前施腐熟的基肥即可。因互叶醉鱼草不耐水湿，长时间积水对其生长不利，栽培过程中应注意防止积水，尽量避免与需水性强的草坪配置在一起。秋季应注意节制水肥，尤其是在定植第一年控制浇水次数和少施氮肥，可增强枝条木质化程度，提高植株的越冬抗寒能力。

【园林应用】

有较强的适应能力和较高的栽培价值，枝条坚韧有力，生长旺盛，花势繁盛，花色艳丽，花期长，可采用孤植、篱植、带植、片植等方式，大面积应用于公园、街边绿地以及高速公路两侧，营造群体之美和大景观视野。

（图文：廖荣丽　审校：孔繁才、陶正荣）

白背枫

别 名 七里香、山埔姜、水黄花

拉丁名 *Buddleja asiatica*

科 属 马钱科（Loganiaceae） 醉鱼草属（*Buddleja*）

【自然分布】

是亚洲的广布种，产于陕西、江西、福建、台湾、湖北、湖南、广东、海南、广西、四川、贵州、云南和西藏等省（自治区）。生于海拔 200-3000 m 的向阳山坡灌木丛或疏林缘。广布于巴基斯坦东部、印度、不丹、尼泊尔、缅甸、泰国、老挝、越南、马来西亚、印度尼西亚直至菲律宾。

【识别要点】

直立灌木或小乔木，高 1-8 m。幼枝、叶下面、叶柄和花序均密被短绒毛。叶对生，膜质或纸质，狭椭圆形或披针形。有窄而长的总状花序，长 7-25 cm，着生于枝端和叶腋；花冠管状，白色，芳香；雄蕊着生于花冠管中部。蒴果椭圆状，种子灰褐色，长 0.8-1 mm，宽 0.3-0.4 mm，两端具短翅。

【生长习性】

白背枫能在多种瘠薄、排水性良好的土壤上生长，耐旱性强。花期 1-10 月，果期 3-12 月。

【栽培养护】

可在夏季进行扦插繁殖。适应多种土壤，耐瘠薄，耐旱性极强，但要求土壤排水性良好。植株耐修剪，在夏末或秋季花期前可进行枝条修剪、植株造型，定期修枝有助于植株生长健壮。

【园林应用】

花期为晚冬早春，此时植株花繁叶茂、花香四溢，20-30 cm 高的幼株就能开花，不但可开发成易管理的香花灌木，还有潜力改良成小型的居室和庭院盆栽观花植物。

（图文：廖荣丽 审校：孔繁才、陶正荣）

大花醉鱼草

别　名 尼泊尔醉鱼草

拉丁名 *Buddleja colvilei*

科　属 马钱科（Loganiaceae） 醉鱼草属（*Buddleja*）

【自然分布】

分布于云南、西藏。不丹、尼泊尔和印度也有分布。分布海拔2800-3700 m。

【识别要点】

灌木或小乔木，高2-13 m。叶对生，边缘具有细锯齿，幼时被星状短绒毛；花较大，张开直径约2 cm，多朵组成腋生和顶生的宽圆锥状聚伞花序，花序长15-20 cm；花冠紫红色或深红色；种子长圆形，长1-1.5 mm，无翅。

【生长习性】

喜光，较耐寒，耐半阴，耐贫瘠；适宜生长于弱酸性至弱碱性土壤。花期6-9月，果期9-11月。

【栽培养护】

播种、半木质化枝条扦插繁殖。适宜栽培于黄壤、棕壤、沙壤等多种土壤类型，对土壤肥力要求不高，但土壤需具有良好的渗水性。幼株冬季降温至0℃以下应移到室内越冬，5年以上的成年植株耐寒性良好，可适应0℃以下低温。在秋季花期后进行修剪造型，可保持株形较好。

【园林应用】

大花醉鱼草是国外较为流行的庭园观赏植物，被誉为“喜马拉雅山脉最美的灌木”。其成年植株高大，可孤植、列植造景，宜栽培于空旷的草地、坡地、桥头等。

（图文：葛佳　审校：孔繁才、陶正荣）

大叶醉鱼草

别 名 白壶子

拉丁名 *Buddleja davidii*

科 属 马钱科（Loganiaceae） 醉鱼草属（*Buddleja*）

【自然分布】

产于陕西、甘肃、江苏、浙江、江西、湖北、湖南、广东、广西、四川、贵州、云南和西藏等省（自治区）。生于海拔 800-3000 m 的山坡、沟边灌木丛中。马来西亚、印度尼西亚、美国及非洲有栽培。

【识别要点】

灌木，高 1-5 m。叶对生，边缘具细锯齿；叶柄间具有 2 枚卵形或半圆形的托叶。总状或圆锥状聚伞花序，花序长达 40 cm；花冠粉色、淡紫色、紫色、蓝紫色、白色，喉部橙黄色，芳香；种子长椭圆形，长 2-4 mm，直径约 0.5 mm，两端具尖翅。

【生长习性】

喜光，耐寒，耐贫瘠，适应土壤 pH 为 5.5-8.5。

【栽培养护】

播种、扦插繁殖。几乎适应所有的土壤类型，对土壤肥力要求不高，但土壤需具有良好的渗水性。花期施肥可获得更为硕大的花序。植株耐修剪，易造型，春秋季花期前后可修剪造型，冬季降温至 0℃以下前应修剪至离地 15-30 cm 高。

【园林应用】

国外较为流行的庭园观赏植物，目前已开发出百余个园艺品种。其花色丰富，气味芬芳，花期时可吸引较多蝴蝶，故国外又称之为“蝴蝶灌木”。宜栽培于空旷的草地、坡地、桥头等，也可用于庭院、公园、风景名胜区等的园林造景。

（图文：葛佳 审校：孔繁才、陶正荣）

腺叶醉鱼草

别　名 无

拉丁名 ***Buddleja delavayi***

科　属 马钱科（Loganiaceae） 醉鱼草属（***Buddleja***）

【自然分布】

产于云南宾川、泸西和西藏墨脱、林芝等地。生于海拔 2000-3000 m 的山地疏林中或山坡灌木丛中。

【识别要点】

灌木或小乔木，高 1-6 m。茎多分枝，被星状毛；枝条细长，节稍膨大。叶对生，卵形或椭圆形，两面具有小腺点，全缘；圆锥状聚伞花序顶生和腋生，长 4-12 cm，宽 3-7 cm；花序梗常较长，花萼钟状；花冠紫蓝色，花冠裂片近圆形；雄蕊着生于花冠管内壁中部略上，花丝短于花药。蒴果卵形，无毛。

【生长习性】

耐寒、耐阴植物。花期 1-3 月，果期 4-5 月。

【栽培养护】

播种或扦插繁殖。适合多种土壤类型，对土壤肥力要求不高，但土壤需具有较好的排水性。

【园林应用】

腺叶醉鱼草存在不同的突变植株，花色丰富，无人为干扰下物种花色能够自然维持。气味芳香，在构建蝴蝶植物园和芳香植物园中可以进行推广运用。

（图文：廖荣丽　审校：孔繁才、陶正荣）

紫花醉鱼草

别　名 白叶花、拔白哥、蓝花密蒙花

拉丁名 *Buddleja fallowiana*

科　属 马钱科（Loganiaceae） 醉鱼草属（*Buddleja*）

【自然分布】

产于四川、云南和西藏。生于海拔 1200-3800 m 的山地疏林中或山坡灌木丛中。

【识别要点】

灌木，株高 1-5 m。枝条圆柱形；枝条、叶片下面、叶柄、花序、苞片、花萼和花冠的外面均密被白色或黄白色星状绒毛及腺毛。叶对生，叶片纸质，窄卵形、披针形或卵状披针形。花芳香，多朵组成顶生的穗状聚伞花序。花萼钟状，内面无毛，花萼裂片狭三角形。花冠紫色，喉部橙色，花冠裂片卵形或近圆形。蒴果长卵形，被疏星状毛，基部有宿存花萼。种子长圆形，褐色，周围有翅。

【生长习性】

喜欢光照充足、排水良好的环境，稍耐阴。耐寒性较强，耐酷暑，耐干旱和瘠薄。喜肥沃、湿润的土壤。生性强健，病虫害少。花期 5-10 月，果期 7-12 月。

【栽培养护】

以播种和扦插繁殖为主。喜欢光照充足、排水良好的环境。生长发育较为迅速，开花数量也较多。容易栽培，也耐修剪整形。花谢后进行剪枝可再度开花。适应性强，不需要精细化管理。

【园林应用】

花色艳丽，花朵繁茂，幽雅芳香，适宜栽植于坡地、桥头、墙边，作中型绿篱，或草地丛植、密植作花篱、花带，是非常新潮的道路园林绿化新优品种。花期持续时间长，易整形，适宜单独种植或者与其他植物搭配。

（图文：单祖朋　审校：孔繁才、陶正荣）

醉鱼草

别　名 **雉尾花、闭鱼花、药鱼子**

拉丁名 ***Buddleja lindleyana***

科　属 **马钱科（Loganiaceae） 醉鱼草属（*Buddleja*）**

【自然分布】

产于江苏、安徽、浙江、江西、福建、湖北、湖南、广东、广西、四川、贵州等省（自治区）。生于海拔 200-2700 m 的山地路旁、河边灌木丛中或林缘。马来西亚、日本、美洲及非洲均有栽培。

【识别要点】

灌木，高 1-3 m。叶对生，萌芽枝条上的叶为互生或近轮生，叶片膜质，卵形、椭圆形至长圆状披针形，边缘全缘或具有波状齿；穗状聚伞花序顶生，长 4-40 cm；花冠管弯曲，花紫色，芳香；种子淡褐色，小，无翅。

【生长习性】

喜光，耐寒，耐半阴，耐贫瘠；适宜生长于弱酸性至弱碱性土壤。花期 4-10 月，果期 8 月至翌年 4 月。

【栽培养护】

播种、半木质化枝条扦插繁殖。几乎适应所有的土壤类型，对土壤肥力要求不高，但土壤需具有良好的渗水、透气性。夏季需加大浇水量，冬季气温降到 0℃以下时须适当遮蔽、防寒。

【园林应用】

宜栽培于空旷的草地、水边、桥头等，也可用于庭院、公园、风景名胜区等的园林造景。

（图文：葛佳　审校：孔繁才、陶正荣）

大序醉鱼草

别 名 白叶子、羊巴巴叶

拉丁名 *Buddleja macrostachya*

科 属 马钱科（Loganiaceae） 醉鱼草属（*Buddleja*）

【自然分布】

在四川、贵州、云南和西藏均有分布。另外，印度、孟加拉国、不丹、缅甸、泰国和越南等也有分布。生于海拔 900-3200 m 的山地疏林或山坡灌木丛中。

【识别要点】

灌木或小乔木，高 2-6 m。小枝常具窄翅，密被短绒毛，后毛被渐脱落。叶片纸质，对生，披针形。总状聚伞花序，密集成圆柱状，花序顶生或生于叶腋。花冠管状，花淡黄色或紫堇色，喉部橙黄色，芳香；雄蕊着生于近喉部。蒴果椭圆状，花柱宿存；种子褐色，长 3-3.5 mm，宽 0.3-0.4 mm，两端具长窄翅。

【生长习性】

耐寒，耐旱，耐瘠薄，耐半阴。花期 3-9 月，果期 6-12 月。

【栽培养护】

粗放管理、忌水涝，植株萌发力极强，极耐修剪，粗放管理下植株就能健壮生长。

【园林应用】

可植于草地，也可用于坡地、墙隅绿化美化，装点假山置石、庭院、道路、花坛都非常优美，也可做切花用。

（图文：廖荣丽 审校：孔繁才、陶正荣）

密蒙花

别　名 鸡骨头花、小锦花、疙瘩皮树

拉丁名 *Buddleja officinalis*

科　属 马钱科（Loganiaceae） 醉鱼草属（*Buddleja*）

【自然分布】

产于山西、陕西、甘肃、江苏、安徽、福建、河南、湖北、湖南、广东、广西、四川、贵州、云南和西藏等省（自治区）。生于海拔200-2800 m的向阳山坡、河边、村旁的灌木丛中或林缘。

【识别要点】

落叶灌木，高1-3 m；小枝略呈四棱形；枝、叶柄及花序均密被白色星状毛及茸毛。单叶对生，矩圆状披针形至条形披针形，长5-12 cm，宽1-4.5 cm，先端渐尖，基部楔形，全缘或有小锯齿。聚伞圆锥形花序顶生，花萼4裂，外面被绒毛，裂片4，卵圆形；雄蕊4，着生于花冠管中部；子房上位，2室，先端被茸毛。蒴果卵形，2瓣裂。种子多数，具翅。

【生长习性】

适应性较强，石灰岩山地亦能生长。花期3-4月，果期5-8月。

【栽培养护】

播种繁殖。秋季播种，在整好的畦上，按行距35 cm开沟，沟深3 cm，播入种子，盖土0.5 cm，最后盖草，经常保持苗床湿润，出芽后可揭去草，育苗1-2年，当苗高1 m左右时定植。

【园林应用】

密蒙花全株供药用，花可提取芳香油，亦可提取黄色食品染料。茎皮纤维坚韧，可做造纸原料。花芳香而美丽，为南方一种良好的庭园观赏植物。

（图文：李云猛　审校：孔繁才、陶正荣）

连　　翘

别　名 黄花杆、黄寿丹、莲翘

拉丁名 *Forsythia suspensa*

科　属 木犀科（Oleaceae） 连翘属（*Forsythia*）

【自然分布】

产于河北、陕西、山西、山东、安徽西部、河南、湖北、四川。生于山坡灌丛、林下或草丛中，或山谷、山沟疏林中，海拔 250-2200 m。

【识别要点】

落叶灌木。枝开展或下垂，小枝土黄色或灰褐色。叶通常为单叶，或 3 裂至三出复叶，叶片卵形、宽卵形或椭圆状卵形至椭圆形，上面深绿色，下面淡黄绿色，两面无毛。花通常单生或 2 至数朵着生于叶腋，先于叶开放，花冠黄色。果卵球形、卵状椭圆形或长椭圆形。

【生长习性】

连翘喜光，有一定程度的耐阴性；喜温暖、湿润的气候，也非常耐寒，耐干旱瘠薄，怕涝；对土壤要求不严，在中性、微酸性或碱性土壤均能正常生长。连翘萌发力强、发丛快，可很快扩大其分布面。花期 3-4 月，果期 7-9 月。

【栽培养护】

连翘可用播种、扦插、压条、分株等方法进行繁殖，常用播种和扦插繁殖。虽然连翘适应性很强，但在阳光充足、深厚肥沃而湿润的立地条件下生长最好。栽植时施足底肥，定植点覆土要高于穴面，以免雨后穴土下沉，不利于连翘成活和生长，苗期要经常松土除草。适时整形修剪，去除老枝病枝。

【园林应用】

连翘侧根粗而长，须根多而密，可牵拉和固着土壤，具有良好的水土保持作用。其树姿优美、生长旺盛，早春先叶开花，花量多，满枝金黄，是早春优良观花灌木，可以做成花篱、花丛、花坛等，在城市绿化中应用广泛。

（图：冯宝钧　文：沈云光　审校：王仲朗、陶正荣）

金钟花

别 名 **迎春柳、金梅花、金铃花**

拉丁名 ***Forsythia viridissima***

科 属 **木犀科（Oleaceae） 连翘属（*Forsythia*）**

【自然分布】

产于长江以南各地。生于海拔 300-2600 m 的山地、溪沟边或山坡路旁灌丛中，除华南地区外，全国各地均有栽培。

【识别要点】

落叶灌木，高可达 3 m；全株除花萼裂片边缘具睫毛外，其余均无毛。枝棕褐色或红棕色，直立，小枝绿色或黄绿色，呈四棱形，皮孔明显，具片状髓。叶片长椭圆形至披针形，通常上半部具不规则锐锯齿或粗锯齿，稀近全缘，上面深绿色，下面淡绿色，两面无毛，花冠深黄色，内面基部具橘黄色条纹，反卷。果卵形或宽卵形，基部稍圆，先端喙状渐尖，具皮孔。

【生长习性】

喜光，适应性强，喜温暖湿润的环境，较耐寒、耐旱，适应性强，怕水涝，在排水良好且肥沃的土壤上生长旺盛。根浅，萌蘖能力强。花期 3-4 月，果期 8-11 月。

【栽培养护】

扦插、压条和分株繁殖，以扦插繁殖为主。插床适当遮阴，春夏季进行，浇水保持湿润。其栽培容易，常规日常肥水、田间管理，就能使其正常生长。依据园林观赏用途，修剪整形。

【园林应用】

枝条长条下垂，早春先叶后花。宜配置水池、溪畔、悬崖、石缝，也可在阶梯、草坪、丛林边缘丛植，或作花境、花丛应用。

（图文：李函润　审校：孔繁才、陶正荣）

素馨花

别　名 素英、耶悉茗花、野悉蜜

拉丁名 *Jasminum grandiflorum*

科　属 木犀科（Oleaceae） 素馨属（*Jasminum*）

【自然分布】

产于云南、四川、西藏及喜马拉雅地区。生于石灰岩山地，海拔约 1800 m。世界各地广泛栽培。

【识别要点】

攀缘灌木，高 1-4 m。叶对生，羽状深裂或具 5-9 小叶，小叶片卵形或长卵形，顶生小叶片常为窄菱形。聚伞花序顶生或腋生，有花 2-9 朵；花芳香，花冠白色，高脚碟状，裂片多为 5 枚，长圆形。

【生长习性】

素馨花喜温暖、湿润的自然环境，喜光照，耐寒性好，也耐旱，怕水涝，土壤以富含腐殖质的砂质壤土为好。花期 8-10 月。

【栽培养护】

以扦插繁殖为主，刚进入雨季时期为宜。由于其为攀缘藤本，栽种时需搭架供其攀爬。栽培中注意控制养分和水分，养分过剩会使营养生长过旺，叶色深绿开花较少；浇水过多会缩短花期，花香变淡。

【园林应用】

素馨花为攀缘藤本，四季常绿，花朵繁茂，芳香四溢，可植于公园、庭院内爬于廊架之上，也可用于立体绿化，美化墙壁，或盆栽观赏。

（图文：沈云光　审校：王仲朗、陶正荣）

野迎春

别　名 **云南黄素馨、迎春柳花、金铃花**

拉丁名 ***Jasminum mesnyi***

科　属 **木犀科（Oleaceae）　素馨属（*Jasminum*）**

【自然分布】

产于四川、贵州、云南。生于海拔 500-2600 m 的峡谷、林中。

【识别要点】

常绿直立亚灌木，高 0.5-5 m，枝条下垂。小枝四棱形。叶对生，三出复叶或小枝基部具单叶；小叶片长卵形，具小尖头，长 1.5-6.5 cm，无柄。花通常单生于叶腋；花冠黄色，漏斗状，径 2-4.5 cm，花冠管长 1-1.5 cm，裂片 6-8 枚，栽培时出现重瓣。果椭圆形，两心皮基部愈合，径 6-8 mm。

【生长习性】

强阳性植物，喜阳光充足、通风良好的环境，稍微耐阴；稍耐寒，极耐干旱瘠薄，耐修剪。花期 11 月至翌年 8 月，果期 3-5 月。

【栽培养护】

扦插繁殖。对土壤及环境要求不严，但在排水良好、疏松、肥沃之地生长繁茂。抗逆性极强，抗病虫害，常规水肥管理即可健壮生长。

【园林应用】

长枝下垂，早春黄花满枝。宜配植池边、溪畔、悬崖、石缝，亦可庭院丛植、草坪和丛林周围成片种植，可作花境与绿篱应用。

（图文：尹擎　审校：尹擎、陶正荣）

散生女贞

别　名 风车藤

拉丁名 *Ligustrum confusum*

科　属 木犀科（Oleaceae） 女贞属（*Ligustrum*）

【自然分布】

产于云南、西藏。生于海拔 800-2000 m 的山沟灌丛中。

【识别要点】

常绿灌木或小乔木，高可达 8 m。叶片薄革质，椭圆形、卵形或狭卵形，长 3-7（-10）cm。圆锥花序顶生，长 4-11 cm；花序轴密被短柔毛；花近无梗，花冠管长 1.5-2.5 mm，白色，裂片长 2-2.5 mm。果近球形，径 6-9 mm，略弯曲，呈黑色或黑褐色。花期 3-4 月，果期 7 月。

【生长习性】

喜阳光，稍耐阴；耐旱、耐寒，稍耐高温。乡土植物，生态适应性强。

【栽培养护】

播种繁殖为主，扦插繁殖为辅，种子采集净种后即时播种，发芽率高。对土壤要求不严，但种植在湿润、肥沃的弱酸性壤土中生长尤为快速；中性、弱碱性土壤亦能适应。常规管理即可健壮生长。

【园林应用】

四季常青，苍翠可爱，耐修剪，宜作绿篱、绿墙配置。也可在草坪边缘种植或与其他园林植物配置。

（图文：尹擎　审校：尹擎、陶正荣）

夹竹桃

别　名　洋桃、柳叶树

拉丁名　*Nerium indicum*

科　属　夹竹桃科（Apocynaceae）　夹竹桃属（*Nerium*）

【自然分布】

原产于伊朗、印度、尼泊尔，现广植于世界热带、亚热带地区。

【识别要点】

常绿灌木或小乔木，高达 5 m，嫩枝条具棱，具乳汁或水液；单叶对生或 3-4 枚轮生，全缘，窄披针形，叶柄内具腺体；聚伞花序，花冠漏斗状、钟状，5 裂，稀 4 裂，深红色或粉红色，雄蕊着生在花冠筒中部以上，5 枚，花药箭头状，与柱头连生；蓇葖果 2，离生，长 10-23 cm，直径 6-10 mm。

【生长习性】

喜光，蘖发力强，喜温暖湿润的气候，适合在土壤疏松、排水良好的中性或微酸性肥沃的红壤、沙壤条件下种植，一年四季都开花，夏秋季节较旺盛，果期一般在冬春季，自然栽培条件下结实甚少。

【栽培养护】

扦插、播种繁殖。果熟采收后可随采随播，翌年 4 月可陆续出苗。夹竹桃自然栽培条件下结实较少，一般采用扦插繁殖获得苗木，插穗长度 15 cm，带有 3 个芽，在最底部的芽处剪成马蹄状斜面，用 100 ppm 的 ABT 生根粉液浸插条 5 h，能促进插条生根，生根率能达 90%。夹竹桃要浇水适当，薄肥勤施。

【园林应用】

夹竹桃叶形如柳似竹，繁花似锦，胜似桃花，有特殊香气，花期较长，是有名的观赏花卉、较好的园林景观植物，可用于各种植物景观搭建。夹竹桃可抗烟雾、抗灰尘、抗毒物和净化空气、保护环境，对二氧化硫、二氧化碳、氟化氢、氯气等有较强的抵抗作用，是净化空气、保护环境的优良绿化树种。

（图文：孔繁才　审校：孔繁才、夏玲）

贵州络石

别　名 乳儿绳、长花络石

拉丁名 *Trachelospermum bodinieri*

科　属 夹竹桃科（Apocynaceae）

络石属（*Trachelospermum*）

【自然分布】

产于贵州和四川。生于山地林中。

【识别要点】

常绿攀缘木质藤本，具乳汁。叶长圆形，长5.5-6 cm，顶部渐尖，基部急尖；叶腋内外具腺体。聚伞花序圆锥状，顶生和腋生；花冠白色，花冠筒长4-6 mm，近花喉部膨大，花喉顶口缢缩，被短柔毛，花冠裂片长6-10 mm，宽1-1.5 mm；雄蕊着生于近花喉部；花盘环状5裂，围绕子房基部。

【生长习性】

喜光，耐阴，耐旱，耐寒；对土壤要求不严，适应性强。花期5月。

【栽培养护】

繁殖以扦插为主，也可播种。在气候温暖，土质松软、肥沃、排水良好的弱酸性壤土中长势尤盛。一年四季均可进行移植，但在春季移栽成活率最高。乡土植物，生态适应性强，只需进行常规管理即可健康生长。

【园林应用】

藤蔓攀绕，花白似雪，是优良的地被植物。园林中种植，可将其攀附墙壁、枯树、特制支架，也可点缀石头、峭壁。

（图文：尹擎　审校：尹擎、夏玲）

络　石

别　名　石龙藤、耐冬、白花藤
拉丁名　*Trachelospermum jasminoides*
科　属　夹竹桃科（Apocynaceae）
络石属（*Trachelospermum*）

【自然分布】

本种分布很广，山东、安徽、江苏、浙江、福建、台湾、江西、河北、河南、湖北、湖南、广东、广西、云南、贵州、四川、陕西等省（自治区）都有分布。日本、朝鲜和越南也有分布。生于山野、溪边、路旁、林缘或杂木林中，常缠绕于树上或攀缘于岩石上。

【识别要点】

常绿木质藤本，长达10 m，具乳汁；茎赤褐色。叶革质或近革质，椭圆形至卵状椭圆形或宽倒卵形，叶面无毛，叶背被疏短柔毛，老渐无毛。二歧聚伞花序腋生或顶生，花多朵组成圆锥状；花白色，芳香；蓇葖果双生，叉开，线状披针形；种子多颗，线形，顶端具白色绢质种毛。

【生长习性】

络石适应性强，能耐寒冷，亦耐暑热，但忌严寒，华北地区露地不能越冬；喜光，稍耐阴，喜湿润环境，较耐干旱，忌水涝。对土壤要求不严，一般肥力中等的轻黏土及沙壤土均宜，酸性土及碱性土均可生长。花期3-7月，果期7-12月。

【栽培养护】

络石通常采用压条或扦插繁殖，其嫩茎极易长气根，利用这一特性，夏季将其嫩茎采用连续压条法，秋季从中间剪断，可获得大量的幼苗。养护上也很简单，浇水保持土壤湿润，但忌积水，避免烈日直射，以明亮的散射光照射为佳。地栽络石春秋季各施一次复合肥即可。

【园林应用】

络石四季常青，嫩茎触地后易生根，其匍匐攀爬性较强，耐阴性好，是理想的地被植物，也可植于院墙、石柱、亭、廊、陡壁等攀附点缀。络石耐修剪，可与彩叶灌木搭配作色带色块绿化用。由于其适应范围广，也可作公路护坡等环境恶劣地块的绿化用苗。

（图文：沈云光　审校：王仲朗、夏玲）

蔓长春花

别　名 攀缠长春花、花叶蔓长春花

拉丁名 *Vinca major*

科　属 夹竹桃科（Apocynaceae） 蔓长春花属（*Vinca*）

【自然分布】

江苏、浙江和台湾等省栽培。原产于欧洲。

【识别要点】

蔓性半灌木，茎偃卧，花茎直立。除叶缘、叶柄、花萼及花冠喉部有毛外，其余均无毛。叶椭圆形，先端急尖，基部下延。花单朵腋生；花萼裂片狭披针形；花冠蓝色，花冠筒漏斗状，花冠裂片倒卵形，先端圆形。蓇葖长约 5 cm。

【生长习性】

蔓茎生长不长，作地被时茎节处发根，形成致密的地被。耐寒性强，适于半阴环境，排水良好的黏土、沙质壤土中生长。最适种植的 pH 为 6.8-7.2。花期 3-5 月。

【栽培养护】

播种、扦插或组织培养。蔓长春花忌湿怕涝，盆土浇水不宜过多，生长期必须有充足的阳光，土壤需肥沃且排水良好，在生长旺盛期（4-11 月）每月需施肥 1-2 次。不易发生病虫害。

【园林应用】

根据花色的不同可分为紫蔓、红蔓两种。开花时，花枝直立，可作花境、园路边缘绿化以及下层地被。耐寒性强，−20℃低温环境中也能绿叶挺立，冬日里能绿意盎然。

（图文：唐凌云　审校：王仲朗、夏玲）

糯米条

别　名 茶树条

拉丁名 *Abelia chinensis*

科　属 忍冬科（Caprifoliaceae） 六道木属（*Abelia*）

【自然分布】

我国长江以南各省（自治区）广泛分布，在浙江、江西、福建、台湾、湖北、湖南、广东、广西、四川、贵州和云南海拔 170-1500 m 的山地常见。

【识别要点】

落叶灌木，高 2 m。幼枝红褐色，小枝皮撕裂状。叶卵形或卵状椭圆形，对生，边缘具疏浅齿，叶背中脉基部密被柔毛。聚伞花序顶生或腋生，花粉红色或白色，具香味，花萼被短柔毛，5 裂，花冠漏斗状，被柔毛，雄蕊 4，伸出花冠。瘦果顶端有宿存。

【生长习性】

喜温暖湿润气候，较耐寒，喜光且耐阴。对土壤条件要求不严，有一定适应性，耐旱、耐瘠薄，不耐水涝，生长旺盛、根系发达。萌蘖、萌芽力强，耐修剪。

【栽培养护】

多采用播种、扦插方法繁殖苗木。种子于秋季成熟后采摘，进行沙藏，来年春季播种。扦插可于春季用硬枝扦插，夏季可采用嫩枝扦插。移植苗木可在落叶后或萌芽前进行，对移植苗适当进行修剪。每个生长季增施肥料，干旱季节应及时灌水保持土壤湿润。冬季休眠期针对树势进行树形调整修剪，以保持树形和枝条的更新。

【园林应用】

为丛生灌木，枝条柔软婉垂，树姿婆娑，开花时，白色小花密集梢端，洁莹可爱，适宜栽植于池畔、路边、墙隅、草坪和林下边缘，可群植或列植，修剪成花篱。

（图文：匡建　审校：尹擎、夏玲）

金叶大花六道木

别 名 金边大花六道木
拉丁名 *Abelia grandiflora* 'Francis Mason'
科 属 忍冬科（Caprifoliaceae） 六道木属（*Abelia*）

【自然分布】

原产于法国等地，我国中部、西南部及长江流域有引种。

【识别要点】

常绿或半常绿灌木，是糯米条与单花六道木的杂交种。植株高达 1.5 m；叶小，长卵形，边缘具疏浅齿，在阳光下呈金黄色，光照不足则叶色转绿。圆锥状聚伞花序，花小，白色带粉。花期 6-11 月。

【生长习性】

喜光，耐热，能耐 -10℃低温。对土壤适应性较强。

【栽培养护】

因属杂交品种，为保证其遗传稳定性，采用植物非试管快繁技术（无性繁殖）进行繁殖。其萌发力强，耐修剪，生长期和早春需加强修剪，防止枝叶空秃，以利于保持树形丰满。

【园林应用】

叶片有金边，花开枝端，色粉白且繁多。花谢后，粉红色萼片宿存直至冬季，十分美丽。在园林绿化中可作为花篱、地被或丛植于草坪。

（图文：匡建 审校：尹擎、夏玲）

金银忍冬

别　名 王八骨头、金银木

拉丁名 *Lonicera maackii*

科　属 忍冬科（Caprifoliaceae） 忍冬属（*Lonicera*）

【自然分布】

产于东北至西南各省（自治区）。生于海拔 1800-3000 m 的林中或林缘。

【识别要点】

落叶灌木，高达 6 m，茎干直径达 10 cm；幼枝、叶两面脉上、叶柄、苞片、小苞片及萼檐外面都被短柔毛和微腺毛。叶纸质，通常卵状椭圆形，长 5-8 cm。花芳香，生于幼枝叶腋；花冠先白色后变黄色，长约 2 cm。果实暗红色。

【生长习性】

阳性植物，喜阳光充足、通风良好的环境，稍微耐阴；耐寒、耐干旱瘠薄、耐水湿。花期 5-6 月，果熟期 8-10 月。

【栽培养护】

播种繁殖，扦插容易生根。对土壤及环境要求不严，但种植在排水良好、肥沃之地生长繁茂。生活力强，只要进行常规水肥管理即可健康生长。

【园林应用】

春夏开花，白色和黄色的金银花开满枝头；秋季晶莹剔透、鲜红的果实挂满枝头，是很好的观花、观果灌木。适于公园、宅院配植。

（图文：尹擎　审校：尹擎、夏玲）

金叶亮叶忍冬

别　名 无

拉丁名 *Lonicera nitida* 'Baggesen's Gold'

科　属 忍冬科（Caprifoliaceae） 忍冬属（*Lonicera*）

【自然分布】

系园艺品种，无野生种。

【识别要点】

常绿小灌木，枝叶密集，横展生长。叶对生，细小，小叶金黄色，卵形至卵状椭圆形，长 1.5-1.8 cm，宽 0.5-0.7 cm，革质，全缘，上面黄绿色，下面淡绿色。花腋生。并列着生 2 朵花，花冠管状，白色，具清香。浆果。

【生长习性】

耐寒力强，能耐 -20℃低温，也耐高温；对光照不敏感，在全光照下生长良好，也能耐阴；对土壤要求不严，在酸性土、中性土及轻盐碱土中均能适应。

【栽培养护】

多用扦插繁殖。扦插后注意保持水分，包括基质的湿润和空气的湿度，注意灭菌并适当遮阴，光照太强时用遮阴网遮阴。耐修剪。

【园林应用】

优良的木本地被植物及彩叶灌木，亦可点缀园林花境，还可以盆栽观赏。

（图文：魏薇　审校：王仲朗、夏玲）

珍珠荚蒾

别 名 珍珠花

拉丁名 ***Viburnum foetidum* var. *ceanothoides***

科 属 忍冬科（Caprifoliaceae） 荚蒾属（*Viburnum*）

【自然分布】

产于四川西南部、贵州西部和云南东北部至西部和西南部。生于山坡密林或灌丛中，海拔 900-2600 m。

【识别要点】

灌木，植株直立或攀缘状；枝披散，侧生小枝较短。叶较密，倒卵状椭圆形至倒卵形，顶端急尖或圆形，基部楔形，边缘中部以上具少数不规则、圆或钝的粗牙齿或缺刻，很少近全缘，下面常散生棕色腺点，脉腋集聚簇状毛，侧脉 2-3 对。总花梗长 1-2.5（-8）cm。

【生长习性】

性喜凉爽、干燥气候环境；耐低温环境。花期 4-6（-10）月，果熟期 9-12 月。

【栽培养护】

播种繁殖，带土球种植。

【园林应用】

园林绿化中常用作垂直绿化材料，以观叶为主；秋季串串红果形成一道美景；是植物园、公园、小区等公共绿地观叶、观果材料的首选。

（图文：魏薇 审校：王仲朗、夏玲）

琼　花

别　名 聚八仙、八仙花、木绣球

拉丁名 *Viburnum macrocephalum* f. *keteleeri*

科　属 忍冬科（Caprifoliaceae） 荚蒾属（*Viburnum*）

【自然分布】

产于江苏、安徽、浙江、江西、湖北及湖南。

【识别要点】

半常绿灌木。枝广展。叶对生，卵形，边缘有锯齿。聚伞花序仅边缘具大型的不孕花，花冠白色，直径 3-4.2 cm，裂片倒卵形或近圆形，顶端常凹缺；可孕花的萼齿卵形，花冠白色，辐状。果实红色而后变黑色；核扁，矩圆形至宽椭圆形。

【生长习性】

喜温暖湿润和半阴环境，稍耐寒，怕干燥积水。花期 4 月，果熟期 9-10 月。

【栽培养护】

播种繁殖。11 月采种，净种后用湿沙保存在 0℃ 冰箱，每 2 周进行一次变温处理，可打破休眠，开春后播种。对土壤要求不严，但在弱酸性、排水良好、富含腐殖质的壤土中生长好。

【园林应用】

树姿优美，花形扁圆，边缘着生大型洁白不孕花，宛若群蝶起舞，逗人喜爱。秋季红果满枝，也是极好的观果植物。适宜种植在堂前、亭际、墙下、窗外、庭院一隅，或与其他植物配植，也可在草坪中种植。

（图文：尹擎　审校：尹擎、夏玲）

鳞斑荚蒾

别　名 点叶荚蒾
拉丁名 *Viburnum punctatum*
科　属 忍冬科（Caprifoliaceae） 荚蒾属（*Viburnum*）

【自然分布】

产于四川西南部、贵州（清镇）和云南。生于密林中溪涧旁或林缘，海拔 700-1700 m。分布于印度、尼泊尔、不丹、缅甸北部、泰国、越南、柬埔寨和印度尼西亚的苏门答腊北部。

【识别要点】

常绿灌木或小乔木，高可达 9 m；幼枝、芽、叶下面、花序、苞片和小苞片、萼筒、花冠外面及果实均密被铁锈色、圆形小鳞片而无寻常的毛被；枝灰黄色，后变灰褐色。叶硬革质，矩圆状椭圆形或矩圆状卵形，侧脉 5-7 对，弧形，下面凸起，小脉不明显；聚伞花序复伞形式；花冠白色；果实先红色后转黑色，宽椭圆形。

【生长习性】

喜光照，稍耐阴，较耐旱，忌土壤过湿；适合种植在地势高、干燥、排水通畅的地方中度稍酸性的砂质疏松土壤有利于其根系扩展。花期 4-5 月，果熟期 10 月。

【栽培养护】

种子繁殖为主，也可以尝试用幼枝扦插；在栽培地土壤条件适宜的情况下，也可以采用分株方式扩繁；日常管护中，做好修剪、造型。

【园林应用】

鳞斑荚蒾叶常绿，花洁白、芳香，果实殷红，艳丽夺目，既可观花又可观果；萌枝力强，新枝生长快，枝叶繁茂，耐修剪，常用作园林地被、绿篱，也可植于庭院观赏。

（图文：尹擎　审校：尹擎、夏玲）

海仙花

别名 朝鲜锦带花、关门柴、临界海棠

拉丁名 *Weigela coraeensis*

科属 忍冬科（Caprifoliaceae） 锦带花属（*Weigela*）

【自然分布】

分布于四川、云南。生于海拔 2500-3100 m 的山坡草地湿润处和水边。

【识别要点】

落叶灌木，小枝粗壮。叶对生，阔椭圆形至倒卵形，长 4-13 cm，边缘具锯齿，先端尾尖。花冠漏斗状钟形，花淡红色，然后逐渐转深。花 1-4 朵组成聚伞花序。

【生长习性】

温带树种，耐寒。喜光也耐阴，适应性强，对土壤要求不严，能耐瘠薄，忌水涝。萌芽、萌蘖力强，发丛快。花期 5-6 月，果期 9-10 月。

【栽培养护】

主要采用扦插、分株和压条繁殖。对土壤要求不严，但种植在深厚湿润、富含腐殖质，排水性能良好的土壤中生长最好。春秋季移栽成活率最高。有时会发生刺蛾、大蓑蛾、蚜虫危害，应注意防治。

【园林应用】

繁花似锦，开满枝头，是极好的观花灌木。适合在庭院角隅、湖畔群植；亦可在树丛、林缘作花篱、花丛配植；点缀于假山、坡地也非常好。

（图文：尹擎　审校：尹擎、夏玲）

素馨叶白英

别 名 无

拉丁名 *Solanum jasminoides*

科 属 茄科（Solanaceae） 茄属（*Solanum*）

【自然分布】

原产于巴西，我国长江以南各地有栽培。

【识别要点】

缠绕常绿灌木，多分枝，光滑无毛，茎具纵向细条纹。叶互生，茎上着生的叶多3深裂，先端钝；中裂片卵状披针形，先端渐尖，基部圆形，两面均光滑无毛；小枝上的叶为披针形至卵状披针形，先端尖，基部圆形或稍不对称，边全缘。聚伞式圆锥花序顶生或侧生，花梗长约1 cm，上端稍膨大，基部具关节；花白蓝色，花冠辐形，具皱折，花冠筒隐于萼内；雄蕊着生于花冠筒喉部，花药黄色，子房长圆形，柱头稍微2裂。

【生长习性】

喜光，稍耐阴，喜温暖湿润的气候，在土层深厚、排水良好、富含腐殖质的森林壤土上生长最好，但在干旱、贫瘠的土地也能生长。萌发强，耐剪修，耐严寒（-8℃环境下不受冻），生长快。花期10-12月，自然环境下不易结实。

【栽培养护】

扦插繁殖、分株繁殖。除冬季外都可进行扦插繁殖，截取当年生半木质化或二年生枝条作插穗，插穗长15 cm左右，含3个节，在插穗最下的节处剪马蹄斜口，注意插穗的上下端，很容易弄反；插穗用1000倍液的萘乙酸浸泡半小时，或蘸100倍的生根粉后扦插；保持扦插基质湿润，插床湿度控制在75%-85%、温度26℃左右。常规日常管护，适时防治蚜虫、红蜘蛛。

【园林应用】

其枝叶紧凑，四季常绿，花繁且花期较长，耐修剪，栽培容易，是上等的垂直绿化藤本花卉。可种植在花架下、围墙、栅栏、门架旁，也可种植在假山下、建筑物周边等。

（图文：李函润 审校：孔繁才、夏玲）

珊瑚豆

别 名 玉珊瑚、刺石榴、洋海椒

拉丁名 *Solanum pseudocapsicum* var. *diflorum*

科 属 茄科（Solanaceae） 茄属（*Solanum*）

【自然分布】

原产于巴西，我国各地广泛作园林绿化地被植物栽培、盆栽观赏，现已逃逸为野生种，见于河北、陕西、四川、云南。

【识别要点】

常绿半木质化小灌木，高 0.3-1.5 m，小枝幼时被树枝状簇绒毛，后渐脱落；叶对生，大小不相等，椭圆状披针形，全缘或略作波状，中脉在下面凸出；花序短，腋生，通常 1-3 朵，萼绿色，5 深裂，花冠白色，5 深裂，筒部隐于萼内，浆果单生，球状，珊瑚红色或橘黄色。

【生长习性】

喜温暖向阳、喜排水良好的土壤。花期 4-7 月，果熟期 8-12 月。

【栽培养护】

播种繁殖。珊瑚豆种子出苗迅速整齐，当小苗长出 2-3 片真叶时，应移植分栽上盆或移植到栽培苗床，栽后头 2 周要注意遮阴，盆土、苗床土保持湿润。翌年植物开春萌动前，应及时进行重修剪。高温夏季，若遇绵绵雨淋或盆土过湿，易发生炭疽病，可在入夏后定期喷洒杀菌剂预防。

【园林应用】

珊瑚豆生长旺盛，适应性强，繁殖、栽培容易，果色鲜艳，常作为地被植物材料广泛种植，可用于裸露地面覆盖种植、花坛种植、绿带种植，也可在庭院盆栽、居家摆放观赏。

（图文：孔繁才 审校：孔繁才、夏玲）

厚萼凌霄

别　名 **美国凌霄、美洲凌霄、杜凌霄**
拉丁名 *Campsis radicans*
科　属 **紫葳科（Bignoniaceae） 凌霄属（*Campsis*）**

【自然分布】

原产于美洲。我国各地引种栽培。

【识别要点】

多年生木质落叶藤本，具气生根，长达 10 m。小叶 9-11 枚，椭圆形至卵状椭圆形，顶端尾状渐尖，基部楔形，边缘具齿，上面深绿色，下面淡绿色，被毛，至少沿中肋被短柔毛。花萼钟状，5 浅裂至萼筒的 1/3 处，裂片齿卵状三角形，外向微卷，无凸起的纵肋。花冠筒细长，漏斗状，橙红色至鲜红色，筒部为花萼长的 3 倍，直径约 4 cm。蒴果长圆柱形，顶端具喙尖，沿缝线具龙骨状突起，具柄，硬壳质。

【生长习性】

喜光，喜温暖湿润气候。耐严寒，耐干旱瘠薄，对土壤要求不高，但在土层深厚、排水良好的土壤上生长较好，攀爬性、萌蘖力极强。花期 7-10 月，果期 11 月。

【栽培养护】

扦插、根蘖分株、播种、压条繁殖。春季、夏季、秋季都宜进行繁殖，繁殖容易，扦插、根蘖分株繁殖成苗快。其栽培容易，管理粗放，常规日常管理能保证植株生长良好，易受蚜虫、红蜘蛛虫害，适时防治。需搭架供其攀缘。

【园林应用】

其生长快，萌发强，攀爬性好，枝繁叶密，花大色艳，是上好的藤本垂直园林绿化植物，可种植在花架下、围墙、栅栏、门架旁，也可种植在假山下、建筑物周边等。

（图文：李函润　审校：孔繁才、夏玲）

炮仗花

别 名 黄鳝藤

拉丁名 *Pyrostegia venusta*

科 属 紫葳科（Bignoniaceae） 炮仗藤属（*Pyrostegia*）

【自然分布】

原产于巴西。我国广东、海南、广西、福建、台湾、云南等地均有栽培。

【识别要点】

常绿藤本，具有3叉丝状卷须。叶对生、全缘；小叶2-3枚，叶下面具有极细小分散的腺穴。圆锥花序着生于侧枝的顶端，长10-12 cm。花冠筒状，橙红色，裂片5，长椭圆形，花蕾时镊合状排列，花开放后反折，边缘被白色短柔毛。雄蕊生于花冠筒中部，花丝丝状，花药叉开。子房圆柱形，密被细柔毛，花柱细，柱头舌状扁平，花柱与花丝均伸出花冠筒外。果瓣革质，舟状，内有种子多列，种子具翅，薄膜质。

【生长习性】

喜光，喜温暖湿润气候，不耐寒，喜土层深厚、排水良好的酸性壤土。花期长，可长达半年，通常在12月至翌年6月开花。

【栽培养护】

压条、扦插繁殖。压条是利用落地的藤蔓，在叶腋处划伤皮压土，春季、夏季、秋季均可进行；扦插选生长健壮枝条剪成长10-12 cm的插穗，每个插穗须有3个节并带2个芽。炮仗花生长旺盛，需适时给足肥水、松土除草，整藤引蔓。

【园林应用】

垂直绿化的上品材料。可种植于庭院、棚架、花门和栅栏等处作垂直绿化；也宜作地被种植覆盖裸露土坡，或用于高层建筑的阳台作垂直或铺地绿化；还可盆栽搭支架依附盘曲成图案摆放观赏。

（图文：孔繁才 审校：孔繁才、夏玲）

假杜鹃

别 名 无

拉丁名 ***Barleria cristata***

科 属 **爵床科（Acanthaceae） 假杜鹃属（*Barleria*）**

【自然分布】

产于台湾、福建、广东、海南、广西、四川、贵州、云南和西藏等省（自治区）。生于海拔 700-1100 m 的山坡、路旁或疏林下阴处，干燥草坡或岩石缝隙中也有分布。

【识别要点】

灌木，高达 2 m。茎圆柱状，被柔毛，有分枝。叶纸质，椭圆形、长椭圆形或卵形，叶腋内常着生 2 朵花。花冠蓝紫色或白色，2 唇形，花冠管圆筒状。蒴果长圆形。花期 11-12 月。

【生长习性】

喜湿润环境。

【栽培养护】

采用播种和扦插进行繁殖。种子采后即播，扦插以嫩枝为宜。

【园林应用】

花淡蓝色，枝叶繁茂。可片植或丛植。

（图文：匡建　审校：尹擎、殷慧）

象腿丝兰

别　名 象脚三兰、巨丝兰、荷兰铁、无刺丝兰

拉丁名 *Yucca elephantipes*

科　属 百合科（Liliaceae） 丝兰属（*Yucca*）

【自然分布】

原产于墨西哥、危地马拉。近年来国内许多地方已有引进栽培，并作室内观赏植物。

【识别要点】

常绿灌木。茎短、茎干粗壮、直立，褐色，有明显的叶痕，茎基部可膨大为近球状。叶窄披针形，着生于茎顶，末端急尖，长可达 100 cm，宽 8-10 cm；叶基部簇生，广披针形；叶革质，坚韧，全缘，绿色，无柄。圆锥花序，老株夏秋开花，花乳白色。

【生长习性】

喜温暖湿润和阳光充足环境。较耐寒，耐干旱和耐阴。生长适温为 15-25℃，冬季温度不低于 7℃。以肥沃、疏松和排水良好的沙质壤土为宜。在原产地株高可达 10 m，盆栽的株高多为 1-2 m。

【栽培养护】

常用扦插和播种繁殖。扦插在 4-10 月均可进行。播种在 4-5 月采用盆播。盆栽土用腐叶土、园土和粗沙配制的混合土，盆底多垫瓦片。春季、秋季生长期应充分浇水。每月施肥 1 次。常有褐斑病和叶斑病危害。虫害有蚧壳虫、粉虱和夜蛾。

【园林应用】

株形规整，茎干粗壮，叶片坚挺翠绿，极富阳刚、正直之气质。适应性强，生命力旺盛，栽培管理简单，同时是一种对多种气体（如 CO_2、HF、Cl_2、NH_3 等）具有较强的吸收能力的植物，是室内外绿化装饰的理想材料，可群植、孤植、用作灌木打造具有风情的特色景观节点。

（图：PPBC　文：李函润　审校：孔繁才、殷慧）

丝　兰

别　名 **洋菠萝、软叶丝兰、毛边丝兰**
拉丁名 ***Yucca smalliana***
科　属 **百合科（Liliaceae）　丝兰属（*Yucca*）**

【自然分布】

原产于北美洲。在我国大部分地区均可露地栽培。

【识别要点】

丛状灌木，茎很短或不明显。叶近莲座状簇生，坚硬，近剑形或长条状披针形，长 25-60 cm，宽 2.5-3 cm，顶端具一硬刺，边缘有许多稍弯曲的丝状纤维。花葶高大而粗壮；花近白色，下垂，排成狭长的圆锥花序，花序轴有乳突状毛；花被片长 3-4 cm；花丝有疏柔毛；花柱长 5-6 mm。

【生长习性】

丝兰生性强健，容易成活，对土壤适应性很强；极耐寒，喜阳光充足及通风良好的环境，适生于排水良好的沙质壤土及日照良好、通风之地。丝兰茎易产生不定芽，更新能力强。秋季开花。

【栽培养护】

丝兰以分株和扦插进行繁殖，易于成活。成苗定植后管理简便，日常管理要注意适当培土施肥，以促进花序的抽放；发现枯叶残梗，应及时剪除，保持整洁美观。

【园林应用】

丝兰终年常绿，体形独特，花序硕大，为花叶俱美的观赏植物，是园林绿化的优良素材。丝兰抗性强，适应性广，在道路绿化、庭院、园林绿化以及防护隔离等方面得到广泛的应用。

（图文：沈云光　审校：王仲朗、殷慧）

欧洲矮棕

别　名 矮棕、丛棕、意大利棕榈

拉丁名 *Chamaerops humilis*

科　属 棕榈科（Arecaceae）矮棕属（*Chamaerops*）

【自然分布】

原产于西地中海沿岸，我国引种栽培，用于园林观赏。

【识别要点】

丛生型，常呈灌木状，高 3 m，有时呈小乔木状，高可达 5 m。叶掌状深裂，半圆形，直立，宽 60-90 cm，剑形叶柄具短黑刺。肉穗花序着生叶腋间，鲜黄色，花瓣 3 片，覆瓦状排列。浆果，但大小、形态不太一致，多为椭圆形。

【生长习性】

是最耐寒的棕榈植物之一，生长适温为 15-25℃，在 −15℃的低温环境中仍有成株不冻害。耐瘠薄、耐半阴，生长慢，以疏松肥沃、排水良好的砂质壤土生长最佳。

【栽培养护】

欧洲矮棕可种子繁殖，也可分株繁殖。播种于春季进行，播后保持温度不低于 18℃，经 3-5 周即可发芽出苗。对土壤适应力强，但需排水良好，防止积水烂根。

【园林应用】

欧洲矮棕四季常绿，十分耐寒，常多干丛生，是公园、庭院非常好的园林景观树。尤其适合与草坪配置，可几株群植造景，观赏效果较佳，也有片植作为绿篱使用。由于生长慢，株型矮，也可盆栽，布置大厅、会议室。

（图文：沈云光　审校：王仲朗、李秀娟）

多裂棕竹

别　名 金山棕

拉丁名 *Rhapis multifida*

科　属 棕榈科（Arecaceae） 棕竹属（*Rhapis*）

【自然分布】

产于广西西部及云南东南部。

【识别要点】

丛生灌木，高 2-3 m 甚至更高。叶掌状深裂，扇形，长 28-36 cm，裂片 16-20 片（最多达 30 片），线状披针形，通常具 2 条明显的肋脉，先端变狭，具 2-3（-4）短裂片，边缘及肋脉上具细锯齿；叶柄较长，被淡黄褐色或深褐色的绵毛；叶鞘纤维褐色，整齐排列，较粗壮。花序二回分枝，花序梗上的佛焰苞约 2 个。果实球形，直径 9-10 mm，熟时黄色至黄褐色。种子略为半球形。

【生长习性】

喜温暖湿润及通风良好的半阴环境，也极耐阴，畏烈日。生长适宜温度 10-30℃，耐寒能力较好，适应力强，生长较快，可耐 0℃左右低温。不耐积水，在疏松肥沃的酸性土壤中生长良好，不耐瘠薄和盐碱，要求较高的土壤湿度和空气温度。果期 11 月至翌年 4 月。

【栽培养护】

可播种和分株繁殖。栽培时要注意做好冬季防寒、夏日遮阳、合理施肥、适当修剪等工作。夏季炎热干旱时节，除正常浇水养护外，经常叶面喷水，以提高空气相对湿度，秋冬季节适当减少浇水量。生长旺盛期平均每月施肥 1-2 次，原则是勤施薄施，多浇水，保持土壤湿润，宁湿勿干，但不能积水。多雨季节注意防治棕竹腐芽病。

【园林应用】

多裂棕竹丛生挺拔，枝叶繁茂，叶形秀丽，四季青翠，似竹非竹，富有热带气息。南部地区常丛植于林缘、树下或假山旁，构成一幅优美的自然景观。由于耐阴性强，北方地区可盆栽，摆放在会议室、大厅、宾馆门口两侧，颇为雅观。

（图文：沈云光　审校：王仲朗、殷慧）

草本植物

金毛狗

别 名 金毛狗蕨、黄毛狗、猴毛头

拉丁名 *Cibotium barometz*

科 属 蚌壳蕨科（Dicksoniaceae）
金毛狗蕨属（*Cibotium*）

【自然分布】

产于浙江、江西、湖北、云南、贵州、四川南部、广西、广东、福建、台湾、海南岛、浙江、江西和湖南南部。生于海拔 900-2300 m 的山麓沟边及林下阴处酸性土上。

【识别要点】

多年生蕨类植物。根状茎卧生，粗大，棕褐色，基部被有一大丛垫状的金黄色茸毛；叶片大，广卵状三角形，三回羽状分裂，一回小羽片线状披针形，末回裂片线形略呈镰刀形，边缘有浅锯齿。叶几为革质或厚纸质，干后上面褐色，下面为灰白色或灰蓝色；孢子囊群在每一末回能育裂片 1-5 对，生于下部的小脉顶端，囊群盖两瓣状，成熟时张开如蚌壳；孢子为三角状的四面形，透明。

【生长习性】

喜明亮的散射光线、温暖湿润的气候，喜酸性土壤，在红壤、黄壤上均可生长，对温度和湿度要求较高。

【栽培养护】

多用分株繁殖，生长期内均可进行，需注意灭菌、遮阴和保湿。生长季要掌握好适度的水分和光照，夏季天气闷热，需多通风，施肥时不宜施重肥。

【园林应用】

金毛狗株形高大，叶姿优美，坚挺有力，叶片革质有光泽，四季常青，颇有南国风光意境。在庭院中适于在林下配置或在林荫处种植。它也可盆栽作为大型的室内观赏蕨类。

（图文：唐凌云　审校：王仲朗、殷慧）

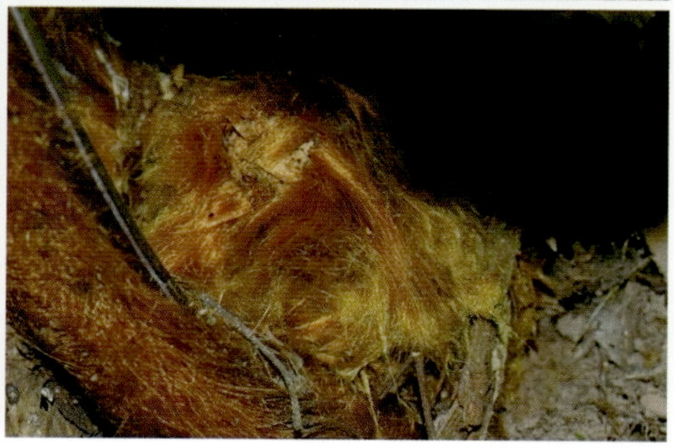

井栏边草

别　名 凤尾草、井口边草、铁脚鸡

拉丁名 *Pteris multifida*

科　属 凤尾蕨科（Pteridaceae） 凤尾蕨属（*Pteris*）

【自然分布】

产于河北、山东、河南、陕西、四川、贵州、广西、广东、福建、台湾、浙江、江苏、安徽、江西、湖南、湖北等省（自治区）。越南、菲律宾、日本也有分布。生于墙壁、井边及石灰岩缝隙或灌丛下，海拔 1000 m 以下。

【识别要点】

株高 30-45 cm。根状茎直立，顶端有钻形鳞片。叶二型，簇生，草质，无毛；叶柄禾秆色或带褐色；能育叶片长卵形，长 20-45 cm，宽 15-25 cm，一回羽状，但下部羽片往往二至三叉；羽片条形；不育叶的羽片或小羽片较宽，边缘有不整齐的尖锯齿。侧脉单一或分叉。孢子囊群沿叶边连续分布。

【生长习性】

喜温暖湿润和半阴环境，为钙质土指示植物。常生于阴湿墙脚、井边和石灰岩石上，在有庇荫、无日光直晒和土壤湿润、肥沃、排水良好处生长最盛。

【栽培养护】

繁殖常用分株法，一般于春季、秋季进行，在雨季空气湿度大，生长恢复快，也可用孢子繁殖和组织培养繁殖。适应力强，管理粗放。

【园林应用】

叶丛细柔，秀丽多姿，是室内垂吊盆栽观叶佳品，在园林中可露地栽种于阴湿的林缘岩下、石缝或墙根、屋角等处，野趣横生。全草还可入药。

（图文：王仲朗　审校：王仲朗、殷慧）

蜈蚣草

别　名 无

拉丁名 *Pteris vittata*

科　属 凤尾蕨科（Pteridaceae） 凤尾蕨属（*Pteris*）

【自然分布】

广布于我国热带和亚热带，以秦岭南坡为其在我国分布的北方界线。北起陕西、甘肃东南部及河南西南部，东自浙江，经福建、江西、安徽、湖北、湖南，西达四川、贵州、云南及西藏，南到广西、广东及台湾。生于钙质土或石灰岩上，海拔 2000 m 以下。

【识别要点】

植株高 20-150 cm。根状茎直立，短而粗健，木质，密被蓬松的黄褐色鳞片。叶丛生，叶柄直立，叶柄、叶轴及羽轴均被线形鳞片；叶矩圆形至披针形，长 10-100 cm，中部羽片最长，先端渐尖，先端边缘有锐锯齿，基部截形、心形，有时稍呈耳状，下部各羽片渐缩短；叶亚革质，两面无毛。叶干后薄革质，无毛；叶轴疏被鳞片。在成熟的植株上除下部缩短的羽片不育外，几乎全部羽片均能育。孢子囊群线形，囊群盖狭线形，膜质，黄褐色。

【生长习性】

蜈蚣草喜湿润土壤和较高的空气湿度。常地生和附生于溪边林下的石缝中和树干上。生长适温 3-9 月为 16-24℃，9 月至翌年 3 月为 13-16℃。冬季温度不低于 8℃，但短时间能耐 0℃低温，也能耐 30℃以上高温。

【栽培养护】

常用分株、孢子和组培繁殖。喜欢湿润的气候环境，防止暴晒，但又不能全部庇荫，土壤应保持湿润，但不能积水，对肥水要求多，但最怕乱施肥、施浓肥和偏施氮肥、磷肥、钾肥。

【园林应用】

蜈蚣草的羽状复叶奇特而美丽，四季常青，又比较耐阴，是受欢迎的室内观叶植物之一。在园林中多用来美化岩石园和风景区的溪涧沟畔。

（图文：唐凌云　审校：王仲朗、殷慧）

铁线蕨

别　名 铁丝草、少女的发丝、铁线草

拉丁名 *Adiantum capillus-veneris*

科　属 铁线蕨科（Adiantaceae） 铁线蕨属（*Adiantum*）

【自然分布】

广布于台湾、福建、广东、广西、湖南、湖北等地，亦广泛分布于非洲、美洲、欧洲、大洋洲及亚洲温暖地区。常生于流水溪旁石灰岩上或石灰岩洞底和滴水岩壁上，为钙质土的指示植物，海拔100-2800 m。

【识别要点】

多年生常绿草本，高15-40 cm。根茎黄褐色，密被淡褐色鳞片。叶鲜绿色，卵形或长方状卵形，一至三回羽状复叶，羽片互生，小叶形态大小不一，多为倒卵形或斜方形，或扇形。孢子囊群盖由小叶顶端的叶缘向下面反折而成，每个小叶的孢子囊群多至十余个，通常长方形，横行，折边稍向内，呈弧形，弯曲，褐色，边白色，膜质。

【生长习性】

喜疏松透水、肥沃的石灰质砂壤土。生长适宜温度白天21-25℃，夜间12-15℃。温度在5℃以上叶片仍能保持鲜绿，但低于5℃时叶片会出现冻害。喜明亮的散射光，怕太阳直晒。

【栽培养护】

通常以分株繁殖为主，这样可保持亲本性状。一般在翌年4月进行，视母株大小，可将植株基部分开进行培育。也可用孢子繁殖，将成熟孢子均匀地撒播于播种浅盆，不需覆土，上面盖以玻璃片，从盆底浸水，保持盆土湿润，并置于20-25℃的半阴环境下，约1个月孢子可萌发为原叶体，待长满盆后便可分植。盆土宜加适量石灰和碎蛋壳，或经常施钙质肥料生长较好。

【园林应用】

具有观赏和药用等价值。在蕨类植物中，铁线蕨是栽培最普及的种类之一。茎叶秀丽多姿，形态优美，株型小巧，极适合小盆栽培和点缀山石盆景。

（图文：王仲朗　审校：王仲朗、殷慧）

巢　蕨

别　名 鸟巢蕨、雀巢蕨、老鹰七、山苏花、王冠蕨

拉丁名 ***Neottopteris nidus***

科　属 铁角蕨科（Aspleniaceae） 巢蕨属（*Neottopteris*）

【自然分布】

自然分布于台湾、广东、广西、贵州、云南、西藏。也分布于斯里兰卡、印度、缅甸、柬埔寨、越南、日本、菲律宾、马来西亚、印度尼西亚、大洋洲热带地区及东非洲。

【识别要点】

植株高 80-100 cm。根茎短而粗，缘叶自地下茎丛生，由中心向四方开展而呈巢状。叶簇生；叶片阔披针形，长 90-120 cm，中部最宽处为 8-15 cm，叶边全缘并有软骨质的狭边。厚纸质或薄革质，两面均无毛。孢子囊群线形，长 3-5 cm，生于小脉的上侧，叶片下部通常不育；囊群盖线形，浅棕色，厚膜质，全缘，宿存。

【生长习性】

常成丛附生于树干或岩石上，野外分布于海拔 100-1900 m。喜温暖阴湿环境，不耐寒，不耐强光。生长适温为 20-22℃，冬季温度不低于 5℃。宜疏松、排水及保水皆好的土壤。

【栽培养护】

常用山泥、塘泥掺拌适量碎木屑为培养基质，再稍微加点基肥。庭院内宜选择树荫下养护。生长季节每隔 20 天左右施一次肥，一般每年施 4-6 次肥即可。可用孢子繁殖，也可用分株繁殖，植株生长较大时，常常出现小型的分枝，可在春末夏初新芽生出前，用利刃慢慢把需要分出的植株根系切离，再分别栽植即可。

【园林应用】

巢蕨叶片密集，碧绿光亮，为著名的附生性观叶植物，常用以制作吊盆（篮），也常栽于附生林下或岩石上。在室内绿化中，盆栽的小型植株用于布置明亮的客厅、会议室及书房、卧室，也显得小巧玲珑、端庄美丽。

（图文：王仲朗　审校：王仲朗、殷慧）

刺齿贯众

别名 尖耳贯众、细齿贯众蕨

拉丁名 *Cyrtomium caryotideum*

科属 鳞毛蕨科（Dryopteridaceae）
贯众属（*Cyrtomium*）

【自然分布】

产于陕西、甘肃、江西、台湾、湖北、湖南、广东、四川、贵州、云南、西藏。也分布于菲律宾、日本、越南、尼泊尔、不丹、印度、巴基斯坦。

【识别要点】

植株高30-60 cm。根茎直立，密被披针形黑棕色鳞片。叶簇生，叶柄长16-32 cm，基部直径2-3 cm，禾秆色，腹面有浅纵沟，奇数一回羽状；侧生羽片3-7对，互生，斜向上，柄极短，卵状披针形，常向上弯成镰状，顶生羽片卵形或菱状卵形，2叉或3叉状。孢子囊群遍布羽片背面；囊群盖圆形，盾状，边缘有齿。

【生长习性】

生于林下，海拔600-2500 m。适应能力强，喜湿润，耐阴、耐寒，喜温暖，喜腐殖质及含水量较高的中性土壤。

【栽培养护】

可用孢子繁殖和分株繁殖。将成熟孢子均匀地撒播于播种浅盆，不需覆土，上面盖以玻璃片，从盆底浸水，保持盆土湿润，并置于20-25℃的半阴环境下，约1个月孢子可萌发为原叶体，待长满盆后便可分植。

【园林应用】

典型的石灰岩碱性指示植物，多生长在岩石缝隙或岩石表面风化的土壤上，在其他植物无法立足的陡壁或墙垣的缝隙中生长。也是重要的药用植物。

（图文：王仲朗　审校：王仲朗、殷慧）

大羽鳞毛蕨

别　名 瓦氏鳞毛蕨

拉丁名 ***Dryopteris wallichiana***

科　属 鳞毛蕨科（Dryopteridaceae）
鳞毛蕨属（*Dryopteris*）

【自然分布】

产于陕西、江西、福建、台湾、四川、贵州、云南、西藏。生于铁杉林或云杉林下，海拔 1500-3600 m。马来西亚、尼泊尔、缅甸、印度、日本也有分布。

【识别要点】

植株高可达 1 m 以上。根状茎粗壮直立，密被红棕色或褐色，披针形、狭披针形全缘鳞片。叶簇生，二回羽状深裂；孢子囊群圆形，每裂片 4-6 对，生于叶边与中肋之间，靠近中肋；囊群盖圆肾形，棕色，成熟后脱落。

【生长习性】

中型陆生蕨类植物，耐寒，适应性广。

【栽培养护】

通常用孢子繁殖，也可分株繁殖。

【园林应用】

叶色翠绿，形态优美，具有苏铁之风韵，是一种观赏价值很高的蕨类。适合园林花坛、林下、道旁地栽，可用于园林绿化。

（图文：王仲朗　审校：王仲朗、殷慧）

肾　蕨

别　名 **蜈蚣草、圆羊齿、篦子草、凤凰蛋、石黄皮**

拉丁名 ***Nephrolepis auriculata***

科　属 **肾蕨科**（**Nephrolepidaceae**）

肾蕨属（***Nephrolepis***）

【自然分布】

产于浙江、福建、台湾、湖南南部、广东、海南、广西、贵州、云南和西藏（察隅、墨脱）。生于溪边林下，海拔30-1500 m。广布于全世界热带及亚热带地区。

【识别要点】

多年生附生或土生草本。根状茎直立，被蓬松的淡棕色长钻形鳞片，下部有粗铁丝状的匍匐茎向四方横展，匍匐茎棕褐色，不分枝。叶簇生；叶片线状披针形或狭披针形，叶轴两侧被纤维状鳞片，一回羽状，羽片多数，基部心脏形，通常不对称。叶坚草质或草质，干后棕绿色或褐棕色，光滑。孢子囊群成1行位于主脉两侧，肾形，生于每组侧脉的上侧小脉顶端，位于从叶边至主脉的1/3处；囊群盖肾形，褐棕色，边缘色较淡，无毛。

【生长习性】

喜温暖潮湿和半阴环境，忌烈日，不耐寒，易受冻害影响。对土壤的要求不太严格，一般在微酸性到中性的疏松土中都能生长良好，特别喜欢生长在含腐殖质丰富的土壤中。

【栽培养护】

繁殖方式以孢子、块茎、匍匐茎和分株繁殖为主。生活力强，易于栽培，容易管理。适当对老叶进行修剪，既可以使其保持活力，也保证美观。冬天要做好防冻措施，以免冻伤。

【园林应用】

肾蕨是世界当今室内观叶植物中最为流行的种类之一。其叶色青翠，姿态婆娑。既可以单独种植，也易于与其他植物搭配，是家庭、公园及路边绿化等的首选。置放于几案上，其叶纤细，造型天赋优美，别具韵味。

（图文：单祖朋　审校：孔繁才、殷慧）

扇 蕨

别 名 **金沙箭、鸭脚板、半把伞**
拉丁名 ***Neocheiropteris palmatopedata***
科 属 **水龙骨科（Polypodiaceae）**
扇蕨属（*Neocheiropteris*）

【自然分布】

产于浙江、江西、湖北、湖南、广东、广西、四川、贵州和云南等省（自治区）。生于海拔 1500-2700 m 的密林下或山崖林下。

【识别要点】

蕨类植物，植株高达 65 cm。根状茎粗而横走，密被卵状披针形鳞片，长渐尖头，边缘具细齿。叶远生，全缘，干后纸质，下面疏被棕色小鳞片，叶片扇形，长 25-30 cm，鸟足状掌形分裂。叶脉网状，网眼密，有内藏小脉。孢子囊群聚生于裂片下部，紧靠主脉，圆形或椭圆形。

【生长习性】

喜阴耐湿，常生于常绿阔叶林及针阔混交林下或沟谷地段。孢子秋季、冬季成熟。

【栽培养护】

用根茎或孢子繁殖。栽种时需保持土壤湿润，夏季高温干燥时，可适量喷水，以增加空气湿度。每 2 个月施一次肥。

【园林应用】

扇蕨叶形奇特，为我国特产，可种于风景区的沟边林下增添野趣。

（图文：唐凌云 审校：王仲朗、殷慧）

光石韦

别　名 石韦、一包针、石莲姜、岩莲鸡尾、铁牛皮、牛舌条、牛皮凤尾草

拉丁名 *Pyrrosia calvata*

科　属 水龙骨科（Polypodiaceae） 石韦属（*Pyrrosia*）

【自然分布】

分布于西南及陕西、甘肃、福建、湖北、湖南、广东、广西等地。生于海拔 400-2000 m 的林下石上或树干上，成丛生长。

【识别要点】

植株高 20-50 cm。根茎粗短，横生或斜升，顶部密被披针形鳞片，长渐尖头，边缘有锯齿。叶簇生；叶柄长 4-10 cm；叶片革质，披针形，长 20-50 cm，宽 2-4 cm，渐尖头，向基部变狭成楔形下延；叶片上面偶有一二星状毛及小凹点，下面幼时有白色细长星状毛，最后完全脱落并为绿色；侧脉略可见。孢子囊群在叶片背面中部以上散生；无囊群盖。

【生长习性】

附生于林下树干或岩石上，海拔 400-2000 m。喜阴凉干燥的气候。

【栽培养护】

通常分株繁殖，栽时按行株距 23-27 cm，把苔藓植物刨开，放入 1-2 段根茎，用湿润的腐殖质土压紧。亦可利用石坎壁栽种，将种苗放在缝隙里，用湿润的腐殖质土塞稳。田间管理，栽后每年冬季撒 1 次腐殖质土，厚约 1 cm。干旱时应适当浇水。

【园林应用】

叶片剑形，丛生，在园林上是与岩石结合的良品，假山配伍似大型兰草。全草亦可入药。

（图文：王仲朗　审校：王仲朗、殷慧）

野棉花

别　名 接骨莲、水棉花、土白头翁

拉丁名 *Anemone vitifolia*

科　属 毛茛科（Ranunculaceae） 银莲花属（*Anemone*）

【自然分布】

分布于云南、四川西南部、西藏东南部和南部。缅甸北部、不丹、印度北部和尼泊尔也有分布。生于山地草坡、沟边或疏林中。

【识别要点】

多年生草本植物，植株高 60-100 cm。基生叶 2-5，有长柄；叶片心状卵形或心状宽卵形，顶端急尖，3-5 浅裂，边缘有小牙齿，表面疏被短糙毛，背面密被白色短绒毛。花葶粗壮，有密或疏的柔毛；聚伞花序长 20-60 cm，二至四回分枝；花白色或带粉红色，外面有白色绒毛；聚合果球形，直径约 1.5 cm；瘦果有细柄，密被绵毛。

【生长习性】

喜光，稍耐阴，喜温凉湿润气候，对土壤要求不严，但在土层深厚、肥沃、排水好的土壤上生长好。多生于山地、草坡、沟边和疏林中。花期 7-10 月，果期 9-11 月。

【栽培养护】

播种、分株繁殖。播种宜早春进行，其种子细小，苗床基质要求透水性好、结构细腻，播种后及苗期管理要精细；也可分株繁殖。其栽培容易，常规日常肥水、除草管护。

【园林应用】

其栽培容易，叶翠花繁，是较好的地被草本观赏花卉，可成片在花坛布置、可与其他草本花卉搭配布置、可在裸露地表覆盖种植、也可三五成群种植点缀园林。

（图文：孔繁才　审校：孔繁才、殷慧）

大花耧斗菜

别 名 无

拉丁名 *Aquilegia glandulosa*

科 属 毛茛科（Ranunculaceae） 耧斗菜属（*Aquilegia*）

【自然分布】

产于新疆。生于海拔 1900-2700 m 的山地针叶林下、山坡草地或谷地河边。在苏联西伯利亚地区及蒙古国也有分布。

【识别要点】

多年生草本植物，茎不分枝或上部分枝，高 20-40 cm，基部无毛，上部被短柔毛，无叶或只具 1 茎生叶。基生叶少数，通常为二回三出复叶；叶片轮廓三角形、圆倒卵形至扇形，浅裂，浅裂片有 2-3 枚圆齿。花蓝色或白色，通常单顶生或有时 2-3 朵组成花序。

【生长习性】

性喜凉爽气候，忌夏季高温暴晒，性耐寒，喜富含腐殖质、湿润而排水良好的沙质壤土。

【栽培养护】

采用分株和播种进行繁殖。夏季需适当遮阴，或种植在半阴处，忌积水。及时摘心，以控制植株的高度；入冬以后需施足基肥。

【园林应用】

其叶奇花美，适应性强，适宜在草坪、密林下成片自然式栽植。是优良的庭园花卉，适于布置花坛、花径、岩石园。花枝可作切花。

（图文：匡建　审校：尹擎、殷慧）

莲

别　名 芙蕖、芙蓉、水芙蓉、荷花、莲花
拉丁名 *Nelumbo nucifera*
科　属 睡莲科（Nymphaeaceae） 莲属（*Nelumbo*）

【自然分布】

产于中国南北各省，自生于或栽培在池塘或水田内。朝鲜、日本、印度、越南、亚洲南部等亚热带和温带地区，大洋洲也有分布。

【识别要点】

多年生水生草本；根状茎横生，肥厚，节间膨大，内有多数纵行通气孔道，节部缢缩。叶圆形，盾状，直径 25-90 cm，表面深绿色，被蜡质白粉，背面灰绿色，全缘稍呈波状。叶柄粗壮，圆柱形，中空，外面散生小刺。花单生于花梗顶端、高托水面之上，花瓣红色、粉红色或白色；雄蕊多数，着生在花托之下，花托（莲房）直径 5-10 cm。坚果椭圆形或卵形，果皮革质，坚硬，熟时黑褐色；种子（莲子）卵形或椭圆形，种皮红色或白色。

【生长习性】

荷花是水生植物，性喜相对稳定的平静浅水、湖沼、池塘。荷花对失水十分敏感，对于水缸所栽荷花，夏季只要 3 h 不灌水，荷叶便萎靡，荷花为阳性植物，生育期需要全光照的环境；极不耐阴，在半阴处生长就会表现出强烈的趋光性。花期 6-9 月，果期 8-10 月。

【栽培养护】

荷花繁殖可采用种子育苗或分藕栽植。3 月中旬至 4 月中旬是分藕栽植的最佳时期，栽植时应头低尾高斜插入泥中，尾部半截翘起，不使藕尾进水。栽植初期水位要浅，待浮叶长出后逐渐加深，直至立叶长出，水位不可淹没荷叶。冬季休眠后要保持土壤潮湿，以免种藕干枯。

【园林应用】

荷花在我国栽培历史悠久，品种众多，有单瓣、复瓣、重瓣、重台之分，还有大型、中型、小型荷花之分，花色有红、粉、黄、白、洒锦等各色变化，自古以来便深受人们喜爱，常常栽植于庭院池塘、湖畔以供观赏，小型的荷花品种还可栽于盆中，恬淡优雅，美化环境。

（图文：沈云光　审校：王仲朗、殷慧）

萍蓬草

别　名 黄金莲、萍蓬莲

拉丁名 *Nuphar pumilum*

科　属 睡莲科（Nymphaeaceae） 萍蓬草属（*Nuphar*）

【自然分布】

产于黑龙江、吉林、河北、江苏、浙江、江西、福建、广东。生于湖沼中。苏联、日本、欧洲北部及中部也有分布。

【识别要点】

多年水生草本。根茎块状。浮水叶纸质，卵形或宽卵形，先端圆钝，叶面光亮、无毛，叶背紫红色、密被柔毛。花单生于花柄顶端，黄色。浆果卵形。种子距圆形，黄褐色。

【生长习性】

喜水湿温暖，较耐寒。适植于水深 0.6 m 左右的池塘。适应性强，对土壤选择不严，一般植莲的轻黏壤湖土最宜。喜光，稍耐阴。极少病虫害。花期 5-7 月，果期 7-9 月。

【栽培养护】

繁殖以分株繁殖为主。池塘栽植，单株占水面积 2-3 m^2。一次栽种后，只要保持一定水位，不使干涸或暴涨淹死，可任其自然繁衍生息，不需年年栽培。

【园林应用】

萍蓬草为观花、观叶植物，多用于池塘水景，与睡莲、荇菜、黄鸢尾配置，清新雅丽，形成绚丽多彩的景观。

（图：沈云光　文：唐凌云　审校：王仲朗、殷慧）

睡　莲

别　名 **蓬蓬草、蓬蓬花、水莲花**
拉丁名 ***Nymphaea tetragona***
科　属 **睡莲科（Nymphaeaceae）　睡莲属（*Nymphaea*）**

【自然分布】

在中国分布广泛，苏联、朝鲜、日本、印度、越南、美国均有分布。生于池沼、湖泊等静水水体中。

【识别要点】

多年生浮叶型水生草本；根状茎短粗。叶心状卵形或卵状椭圆形，基部具深弯缺，约占叶片全长的1/3，全缘；叶正面绿色，光亮，背面紫红色，浮生水面。花单生，直径3-5 cm，浮于水面；花瓣白色，宽披针形、长圆形或倒卵形。浆果球形，为宿存萼片包裹；种子椭圆形、黑色，长2-3 mm。

【生长习性】

睡莲喜阳光，花朵白天开放夜晚闭合，到翌日早上又会张开，通常每朵花可开2-5天。对土质要求不严，pH 6-8均可正常生长，喜富含有机质的塘泥土。3-4月萌发长叶，5-8月陆续开花，花后结实，10-11月茎叶枯萎，翌年春季又重新萌发。

【栽培养护】

睡莲主要采取分株繁殖，通常在早春发芽前3-4月进行，栽种时顶芽朝上埋入土中，覆土的深度以植株芽眼与土面相平为宜。栽好后，放置在通风良好、阳光充足处养护。睡莲随着生长期的不同对水位的要求各不相同，水位开始要浅，便于升温，随着生长逐渐增高水位。根据地区不同入冬前池内加深水位，使顶芽在冰层以下即可安全越冬。

【园林应用】

睡莲为著名的水生观赏花卉，多种于公园中的池塘、湿地，在园林水景和园林小品中经常出现。对于小型的睡莲品种也可采用盆栽，可提高观赏价值。

（图文：沈云光　审校：王仲朗、殷云杰）

粗毛淫羊藿

别　名 无

拉丁名 *Epimedium acuminatum*

科　属 小檗科（Berberidaceae） 淫羊藿属（*Epimedium*）

【自然分布】

产于四川、贵州、云南、湖北、广西。生于草丛、石灰山陡坡、林下、灌丛中或竹林下，海拔270-2400 m。

【识别要点】

多年生草本，植株高30-50 cm。根状茎有时横走，多须根。一回三出复叶基生和茎生，薄革质，狭卵形或披针形，先端长渐尖，基部心形，上面深绿色，无毛，背面灰绿色或灰白色，密被粗短伏毛，后变稀疏，叶缘具细密刺齿。圆锥花序具10-50朵花，无总梗；花色变异大，黄色、白色、紫红色或淡青色；花瓣呈角状，向外弯曲，基部无瓣片。蒴果长约2 cm，种子多数。

【生长习性】

喜温暖湿润的气候，耐寒性稍差，在半阴、阳光散射的环境中生长良好，不耐强光直射，光照过强时叶片发黄。喜排水良好、湿润、腐殖质丰富的土壤环境。花期4-5月，果期5-7月。

【栽培养护】

可采用播种和分株进行繁殖，种子发芽率低，生长缓慢，多采用分株繁殖法。栽种时要适当遮阴，但不可过于荫蔽，以免影响开花结实。夏季高温干旱时应勤浇水，但忌水涝，适时施肥，中耕除草。冬季气温低时会有部分叶片枯萎。

【园林应用】

粗毛淫羊藿全草入药，用于治疗阳痿、小便失禁、风湿痛、虚劳久咳等症。除药用价值外，由于其叶片、株形优美，花型奇特，在园林上可用作地被植物，种于林缘、树下，也可种于庭院与假山石相配，制作园林小品。

（图文：沈云光　审校：王仲朗、殷云杰）

马蹄香

别　名 冷水丹、狗肉香、高脚细辛

拉丁名 *Saruma henryi*

科　属 马兜铃科（Aristolochiaceae） 马蹄香属（*Saruma*）

【自然分布】

产于浙江、江西、湖北、河南、陕西、甘肃、四川及贵州等省。生于海拔 600-1600 m 的山谷林下和沟边草丛中。

【识别要点】

多年生直立草本。茎高 50-100 cm，被灰棕色短柔毛；叶心形，两面和边缘均被柔毛；花单生，被毛，萼片心形；花瓣黄绿色，肾心形，基部耳状心形，有爪；雄蕊与花柱近等高，花柱不明显，柱头细小。蒴果蓇葖状，成熟时沿腹缝线开裂。种子三角状倒锥形，背面有细密横纹。

【生长习性】

喜温暖湿润环境，常生于林下阴湿处。土壤要求腐殖质丰富、疏松、排水好，忌干燥和积水。花期 4-7 月。

【栽培养护】

常用分株和播种繁殖。分株栽培，刚栽时不宜浇水过多，以免根茎过湿引起腐烂。栽培时以半阴环境为宜，如下暴雨，要防止雨水冲刷和积水。

【园林应用】

马蹄香叶形美丽，花黄绿色，十分惹人喜爱，其喜半阴环境，在园林中，常作林下地被。

（图：来源于网络　文：唐凌云　审校：王仲朗、殷云杰）

三白草

别 名 **塘边藕、过塘藕、白面姑**

拉丁名 *Saururus chinensis*

科 属 三白草科（Saururaceae） 三白草属（*Saururus*）

【自然分布】

产于河北、山东、河南和长江流域及其以南各省（自治区）。生于低湿沟边、塘边或溪旁。日本、菲律宾至越南也有分布。

【识别要点】

湿生草本，高 1 m 余；茎粗壮，下部伏地，常带白色，上部直立，绿色。叶互生，纸质，密生腺点，阔卵形至卵状披针形，基部心形或斜心形，两面均无毛，茎顶端的 2-3 片于花期常为白色，呈花瓣状。花序白色，长 12-20 cm，花小，无花被。果近球形，直径约 3 mm，表面多疣状凸起。

【生长习性】

三白草喜温暖湿润的气候，稍耐旱；喜散射光照，耐阴，凡塘边、沟边、溪边等浅水处或低洼地均可栽培。花期 4-6 月，果期 8-9 月。

【栽培养护】

三白草可用种子繁殖或分株繁殖。种子繁殖需经过低温处理，可使发芽整齐，发芽率可达 70% 以上；分株繁殖于 4 月进行，挖取地下茎，切分成段，每段具有多个芽眼，进行埋植。生长管理期间，注意浇水，保持土壤湿润，防止暴晒，并及时清除杂草。

【园林应用】

三白草除具有较高的药用价值外，其株形秀美，花序白色，茎顶端的叶片为白色，状如花瓣，很是引人注目，具有较好的观赏价值。可用于花境景观或与假山石相配制作园林小品。三白草喜湿，多用于池塘和溪流边的美化。

（图文：沈云光 审校：王仲朗、殷云杰）

头花蓼

别　名 草石椒

拉丁名 *Polygonum capitatum*

科　属 蓼科（Polygonaceae） 蓼属（*Polygonum*）

【自然分布】

产于江西、湖南、湖北、四川、贵州、广东、广西、云南及西藏。生于山坡、山谷湿地，常成片生长，海拔 600-3500 m。印度北部、尼泊尔、不丹、缅甸及越南也有分布。

【识别要点】

多年生草本。茎匍匐，丛生。叶卵形或椭圆形，顶端尖，基部楔形，全缘，边缘具腺毛。头状花序顶生，花单生或成对，淡红色。瘦果长卵形，黑褐色，密生小点，微有光泽。

【生长习性】

头花蓼为湿中生性植物，喜阴湿生境，较耐寒，适应性强。常生在草甸石上、河边林下石上、山坡路边草丛等背阴湿润的地方。花期 6-9 月，果期 8-10 月。

【栽培养护】

播种繁殖。选择背风向阳，土壤较肥沃，透水、透气性好的沙质地，2-3 月播种，移栽后适时浇水、除草、追肥，注意小地老虎等虫害的防治。

【园林应用】

头花蓼茎匍匐丛生，小花淡紫红色，娇小可爱，园林当中适于作路边或林下的地被，若配以山石、流水造景又别具特色。

（图文：唐凌云　审校：王仲朗、殷云杰）

旱金莲

别　名 无

拉丁名 ***Tropaeolum majus***

科　属 **旱金莲科（Tropaeolaceae）**

旱金莲属（*Tropaeolum*）

【自然分布】

原产于南美洲秘鲁、巴西等地，我国河北、江苏、福建、江西、广东、广西、云南、贵州、四川、西藏等省（自治区）均有栽培。

【识别要点】

一年生肉质草本，蔓生。叶互生；叶片圆形，边缘为波浪形的浅缺刻，背面通常被疏毛或有乳凸点。单花腋生，花黄色、紫色、橘红色或杂色；花托杯状；萼片5，长椭圆状披针形，基部合生，边缘膜质，其中一片延长成一长距，渐尖；花瓣5，通常圆形，边缘有缺刻，上部2片通常全缘，着生在距的开口处，下部3片基部狭窄成爪，近爪处边缘具睫毛。

【生长习性】

性喜温和气候，不耐严寒酷暑。适生温度为18-24℃。能忍受短期0℃，越冬温度10℃以上。夏季高温时不易开花，35℃以上生长受抑制。冬季、春季、秋季需充足光照，夏季盆栽忌烈日暴晒。花期6-10月，果期7-11月。

【栽培养护】

一般情况下如3-6月播种，则花期8-12月。如8月下旬至9月上旬播种，则旱金莲会在元旦、春节期间开花。播种及育苗：发芽适温18-20℃。点播，覆土1 cm左右，浇透水并保持湿润，7天发芽。2-3片真叶时摘心上盆，适当整理叶片及分枝利于通风，使花朵外露。

【园林应用】

旱金莲叶肥花美，叶形如碗莲，呈圆盾形。花朵形态奇特，腋生呈喇叭状，茎蔓柔软娉婷多姿，叶、花都具有极高的观赏价值。可用于盆栽装饰阳台、窗台或置于室内书桌、几架上观赏，也宜于作切花。

（图文：李云猛　审校：孔繁才、殷云杰）

千屈菜

别　名 绒毛千屈菜、光千屈菜、中型千屈菜

拉丁名 *Lythrum salicaria*

科　属 千屈菜科（Lythraceae） 千屈菜属（*Lythrum*）

【自然分布】

产于全国各地。世界广布。

【识别要点】

多年生挺水草本植物，株高 1 m 左右。全株青绿色，被毛，茎四棱形。叶对生或三叶轮生，披针形，长 4-10 cm，全缘，无柄。花组成小聚伞花序，簇生，形似一大型穗状花序；花瓣 6，红紫色；子房 2 室，花柱长短不一。蒴果扁圆形。

【生长习性】

自然种生长于沼泽地、沟渠边或滩涂上。喜光、耐寒、喜涝、耐盐碱，不耐旱。花期 6-9 月。

【栽培养护】

播种、分株和扦插繁殖。在浅水中栽培长势最好，也可旱地栽培，对土壤要求不严，但在肥沃、疏松、湿润的土壤中生长好。尤其在土质肥沃的塘泥基质中花艳，长势强壮。

【园林应用】

是极好的观花水生植物，可种植在浅水区、岸边，可作为花境材料。

（图文：尹擎　审校：尹擎、殷云杰）

粉绿狐尾藻

别　名 羽毛草、布拉狐尾、绿凤尾

拉丁名 *Myriophyllum aquaticum*

科　属 小二仙草科（Haloragaceae）
狐尾藻属（*Myriophyllum*）

【自然分布】

原产于南美洲，现广泛引种栽培生长环境主要为稻田、溪流、池塘区。

【识别要点】

多年生挺水或沉水草本，水面高10-20 cm。茎呈半蔓性，能匍匐湿地生长。上部为挺水叶，匍匐在水面上，下半部为水中茎，水中茎多分枝。叶5-7枚轮生，羽状排列，小叶针状，绿白色；沉水叶丝状，朱红色。穗状花序顶生，花单性，雌雄同株，花序上半部为雄花，下半部为雌花。最上面开小红花。核果坚果状，具4凹沟。

【生长习性】

好温暖水湿、阳光充足的气候环境，不耐寒。夏季生长旺盛。冬季生长慢，能耐低温。花期在每年的4-9月。

【栽培养护】

可采用扦插、分株繁殖，也可用组织培养进行繁殖。在湿沙中扦插茎枝，待小苗形成新根后，再进行移栽，注重通风透光。

【园林应用】

粉绿狐尾藻不仅能吸收水中的氮、磷等物质，净化水体，抑制蓝藻暴发，同时也是颇具知名度的观赏性水草。所以在园林当中被广泛用作水景植物或河道生态治理物种。

（图文：唐凌云　审校：尹擎、殷云杰）

西番莲

别　名 受难果、巴西果、藤桃

拉丁名 *Passiflora caerulea*

科　属 西番莲科（Passifloraceae） 西番莲属（*Passiflora*）

【自然分布】

原产于巴西，后来在南美洲、南非、东南亚各国、大洋洲和南太平洋各地区都有种植。

【识别要点】

草质藤本；叶纸质，基部心形，掌状5深裂，中间裂片卵状长圆形，两侧裂片略小，无毛、全缘；托叶较大、肾形，抱茎，聚伞花序退化仅存1花，与卷须对生；萼片5枚；花瓣5枚；外副花冠裂片3轮，丝状；内副花冠流苏状，其下具1腺环；具花盘；雄蕊5枚，花丝分离，扁平；花药长圆形；子房卵圆球形；花柱3枚，分离，柱头肾形。

【生长习性】

喜光、向阳及温暖的气候环境。西番莲的适应性强，对土壤要求不严，房前屋后、山地、路边均可种植，但以富含有机质、疏松、土层深厚、排水良好、阳光充足的向阳园地生长最佳，忌积水，不耐旱，应保持土壤湿润。花期5-7月。

【栽培养护】

西番莲可通过种子、压条和扦插繁殖。由于果实种子多，发芽率高，生产上多采用种子繁殖。种子繁殖一年四季均可进行，但以春季、秋季播种为佳。选择完全成熟的果实，取出种子，洗去残渣后晾干即可播种。

【园林应用】

西番莲花果俱美，花大而奇特，既可观花，又可赏果，是一种十分理想的庭园观赏植物。它们可以展现田园风光，形成生态群落，招引鸟类、昆虫等小型动物来栖息，营造花果飘香、人与自然和谐相处的宜居环境。

（图文：李云猛　审校：孔繁才、殷云杰）

秋海棠

别　名 无
拉丁名 *Begonia grandis*
科　属 秋海棠科（Begoniaceae） 秋海棠属（*Begonia*）

【自然分布】

分布于河北、山东、河南、山西、甘肃、陕西、四川、贵州、广西、湖北、湖南、江苏、浙江、福建。昆明一带有栽培。

【识别要点】

多年生草本，根状茎近球形，直径 8-20 mm，具密集而交织的细长纤维状的根。茎直立，有分枝，高 40-60 cm，有纵棱，近无毛。茎生叶互生，具长柄；叶片两侧不相等，轮廓宽卵形至卵形，花粉红色，较多数，（二至）三至四回二歧聚伞状，花序梗长 4.5-7 cm，花被片 4；蒴果下垂，果梗长 3.5 cm，种子极小，多数，淡褐色，光滑。

【生长习性】

具有散射光的环境，避免阳光直接暴晒，可耐 -20--16℃严寒，极适合用作遮阴处的地被植物。土壤要求潮湿，富含腐殖质，排水良好，需水量应均衡而规律，不要积水，pH 由微酸至微碱（6.1-7.5）。花期 7 月开始，果期 8 月开始。

【栽培养护】

播种与珠芽繁殖。播种可在春季、秋季，播种须精细，种子细小，可在室内采用播种盆育苗，种子稍加覆盖，保持土壤湿度，浸盆浇水；珠芽繁殖宜在秋天植株没倒苗前采摘珠芽，开春撒播。

【园林应用】

夏季、秋季布置花坛和草坪边缘，也可成片种植、小景配植。盆栽常用以点缀客厅、橱窗或装点家庭窗台、阳台、茶几，十分清新幽雅。如配装上优质艺术吊盆，悬挂室内，更显得可爱。

（图文：李云猛　审校：孔繁才、殷云杰）

四季海棠

别　名 蚬肉海棠、瓜子海棠

拉丁名 *Begonia semperflorens*

科　属 秋海棠科（Begoniaceae） 秋海棠属（*Begonia*）

【自然分布】

原产于巴西，各地栽培。

【识别要点】

多年生肉质草本，高 15-30 cm；茎直立，肉质，光滑秃净，基部多分枝；叶卵形或宽卵形，长 5-8 cm，基部略偏斜，边缘有锯齿和睫毛，两面光亮，绿色。花淡红色或带白色，数朵聚生于腋生的总花梗上。蒴果绿色，有带红色的翅。

【生长习性】

喜温暖湿润和半阴环境，稍耐寒，怕干燥积水。

【栽培养护】

播种、扦插、分株繁殖。种子极为细小，播种基质需消毒且筛细后装入塑料筐，浸透水后，将与细土混合的种子均匀撒在表面，不盖土；用塑料膜覆盖捆扎好后，再盖上遮阳网。刚萌发的幼苗极弱，只能采用浸苗法浇水。栽培基质要求松软、肥沃、排水良好。

【园林应用】

园艺品种甚多，花色丰富，花繁，四季开花，是极好的观花草本植物。适宜作为室内盆栽，也可成片种植或配植花坛、花墙等。

（图文：尹擎　审校：尹擎、殷云杰）

羽叶鬼灯檠

别 名 岩陀、九叶岩陀、大红袍

拉丁名 *Rodgersia pinnata*

科 属 虎耳草科（Saxifragaceae） 鬼灯檠属（*Rodgersia*）

【自然分布】

产于四川（巫山）、贵州和云南。生于海拔 2400-3800 m 的林下、林缘、灌丛、高山草甸或石隙。

【识别要点】

多年生草本；茎无毛；近羽状复叶；叶柄基部和叶片着生处具褐色长柔毛；基生叶和下部茎生叶通常具小叶片 6-9 枚，上有顶生者 3-5 枚，下有轮生者 3-4 枚，上部茎生叶具小叶片 3 枚；小叶片椭圆形、长圆形至狭倒卵形，边缘有重锯齿，腹面无毛，背面沿脉具褐色柔毛。多歧聚伞花序圆锥状；花瓣不存在；蒴果紫色。

【生长习性】

为典型的喜阴植物，羽状复叶上的小叶片宽大，根状茎横生，野外间断片状分布；一般在气候凉爽、水汽大、温度高的山林小生境中生长旺盛；其生长迅速，一般 2-3 年一个生长周期，在阴湿腐殖土壤及山谷石隙灌丛中都能良好生长。

【栽培养护】

结合植物活材料实际情况，可以采用分株繁殖、块茎繁殖和种子繁殖等多种方式。其中分株繁殖可在春、夏、秋三季进行，夏季、秋季分株栽培时，应将叶片摘除，促进新叶萌发，恢复生长；块茎繁殖时，应用 1%-5% 的高锰酸钾溶液处理切口；种子繁殖时，应整平苗床、灌足底水。

【园林应用】

目前园林绿化中应用较少，偶见于绿地边缘；观叶片和花序。

（图文：高富 审校：尹擎）

蛇　莓

别　名 **蛇泡草、龙吐珠、三爪风**

拉丁名 ***Duchesnea indica***

科　属 **蔷薇科**（**Rosaceae**） **蛇莓属**（***Duchesnea***）

【自然分布】

产于辽宁以南各省（自治区）。生于山坡、河岸、草地、潮湿的地方。

【识别要点】

常绿多年生草本；根茎短，粗壮；匍匐茎多数，长 30-100 cm，有柔毛。小叶 3 片，倒卵形至菱状长圆形，长 2-3.5（-5）cm，边缘有锯齿，被柔毛。花单生于叶腋；直径 1.5-2.5 cm；花瓣倒卵形，长 5-10 mm，黄色；心皮多数，离生；花托在果期膨大，海绵质，鲜红色，直径 10-20 mm，外面有长柔毛。

【生长习性】

喜温暖湿润环境。较耐旱，也耐瘠薄；喜光也耐阴。对土壤要求不严。花期 6-8 月，果期 8-10 月。

【栽培养护】

种子繁殖或分株繁殖。生活力极强，抗病虫害能力强，只要进行常规水肥管理即可健康生长。

【园林应用】

四季常青，夏季结的晶莹鲜红的果实颇为诱人，茎分枝力极强，是极好的观果地被植物，可在各种立地条件作地被种植。

（图文：尹擎　审校：尹擎、殷云杰）

草 莓

别 名 **凤梨草莓、地莓、红莓**

拉丁名 ***Fragaria* × *ananassa***

科 属 **蔷薇科（Rosaceae） 草莓属（*Fragaria*）**

【自然分布】

原产于南美洲，主要分布于亚洲、欧洲和美洲。

【识别要点】

多年生草本，高 10-40 cm。叶三出，小叶具短柄，倒卵形或菱形，稀儿圆形，上面深绿色，几无毛，下面淡白绿色，疏生毛，沿脉较密；叶柄长 2-10 cm，密被开展黄色柔毛。聚伞花序，有花 5-15 朵，花序下面具一短柄的小叶；花两性；花瓣白色，近圆形或倒卵椭圆形。聚合果大，直径达 3 cm，鲜红色，宿存萼片直立，紧贴于果实；瘦果尖卵形，光滑。

【生长习性】

喜温凉气候，生长温度 15-30℃；喜光，但又有较强的耐阴性；对水分要求严格，但不耐涝，要求土壤有良好通透性；宜生长于肥沃、疏松的中性或微酸性壤土中。花期 4-5 月，果期 6-7 月。

【栽培养护】

一般用匍匐茎进行无性繁殖，也可播种繁殖。在整个生长周期中，要注意灌水和施肥。为了促进花芽分化、改善通风透光条件、提高光合效能、减少病虫害的发生，应及时摘除下部遮盖果实的老叶、病叶。

【园林应用】

花白果红，植株矮小，叶丛生，碧叶托着红果，匍匐于地面，饶有情趣。在气候温暖地区冬季不落叶，花果期长，可以布置花坛、花境。

（图文：匡建 审校：孔繁才、殷云杰）

黄毛草莓

别 名 锈毛草莓
拉丁名 *Fragaria nilgerrensis*
科 属 蔷薇科（Rosaceae） 草莓属（*Fragaria*）

【自然分布】

产于陕西、湖北、四川、云南、湖南、贵州、台湾。生于山坡草地或沟边林下，海拔 700-3000 m。尼泊尔、印度东部、越南北部也有分布。

【识别要点】

多年生草本，粗壮，密集成丛，高 5-25 cm，茎密被黄棕色绢状柔毛；叶三出，小叶具短柄，质地较厚，小叶片倒卵形或椭圆形，上面深绿色，被疏柔毛，下面淡绿色，被黄棕色绢状柔毛，沿叶脉上毛长而密；叶柄长 4-18 cm，密被黄棕色绢状柔毛。聚伞花序 2-5 朵，花序下部具一出或三出有柄的小叶；花两性，花瓣白色，圆形，基部有短爪。聚合果圆形，白色、淡白黄色或红色，宿存萼片直立，紧贴果实；瘦果卵形，光滑。

【生长习性】

喜温凉气候，喜光，稍耐阴。对土壤要求不严，忌涝。宜生长于肥沃、疏松的微酸性壤土中。花期 4-7 月，果期 6-8 月。

【栽培养护】

播种繁殖或茎尖组织培养扩繁。对土壤的适应性非常强，宜选择地势较高、土质疏松、光照良好、有机质丰富的壤土或沙壤土种植。

【园林应用】

植株矮小，叶丛生。可布置花坛、花境，也可作为地被植物种植。

（图文：匡建 审校：孔繁才、殷云杰）

菊　花

别　名 无

拉丁名 ***Dendranthema morifolium***

科　属 菊科（Asteraceae） 菊属（*Dendranthema*）

【自然分布】

全为栽培，无野生。云南省各地普遍栽培。原产于我国，各省（自治区）均有栽培。国外很多地区有引种。

【识别要点】

多年生草本，高 50-100 cm。茎直立，具纵棱，被灰白色柔毛。叶片卵形至披针形，先端钝，基部楔形或稀平截，边缘有粗锯齿或羽状深裂，边缘具不规则的锯齿，疏被白色或黄白色柔毛或短柔毛。头状花序，单生或数个聚生于茎和枝顶；舌状花白色、黄色、红色、黄红色或稀紫色，舌片线形、条形或狭长圆形。瘦果狭倒卵形，密被毛。

【生长习性】

短日照植物，在短日照下能提早开花。喜阳光，忌荫蔽，较耐旱，怕涝。喜温暖湿润气候，但亦能耐寒，严冬季节根茎能在地下越冬。花能经受微霜，但幼苗生长和分枝孕蕾期需较高的气温。最适生长温度为 20℃左右。花果期 9-11 月。

【栽培养护】

通常以扦插繁殖为主，其中又分芽插、嫩枝插、叶芽插。宜选用肥沃的砂质土壤栽培，浇透水后放阴凉处，待植株生长正常后移至向阳处。注意水肥管理。

【园林应用】

菊花是我国十大名花，品种繁多，色彩丰富，花形多变，姿态万千，是具有很高观赏价值的观赏花卉。在园林绿化中，可配置在花坛、花境或假山上，还可以制作盆花、盆景等。

（图文：魏薇　审校：孔繁才、殷云杰）

松果菊

别 名 无
拉丁名 *Echinacea purpurea*
科 属 菊科（Asteraceae） 松果菊属（*Echinacea*）

【自然分布】

原产于北美洲中部及东部，世界各地多有栽培。

【识别要点】

多年生草本，株高 50-150 cm，全株具粗毛，茎直立。基生叶卵形或三角形，茎生叶卵状披针形。头状花序单生枝顶，或数朵聚生，花径 8-13 cm，花型奇特，中心部分突起呈球形，球上的管状花为橙黄色，外围是舌状花，有红色、粉红色、白色、复色等。

【生长习性】

喜欢温暖的环境，性强健而耐寒；喜光照，耐干旱。对土壤要求不严，但在深厚肥沃、富含腐殖质的土壤上生长较好，花大，色艳，可自播繁殖。花期 6-7 月。

【栽培养护】

松果菊以种子繁殖，播种多于春、秋两季进行。幼苗前期需水量较少，保持土壤湿润就行。松果菊生长健壮，管理简便，雨季注意排水防涝，浇水应掌握见干见湿的原则，适时中耕除草，生长旺季应追施氮肥、磷肥、钾肥。

【园林应用】

松果菊品种多，花色丰富，花期 1-2 个月，耐干旱，是优良的观花草本。在园林绿化中可作花坛、花境或坡地美化材料，也可作背景栽植，还可作切花。

（图：李函润　文：沈云光　审校：王仲朗、殷云杰）

大吴风草

别　名 八角乌、活血莲、金钵盂
拉丁名 *Farfugium japonicum*
科　属 菊科（Asteraceae） 大吴风草属（*Farfugium*）

【自然分布】

产于湖北、湖南、广西、广东、福建、台湾。日本也有分布。生于低海拔地区的林下、山谷及草丛。

【识别要点】

多年生葶状草本，根茎粗壮。基生叶莲座状，肾形或近圆肾形，先端圆，全缘或有小齿或掌状浅裂，基部弯缺宽，两面幼时被灰白色柔毛，后无毛。花葶高达 70 cm，头状花序辐射状，2-7，排列成疏的伞房状花序。舌状花 8-12，黄色；管状花多数。瘦果圆柱形，长达 7 mm，有纵肋，被成行的短毛。

【生长习性】

喜半阴和湿润环境，耐寒，在江南地区能露地越冬；害怕阳光直射；对土壤适应度较好，以肥沃疏松、排水良好的壤土为宜。花果期 8 月至翌年 3 月。

【栽培养护】

大吴风草常用分株繁殖，一般在春季进行，株丛不宜分得过小，以免影响后期恢复。可在庭院露地栽培，栽后管理可较粗放，在寒冷地区冬季地上部枯萎，翌春会自行发芽展叶，盛夏适当遮阴，秋末控制浇水。生长季节保持土壤湿润，但勿积水。

【园林应用】

大吴风草株形优美，花色明媚亮丽，是秋季开花的植物，可为少花的季节增色不少。园林中可做地被植物，种于林缘，或用于花坛、花境，也可与乔灌木和其他观赏草本相搭配制作园林小品。

（图文：沈云光　审校：王仲朗、殷云杰）

向日葵

别　名 **太阳花**
拉丁名 ***Helianthus annuus***
科　属 **菊科（Asteraceae）　向日葵属（*Helianthus*）**

【自然分布】

原产于北美洲，全球各地广泛栽培。我国各省（自治区）均有栽培。云南也广为栽培。经多年人工培育，现已有许多栽培品种。

【识别要点】

一年生草本，高 1-3 m。叶互生，叶片心状卵形或宽卵形，边缘具不整齐的粗锯齿，有 3 条基出脉，侧脉数对。头状花序单个顶生，径 15-35 cm，下倾；总苞盘状。舌状花 1 层，舌片黄色或金黄色；管状花极多数，花冠黄色、褐色或带紫色。瘦果倒卵形、长倒卵形或倒卵状长圆形，稍压扁，具细肋，常被白色微柔毛。

【生长习性】

短日照植物，对土壤要求较低，在各类土壤中均能生长，从肥沃土壤到旱地、瘠薄地、盐碱地均可种植。有较强的耐盐碱能力。花果期 7-9 月。

【栽培养护】

播种繁殖。应选择土地平整、肥力中等、灌排方便、土壤黏性相对较小的地块。不宜重茬。

【园林应用】

向日葵花盘形似太阳，花朵亮丽，颜色鲜艳，纯朴自然，具有较高的观赏价值，是很好的庭院美化及花境营造的花卉材料。

（图文：魏薇　审校：孔繁才、马红丽）

鹿蹄橐吾

别　名 无

拉丁名 *Ligularia hodgsonii*

科　属 菊科（Asteraceae） 橐吾属（*Ligularia*）

【自然分布】

产于云南东部、四川北部至东北部、湖北西部、贵州西北部、广西西部、甘肃西南部、陕西南部。生于海拔 850-2800 m 的河边、山坡草地及林中。

【识别要点】

多年生草本。茎直立，高达 100 cm，上部及花序被白色蛛丝状柔毛和黄褐色有节短柔毛，丛生于茎下部叶具柄，叶片肾形或心状肾形，先端圆形，边缘具三角状齿或圆齿，叶质厚。头状花序辐射状，单生至多数，排列成伞房状或复伞房状花序，舌状花黄色，舌片长圆形。瘦果圆柱形，具肋。

【生长习性】

常生于山坡溪岸，山地溪河岸边、树木旁。喜半阴、稍湿润的环境。耐寒。在腐殖质壤土及砂质壤土中生长较好，一般土壤也能生长。花果期 7-10 月。

【栽培养护】

种子繁殖。播种在潮湿且含腐殖质的壤土中，小苗萌发需适当遮阴，防止暴晒，需要及时清除杂草，开花期需要追肥。

【园林应用】

鹿蹄橐吾叶形奇特，花色艳丽，是观花、观叶观赏性植物，在园林中可做地被植物。

（图：来源于网络　文：唐凌云　审校：王仲朗、马红丽）

万寿菊

别　名 臭芙蓉

拉丁名 *Tagetes erecta*

科　属 菊科（Asteraceae） 万寿菊属（*Tagetes*）

【自然分布】

原产于墨西哥。我国各地均有栽培。在广东和云南南部、东南部已归化。

【识别要点】

一年生草本，高 50-150 cm。茎直立，粗壮。叶羽状分裂，裂片长椭圆形或披针形。头状花序单生，花序梗顶端棍棒状膨大；舌状花黄色或暗橙色，舌片倒卵形；管状花花冠黄色。瘦果线形，黑色或褐色。

【生长习性】

万寿菊为喜光性植物，充足阳光对万寿菊生长十分有利，植株矮壮，花色艳丽。阳光不足，茎叶柔软细长，开花少而小。万寿菊对土壤要求不严，以肥沃、排水良好的沙质壤土为好。花期 7-9 月。

【栽培养护】

可播种亦可扦插。种子播后要覆土、浇水。万寿菊可以在夏季进行扦插，容易发根，成苗快，插后浇足水，略加遮阴。移栽后要浅锄保墒，应选土层深厚、疏松、排水透气好的土壤，花盛开时要追肥。

【园林应用】

万寿菊是一种常见的园林绿化花卉，其花大、花期长，常用来点缀花坛、广场，布置花丛、花境和培植花篱。中生、矮生品种适宜作花坛、花径、花丛材料，也可作盆栽；植株较高的品种可作为背景材料或切花材料。

（图文：唐凌云　审校：孔繁才、马红丽）

孔雀草

别　名　**小万寿菊、臭菊花、缎子花**
拉丁名　***Tagetes patula***
科　属　**菊科（Asteraceae）　万寿菊属（*Tagetes*）**

【自然分布】

原产于墨西哥。我国各地庭园常有栽培。在云南中部、东北部及西北部，四川中部和西南部及贵州西部均已归化。

【识别要点】

一年生草本，高 30-100 cm。叶羽状分裂，长 2-9 cm，宽 1.5-3 cm，裂片线状披针形，边缘有锯齿，齿端常有长细芒。头状花序单生；舌状花金黄色或橙色，带有红色斑；舌片近圆形，顶端微凹；管状花，花冠黄色，具 5 齿裂。瘦果线形，黑色。

【生长习性】

喜阳光，但在半阴处栽植也能开花。它对土壤要求不严。既耐移栽，又生长迅速，栽培管理很容易。撒落在地上的种子在合适的温度、湿度条件下可自生自长，是一种适应性十分强的花卉。花期 7-9 月。

【栽培养护】

播种育苗，从播种到开花仅需 70 天。孔雀草为阳性植物，生长、开花均要求阳光充足，但是在云南省的 7-9 月，需要避免直射阳光，正午前后要遮阴降温。水肥管理不干不浇，适量复合肥作基肥。常见的病害有褐斑病、白粉病等。

【园林应用】

孔雀草花色艳丽，花期长，是常用的花坛花卉。在园林当中也可群植做花台、花境、花带，成片种植景观效果颇为壮观，尤其与一串红、四季海棠并植，色彩更加亮丽。同时孔雀草还有药用价值。

（图文：唐凌云　审校：孔繁才、马红丽）

红花龙胆

别　名 **龙胆草、小青鱼胆、星秀花**
拉丁名 ***Gentiana rhodantha***
科　属 **龙胆科（Gentianaceae）　龙胆属（*Gentiana*）**

【自然分布】

产于云南、四川、贵州、甘肃、陕西、河南、湖北、广西。生于高山灌丛、草地及林下，海拔570-1750 m。

【识别要点】

多年生草本，高20-50 cm。茎直立，单生或数个丛生，常带紫色。基生叶呈莲座状，椭圆形、倒卵形或卵形；茎生叶宽卵形或卵状三角形。花单生茎顶，无花梗；花冠淡红色，上部有紫色纵纹，筒状。蒴果内藏或仅先端外露，淡褐色，长椭圆形。

【生长习性】

喜冷凉气候，有较强的耐寒性；对温度要求不严格，但种子萌发时，必须有适宜的温度和一定的光照条件，苗期忌高温潮湿天气。在较为湿润的土壤上生长良好，忌干旱，但耐旱能力较强。喜欢微酸性土壤。花果期10月至翌年2月。

【栽培养护】

播种、分根或扦插繁殖。选择地势平坦、背风向阳、气候温暖湿润的地块，水分不宜过多，否则容易烂根，在较肥沃的黑壤土生长发育良好，苗期由于幼苗根比较细小，可施入一定量的基肥。

【园林应用】

红花龙胆花色艳丽，花型独特，为云南八大名花之一，适宜作为花坛、花境或盆花。红花龙胆在秋冬季中临风开放，显得分外朴实和幽静，一片片一簇簇，临风摇曳，显出一种淡雅、素静的美。

（图：孙卫邦　文：唐凌云　审校：孔繁才、马红丽）

过路黄

别名 巴地黄、半边钱、真金草

拉丁名 *Lysimachia christiniae*

科属 报春花科（Primulaceae） 珍珠菜属（*Lysimachia*）

【自然分布】

产于云南、四川、贵州、陕西（南部）、河南、湖北、湖南、广西、广东、江西、安徽、江苏、浙江、福建。垂直分布上限可达海拔 2300 m。

【识别要点】

茎柔弱，平卧延伸，无毛、被疏毛以及密被铁锈色多细胞柔毛。叶对生，卵圆形、近圆形以至肾圆形，透光可见密布的透明腺条，两面无毛或密被糙伏毛。花单生叶腋；花萼分裂近达基部，裂片披针形，先端锐尖或稍钝；花冠黄色，裂片狭卵形以至近披针形，先端锐尖或钝，质地稍厚，具黑色长腺条；蒴果球形，无毛，有稀疏黑色腺条。

【生长习性】

生于沟边、路旁阴湿处和山坡林下，喜温暖、阴凉、湿润环境，不耐寒。适宜肥沃疏松、腐殖质较多的砂质壤土。花期 5-7 月，果期 7-10 月。

【栽培养护】

多采用扦插繁殖。5-6 月植株生长茂盛时，将匍匐茎剪下，每 3-4 节剪成一段作为插条。按行株距各约 20 cm 栽插，入土 2-3 节，露出地面 1-2 节，用土压紧，然后覆盖腐殖土，约 1.5 cm 厚。注意浇水保苗，以利成活。

【园林应用】

可用于大块绿地，亦能用作小景材料。适合庭院、墙角拐弯处作景观过渡材料或花径等小块绿地。也可用作花坛图案间隙中的填充材料或镶边材料，起装饰和陪衬作用，可丰富充实花坛的图案色彩。

（图文：魏薇 审校：王仲朗、马红丽）

临时救

别 名 聚花过路黄、黄花珠、爬地黄

拉丁名 *Lysimachia congestiflora*

科 属 报春花科（Primulaceae） 珍珠菜属（*Lysimachia*）

【自然分布】

产于我国长江以南各省（自治区）及陕西、甘肃南部和台湾。垂直分布上限可达海拔 2100 m。分布于印度、不丹、缅甸、越南。

【识别要点】

茎下部匍匐，节上生根，密被多细胞卷曲柔毛。叶对生，近密聚，叶片卵形、阔卵形以至近圆形，上面绿色，下面较淡，两面多少被具节糙伏毛，稀近于无毛，近边缘有暗红色或有时变为黑色的腺点。花 2-4 朵集生于茎端和枝端成近头状的总状花序；花冠黄色，内面基部紫红色，先端锐尖或钝，散生暗红色或变黑色的腺点。蒴果球形。

【生长习性】

生于水沟边、田埂上和山坡林缘、草地等湿润处。花期 5-6 月，果期 7-10 月。

【栽培养护】

多采用无性繁殖法，如茎段扦插、分株移栽法及切段撒播法。

【园林应用】

可用作大块绿地，亦能用作小景材料。适合庭院、墙角拐弯处作景观过渡材料或花径等小块绿地。也可用作花坛图案间隙中的填充材料或镶边材料，起装饰和陪衬作用，可丰富充实花坛的图案色彩。

（图文：魏薇　审校：王仲朗、马红丽）

霞红灯台报春

别　名 无

拉丁名 *Primula beesiana*

科　属 报春花科（Primulaceae） 报春花属（*Primula*）

【自然分布】

产于云南和四川。生于海拔 2400-2800 m 的溪边或沼泽地。

【识别要点】

多年生草本。叶丛基生，叶片狭长圆状倒披针形，长 8-20 cm，宽 2-6 cm，边缘具三角形小齿。花葶 1-3 枚自叶丛中抽出，通常高 20-35 cm，具伞形花序 2-8 轮，每轮具 8-16 花；花冠冠檐直径约 2 cm，玫瑰红色，稀为白色。

【生长习性】

性喜气候温凉，不耐高温；耐寒、耐水湿，不耐旱。花期 6-7 月，果期 9-10 月。

【栽培养护】

播种繁殖，种子寿命较短，种子采集净种后应放冰箱保存，开春后及时播种，也可进行分株繁殖。盆栽时种植在土质松软、富含腐殖质的肥沃壤土中长势好，不耐旱，要及时浇水。

【园林应用】

花色鲜艳，形姿优美，花期长，可栽植在水际、沼泽浅水区，也可在低洼地成片种植形成观花美景。

（图文：尹擎　审校：尹擎、马红丽）

桔红灯台报春

别　名 桔红报春、橘红灯台报春

拉丁名 ***Primula bulleyana***

科　属 报春花科（Primulaceae） 报春花属（*Primula*）

【自然分布】

产于云南、四川。生于高山草地潮湿处，海拔2600-3200 m。

【识别要点】

多年生草本。叶丛基生，椭圆状倒披针形，长10-30 cm，边缘具稍不整齐的小齿。花葶粗壮，高20-70 cm，具伞形花序5-7轮，每轮具8-16花；花开放时呈深橙红色，冠檐直径达2 cm。

【生长习性】

性喜气候温凉，不耐高温；耐寒、耐水湿，不耐旱。花期6-7月，果期9-10月。

【栽培养护】

播种繁殖，种子寿命较短，种子采集净种后应放冰箱保存，开春后及时播种，也可进行分株繁殖。盆栽时种植在土质松软、富含腐殖质的肥沃壤土中长势好，不耐旱，要及时浇水。

【园林应用】

花色鲜艳，形姿优美，花期长，可栽植在水际、沼泽浅水区，也可在低洼地成片种植形成观花美景。

（图文：尹擎　审校：尹擎、马红丽）

报春花

别　名 田埂报春
拉丁名 *Primula malacoides*
科　属 报春花科（Primulaceae） 报春花属（*Primula*）

【自然分布】

产于云南、贵州和广西。生于潮湿旷地、沟边和林缘，海拔 1800-3000 m。

【识别要点】

一年生草本，通常被粉。叶簇生，叶片卵形至矩圆形，长 3-10 cm，先端圆形，边缘具圆齿状浅裂；叶柄长 2-15 cm。花葶 1 至多枚自叶丛中抽出，高 10-40 cm，被柔毛；伞形花序 2-6 轮，每轮 4-20 花；花冠粉红色、淡蓝紫色或近白色。蒴果球形，直径约 3 mm。

【生长习性】

性喜温凉，稍耐高温；耐寒，不耐旱。

【栽培养护】

播种繁殖，种子采集净种后放冰箱保存，开春后及时播种。盆栽时种植在土质松软、富含腐殖质的肥沃壤土中长势好，不耐旱，要及时浇水。花期 2-5 月，果期 3-6 月。

【园林应用】

花色鲜艳，形姿优美，花期长，可栽植在水际、沼泽浅水区，也可在低洼地成片种植形成观花美景。

（图文：尹擎　审校：尹擎、马红丽）

滇海水仙花

别　名 无

拉丁名 *Primula pseudodenticulata*

科　属 报春花科（Primulaceae） 报春花属（*Primula*）

【自然分布】

产于云南、四川。生于海拔 1500-3300 m 的沟边、水旁和湿草地。

【识别要点】

多年生草本。叶丛基生；倒披针形至狭倒卵状矩圆形，长 3-10 cm，边缘具小齿，上面绿色，下面淡绿色，被粉质腺体。花葶高 6-35 cm，伞形花序近头状，多花；花冠粉红色至淡紫蓝色，冠筒口周围黄色。蒴果与宿存花萼近等长，5 瓣裂。

【生长习性】

性喜气候温凉，稍耐高温；耐寒、耐湿水，不耐旱。花期 12 月至翌年 2 月，果期 3-4 月。

【栽培养护】

播种繁殖，种子寿命较短，种子采集净种后应放冰箱保存，开春后及时播种，也可进行分株繁殖。盆栽时种植在土质松软、富含腐殖质的肥沃壤土中长势好，不太耐旱，要及时浇水。

【园林应用】

花色鲜艳，形姿优美，花期长，可栽植在水际、沼泽浅水区，也可在低洼地成片种植形成观花美景。

（图文：尹擎　审校：尹擎、马红丽）

桔　梗

别　名　**铃当花**

拉丁名　*Platycodon grandiflorus*

科　属　**桔梗科**（**Campanulaceae**）　**桔梗属**（***Platycodon***）

【自然分布】

产于东北、华北、华东、华中各省以及广东、广西（北部）、贵州、云南东南部（蒙自、砚山、文山）、四川（平武、凉山以东）、陕西。朝鲜、日本、苏联的远东和东西伯利亚地区的南部也有分布。生于海拔2000 m以下的向阳处草丛、灌丛中，少生于林下。

【识别要点】

多年生草本，茎高20-120 cm。通常无毛，偶密被短毛，不分枝，极少上部分枝。叶全部轮生，部分轮生至全部互生，叶片卵形、卵状椭圆形至披针形，上面无毛而绿色，下面常无毛而有白粉，有时脉上有短毛或瘤突状毛。花单朵顶生，或数朵集成假总状花序，或有花序分枝而集成圆锥花序；花萼筒部半圆球状或圆球状倒锥形，被白粉，裂片三角形，有时齿状；花冠大，蓝色或紫色。蒴果球状，或球状倒圆锥形。

【生长习性】

喜光，喜温湿、凉爽气候。苗期怕强光直晒，须遮阴，成株喜阳光，怕积水。抗干旱，耐严寒，怕风害。适宜在土层深厚、排水良好、土质疏松而含腐殖质的砂质壤土上栽培。花期7-9月。

【栽培养护】

以播种繁殖为主。播时将种子用潮细沙土拌匀撒于畦面上，用扫帚轻扫一遍，以不见种子为度，稍作震压。平时应多注意除草施肥，以及病虫害防治。

【园林应用】

蓝紫色的花朵，花形美丽，非常惹人注目。不少地方用作观赏植物栽培于公园庭院之中，清幽淡雅，别具情趣。既可以单独片植，也可以与其他植物搭配，都是极好的观花植物。

（图文：单祖朋　审校：孔繁才、马红丽）

铜锤玉带草

别　名 无

拉丁名 *Pratia nummularia*

科　属 桔梗科（Campanulaceae） 铜锤玉带属（*Pratia*）

【自然分布】

产于西南、华南、华东及湖南、湖北、台湾和西藏。生于田边、路旁以及丘陵、低山草坡或疏林中的潮湿地。

【识别要点】

多年生常绿草本。茎平卧，长 12-55 cm，节上生根。叶互生，叶片卵圆形，长 0.8-1.6 cm，先端钝圆，边缘有齿。花单生于叶腋；花冠紫红色、淡紫色、绿色或黄白色，长 6-10 mm。果为浆果，紫红色，椭圆状球形，长 1-1.3 cm。种子多数。在热带地区整年可开花结果。

【生长习性】

性喜温暖湿润的气候；也耐寒、耐水湿，不耐旱，耐高温、耐阴。

【栽培养护】

播种繁殖，也可进行分株繁殖。在半阴环境，种植于土质松软、富含腐殖质的肥沃壤土中长势好，耐旱性稍差，要及时浇水。

【园林应用】

匍匐于地面生长的植物；叶小，紫红色的果大，是较好的观果植物，可作为地被种植在水边或阴湿之地。

（图文：尹擎　审校：尹擎、马红丽）

针叶天蓝绣球

别 名 芝樱、丛生福禄考

拉丁名 *Phlox subulata*

科 属 花荵科（Polemoniaceae） 天蓝绣球属（*Phlox*）

【自然分布】

原产于美国纽约州、北卡罗来纳州、密歇根州。云南、华东地区有引种栽培。

【识别要点】

多年生矮小草本。茎丛生，铺散，多分枝，被柔毛。叶对生或簇生于节上，钻状线形或线状披针形，锐尖，被开展的短缘毛；无叶柄。花数朵生于枝顶，成简单的聚伞花序，花梗纤细，密被短柔毛；花萼外面密被短柔毛，萼齿线状披针形，与萼筒近等长；花冠高脚碟状，淡红色、紫色或白色，裂片倒卵形，凹头，短于花冠管。蒴果长圆形。

【生长习性】

栽植简单，适应性强，耐旱、耐寒、耐盐碱土壤。喜光，忌水涝。栽于阳光充足或半阴处均能正常生长。对土壤要求低，但以肥沃、湿润、排水良好的土壤生长更为适宜。花期 5-12 月。

【栽培养护】

以扦插和分株繁殖为主。夏季应注意及时修整，尤其是开花之后，要剪去开过花的枝蔓和不整齐的枝蔓。发现杂草时，需人工清除；同时也要注意防治病虫害。

【园林应用】

覆盖率高、观赏价值也很强，是优良的地被花卉，可替代传统草坪，是良好的地被植物。可大面积种植在平地、坡地或垂悬在垣墙上，也可定植在窗前花盒内。最适合庭院配植花坛或在岩石园中栽植，观赏效果极佳，可做地被装饰材料点缀草坪或吊盆栽植。

（图文：单祖朋　审校：孔繁才、马红丽）

马蹄金

别　名 **肉馄沌草、荷苞草、落地金钱**

拉丁名 ***Dichondra repens***

科　属 **旋花科（Convolvulaceae） 马蹄金属（*Dichondra*）**

【自然分布】

产于长江以南各省及台湾省。生于海拔 1300-1980 m 的地带。

【识别要点】

常绿多年生草本，茎细长，匍匐生长、节上生根；叶全缘，肾形或近圆形，基部阔心形，叶柄长（1.5-）3-5 cm。花单生于叶腋，花柄短于叶柄，丝状，花冠钟状，黄色，深 5 裂，裂片长圆状披针形，雄蕊 5，着生于花冠 2 裂片间弯缺处，花丝短，蒴果近球形，内含种子 1-2 粒，黄色至褐色。

【生长习性】

马蹄金既喜光又耐荫蔽，喜温暖、湿润的气候，适应性强，生命力旺盛，对土壤要求不严格，排水条件适中即可，在多种类型的土壤上均可种植。多生于疏林下、林缘及山坡、路边、河岸、河滩及阴湿草地上，多集群生长，片状分布。

【栽培养护】

播种繁殖或分株种植。马蹄金春季、夏季、秋季都宜播种，当土壤温度达到 21℃时是最佳播种时间，播种量 10-15 g/m^2。也可分株种植，将密集成片的马蹄金挖出、分株后稀疏种植。马蹄金养护的关键是在幼苗没有完全覆盖地表面前要适时清除杂草，适时浇水施肥，薄肥勤施。

【园林应用】

马蹄金叶色翠绿，叶片密集、美观，匍匐生长、见节生根，抗逆性强，适应性广，无须修剪，园林绿化中广泛用于裸露地面覆盖，是优良的草坪草及地被绿化材料，适用于公园、庭院绿地等栽培观赏，也可用于荒坡、堤坡、路边等固土种植。

（图文：孔繁才　审校：孔繁才、马红丽）

牵 牛

别 名 牵牛花、喇叭花、丑牛子

拉丁名 *Pharbitis nil*

科 属 旋花科（Convolvulaceae） 牵牛属（*Pharbitis*）

【自然分布】

原产于美洲、亚洲热带；各地常见栽培，时常逸为野生。生于海拔 100-200（-1600）m 的山坡灌丛、干燥河谷路边、园边宅旁、山地路边。

【识别要点】

一年生缠绕草本，茎长达 3 m。全株被粗硬毛，单叶互生，近卵状心形，3 浅裂。花单生或 2 朵着生于叶腋，有总梗，花大，径达 10 cm，花冠漏斗状，顶端 5 浅裂，呈红、紫、蓝、白等色，还有红色或蓝色花冠镶以白色及黑色边缘。花期 6-10 月，蒴果球形，果期 8-10 月。

【生长习性】

生性强健，喜气候温和、光照充足、通风适度的环境，对土壤适应性强，较耐干旱盐碱，不怕高温酷暑，属深根性植物，好生于肥沃、排水良好的土壤，禁忌积水。

【栽培养护】

常用播种繁殖。一般春季、夏季播种，发芽适温 20-25℃。栽植选择排水良好的培养土，给予充分日照和通风良好的环境。

【园林应用】

为夏季、秋季常见的蔓性草花，可用于小庭院及居室窗前遮阴、小型棚架、篱垣的美化，也可做地被栽植。是垂直绿化的优良植物。

（图文：匡建 审校：孔繁才、马红丽）

两头毛

别　名 **毛子草、金鸡豇豆、燕山红**

拉丁名 *Incarvillea arguta*

科　属 **紫葳科**（**Bignoniaceae**） **角蒿属**（*Incarvillea*）

【自然分布】

产于云南东北部及西北部、四川东南部、贵州西部及西北部、甘肃、西藏。生于海拔 1400-2700（-3400）m 的干热河谷、山坡灌丛中。印度、尼泊尔、不丹也有分布。

【识别要点】

多年生具茎草本，分枝，高达 1.5 m。叶互生，一回羽状复叶，小叶 5-11 枚，卵状披针形，两侧不等大，边缘具锯齿。顶生总状花序，有花 6-20 朵；花萼钟状，花冠淡红色、紫红色或粉红色，钟状长漏斗形，长约 4 cm，直径约 2 cm。果线状圆柱形，革质，长约 20 cm。种子细小，多数，长椭圆形，两端尖，被丝状种毛。

【生长习性】

两头毛喜光照充足、干燥的气候环境，耐干旱，忌水涝，耐高温，也耐寒；对土壤要求不严，耐瘠薄，在土壤疏松、排水良好的砂质壤土中生长良好。花期 3-7 月，果期 9-12 月。

【栽培养护】

两头毛适应性强，抗性好，可粗放管理。栽培中注意水分管理，应种植于向阳干燥处，遵循土干浇水的原则，多雨季节注意排水。多用种子繁殖，通常于春季播种。

【园林应用】

两头毛适应范围广，耐干旱，耐瘠薄，可用于坡地绿化、岩石园绿化。其花色鲜艳，花序显著，果荚长而下垂，具有较好的观赏性，可与其他灌木、草本搭配种植，也可种于假山石边营造园林景观。

（图文：沈云光　审校：王仲朗、马红丽）

蛤蟆花

别　名 毛老鼠筋、鸭嘴花
拉丁名 *Acanthus mollis*
科　属 爵床科（Acanthaceae） 老鼠簕属（*Acanthus*）

【自然分布】

原产于地中海沿岸国家，我国长江流域以南各地均有栽培。

【识别要点】

多年生草本。株高 30-80 cm，包括花序最高可达 180 cm。叶浓绿色，柔软，宽 25-40 cm，叶柄长，基部叶深裂。穗状花序 30-40 cm，生花多达 120 朵；筒状花两性，白色或淡紫色；小花长 5 cm，环绕着三个绿色至淡紫色的苞片，中央大苞片具刺；花萼二唇形：上层紫色，较长，呈头盔状；花冠上唇退化，下唇白色，3 裂，具有紫色斑纹；雄蕊 4。蒴果椭圆形。

【生长习性】

喜光，稍耐阴，耐干旱、瘠薄。原产于地中海沿岸国家海拔 300 m 以下的地方，生长在干旱地区、路边和荒地，尤其是在岩石旁浓密生长。花期 5-8 月，果期 10-11 月。

【栽培养护】

播种、分株繁殖。播种宜早春进行，其种子小，苗床基质要求透水性好、结构细腻，播种后及苗期管理要精细；也可分株繁殖。其栽培容易，无病虫害危害。常规日常肥水、除草管护。

【园林应用】

其栽培容易，叶大翠绿，生长茂盛，花序、花冠独特，是较好的地被草本观赏花卉，可成片在花坛布置、可与其他草本花卉镶嵌搭配布置、可在裸露地表覆盖成片种植、也可三五成群种植点缀园林。

（图文：孔繁才　审校：孔繁才、马红丽）

姬岩垂草

别　名 无

拉丁名 *Phyla canescens*

科　属 马鞭草科（Verbenaceae） 过江藤属（*Phyla*）

【自然分布】

原产于智利。我国河北、湖北、云南等地有栽培应用。

【识别要点】

多年生草本植物。幼茎柔软光滑，可匍匐于地面生长，节间长 1-5 cm，低矮整齐，高度 10 cm 以下。无主根，须根发达且相互交织成毡状。叶对生，光滑，倒披针形至卵状披针形，长 1-2 cm，宽 0.5-0.7 cm。于叶腋处抽生花序，小花由外向内不断开放，每花序上着花数可达 30 朵。小花白色黄心，有香味，依次开放，不结籽。

【生长习性】

姬岩垂草分枝力极强，不定根生于接地茎节处，能迅速形成绒毡状地被。对土壤要求不严，耐瘠薄，耐盐碱，在排水良好的土壤中生长迅速，不耐水渍。喜全光照条件，也较耐阴。耐干旱，耐低温，即使遭受霜冻，生长恢复也很快。抗病虫性好。花期长，可从春末开到晚秋。

【栽培养护】

姬岩垂草采用分株或节段埋植的方式进行无性繁殖，一般于早春或秋季进行，栽植后要浇透定根水，并稍加震压。姬岩垂草具有极强的生命力，耐粗放管理，不需要遮阴和其他保护措施。

【园林应用】

姬岩垂草的植株生长整齐，高度不超过 10 cm，是优良的地被植物，当白色小花盛开时，星星点点，宛若雪花洒满绿草地，非常漂亮。除用作普通的地被植物外，还可用于护坡绿化、屋顶绿化、岩石园绿化等，同时也是很好的垂吊植物。

（图文：沈云光　审校：王仲朗、马红丽）

齿叶薰衣草

别　名 西班牙薰衣草

拉丁名 *Lavandula dentata*

科　属 唇形科（Lamiaceae） 薰衣草属（*Lavandula*）

【自然分布】

原产于地中海地区。世界各地栽培。

【识别要点】

多年生草本，植株高约 50 cm。茎短且纤细，丛生，全草味道芬芳。叶面灰绿色，线形或披针状线形，叶缘具细齿，叶背有白色绒毛。轮伞花序通常具 6-10 花，多数，在枝顶聚集成间断或近连续的穗状花序，穗状花序长 3-5 cm，花期长，花两性，紫红色，管状小花较细小，雄蕊 4 枚。

【生长习性】

半耐热性，好凉爽，喜冬暖夏凉。喜阳光，稍耐阴；耐旱、耐寒，怕水涝。花期 6-10 月。

【栽培养护】

主要采用扦插和播种繁殖。露地栽培时要种植在阳光充足、排水良好的中性土壤中。特别适宜于微碱性或中性的沙质土。盆栽时最好的栽培基质为 1/3 的珍珠石：1/3 的蛭石：1/3 的泥炭混合。

【园林应用】

植株形美、芳香，紫红色，香花开满枝头，花期长，是布置花境、假山、岩石园或在阳光充足、排水良好的地方成片种植布景的好材料。

（图文：尹擎　审校：尹擎、晏春梅）

迷迭香

别 名 无

拉丁名 *Rosmarinus officinalis*

科 属 唇形科（Lamiaceae） 迷迭香属（*Rosmarinus*）

【自然分布】

原产于欧洲及北非地中海沿岸，曹魏时即曾引入我国。

【识别要点】

常绿灌木，高达 2 m。茎及老枝圆柱形，幼枝四棱形。叶常常在枝上丛生，叶片线形，先端钝，基部渐狭，全缘，上面稍具光泽，下面密被白色的星状绒毛。花对生或聚集在短枝顶端组成总状花序，花萼卵状钟形，外面密被白色星状绒毛及腺体，花冠蓝紫色。

【生长习性】

耐旱、耐盐碱，但不耐涝，一般在高、燥、排水良好、光照充足的地方生长良好。性喜温暖气候，生长适温为 9-30℃，10℃生长缓慢，20℃左右生长旺盛。花期 11 月。

【栽培养护】

多用扦插繁殖。扦插多在 9 月至翌年 3 月进行，选取当年生、半木质化的茎作为插穗，全日照的光照强度，黏性小、排水良好的砂质土都有利于迷迭香生长。保持土壤 60% 的湿度，适当施复合肥。

【园林应用】

迷迭香由于四季常绿，抗寒，萌蘖力强，耐修剪，用于花坛、绿地片植、丛植、孤植，或作为配材镶边，亦可用作小绿篱或花篱。

（图文：唐凌云 审校：王仲朗、晏春梅）

滇黄芩

别 名 土黄芩、子芩、黄芩

拉丁名 *Scutellaria amoena*

科 属 唇形科（Lamiaceae） 黄芩属（*Scutellaria*）

【自然分布】

产于云南中南部、中部至西北部，四川南部及贵州西北部。生于海拔1300-3000 m的云南松林下草地中。

【识别要点】

多年生草本。根茎近垂直或斜行，肥厚。茎直立，高12-26（-35）cm，锐四棱形，不分枝或分枝，常带紫色。叶草质，长圆状卵形或长圆形，上面绿色，下面较淡，上面疏被微柔毛至几无毛。花对生，排列成顶生长5-14 cm的总状花序；花冠紫色或蓝紫色，冠檐二唇形，上唇盔状。成熟小坚果卵球形，黑色。

【生长习性】

滇黄芩喜温暖，耐严寒，冬季地上部分干枯，地下部分能安全越冬；耐干旱，但怕涝，地内积水或雨水过多时，生长不良，重者烂根死亡；以中性壤土和沙质壤土为宜。花期5-9月，果期7-10月。

【栽培养护】

可采用分株繁殖和种子繁殖。分株通常于春季进行，随挖随栽，把根茎分开为若干块，每块都带有几个芽眼，一般栽于坡地、林缘、路旁等排水良好、向阳干燥的地方。平时注意水分管理，保持土壤湿润，忌水涝。播种多于春季进行。

【园林应用】

滇黄芩为重要的药用植物，除去药用价值外，它株型低矮、花色艳丽、开花繁茂，在园林绿化中可作为地被植物加以应用，可用于坡地绿化、岩石园绿化，或与其他观赏灌木、草本相搭配制作花境等。

（图：沈云光、冯宝钧 文：沈云光 审校：王仲朗、晏春梅）

海菜花

别　名 异叶水车前、龙爪菜

拉丁名 *Ottelia acuminata*

科　属 水鳖科（Hydrocharitaceae） 水车前属（*Ottelia*）

【自然分布】

产于广东、海南、广西、四川、贵州和云南，为我国特有种。生于湖泊、池塘、沟渠及水田中。

【识别要点】

沉水草本。茎短缩。叶基生，叶形变化较大，全缘或有细锯齿；叶柄长短因水深浅而异，柄上及叶背沿脉常具肉刺。花单生，雌雄异株；佛焰苞无翅，具2-6棱，无刺或有刺；花白色，基部黄色或深黄色，倒心形。果为三棱状纺锤形，褐色，棱上有明显的肉刺和疣凸。种子多数，无毛。

【生长习性】

可生长在4 m的深水中，要求水体清晰透明，喜温暖。生于湖泊、池塘、沟渠及水田中。花果期5-10月。

【栽培养护】

种子繁殖，采果后将果实在活水中保存，防止干燥缺氧窒息，翌年春播种。也可用根茎繁殖，在萌发新叶时移入水中。

【园林应用】

海菜花是中国独有的珍稀濒危水生药用植物，它对水质污染很敏感，只要水有些污染，海菜花就会死亡，但也可净化水体。作为观赏性水景植物，植于池塘中，白花星星点点，十分美丽。

（图：吴之坤　文：唐凌云　审校：王仲朗、晏春梅）

泽 泻

别 名 **水泽、如意花**

拉丁名 ***Alisma plantago-aquatica***

科 属 **泽泻科**（**Alismataceae**） **泽泻属**（***Alisma***）

【自然分布】

产于东北三省、内蒙古、河北、山西、陕西、新疆、云南等省（自治区）。生于湖泊、河湾、溪流、水塘的浅水带，沼泽、沟渠及低洼湿地亦有生长。苏联、日本、欧洲、北美洲、大洋洲也有分布。

【识别要点】

多年生水生或沼生草本。块茎直径 1-3.5 cm，或更大。叶通常多数；沉水叶条形或披针形；挺水叶宽披针形、椭圆形至卵形，先端渐尖，基部宽楔形、浅心形。花葶高 78-100 cm，花序长 15-50 cm，具 3-8 轮分枝，每轮分枝 3-9 枚。花两性，白色、粉红色或浅紫色。全株有毒，地下块茎毒性较大。

【生长习性】

泽泻喜阳光充足的环境，幼苗期喜荫蔽；喜肥沃而略带黏性的土壤。生长适温 20-25℃，冬季地上部分枯萎，以块茎越冬。花果期 5-10 月。

【栽培养护】

泽泻可以种子、分芽或块茎繁殖。种子经浸种后播，在气温 30℃时，经一天即可发芽；移栽期一般在 8 月，育苗地宜选阳光充足、土层深厚、肥沃略带黏性的环境，幼苗定植后保持浅水勤灌，生长约 170 天即可开花结实。

【园林应用】

除药用价值外，泽泻叶色翠绿，叶形优美，绿期长，花较大，花期长，可作为优良的浅水观赏植物。宜植于公园池塘、湖泊浅滩或沼泽湿地，美化环境。

（图文：沈云光 审校：王仲朗、晏春梅）

白雪姬

别　名 白绢草

拉丁名 *Tradescantia sillamontana*

科　属 鸭跖草科（Commelinaceae）
紫露草属（*Tradescantia*）

【自然分布】

原产于墨西哥北部，各地广为栽培运用。

【识别要点】

多年生蔓生肉质草本植物；植株丛生，茎直立或稍匍匐，高 15-20 cm。叶互生，长卵圆形，灰绿色或褐绿色，密被白色丝状绢毛，长 4-6 cm，无柄，包茎。聚伞花序，顶生，花瓣 3 枚，粉红色或淡紫色；雄蕊黄色，花丝较长；雌蕊白色。

【生长习性】

夏季开花。喜充足柔和的阳光，忌烈日暴晒，喜温暖湿润的气候。耐半阴和干旱，不耐寒，忌烈日暴晒和盆土积水，但光照不足会使植株徒长。生长适温 16-24℃，宜生长在肥沃、疏松、排水良好的沙壤上。

【栽培养护】

扦插、分株繁殖。繁殖较容易，在保证土壤湿润的条件下，两种繁殖方法成苗率都可达 100%。栽培容易，常规日常管护、田间除草就能保证植株生长健壮，无病虫害。栽培需注意的是不宜种植在光照太强和太弱的环境及每年开春剪除植株的地上部分，或依观赏需求适时修剪。

【园林应用】

其植株形态独特，满株的白色绢毛独树一帜，淡紫色的小花精致醒目，是花叶俱佳的观赏植物，加之栽培繁殖非常容易，是园林绿化理想的地被覆盖植物，可大面积种植覆盖裸露地面，与其他植物搭配镶嵌种植、图案种植都是不错的选择。

（图文：李函润　审校：孔繁才、晏春梅）

地涌金莲

别 名 地金莲、地涌莲、地母金莲

拉丁名 *Musella lasiocarpa*

科 属 芭蕉科（Musaceae） 地涌金莲属（*Musella*）

【自然分布】

分布于云南中部至西部。多生于山间坡地或栽于庭园内，海拔 1500-2500 m。四川、贵州和云南海拔 170-1500 m 的山地常见。

【识别要点】

多年生草本植物；植株丛生，具水平向根状茎。假茎矮小，基部有宿存的叶鞘。叶片长椭圆形，先端锐尖，基部近圆形，两侧对称，有白粉。花序直立，直接生假茎上，密集如球穗状，黄色或淡黄色。浆果三棱状卵形，外面密被硬毛，果内具多数种子；种子大，扁球形，黑褐色或褐色，光滑，腹面有大而白色的种脐。

【生长习性】

喜光，喜温暖，忌植于低洼或雨后积水的地方。在 0℃以下低温，地上部分会受冻。夏季高温时应避免阳光直射。喜肥沃、疏松土壤。

【栽培养护】

以分株繁殖为主，于早春或秋季进行，也可播种繁殖。在冬季低温 -9℃以下的地方种植，冬季应用稻草或塑料薄膜包裹茎干，以防霜冻。待春天拆去包装物，修剪枯枝烂叶，施入肥料即可。

【园林应用】

植株形态特别，具有文化、宗教意义。开花时犹如涌出地面的金色莲花，景观十分壮丽，庭园中适于窗前、墙隅、假山石旁配植或成片种植，也适合盆栽观赏。可选择孤植、丛植的方式搭配种植。

（图文：李函润 审校：孔繁才、晏春梅）

红姜花

别　名 无

拉丁名 ***Hedychium coccineum***

科　属 姜科（Zingiberaceae） 姜花属（*Hedychium*）

【自然分布】

产于我国西藏（墨脱）、云南南部、广西。生于林中。

【识别要点】

茎高 1.5-2 m。叶片狭线形，顶端尾尖，基部渐狭或近圆形，两面均无毛。穗状花序稠密，稀较疏，圆柱形，花红色，花萼具 3 齿，特别是顶部被疏柔毛；花冠管稍超过萼，裂片线形。蒴果球形，直径 2 cm；种子红色。

【生长习性】

喜温暖、湿润的气候，最适生长温度为 25-30℃。耐热、抗病，不耐瘠瘦。对土壤适应性强，但以有机质丰富、肥沃、排水良好之壤土或砂性壤土种植最好。花期 6-8 月，果期 10 月。

【栽培养护】

多采用分株繁殖。种植时需施足基肥，土壤必须经常保持湿润，在冬季休眠时须稍干燥，以肥沃而不易干旱之土壤为佳，排水需良好，全日照、半日照或半湿阴处均能正常生长。

【园林应用】

红姜花的整个花序亭亭玉立，火红如炬，圆柱形的花柱从四面八方开出朵朵红花，花期长，极为美丽。可丛植作为花境或点缀于水边，均是一道亮丽的风景线。

（图文：唐凌云　审校：王仲朗、晏春梅）

姜 花

别 名 白草果、蝴蝶花
拉丁名 *Hedychium coronarium*
科 属 姜科（Zingiberaceae） 姜花属（*Hedychium*）

【自然分布】

产于四川、云南、广西、广东、湖南和台湾。生于林中或栽培。

【识别要点】

多年生草本，茎高 1-2 m。叶片长圆状披针形或披针形，顶端长渐尖，基部急尖，背面疏背短柔毛。穗状花序顶生，椭圆形，苞片呈覆瓦状排列，卵圆形，每一苞片内有花 2-3 朵，花芬芳，白色。

【生长习性】

喜温暖湿润的气候和稍阴的环境，忌霜冻。在微酸性、肥沃的沙质壤土中生长良好。花期 8-12 月。

【栽培养护】

用分根繁殖。一般在春季进行。种植时需施足基肥，生长期应施 1-2 次稀薄氮肥。要经常保持土壤湿润。

【园林应用】

姜花花形美丽，盛开时宛若一群纷飞的蝴蝶，并有芳香。宜群植或与其他花卉配置。花可作切花。

（图文：唐凌云 审校：王仲朗、晏春梅）

黄姜花

别 名 无

拉丁名 *Hedychium flavum*

科 属 姜科（Zingiberaceae） 姜花属（*Hedychium*）

【自然分布】

产于西藏、四川、云南、贵州、广西。生于山谷密林中，海拔 900-1200 m。

【识别要点】

陆生或附生草本。茎高 1.5-2 m。叶片长圆状披针形或披针形，顶端渐尖，并具尾尖，基部渐狭，两面均无毛。穗状花序长圆形，苞片覆瓦状排列，长圆状卵形，每一苞片内有花 3 朵；花黄色，花萼管长 4 cm，外被粗长毛，顶端一侧开裂；花冠管较萼管略长，裂片线形，唇瓣倒心形。

【生长习性】

黄姜花耐寒耐旱，耐瘠，喜温暖湿润的气候。宜选择肥沃疏松、排水良好的壤土或砂质土壤种植。生长最适温度为 25-32℃，喜光照，能耐霜冻。因生长量大，需较强的肥水条件。花期 8-9 月，果期 11 月。

【栽培养护】

可分株繁殖和播种繁殖。种子产量高，发芽率高。冬季将茎枝剪除，以便翌年萌发新芽。

【园林应用】

花色深黄、鲜艳、芳香。多用作鲜切花、庭院绿化、园林景观点缀植物，在园林景观中，成片群植颇为美丽，植于水边还可软化驳岸景观，使水景更为生动。

（图文：唐凌云 审校：王仲朗、晏春梅）

草果药

别 名 豆蔻、疏穗姜花

拉丁名 *Hedychium spicatum*

科 属 姜科（Zingiberaceae） 姜花属（*Hedychium*）

【自然分布】

产于云南、贵州、四川、西藏。生于海拔 1200-2900 m 的山地密林中。

【识别要点】

多年生宿根草本，根茎块状；茎高 1 m 左右。叶片长圆形或长圆状披针形，顶端渐狭渐尖，基部急尖，无毛或仅叶背中脉略被长柔毛。穗状花序多花，苞片长圆形，内生单花，花芳香，白色，花冠淡黄色。

【生长习性】

喜欢在温暖、潮湿的环境里安居，塘边、湖畔最适宜栽种。花期 6-7 月，果期 10-11 月。

【栽培养护】

以分株繁殖为主。草果药对土壤适应性强，栽培以肥沃疏松、排水良好之壤土或砂质壤土最为适宜，但土壤应经常保持湿润或靠近水源。生长期需经常保持土壤湿润。夏季花期应适当遮阴，可延长开花期。

【园林应用】

在园林景观中，成片群植颇为美丽，植于水边还可软化驳岸景观，使水景更为生动。

（图文：唐凌云 审校：王仲朗、晏春梅）

滇姜花

别　名 无

拉丁名 *Hedychium yunnanense*

科　属 姜科（Zingiberaceae） 姜花属（*Hedychium*）

【自然分布】

产于云南、广西。生于山地密林中。

【识别要点】

陆生或附生草本。茎粗壮。叶片卵状长圆形至长圆形，两面均无毛，顶端具尾状尖头，基部渐狭成槽状的短柄。穗状花序长达 20 cm；苞片披针形，内生一花；花萼管状，顶端具不明显的钝三齿，有缘毛；花冠管纤细，裂片线形；唇瓣倒卵形。蒴果具钝三棱；种子多数，具红色、撕裂状假种皮。

【生长习性】

喜欢在温暖、潮湿的环境里安居，对土壤适应性强，栽培以肥沃疏松、排水良好之壤土或砂质壤土最为适宜，但土壤应经常保持湿润或靠近水源，则生育更旺盛。花期 9 月。

【栽培养护】

以分株繁殖为主。刚栽植时不宜浇水过多，以免根茎切口腐烂。生长期需经常保持土壤湿润。夏季花期应适当遮阴，可延长开花期。冬季将茎枝剪除，以便翌年萌发新枝。

【园林应用】

滇姜花姿态柔软摇曳，在塘边、湖畔、涌头最适宜栽种。

（图文：唐凌云　审校：王仲朗、晏春梅）

美人蕉

别 名 无
拉丁名 *Canna indica*
科 属 美人蕉科（Cannaceae） 美人蕉属（*Canna*）

【自然分布】

我国南北各地常有栽培。原产于印度。

【识别要点】

多年生草本植物。植株高可达 1.5 m，全株绿色无毛，被蜡质白粉。具块状根茎。地上枝丛生。单叶互生；具鞘状的叶柄；叶片卵状长圆形。总状花序，花单生或对生；萼片 3，绿白色，先端带红色；花冠大多红色，外轮退化雄蕊 2-3 枚，鲜红色；唇瓣披针形，弯曲；蒴果，长卵形，绿色。

【生长习性】

喜高温炎热，阳光充足的环境。在肥沃而富含有机质的深厚土壤中生长健壮。怕强风，不耐寒，耐湿，但忌积水。花果期 3-12 月。

【栽培养护】

通常以分割根茎繁殖为主，也可播种繁殖。在养护管理上应适肥适水，追肥以磷肥为主，浇水应当适时适量。生长过程中植株过密时，需要修割。注意花叶病、蕉锈病、黑斑病等的防治。

【园林应用】

美人蕉品种繁多，株形优美、花形独特、花色艳丽丰富、花期长，具有较高的观赏价值。能吸收大量的二氧化硫、氯气、氟化物等，对吸收尘埃、净化空气有很大作用，广泛应用在城市道路、公园、居住区、厂矿、工厂车间附近等地。

（图文：唐凌云 审校：王仲朗、晏春梅）

蜘蛛香

别　名 马蹄香、大救驾、老君须

拉丁名 *Valeriana jatamansi*

科　属 败酱科（Valerianaceae） 缬草属（*Valeriana*）

【自然分布】

产于河南、陕西、湖南、湖北、四川、贵州、云南、西藏。生于山顶草地、林中或溪边，海拔2500 m以下。印度也有分布。

【识别要点】

多年生草本植物，株高20-70 cm；根茎粗厚，块柱状，节密，有浓烈香味；基生叶发达，叶片心状圆形至卵状心形，边缘具疏浅波齿，被短毛或有时无毛；茎生叶不发达，每茎2对，有时3对，下部的心状圆形，近无柄，上部的常羽裂，无柄。花序为顶生的聚伞花序；花白色或微红色，杂性；瘦果长卵形，两面被毛。

【生长习性】

半阳生植物，喜湿；冬季地上部分枯萎，抵御低温伤害。花期5-7月，果期6-9月。

【栽培养护】

种子繁殖，喜肥沃土壤；生长期间注意控制杂草。

【园林应用】

应用于公园、小区、公共绿地的季节性绿化树种；同时具有药用功能。

（图文：高富　审校：尹擎、晏春梅）

非洲天门冬

别　名 蓬莱松

拉丁名 *Asparagus densiflorus*

科　属 百合科（Liliaceae） 天门冬属（*Asparagus*）

【自然分布】

产于非洲南部。我国华南、西南栽培较多。

【识别要点】

多年生常绿草本植物，高 30-60 cm；具小块根，丛生；叶鳞片状或刺状，3-8 枚丛生如松叶；花淡红色至白色，1-3 朵簇生；浆果。

【生长习性】

喜温暖凉冷的气候，生长最适宜温度为 20-25℃。喜半阴条件，忌阳光直射。喜疏松、肥沃和排水良好的土壤，对土壤湿度要求较严格，不耐干旱，也忌积水。花期 7-8 月，果期秋季。

【栽培养护】

采用分株和播种进行繁殖。不耐寒，也不耐酷暑。要保持盆土湿润，又不能过干、过湿，否则会导致烂根落叶。

【园林应用】

株形美观，叶状茎密生如松，清秀而又苍翠，是优良的观叶植物，也是很好的插花陪衬材料。

（图文：匡建　审校：尹擎、晏春梅）

狐尾天门冬

别　名 狐尾武竹

拉丁名 *Asparagus densiflorus* 'Myersii'

科　属 百合科（Liliaceae） 天门冬属（*Asparagus*）

【自然分布】

原产于南非。

【识别要点】

多年生常绿半蔓性草本植物，丛生，高30-60 cm；叶状枝纤细而密集周生于各分枝上，呈三角形水平展开，羽毛状，叶状枝每片有6-13枚小枝，常年绿色。小花白色，具清香；浆果小球状，初为绿色，成熟后呈鲜红色，内有黑色种子。

【生长习性】

喜温暖、湿润的环境，在半阴和阳光充足处都能正常生长。夏季高温时要适当遮阴，生长适温15-25℃，能耐短时0℃低温；根部稍肉质，略怕积水，具有一定的抗旱能力。

【栽培养护】

采用分株和播种进行繁殖。肉质根较耐旱，土壤过湿易使根系腐烂。低温季节要保持全光照。其生长较慢，株间空隙较大，极易滋生杂草，应及时清除杂草。

【园林应用】

著名切叶植物，观赏价值高，具有叶形丰满、长短适中、曲直自如的观赏特点。常作观叶花卉栽培。

（图文：匡建　审校：尹擎、晏春梅）

蜘蛛抱蛋

别 名 箬叶、一叶兰等

拉丁名 *Aspidistra elatior*

科 属 百合科（Liliaceae） 蜘蛛抱蛋属（*Aspidistra*）

【自然分布】

我国各地公园多有栽培。

【识别要点】

多年生常绿草本。根状茎粗壮，具节和鳞片。叶单生，矩圆状披针形、披针形至近椭圆形，基部楔形，两面绿色，有时稍具黄白色斑点或条纹。总花梗常成簇抽出。花被钟状，外面带紫色或暗紫色，内面下部淡紫色或深紫色，上部（6-）8裂。蒴果球形。

【生长习性】

耐阴性强，喜欢湿润。最适温度约15℃，也较耐寒，经0℃低温，也不至于受冻害。需要在肥沃的砂壤土栽培。

【栽培养护】

分株繁殖，春季至秋季为最适时期。成株丛生状，可剪切连有叶片的根茎栽植。栽培于肥沃、腐殖质层厚、土壤结构疏松、排水良好的土质。栽培初期应除杂草，成丛后防病虫害。枯黄叶片要摘除。

【园林应用】

形态独特，叶四季翠绿，形色各异，美不胜收。适合做花带、花境以及树下植被，可盆栽或庭园荫蔽地丛植美化，叶片是高级插花材料。

（图文：唐凌云　审校：王仲朗、晏春梅）

竹根七

别　名 无
拉丁名 *Disporopsis fuscopicta*
科　属 百合科（Liliaceae） 竹根七属（*Disporopsis*）

【自然分布】

产于广东（中部至北部）、广西、福建、江西（南部和西部）、湖南（西部）、四川（东南部）、贵州和云南。海拔500-1200（-2400）m的林下或山谷中。

【识别要点】

根状茎连珠状，茎高25-50 cm。叶纸质，卵形、椭圆形或矩圆状披针形，先端渐尖，基部钝，宽楔形或稍心形。花1-2朵生于叶腋，白色，内带紫色，稍俯垂，花被钟形。浆果近球形，直径7-14 mm，具2-8颗种子。

【生长习性】

喜生长于含腐殖质土的山野或林下。性喜温暖、湿润的环境，较耐寒耐阴，对土壤的要求不高，适应性强，以排水良好的肥沃壤土为宜。花期4-5月，果期11月。

【栽培养护】

播种或分株繁殖。种植1年后分别在春季、夏季、秋季各中耕除草1次，以后每年除草2-3次，结合中耕除草，追肥2-3次，肥料以有机肥为主，并可适当配施复合肥和尿素。

【园林应用】

株形优美，叶色青翠，利用其耐寒耐阴这一生长习性，应用于行道树林下或连片丛植，叶片美观，群体效果好。

（图：沈云光　文：唐凌云　审校：王仲朗、晏春梅）

萱 草

别 名 千叶萱草、忘萱草

拉丁名 *Hemerocallis fulva*

科 属 百合科（Liliaceae） 萱草属（*Hemerocallis*）

【自然分布】

全国各地常见栽培，秦岭以南各省（自治区）有野生的。

【识别要点】

多年生宿根草本。根近肉质，中下部纺锤状膨大。叶基生，长条形。圆锥花序生于顶端，着花10余朵。花冠漏斗状，花早上开晚上凋谢，无香味，橘红色至橘黄色，内花被裂片下部一般有“∧”形彩斑。花被管长2-4 cm。蒴果。

【生长习性】

耐寒，适应性强，喜光，亦耐半阴，耐干旱。喜土层深厚、肥沃、湿润及排水良好的砂质壤土，在各类土壤中也可生长。花果期5-7月。

【栽培养护】

繁殖以分株为主，亦可播种。播种以秋播最适。栽植地应施足充分腐熟的基肥，以圈肥为主。在生长季节，每月应追肥水1-2次。

【园林应用】

萱草花色鲜艳，早春叶片萌发早，适应性强，管理简单。园林中可在花坛、花境、路边、疏林、草坡或岩石园中丛植、行植或片植。亦可做切花。根可做药用。

（图文：唐凌云 审校：王仲朗、鲁飞）

重瓣萱草

别　名 千叶萱草

拉丁名 *Hemerocallis fulva* var. *kwanso*

科　属 百合科（Liliaceae） 萱草属（*Hemerocallis*）

【自然分布】

北京等地有栽培。

【识别要点】

多年生草本植物。肉质根呈纺锤状，须根多生长在肉质根上。具短根状茎，叶基生，翠绿狭长，线形，呈带状二列。花茎高出叶片，螺旋状聚伞花序，小花2-4朵，可达数十朵，漏斗状至钟状，橘黄色，花被裂片多数。

【生长习性】

抗旱能力强，耐寒性强，耐强光，耐高温，又耐半阴，抗病性强，对土壤要求不严，但以腐殖质含量高、排水良好的湿润土壤为好，pH以6.5-7.5为好。花果期为5-7月。

【栽培养护】

以分株繁殖为主。抗旱能力强，结合当地的气候、土壤、水源状况灌溉。花期长，对氮、磷、钾的需求量比较大，除种植时施足基肥外，还要根据不同发育阶段的需要来施肥。注意锈病、叶斑病和叶枯病的防治。

【园林应用】

重瓣萱草植株矮，花期长，适宜布置花坛、马路隔离带、疏林草坡等处，更适宜做地被植物，融观叶与观花于一体，是优良的园林绿地花卉。

（图文：唐凌云　审校：王仲朗、鲁飞）

玉 簪

别 名 无

拉丁名 *Hosta plantaginea*

科 属 百合科（Liliaceae） 玉簪属（*Hosta*）

【自然分布】

产于四川（峨眉山至川东）、湖北，湖南、江苏、安徽、浙江、福建和广东。生于海拔 2200 m 以下的林下、草坡或岩石边。

【识别要点】

多年生宿根草本。根状茎粗厚。叶卵状心形、卵形或卵圆形，先端近渐尖，基部心形。花葶高 40-80 cm，具几朵至十几朵花；花的外苞片卵形或披针形，花单生或 2-3 朵簇生，白色，管状漏斗形，芳香。蒴果圆柱状，有三棱。

【生长习性】

玉簪性强健，耐寒冷。喜阴湿，畏强光直射。宜选土层深厚、排水良好、肥沃的砂质土壤。

【栽培养护】

多采用分株繁殖。于春季 4-5 月或秋季 10-11 月进行。亦可用播种繁殖。种植地点以不受阳光直射的荫蔽处为好。发芽前及花前可施氮肥及少量磷肥。夏季应注意防止蜗牛及蛞蝓为害叶片。

【园林应用】

玉簪是较好的阴生植物，在园林中可在树下作地被植物，或植于岩石园及建筑物北侧。

（图文：唐凌云 审校：王仲朗、鲁飞）

紫　萼

别　名 无

拉丁名 *Hosta ventricosa*

科　属 百合科（Liliaceae）　玉簪属（*Hosta*）

【自然分布】

产于江苏（南部）、安徽、浙江、福建（北部）、江西、广东（北部）、广西（北部）、贵州、云南（宾川、大理）、四川、湖北、湖南和陕西（秦岭以南）。生于林下、草坡或路旁，海拔 500-2400 m。

【识别要点】

多年生宿根草本植物。根状茎粗，叶卵状心形、卵形至卵圆形，先端近短尾状或骤尖，基部心形或近截形，花葶高可达 100 cm，有花；苞片矩圆状披针形，白色，膜质；花单生，盛开时从花被管向上骤然作近漏斗状扩大，紫色；雄蕊伸出花被之外，完全离生。蒴果圆柱状。

【生长习性】

喜温暖湿润的气候，耐阴，抗寒性强，分蘖力中等，忌阳光长期直射，对土壤要求不严格，一般的土质均能良好地生长。6-7 月开花，7-9 月结果。

【栽培养护】

分株繁殖，也可播种或组织培养繁殖。首先将栽培地翻耕，深度 15-20 cm，除净石块、树根等杂物，然后施入适量充分腐熟的厩肥于地表，再耙细、耙平。

【园林应用】

紫萼叶片翠绿，花紫色。适宜配植于花坛、花境和岩石园，可成片种植在林下、建筑物背阴处或其他庇荫处，也可盆栽供室内观赏。

（图文：唐凌云　审校：王仲朗、鲁飞）

野百合

别 名 无

拉丁名 ***Lilium brownii***

科 属 **百合科**（Liliaceae） **百合属**（*Lilium*）

【自然分布】

产于广东、广西、湖南、湖北、江西、安徽、福建、浙江、四川、云南、贵州、陕西、甘肃和河南。生于山坡、灌木林下、路边、溪旁或石缝中，海拔（100-）600-2150 m。

【识别要点】

鳞茎球形，鳞片披针形，白色。茎高 0.7-2 m，有的有紫色条纹。叶散生，披针形、窄披针形至条形。花单生或几朵排成近伞形，花喇叭形，有香气，乳白色，外面稍带紫色。蒴果矩圆形，有棱，具多数种子。

【生长习性】

喜凉爽，较耐寒。高温地区生长不良。喜干燥，怕水涝。花期 5-6 月，果期 9-10 月。

【栽培养护】

无性繁殖和有性繁殖均可。土壤以富含腐殖质、土层疏松深厚、能保持适当潮湿而又排水良好的土壤为宜。夏季应给予适当灌溉，花后对水分的需求减少，基肥以充分腐熟的厩肥为宜。

【园林应用】

野百合花姿雅致，叶片青翠娟秀，茎干亭亭玉立，是盆栽、切花和点缀庭园的名贵花卉。在园林中，适合布置成专类花园。

（图：网络 文：唐凌云 审校：孔繁才、鲁飞）

卷 丹

别 名 无

拉丁名 *Lilium lancifolium*

科 属 百合科（Liliaceae） 百合属（*Lilium*）

【自然分布】

产于江苏、浙江、安徽、江西、湖南、湖北、广西、四川、青海、西藏、甘肃、陕西、山西、河南、河北、山东和吉林等省（自治区）。生于山坡灌木林下、草地、路边或水旁，海拔 400-2500 m。

【识别要点】

鳞茎近宽球形，鳞片宽卵形，白色。茎高 0.8-1.5 m，带紫色条纹，具白色绵毛。叶散生，矩圆状披针形或披针形。花 3-6 朵或更多，花梗紫色，花下垂，花被片披针形，反卷，橙红色，有紫黑色斑点。蒴果狭长卵形，长 3-4 cm。

【生长习性】

卷丹喜凉爽潮湿的环境，日光充足的地方、略荫蔽的环境更为适合。忌干旱、忌酷暑，它的耐寒性稍差些。花期 7-8 月，果期 9-10 月。

【栽培养护】

繁殖有分球繁殖，鳞片扦插、播种繁殖和组织培养等方法。肥沃、腐殖质多、排水良好的微酸性土壤为好，土壤 pH 为 5.5-6.5。花芽发育需要充足的光照，夏季又要避免阳光直射，二氧化碳对生长和开花有利。

【园林应用】

卷丹花瓣向外翻卷，花色火红，花形奇特，摇曳多姿，其不仅适于园林中花坛、花境及庭院栽植，于疏林下或空地上片植或丛植，也是切花和盆栽的良好材料。国外已成为重要观赏花卉。

（图：网络 文：唐凌云 审校：孔繁才、鲁飞）

沿阶草

别 名 无

拉丁名 *Ophiopogon bodinieri*

科 属 百合科（Liliaceae） 沿阶草属（*Ophiopogon*）

【自然分布】

产于云南、贵州、四川、湖北、河南、陕西（秦岭以南）、甘肃（南部）、西藏和台湾。生于海拔600-3400 m的山坡、山谷潮湿处、沟边、灌木丛下或林下。

【识别要点】

常绿多年生草本。根纤细，近末端处有时具膨大成纺锤形的小块根；茎很短。叶基生成丛，禾叶状，先端渐尖，边缘具细锯齿。花葶较叶稍短或几等长，总状花序具几朵至十几朵花；花常单生或2朵簇生于苞片腋内；苞片条形或披针形，少数呈针形，稍带黄色；花被片卵状披针形、披针形或近矩圆形，白色或稍带紫色。种子近球形或椭圆形。

【生长习性】

沿阶草既能在强阳光照射下生长，又能忍受荫敝环境，耐寒，不耐干旱，较耐水湿。花期6-8月，果期8-10月。

【栽培养护】

播种或分株繁殖。沿阶草管理简单，要求通风良好的半阴环境，经常保持土壤湿润，除栽植时施足基肥外，生长期还应每月追施一次液体肥，沿阶草抗性强，不易发生病虫害。

【园林应用】

沿阶草长势强健，耐阴性强，植株低矮，根系发达，覆盖效果较好，是一种良好的地被植物，可成片栽于风景区的阴湿空地和水边湖畔做地被植物。叶色终年常绿，花葶直挺，花色淡雅，能作为盆栽观叶植物。

（图文：唐凌云 审校：孔繁才、鲁飞）

间型沿阶草

别 名 无

拉丁名 *Ophiopogon intermedius*

科 属 百合科（Liliaceae） 沿阶草属（*Ophiopogon*）

【自然分布】

产于西藏、云南、四川、贵州、陕西（秦岭以南）、河南、湖北、湖南、安徽、广西、广东和台湾。生于海拔 1000-3000 m 的山谷、林下阴湿处或水沟边。

【识别要点】

植株常丛生，有粗短、块状的根状茎。叶基生成丛，禾叶状，背面中脉明显隆起，边缘具细齿，基部常包以褐色膜质的鞘及其枯萎后撕裂成的纤维。花葶常短于叶或等长于叶；总状花序具 15 朵至 20 余朵花；花常单生或 2-3 朵簇生于苞片腋内；苞片钻形或披针形；花被片矩圆形，先端钝圆，白色或淡紫色。种子椭圆形。

【生长习性】

长势强健，耐阴性强，根系发达，覆盖效果好，几乎不用修剪，具有耐旱、耐瘠薄、抗寒、抗病等特点。花期 5-8 月，果期 8-10 月。

【栽培养护】

播种或分株繁殖。适宜栽植于土质疏松、肥沃、排水良好的壤土和砂质壤土中，施肥以有机肥为主，可配合施用化肥，栽植后需要适度遮阴。

【园林应用】

四季常绿，长势强健，在园林当中可做林下地被。

（图：沈云光 文：唐凌云 审校：孔繁才、鲁飞）

麦 冬

别 名 **麦门冬、沿阶草**
拉丁名 ***Ophiopogon japonicus***
科 属 **百合科（Liliaceae） 沿阶草属（*Ophiopogon*）**

【自然分布】

产于广东、广西、福建、台湾、浙江、江苏、江西、湖南、湖北、四川、云南、贵州、安徽、河南、陕西（南部）和河北（北京以南）。生于海拔 2000 m 以下的山坡阴湿处、林下或溪旁；浙江、四川、广西等地均有栽培。

【识别要点】

多年生草本。须根较粗，中间或近末端常膨大成椭圆形或纺锤形的小块根。地下走茎细长。叶基生成丛，禾叶状。总状花序顶生。花常俯垂，白色或淡紫色。浆果蓝黑色。

【生长习性】

麦冬长势强健，耐阴性、耐寒性强，耐旱、耐贫瘠、抗病。在富含腐殖质的砂质壤土中生长良好，在黏重干旱的土壤上不能生长。花期 5-8 月，果期 8-9 月。

【栽培养护】

繁殖以分株为主，也可播种。栽培管理简单粗放。宜在土壤湿润、通风良好的半阴环境中栽植。除施足基肥外，还应增施液体肥。

【园林应用】

麦冬植株低矮，终年常绿。宜布置在庭园内山石旁、台阶下、花坛边，或成片栽于树丛下，覆盖黄土。

（图文：唐凌云 审校：孔繁才、鲁飞）

开口箭

别　名 无

拉丁名 *Tupistra chinensis*

科　属 百合科（Liliaceae） 开口箭属（*Tupistra*）

【自然分布】

产于湖北、湖南、江西、福建、台湾、浙江、安徽、河南、陕西（秦岭以南）、四川、云南、广西、广东。生于林下阴湿处、溪边或路旁，海拔1000-2000 m。

【识别要点】

多年生草本植物，根状茎长圆柱形，多节，绿色至黄色。叶基生，近革质或纸质，倒披针形、条状披针形、条形或矩圆状披针形，先端渐尖，基部渐狭；穗状花序直立，密生多花；浆果球形，熟时紫红色。

【生长习性】

生境为林下阴湿处、溪边或路旁；因此该物种喜湿润、肥沃的土壤环境；对光照要求不高，耐阴性强。花期4-6月，果期9-11月。

【栽培养护】

播种繁殖。耐阴生环境，故常作为林下地被层；在日常管护中注意施用足够的有机肥，并保持土壤湿润；在其长势良好的状态下，地下茎萌生能力强，雨季分株可以扩大种植面积。

【园林应用】

常用作公园林地地被植物，也用作街道、小区等遮阴处空地绿化材料；因其管护粗放，使用方便，得到广泛应用。

（图：朱鑫鑫　文：高富　审校：孔繁才、鲁飞）

梭鱼草

别　名 北美梭鱼草、海寿花

拉丁名 *Pontederia cordata*

科　属 雨久花科（Pontederiaceae）
梭鱼草属（*Pontederia*）

【自然分布】

原产于北美洲。现我国各地都有分布。

【识别要点】

多年生挺水或湿生草本植物，株高 80-150 cm。根茎为须状不定根，具多数根毛。地下茎粗壮，黄褐色，有芽眼，地茎叶丛生。叶片较大，深绿色，叶形多变。最上方的花被裂片有 1 个二裂的黄绿色斑点。花葶直立，通常高出叶面。穗状花序顶生，小花密集，在 200 朵以上，蓝紫色带黄斑点。果实初期绿色，成熟后褐色；果皮坚硬，种子椭圆形。

【生长习性】

喜温，喜阳，喜肥，喜湿，怕风，不耐寒，静水及水流缓慢的水域中均可生长，适温 15-30℃，越冬温度不宜低于 5℃，梭鱼草生长迅速，繁殖能力强。花果期 5-10 月。

【栽培养护】

繁殖方式主要以分株和播种为主。对水质要求低，易栽培繁殖，无须大肥。枯萎枝叶的整修清理非常重要，要及时清理枯病枝叶，防止污染水体。生长期修剪则结合疏减弱枝弱株，达到通风透光。

【园林应用】

叶色翠绿，花色迷人，花期长，既可用于家庭盆栽、池栽，也可用于园林绿化美化，栽植于河道两侧、池塘四周、人工湿地，与其他水生植物相间种植，每到花开时节，串串紫花在片片绿叶的映衬下，别有一番景致。

（图文：单祖朋　审校：孔繁才）

石菖蒲

别　名 夜晚香、九节菖蒲、回手香

拉丁名 *Acorus tatarinowii*

科　属 天南星科（Araceae） 菖蒲属（*Acorus*）

【自然分布】

产于黄河以南各省（自治区）。常见于海拔 20-2600 m 的密林下，生长于湿地或溪旁石上。

【识别要点】

多年生草本。根茎芳香，外部淡褐色，节间长 3-5 mm。叶无柄，叶片薄，暗绿色，线形，长 20-30（-50）cm，宽 7-13 mm；叶状佛焰苞长 13-35 cm，为肉穗花序长的 2-5 倍。花白色。成熟果序长 7-8 cm，粗可达 1 cm。幼果绿色，成熟时黄绿色或黄白色。

【生长习性】

喜阴湿环境，在郁密度较大的树下也能生长；但不耐阳光暴晒，否则叶片会变黄。不耐干旱，稍耐寒。常见于密林下或生长于溪旁石上。花果期 2-6 月。

【栽培养护】

分株繁殖。可于秋季 9-10 月进行。或从产地采挖草丛盆栽、地栽。适应性强，生长强健，养护管理简便。生长期间需注意松土和浇水，经常保持湿润，切忌干旱。

【园林应用】

石菖蒲植株低矮，叶丛常绿而光亮，有芳香，性又强健，耐阴湿。园林中常作地被植物用，布置在庭院或水边及浅水区域。亦可盆栽，或作花坛、径旁的镶边材料。

（图文：唐凌云　审校：王仲朗、鲁飞）

扁竹兰

别　名 扁竹、扁竹根、都拉鸢尾

拉丁名 *Iris confusa*

科　属 鸢尾科（Iridaceae） 鸢尾属（*Iris*）

【自然分布】

产于广西、四川、云南。生于灌木林缘、沟谷湿地或山坡草地。

【识别要点】

多年生草本。根状茎横走，黄褐色，节明显，节间较长。地上茎直立。叶10余枚，密集于茎顶，基部鞘状，互相嵌叠，排列成扇状，叶片宽剑形。花茎长20-30 cm，总状分枝；苞片卵形，其中包含有3-5朵花；花浅蓝色或白色，直径5-5.5 cm。蒴果椭圆形；种子黑褐色。

【生长习性】

扁竹兰喜温暖湿润的气候环境，耐寒性强。喜排水良好、富含腐殖质的沙壤土或轻黏土。喜光，也较耐阴，在林下也可正常生长。忌阳光暴晒，否则叶片易干枯发黄。花期4月，果期5-7月。

【栽培养护】

主要以分株繁殖，通常在春、秋两季进行，分株不宜太细，否则会影响翌年开花。土壤要求排水良好、保湿性强且不板结，有利于扁竹兰的根系发展。栽培过程中应保持土壤湿润，土壤过干，不利于植株生长，干旱季节应勤浇水。

【园林应用】

扁竹兰四季青葱，叶形秀丽，可耐荫蔽的环境，是优良的园林绿化材料。可用于花坛、花境，也可植于林缘，或作为地被成片种植。

（图文：沈云光　审校：王仲朗、鲁飞）

花菖蒲

别　名 无

拉丁名 *Iris ensata* var. *hortensis*

科　属 鸢尾科（Iridaceae） 鸢尾属（*Iris*）

【自然分布】

花菖蒲为玉蝉花的园艺变种，在日本栽培历史悠久。其原种玉蝉花产于中国黑龙江、吉林、辽宁等地，也产于朝鲜、日本及苏联。

【识别要点】

多年生宿根挺水型水生花卉。根状茎短而粗，须根多并有纤维状枯叶梢。叶基生，宽条形，叶中脉凸起。花葶直立，高约 1 m；花大，直径可达 15 cm，花色由白色至暗紫色，斑点及花纹变化较大，单瓣以至重瓣。蒴果长圆形，有棱，种皮褐黑色。

【生长习性】

花菖蒲喜水湿，喜光，耐寒，春季萌发较早，冬季进入休眠状态，地上茎叶枯死。喜欢富含腐殖质的酸性土壤，在肥沃、湿润土壤条件下生长良好，自然状态下多生于沼泽地或河岸水湿地，适合浅水栽植，也能旱生栽培。花期 6-7 月，果期 8-9 月。

【栽培养护】

主要通过分株和播种繁殖，分株繁殖每隔 3-4 年进行一次，一般在早春 3 月或晚秋 10 月进行，分株繁殖时，应将植株上部叶片剪去一部分。花菖蒲喜水湿，尤其是生长旺季一定要保证水分充足，通常栽植在池畔或水边，盆栽要充分浇水或将盆钵放于浅水中。

【园林应用】

花菖蒲园艺品种繁多，花朵硕大，色彩艳丽，群体花期较长，叶片青翠碧绿、挺直似剑，观赏价值极高。无论以盆栽点缀景色，还是在池畔、湖边成片群植，或配置水景花园，都十分适宜。

（图文：沈云光　审校：王仲朗、许菊芬）

德国鸢尾

别 名 无

拉丁名 *Iris germanica*

科 属 鸢尾科（Iridaceae） 鸢尾属（*Iris*）

【自然分布】

原产于欧洲。我国各地庭院常见栽培。

【识别要点】

多年生草本。根状茎粗壮而肥厚；须根肉质，黄白色。叶直立或略弯曲，淡绿色、灰绿色或深绿色，常具白粉，剑形，顶端渐尖，基部鞘状。花大，鲜艳，多为淡紫色、蓝紫色、深紫色或白色，有香味，花被管喇叭形。蒴果三棱状圆柱形，种子梨形。

【生长习性】

自然生长于向阳坡地、林缘。性强健，耐寒性强。喜生于排水良好、适度湿润、微酸性的土壤，也能在砂质土、黏土上生长。耐干燥。花期 4-5 月，果期 6-8 月。

【栽培养护】

用分株繁殖。栽植于旱地，春季发芽前施一次腐熟的堆肥或化肥。冬季寒冷期，株丛上应覆盖厩肥或草蒿防寒。常见的病虫害有白绢病、鸢尾锈病和叶斑病。

【园林应用】

德国鸢尾花大而美丽，观赏价值高，在园林中常用于花坛、花径、花境，也是重要的切花材料。

（图：沈云光 文：唐凌云 审校：王仲朗、许菊芬）

蝴蝶花

别　名 **日本鸢尾、扁担叶、扁竹根、铁豆柴、兰花草、剑刀草**

拉丁名 ***Iris japonica***

科　属 **鸢尾科（Iridaceae）　鸢尾属（*Iris*）**

【自然分布】

分布于中国和日本。生于山坡较荫蔽而湿润的草地、疏林下或林缘草地。

【识别要点】

多年生草本。根状茎可分为较粗的直立根状茎和纤细的横走根状茎。叶基生，暗绿色，有光泽，近地面处带红紫色，剑形。花茎直立，高于叶片，顶生稀疏总状聚伞花序；花淡蓝色或蓝紫色，直径4.5-5 cm；外花被裂片中脉上有黄色鸡冠状附属物。蒴果椭圆状柱形，种子黑褐色，无附属物。

【生长习性】

蝴蝶花的生长习性与扁竹兰相似，喜温暖湿润的气候环境，耐寒性强。喜排水良好、富含腐殖质的沙壤土或轻黏土。喜半阴的环境，较耐阴，在林下也可正常生长。不耐强光照射，叶片易干枯发黄。花期3-4月，果期5-6月。

【栽培养护】

蝴蝶花结实率很低，通常采用分株繁殖，一般于早春或秋季进行，选择健壮的母株分割根茎，在分株时，应将植株上部叶片剪去，减少水分蒸腾，保证成活率。土壤要求排水良好、保湿性强且不板结，有利于根系发展。栽培过程中应保持土壤湿润，土壤过干，不利于植株生长，干旱季节应勤浇水。

【园林应用】

蝴蝶花具有叶形优美、四季青翠以及花枝挺拔的特点，可以用于花群、花丛以及花境，与灌木和其他观赏草本相搭配制作园林小景，或作为地被植物种于林缘、林下。

（图文：沈云光　审校：王仲朗、许菊芬）

路易斯安娜鸢尾

别 名 美国杂交鸢尾、常绿水生鸢尾

拉丁名 *Iris* 'Louisiana'

科 属 鸢尾科（Iridaceae） 鸢尾属（*Iris*）

【自然分布】

原产于美国路易斯安那州、佛罗里达州等墨西哥海湾地区以及密西西比河三角洲流域的沼泽地。目前我国有大量引种栽培。

【识别要点】

多年生宿根挺水花卉。根状茎短而粗，须根多，并有纤维状枯叶梢。叶基生，长 40-90 cm，剑形。花茎直立，高 80-100 cm。蝎尾状聚伞花序，着花 4-6 朵；花大，直径可达 15 cm；花色有黄色、粉红色、大红色、墨红色、蓝紫色、复色等多种色彩。蒴果长圆形，有六棱。路易斯安娜鸢尾是一个自然杂交种，种系复杂，其公认的亲本是六棱鸢尾系的 5 个原种。

【生长习性】

属多年生常绿草本，喜湿也耐干旱，但湿地生长明显比旱地生长良好，在水深 30-40 cm 水域发育健壮。冬季叶仍保持翠绿，越夏期间抗热性较强。喜湿润、光线良好的环境。花期 4 月下旬至 5 月下旬，果期 9 月。

【栽培养护】

路易斯安娜鸢尾可以通过播种、分株、组织培养等方式育苗，一般主要以分株繁殖，可在 10 月或春季 2-3 月进行。宜栽植于酸性、肥沃、富含有机质的沙壤土上。生长期要求充足水分和光照，适当施肥。可水栽，也可旱植，但水栽生长比旱植好，而且不易发生病害。

【园林应用】

路易斯安娜鸢尾生长强健、花色丰富、耐湿、耐寒、冬绿的特点，使其在湿地绿化中已显示强劲的优势。在园林景观中，宜栽植于溪边、河畔、水池边以美化环境，也可用于花坛、花境的布置。

（图文：沈云光 审校：王仲朗、许菊芬）

黄菖蒲

别　名 黄鸢尾、水生鸢尾、黄花鸢尾
拉丁名 *Iris pseudacorus*
科　属 鸢尾科（Iridaceae） 鸢尾属（*Iris*）

【自然分布】

原产于欧洲，我国各地常见栽培。生于河湖沿岸的湿地或沼泽地上。

【识别要点】

多年生湿生或挺水宿根草本。根状茎粗壮，节明显。叶基生，灰绿色，长剑形。花茎粗壮，稍高出于叶；花黄色，直径 10-11 cm，外花被裂片卵圆形或倒卵形，有黑褐色的条纹，内花被裂片较小，倒披针形。蒴果长形，内有种子多数，种子褐色。

【生长习性】

喜水湿，喜光，耐寒性强。在南方地区冬季为半常绿，春季萌发较早。群体花期时间长，在温暖的地区可从春季一直持续到中秋。喜欢富含腐殖质的酸性土壤，在肥沃、湿润土壤条件下生长良好。适合浅水栽植，也能旱生栽培。结实率高，种子数量多。花期 5 月，果期 6-8 月。

【栽培养护】

黄菖蒲适合浅水栽植，在土层深厚肥沃的条件下生长健壮。可采用分株和播种的方式进行繁殖。分株通常在早春或秋季进行，分株时植株不宜分得过小，以免影响后期的生长恢复。播种通常在 3 月、4 月进行，可盆播，也可苗床播，播好后要覆盖薄膜，保温保湿，以利于种子萌发，一般播种苗 1 年以后即可下地栽植。

【园林应用】

黄菖蒲适应性强，生长快，叶丛、花朵特别茂密，花色黄艳，花姿秀美，株丛挺拔翠绿，无论配置在湖畔，还是池边，都为水景景观增添了不少诗情画意。目前黄菖蒲已被大量地用于湿地水景的建设中。

（图文：沈云光　审校：王仲朗、许菊芬）

溪 荪

别 名 东方鸢尾、西伯利亚鸢尾东方变种

拉丁名 *Iris sanguinea*

科 属 鸢尾科（Iridaceae） 鸢尾属（*Iris*）

【自然分布】

产于黑龙江、吉林、辽宁、内蒙古，生于沼泽地、湿草地或向阳坡地。也产于日本、朝鲜及苏联。

【识别要点】

多年生草本。根状茎粗壮，斜伸。叶条形，中脉不明显。花茎光滑，实心；花蓝色，直径6-7 cm；外花被裂片倒卵形，基部有黑褐色的网纹及黄色的斑纹，内花被裂片直立，狭倒卵形。蒴果长卵状圆柱形，有6条明显的肋，成熟时自顶端向下开裂至1/3处。

【生长习性】

溪荪喜水湿环境，但不耐水深，也能旱生栽培；喜光，耐寒性强，冬季休眠，地上茎叶枯萎，春季3月新叶萌发生长。喜肥沃疏松、富含腐殖质的湿润土壤。溪荪的结实率高，种子数量多。花期5-6月，果期7-9月。

【栽培养护】

主要采用播种和分株繁殖。播种在3-4月进行，盆播或在苗床中播，播后覆盖薄膜，保湿保温，以利于种子萌发。分株通常在新叶萌发前或刚开始萌发时进行，也可在秋季分株，株丛不宜分得过小，过小不利于后期的生长恢复。生长旺盛期应保持土壤湿润，冬季休眠期要控制浇水。

【园林应用】

溪荪花色艳丽而丰富、株丛茂密、观赏价值高，且抗寒能力强，是园林绿化不可多得的好材料。可制作花坛、花境，可草地点缀或植于池边，也可绿地成片种植，到开花时如彩蝶翻飞、绚烂多姿。此外溪荪也是插花的良好素材。

（图文：沈云光 审校：王仲朗、许菊芬）

鸢　尾

别　名 扁竹花、蛤蟆七、蓝蝴蝶

拉丁名 *Iris tectorum*

科　属 鸢尾科（Iridaceae）　鸢尾属（*Iris*）

【自然分布】

产于山西、安徽、江苏、浙江、福建、湖北、湖南、江西、广西、陕西、甘肃、四川、贵州、云南、西藏。生于灌木林缘、向阳坡地及水边湿地。日本也有分布。

【识别要点】

多年生草本，根状茎粗壮，直径约 1 cm，斜伸。叶基生，黄绿色，稍弯曲，中部略宽，宽剑形，有数条不明显的纵脉。花茎光滑，高 20-40 cm，花蓝紫色，直径约 10 cm，花被管细长，外花被裂片圆形或宽卵形，中脉上有不规则的鸡冠状附属物，内花被裂片椭圆形，花盛开时向外平展。蒴果长椭圆形或倒卵形；种子黑褐色，梨形。

【生长习性】

喜湿润、腐殖质丰富的微酸性土壤，在黏性重的土壤中生长不良。喜疏光的环境，能耐阴；光照过强时叶片易发黄，不足时影响开花。能耐寒，在南方地区冬季为半常绿。花期 4-5 月，果期 6-8 月。

【栽培养护】

鸢尾结实率低，种子少，主要采用分株繁殖，通常于早春进行，分株不宜过小，并将植株上部叶片剪去一部分，以利于成活。选择土壤湿润、半阴的环境，栽种时多加腐殖土。在生长旺季时勤浇水，冬季减少浇水并修剪枯黄老叶。鸢尾在夏季高温高湿时易得茎腐病，要及时喷洒杀菌剂，防止病情蔓延。

【园林应用】

鸢尾叶片碧绿青翠，花形大而奇特，宛若翩翩彩蝶，是园林绿化的良好材料。可装点庭院，制作花坛、花境，可与灌木、其他草本植物相搭配制作园林小品，或种于林缘、林下用作地被植物，此外也可盆栽观赏。

（图文：沈云光　审校：王仲朗、许菊芬）

扇形鸢尾

别　名 扇竹兰、铁扇子、老君扇

拉丁名 *Iris wattii*

科　属 鸢尾科（Iridaceae） 鸢尾属（*Iris*）

【自然分布】

产于云南、西藏。生于海拔 2000 m 左右的林缘草地或河边湿地。

【识别要点】

多年生草本。根状茎粗壮，横走。叶黄绿色，表面皱褶，10 余枚密集于茎顶，基部互相套叠，排列成扇面状，叶片宽剑形。花茎高 30-50 cm，总状圆锥花序，花蓝紫色，花被管喇叭形，外花被裂片倒卵形，边缘有波状皱褶，中肋上有不整齐的黄色鸡冠状附属物。蒴果椭圆形，种子棕褐色，扁平，半圆形。

【生长习性】

喜湿润且排水良好、富含腐殖质的沙壤土或轻黏土，有一定的耐盐碱能力，喜光，也较耐阴，在半阴环境下也可正常生长。喜温凉气候，耐寒性强。花期 4 月，果期 5-8 月。

【栽培养护】

分株繁殖、种子繁殖。选排水良好、保湿性强并且不板结的土壤，最好每年消毒一次。栽培过程中应保持土壤湿润，春季栽植成活后，可于初夏追施一次尿素，初秋追施一次磷钾肥，秋末再浅施一次有机肥。

【园林应用】

扇形鸢尾具有很高的观赏价值，花色鲜艳，栽培容易，且春季萌发早，绿叶成丛极为美观。园林中多丛植或于花境、路旁栽植。

（图文：唐凌云　审校：王仲朗、许菊芬）

虎头兰

别　名 **碧玉兰、大花建兰、青蝉**

拉丁名 ***Cymbidium hookerianum***

科　属 **兰科（Orchidaceae） 兰属（*Cymbidium*）**

【自然分布】

产于广西西南部、四川西南部、贵州西南部、云南和西藏东南部（察隅）。生于林中树上或溪谷旁岩石上，海拔 1100-2700 m。

【识别要点】

附生草本。假鳞茎狭椭圆形至狭卵形。叶 4-8 枚，带形。花葶从假鳞茎下部穿鞘而出，外弯或近直立；总状花序具 7-14 朵花；花大，有香气；萼片与花瓣苹果绿色或黄绿色，基部有少数深红色斑点或偶有淡红褐色晕，唇瓣白色至奶油黄色，侧裂片与中裂片上有栗色斑点与斑纹；花瓣狭长圆状倒披针形。蒴果狭椭圆形。

【生长习性】

喜欢温暖湿润、半阴、通透的环境，在自然状态下，多生长在林下、树上、溪边、岩石等地，适宜生长在疏松、肥沃、通风透气、微酸性的培养土上。花期 1-4 月。

【栽培养护】

虎头兰可用分株法繁殖。分株时间多为植株开花后、新芽尚未长大之前。浇水要掌握“干透浇透”的原则，但防止积水。在春季、夏季、秋季 3 季施肥，勤施、少施，以有机肥为主，辅以磷肥、钾肥。

【园林应用】

虎头兰是集观赏、芳香、药用于一体的草本植物，在园林绿化可作地被植物，在庭园、假山石、溪边均可成丛点缀，花境、溪岸可作线植。

（图文：唐凌云　审校：王仲朗、许菊芬）

风车草

别 名 **伞草**
拉丁名 *Cyperus alternifolius*
科 属 **莎草科**（Cyperaceae） **莎草属**（*Cyperus*）

【自然分布】

我国南北各地均见栽培，作为观赏植物栽培。原产于非洲，广泛分布于森林、草原地区的大湖、河流边缘的沼泽中。

【识别要点】

多年生草本。根状茎短，粗大，须根坚硬。秆稍粗壮，高 30-150 cm，近圆柱状，秆基部无叶片。苞片 20 枚，长几相等；多次复出长侧枝聚伞花序具多数第一次辐射枝，每个第一次辐射枝具 4-10 个第二次辐射枝；小穗压扁；鳞片背面具 3-5 条脉。小坚果椭圆形，近于三棱形，褐色。

【生长习性】

喜温暖、潮湿及通风良好的环境。耐阴，不耐寒，生长期适温 15-20℃，冬季适温为 7-12℃。要求土壤黏重而富含有机质。花期 7 月。

【栽培养护】

用播种、分株、扦插繁殖。生长期每 2 周施 1 次稀释饼肥水，并经常保持土壤潮湿。夏季避免强光直晒，经常清除黄叶。冬季应适当控制水分，以防冻害。注意叶枯病和红蜘蛛的危害。

【园林应用】

风车草株丛繁茂，姿态优美，叶形奇特，是室内常见的观叶花卉。除一般栽培外，还可配置盆景。室外景观适合溪流岸边、假山石隙点缀，具天然景趣。

（图文：唐凌云 审校：王仲朗、许菊芬）

华北剪股颖

别　名 无

拉丁名 *Agrostis clavata*

科　属 禾本科（Poaceae） 剪股颖属（*Agrostis*）

【自然分布】

产于我国东北、华北、华中、华东、西南等诸省（自治区）。生于林下、林边、丘陵、河沟以及路旁潮湿的地方。

【识别要点】

多年生草本，具细弱的根状茎。秆丛生，直立或基部微膝曲，柔弱，高 30-70 cm，具 2-4 节。叶片扁平，线形，长 6-15 cm，微粗糙，上面绿色或灰绿色。圆锥花序窄线形，或于开花时疏散展开，分枝纤细，每节具 2 至多数分枝；小穗黄绿色或带紫色。花果期夏秋季。

【生长习性】

属冷季型草，喜冷凉湿润气候，最适生长温度为 15-25℃；耐寒，耐瘠薄，较耐践踏，耐低修剪，剪后再生力强；有一定的抗病能力，不耐水淹。秋季天气变冷时，叶片比草地早熟禾更易变黄。绿期长，生长迅速，适于寒带、温带及亚热带的广大地区种植。

【栽培养护】

为优良的草坪用草，通常以种子繁殖，要求通气良好、水气协调、肥力充足的根系土壤结构，当排水不畅、土壤板结时应适时打孔加沙。生长旺季需勤修剪，一般 4-5 天修剪一次，否则植株下部易枯黄。在夏季高温高湿时，应注意防范病害，适时喷洒杀菌剂。

【园林应用】

华北剪股颖是冷季型草坪的优良草种，其分蘖性强，植株密度高，适时修剪，可形成细致、结构良好的毯状草坪，常被用于绿地、高尔夫球场和球道等。由于剪股颖不耐高温，因此经常与早熟禾、黑麦草等混播，以弥补相互的不足。

（图文：沈云光　审校：王仲朗、许菊芬）

孝顺竹

别　名 凤尾竹、凤凰竹、蓬莱竹、慈孝竹

拉丁名 *Bambusa multiplex*

科　属 禾本科（Poaceae） 簕竹属（*Bambusa*）

【自然分布】

原产于越南，分布于我国的广东、广西、福建、西南等省（自治区）。多生于山谷间、小河旁。长江流域及以南栽培能正常生长，是丛生竹中分布最北缘的竹种，最北可露地栽培到陕西。

【识别要点】

灌木型丛生竹，地下茎合轴型，竿密集生长。竿高 4-6（-7）m，直径 2-4 cm；节间绿色，幼时薄被白蜡粉，上半部被棕色小刺毛，竿壁较薄；节稍隆起，无毛。箨鞘迟落，背面初时薄被白粉，无毛，先端不对称的拱形。小枝具叶 5-12 枚，叶片长 5-16 cm，叶片线状披针形或披针形，叶表面深绿色，下面粉绿色，密被灰白色短柔毛。

【生长习性】

孝顺竹喜温暖、湿润的环境，喜光，稍耐阴。是我国丛生竹中分布最广的一个种，从东南部至西南部均有分布或栽培；也是丛生竹中最耐寒的种，最北可露地栽培到陕西，但冬天叶枯黄。孝顺竹喜深厚肥沃、排水良好的土壤。

【栽培养护】

园林中常以移植母竹（分兜栽植）繁殖，也可埋兜、埋竿、埋节繁殖。栽培基质可选用腐叶土、园土、河沙等混合配制的培养土，宜肥沃、疏松和排水良好的壤土，忌黏重、碱性土壤，怕渍水。孝顺竹喜光，但要避免强光暴晒，否则枝叶易发黄，影响美观。生长过程中老竿逐渐枯萎，应及时剪去。

【园林应用】

孝顺竹竹竿丛生，四季青翠，株形秀美，宜于庭院、草坪角隅、房前墙边种植，也可栽培做绿篱种植于游览道路两侧；或在园林景观中配置于假山旁侧，则竹石相映，更富情趣。

（图文：沈云光　审校：王仲朗、许菊芬）

观音竹

别　名 无
拉丁名 ***Bambusa multiplex* var. *riviereorum***
科　属 **禾本科（Poaceae）　簕竹属（*Bambusa*）**

【自然分布】

原产于华南地区，现华东、华中、西南各地均有栽培。

【识别要点】

灌木型丛生竹，是孝顺竹的一个变种，株型较孝顺竹矮小，枝竿稠密，竿高 1-3 m，直径 3-5 mm，竿实心。小枝具叶 13-23 枚，弓状下弯，叶片较孝顺竹的小，长 1.6-3.2 cm，宽 2.5-6.5 mm。

【生长习性】

观音竹喜温暖湿润的环境，喜光，但不耐强光暴晒。怕积水，宜肥沃、疏松和排水良好的壤土，喜酸性、微酸性或中性土壤，以 pH 4.5-7.0 为宜，忌黏重、碱性土壤。笋期较长，4-10 月不断萌发新笋。

【栽培养护】

由于竹子不易获得种子，分株是主要的繁殖方法，可在早春进行，分株时可剪去部分枝叶，防止植株失水，种好后，浇透定根水，此后保持土壤湿润，并在种植初期适当遮阴。生长旺盛期应勤浇水，但忌积水，以免造成烂根，并视生长情况疏去过密的枝竿和老弱枝。

【园林应用】

丛生灌木型竹类，枝叶浓绿稠密，四季青翠，园林上常作为灌木配置，适宜植于庭院墙隅、屋角、门旁，幽雅别致；或栽植于花台上，也可制作竹类盆景。观音竹耐修剪，经常被修剪成球形，或作为低矮绿篱的配植材料。

（图文：沈云光　审校：王仲朗、许菊芬）

小琴丝竹

别 名 花孝顺竹
拉丁名 *Bambusa multiplex* 'Alphonse-Kar'
科 属 禾本科（Poaceae） 簕竹属（*Bambusa*）

【自然分布】

分布于我国东南部至西南部的四川、广东和台湾，野生或栽培。原产于越南。

【识别要点】

又称为花孝顺竹，是孝顺竹的一个栽培型，为灌木型丛生竹。竿高4-5 m，直径2-4 cm；竿和枝的节间为黄色，具宽窄不等的绿色纵条纹。新鲜竿箨淡绿色，有黄白色纵条纹，可与孝顺竹相区别。

【生长习性】

其生长习性与孝顺竹相似，喜温暖湿润的环境；喜光，稍耐阴，不耐强光暴晒；喜深厚肥沃、排水良好的酸性、微酸性或中性土壤。初夏出笋，竹箨脱落，竿呈鲜黄色，在阳光照耀下显示出红色。

【栽培养护】

栽培养护方法与孝顺竹相同，多采用分株繁殖，通常于早春发笋前进行。栽培基质选用腐叶土、园土、河沙等混合配制的培养土，以肥沃、疏松和排水良好为宜，忌黏重、碱性土壤，怕渍水。在生长旺季应勤浇水，夏季高温时可向叶面适当喷水，冬季控制浇水，以免烂根。

【园林应用】

园林上常作为灌木配置。竹丛优美，竹竿色彩鲜艳，是著名观赏竹种，栽培甚广。园林中常植于屋旁、窗边、墙前，或与假山、叠石相搭配，幽雅闲趣，也可栽于游览道路两侧或草坪边，衬托景色。

（图文：沈云光 审校：王仲朗、许菊芬）

凤尾竹

别　名 米竹、筋头竹、蓬莱竹

拉丁名 *Bambusa multiplex* ‘Fernleaf’

科　属 禾本科（Poaceae） 簕竹属（*Bambusa*）

【自然分布】

原产于我国华东、华南、西南，至台湾、香港均有栽培。

【识别要点】

灌木型丛生竹，是孝顺竹的一个栽培型。本种与观音竹相似，不同之处在于植株较高大，高 3-6 m，节间中空，小枝稍下弯，具叶 9-13 枚，叶片长 3.3-6.5 cm，宽 4-7 mm。

【生长习性】

凤尾竹与观音竹生长习性相似，喜温暖湿润的环境，喜光，稍耐阴，但不耐强光暴晒。怕积水，喜酸性、微酸性或中性、疏松、排水良好的壤土。夏季出笋，冬季生长缓慢。

【栽培养护】

栽培基质以疏松肥沃、排水良好的沙质壤土为宜，可用农田土拌红黄壤、腐殖土与细沙。夏季生长旺盛期应勤浇水，每隔 20 天左右施 1 次稀薄的氮肥，冬天控制浇水并停止施肥。凤尾竹主要以分株繁殖，可在早春新笋萌发前进行。

【园林应用】

凤尾竹株丛密集，叶细纤柔，茎略弯曲下垂，状似凤尾，是较好的观赏竹种。宜作庭院丛栽，植于墙隅、屋角、门旁，或与假山、叠石配植，也可盆栽观赏，点缀庭院和居室。既可让其自然生长，也可修剪成不同形状，常作为低矮绿篱材料。

（图文：沈云光　审校：王仲朗、许菊芬）

蒲 苇

别 名 无

拉丁名 *Cortaderia selloana*

科 属 禾本科（Poaceae） 蒲苇属（*Cortaderia*）

【自然分布】

原产于南美洲，我国上海、南京、北京、昆明等城市有引种。

【识别要点】

多年生草本，雌雄异株。秆高大粗壮，丛生，高2-3 m。叶片质硬，狭窄，簇生秆基，长达1-3 m，边缘锯齿状、粗糙。圆锥花序大型稠密，长50-100 cm，银白色至粉红色；雌花序较宽大，雄花序较狭窄。

【生长习性】

蒲苇性强健，耐寒，喜温暖湿润、阳光充足的气候环境。在湿润肥沃的土壤上生长茂盛，在干燥土壤上生长得低矮而缓慢。花期9-10月。

【栽培养护】

蒲苇主要以分株的方式进行繁殖，一般在春季分株，秋季分株易死亡。蒲苇性强健，易栽培，管理粗放，对土壤要求不严，栽培中主要是水分管理，保持土壤湿润，过于干燥生长不良。耐寒性好，可露地越冬。

【园林应用】

蒲苇株丛高大繁茂，花穗长而美丽，具有优良的生态适应性和观赏价值，是非常漂亮的观赏草。在庭院栽培或草坪丛植，壮观而雅致，或植于池塘岸边赏其银白色羽状穗的花序，也可用于花境或观赏草专类园。

（图文：沈云光 审校：王仲朗、许菊芬）

棉花竹

别　名 无
拉丁名 *Fargesia fungosa*
科　属 禾本科（Poaceae） 箭竹属（*Fargesia*）

【自然分布】

产于四川西南部、贵州西部和云南东北部。分布于海拔 1800-2700 m 的区域。

【识别要点】

地下茎合轴型，竿密而丛生，竿高 4-6 m，直径 1.5-2.5 cm，幼竿时竿髓为海绵状，并填满整个节间空腔。竿每节分枝多达 25 枚。笋紫色至紫红色。箨鞘宿存，长三角状长圆形，长于节间，背面被棕黑色刺毛，密被褐紫色斑点。小枝具（2-）3-4（-6）叶，叶柄下面被柔毛，叶长（7-）10-16 cm，宽 1-1.7 cm。

【生长习性】

棉花竹喜温暖湿润的气候环境，耐寒，耐干旱；不耐水湿，喜排水良好的土壤环境，耐贫瘠；笋萌发力强，萌发数多。笋期 7-8 月。

【栽培养护】

主要以分株繁殖，多在新笋萌发前进行，栽培基质以肥沃、疏松和排水良好的壤土为宜；忌黏重，怕渍水。生长旺盛期应勤浇水，但忌积水，以免造成烂根，并视生长情况疏去过密的枝竿和老弱枝。

【园林应用】

棉花竹分枝多，株丛密集，四季常青，是优良的观赏竹种，且耐修剪，生长快，可用于造型。园林上常作为灌木配置，可植于庭院、墙边、屋角，或道路两侧，修剪成墙式绿篱，美化环境。

（图文：沈云光　审校：王仲朗、许菊芬）

慈 竹

别 名 **丛竹、钓鱼慈、酒米慈**

拉丁名 ***Neosinocalamus affinis***

科 属 **禾本科**（Poaceae） **慈竹属**（*Neosinocalamus*）

【自然分布】

主产于四川盆地，甘肃、陕西、湖北、湖南、贵州、云南也有分布。生于海拔 1200 m（云南可达海拔 1800 m）以下的平原、丘陵、山脚及村庄附近。

【识别要点】

乔木状竹类，地下茎合轴型，竹竿丛生，高 8-13 m，直径 3-8（-10）cm，梢端弧形弯曲，钓丝状下垂，节间长 30-50（-60）cm，竿分枝高。笋墨绿色，箨鞘迟落，背面密被棕黑色刺毛。小枝具叶 6-11 枚，叶长 8-28 cm，宽 1.2-4 cm。

【生长习性】

慈竹喜温暖湿润的气候环境，喜光，但不耐强光暴晒；忌积水，喜土层深厚肥沃、排水良好的砂壤土，土壤 pH 5.0-7.5。笋期 7 月底至 9 月。

【栽培养护】

慈竹以分株繁殖为主，通常在 2 月下旬至 4 月上旬进行，土壤以疏松、湿润、肥沃、有机质丰富、土层厚度 60 cm 以上为宜。适时翻垦，清园，砍除老竹、病竹，调整立竹密度等措施，改善竹子生长环境，控制病虫繁衍和传播，在孕笋期及笋期应进行适当灌溉。

【园林应用】

慈竹高大挺拔，竹竿青翠秀丽，观赏特性好。园林绿化中常种于庭园围墙、池边、石际、窗前，或与草坪、低矮的灌丛相搭配，都极适宜。

（图文：沈云光 审校：王仲朗、许菊芬）

紫叶狼尾草

别 名 无

拉丁名 *Pennisetum setaceum* 'Rubrum'

科 属 禾本科（Poaceae） 狼尾草属（*Pennisetum*）

【自然分布】

原产于东非、热带非洲、中东和亚洲西南部，属暖季型观赏草。

【识别要点】

是羽绒狼尾草的园艺栽培品种，为多年生草本。株形柔美，株高 1-2 m，叶狭长条状，紫红色，叶主脉呈脊状。穗状花序羽毛状，花序紫红色，花序观赏性能保持至晚秋或初冬。

【生长习性】

喜光照，稍耐阴。抗旱性强，不耐水湿。对土壤要求不严，耐贫瘠，抗逆性强。不耐寒，在我国北方地区不能越冬，多作为一年生植物应用于花境造景中；在华东地区需保护越冬。穗期 6-9 月。

【栽培养护】

由于不结籽，采用分株繁殖，可在春秋两季进行。不耐水湿，栽培土壤要求排水、透气良好的砂质壤土，忌黏重。紫叶狼尾草抗逆性好，管理粗放，维护成本低。在昆明地区冬季地上部分枯萎，应及时割去枯叶，来年春季又萌发新叶。

【园林应用】

紫叶狼尾草株形柔美，叶色深紫红，在以绿色为主体的景观中可产生较好的观赏效果。适宜作花坛、花境背景，用于水边驳岸或岩石边；可与灌木、草花配植，还可以在庭院、道路边丛植，或成片种植，营造轻盈飘逸的韵味。

（图文：沈云光　审校：王仲朗、许菊芬）

紫 竹

别 名 黑竹、墨竹、乌竹、竹茄
拉丁名 *Phyllostachys nigra*
科 属 禾本科（Poaceae） 刚竹属（*Phyllostachys*）

【自然分布】

原产于中国，现南北各地多有栽培。在湖南南部与广西交界处尚可见有野生的紫竹林。

【识别要点】

为散生竹类。地下茎单轴型，竿散生，直立，竿高 4-8（-10）m，直径达 5 cm，节间长 25-30 cm，幼时被白粉及细柔毛，初时淡绿色，一年以后逐渐变为紫黑色。箨鞘背面红褐色，被较密的刺毛。小枝具叶 2-3 枚，叶长 7-10 cm，宽 0.7-1 cm。

【生长习性】

喜温暖湿润的气候，耐寒，能耐 -20℃低温，耐阴，对气候适应性强。好光而喜凉爽，对土壤的要求不严，忌积水，以排水良好的壤土为宜。竹鞭的寿命可达 10 年以上，1-6 年为幼龄、壮龄阶段，以后逐渐失去萌发力。笋期 4 月下旬。

【栽培养护】

以分株繁殖为主，宜在新笋出土前进行，选择土层深厚、肥沃、湿润而排水良好的酸性土壤。栽植后，应浇透定根水，在生长旺季适时浇灌。养护时，清除老、弱竹子，保持竹林通风透光，并及时砍伐病株。

【园林应用】

竹竿紫黑色，柔和发亮，隐于翠绿的叶间，为传统的观竿竹类。紫竹宜种植于庭院山石之间或书斋、小径、池旁，也可栽于盆中。紫竹与黄槽竹、金镶玉竹、斑竹等竿具色彩的竹种同植于园中，可增添色彩变化，提升观赏效果。

（图文：沈云光 审校：王仲朗、许菊芬）

金　竹

别　名 黄竹、黄皮竹、黄竿、灰金竹

拉丁名 ***Phyllostachys sulphurea***

科　属 禾本科（Poaceae） 刚竹属（*Phyllostachys*）

【自然分布】

原产于中国，黄河至长江流域及福建均有分布。

【识别要点】

为散生竹类。地下茎单轴型，竿散生，直立，高 6-15 m，直径 4-10 cm，竿呈金黄色。节间长 20-45 cm，竿每节分枝 2。箨鞘早落，背面乳黄色或绿黄褐色带灰色，具绿色脉纹，无毛，有淡褐色或褐色圆形斑点或斑块。小枝具叶 2-5 枚，叶片长 6-13 cm，宽 1.1-2.2 cm。

【生长习性】

金竹的根状茎可在地下无限横走延伸，在地面形成疏散的竹林。金竹喜光，稍耐阴；喜温暖、湿润的环境，怕积水，不甚耐寒。金竹通常在 3-4 月开始发笋，一直持续到 5 月，6 月抽枝长叶，7-9 月大量长鞭，12 月后生理活动逐渐缓慢，翌年 2 月中旬萌发叶芽，生理活动恢复。

【栽培养护】

金竹以分株繁殖为主，宜在新笋出土前或 10-12 月进行。栽植地一般选择土壤肥沃湿润、土层厚度 50 cm、排水透气良好、弱酸性至中性的砂质壤土为宜。栽植后，首次水必须浇透。加强竹林管理，清除老、弱竹子，保持竹林通风透光，并及时砍伐病株。

【园林应用】

金竹株型秀美，竹竿呈金黄色，艳丽夺目，是观竿竹种，在园林中常种于墙周，或成片种植形成优美的生态景观。由于为散生竹类，在造景时一定要做好地下隔离措施，防止竹鞭长出造景区域。

（图文：沈云光　审校：王仲朗、许菊芬）

筇 竹

别 名 罗汉竹

拉丁名 *Qiongzhuea tumidinoda*

科 属 禾本科（Poaceae） 筇竹属（*Qiongzhuea*）

【自然分布】

为中国特有，产于四川南部和云南东北部。生于海拔 1500-2100 m 的山地阔叶林下。

【识别要点】

灌木状竹类，地下茎复轴型。竿直立，竿高 2.5-6 m，直径 1-3 cm；竿环极度隆起成圆脊，犹如二盘上下相扣合，中有环形缝线浅沟，受外力后易从该处整齐折断。竿每节上有枝条 3 枚。箨鞘早落，背面纵脉间被棕色瘤基刺毛。小枝具叶 2-4 枚，叶长 5-14 cm，宽 0.6-1.2 cm。

【生长习性】

筇竹喜生于温凉潮湿的气候，喜冬冷、夏暖和空气湿度较大的气候条件。分布区年平均气温 10℃左右，年降水量 1100-1400 mm，干湿季不明显。多见于常绿阔叶林下，常构成灌木层的主要成分，局部地区亦可出现大片的筇竹丛。笋期 4 月下旬至 5 月中旬。

【栽培养护】

筇竹在凉爽湿润的环境中生长良好。栽培土壤要求深度在 50 cm 以上，肥沃、湿润、排水和透气性良好的砂质土或砂质壤土。筇竹在碱性土上生长不良，要求酸性、微酸性或中性土壤，过于黏重瘦薄的土壤不利于竹鞭的生长。主要以分株繁殖，在干湿季明显的地区以雨季进行为好。

【园林应用】

筇竹是中国珍贵的特有竹种，其竿节膨大，形态奇特，工艺和观赏价值很高。园林上常作为灌木配置，用于制作园林小品，与假山奇石相配，也可盆栽或制作盆景。由于竿环极度隆起，独具特色，因此竹竿为制作手杖、竹工艺品的上等材料，具有较高的美术和经济价值。

（图文：沈云光 审校：王仲朗、许菊芬）

菲白竹

别　名 无
拉丁名 *Sasa fortunei*
科　属 禾本科（Poaceae） 赤竹属（*Sasa*）

【自然分布】

原产于日本，中国华东地区有栽培。

【识别要点】

矮小灌木状竹类，地下茎复轴型。竿散生，小丛生，细瘦，通常斜上升。竿高 0.5-1（-1.5）m，直径（1-）3-4（-6）mm。竿节上不分枝或分枝 1 枚，箨鞘宿存。小枝具叶 4-7 枚，叶长（6-）12-15（-18）cm，宽 0.8-1.4（-2）cm，被白色柔毛，上面具黄色或淡黄色至近于白色的纵条纹，边缘具小锯齿。

【生长习性】

菲白竹喜温暖湿润的气候，好肥，较耐寒，忌烈日，温度过高时易导致焦叶。宜半阴，喜肥沃疏松、排水良好的砂质土壤，忌积水。菲白竹具有很强的耐阴性，可以在林下生长。笋期 4-6 月。

【栽培养护】

菲白竹的繁殖主要采用分株的方法，通常在 2-3 月进行，母株根系浅，带土有困难，应随挖随栽。栽后浇透定根水，栽种初期应适当遮阴。夏季高温时要注意避免烈日直射，以免出现焦叶现象。浇水不要太多，以经常保持湿润又不太湿为度。对过密的老竿应及时剪去，以利更新。

【园林应用】

菲白竹植株低矮，株丛密集，叶片具醒目的白色条纹，是优美的园林地被竹种。可成片栽作地被，也可丛植于庭院观赏，或与假石相配，也是盆栽和盆景中配植的好材料。菲白竹为散生竹类，在露地栽植时应做好地下隔离措施，以免竹鞭四处蔓延。

（图文：沈云光　审校：王仲朗、许菊芬）

翠 竹

别 名 无

拉丁名 *Sasa pygmaea*

科 属 禾本科（Poaceae） 赤竹属（*Sasa*）

【自然分布】

日本栽培作观赏竹类。

【识别要点】

矮小灌木状竹类，地下茎复轴型。竿散生，小丛生，细瘦，竿高 0.2-0.4 m，直径 1-2 mm。节间无毛，节处密被毛。叶片密生，二行排列，叶鞘被细毛；叶片线状披针形，长 4-7 cm，宽 7-10 mm，上面疏被短毛，下面常一侧具细毛。

【生长习性】

翠竹系浅根性植物，宜高爽、肥沃疏松、排水良好的酸性山土或砂质壤土，忌积水。喜温暖湿润的气候环境，喜肥，较耐寒，忌烈日，宜半阴。

【栽培养护】

翠竹主要以分株繁殖，通常在 4-5 月或“梅雨”季节进行，移植时尽量带土，栽好后浇透定根水，初期适当遮阴。夏季忌烈日暴晒，经常在叶面喷水，防止叶尖枯黄。栽培基质以肥沃疏松、排水良好的酸性、微酸性或中性土壤为好。

【园林应用】

翠竹植株低矮，株丛密集，四季青翠，是优良的地被竹种。常作庭园布置栽植于花坛，或公园路边、坡地，也可盆栽或制作盆景。翠竹为散生竹类，在露地栽植时应做好地下隔离措施，以免竹鞭四处蔓延。

（图文：沈云光　审校：王仲朗、许菊芬）

鹅毛竹

别　名 倭竹、小竹
拉丁名 *Shibataea chinensis*
科　属 禾本科（Poaceae） 倭竹属（*Shibataea*）

【自然分布】

广布于江苏、上海、浙江、安徽、江西、福建等省（直辖市）。生于山坡或林缘，亦可生于林下，在长江流域各城市广为栽培。

【识别要点】

小灌木状竹类，地下茎复轴型。竿散生，高可达1 m，直径2-3 mm，节间长7-15 cm，淡绿色或稍带紫色，竿环隆起。节上3-5枚枝条，箨鞘早落。每小枝常具1（-2）叶，叶片卵状披针形，长6-10 cm，宽1-2.5 cm，无毛，边缘具小锯齿。因叶片形似鹅毛而得名。

【生长习性】

鹅毛竹喜温暖湿润的气候环境，较耐寒，忌烈日，强光暴晒下易导致焦叶。宜半阴，喜肥沃疏松排水良好的砂质土壤，忌积水。

【栽培养护】

鹅毛竹主要以分株繁殖，通常在新笋出土前或雨季进行，移植时应尽量带土，栽好后浇透定根水，初期适当遮阴。夏季忌烈日暴晒，经常在叶面喷水，防止叶片焦黄。栽培基质以肥沃疏松、排水良好的酸性、微酸性或中性土壤为好。

【园林应用】

鹅毛竹植株低矮，竹丛密集，四季青翠，为优良的地被竹种。也可在庭院布置于花坛，或作为绿篱种植于公园路旁，或盆栽观赏或制作盆景。该竹种为散生竹，露地栽培时应做好地下隔离措施，防止竹鞭蔓延。

（图文：沈云光　审校：王仲朗、许菊芬）

主要参考文献

高正文，孙航. 2017. 云南省生物物种名录（2016 版）. 昆明：云南科技出版社

孙卫邦，2003. 乡土植物与现代城市园林景观建设 . 中国园林，19（91）：63-65

吴征镒. 1984. 云南种子植物名录. 昆明：云南人民出版社

徐永椿. 1991. 云南树木图志. 昆明：云南科技出版社

闫双喜，刘保国，李永华. 2013. 景观园林植物图鉴. 郑州：河南科学技术出版社

中国科学院昆明植物研究所. 2017. 中国植物物种信息数据库. http://db.kib.ac.cn/［2019-9-19］

中国植物志编辑委员会. 1959-2004. 中国植物志. 北京：科学出版社

中国树木志编辑委员会. 1983-2004. 中国树木志. 北京：中国林业出版社

Wu Z Y, Peter H R, Hong D Y. 1990-2013. Flora of China. Beijing: Science Press & Missouri Botanical Garden Press

附录一　曲靖园林绿化植物推荐名录物种名单（829种）

一、蚌壳蕨科 Dicksoniaceae

1. 金毛狗　*Cibotium barometz*

二、凤尾蕨科 Pteridaceae

2. 蕨菜　*Pteridium aquilinum* var. *latiusculum*
3. 井栏边草　*Pteris multifida*
4. 蜈蚣草　*Pteris vittata*
5. 西南凤尾蕨　*Pteris wallichiana*

三、铁线蕨科 Adiantaceae

6. 铁线蕨　*Adiantum capillus-veneris*

四、铁角蕨科 Aspleniaceae

7. 巢蕨　*Neottopteris nidus*

五、鳞毛蕨科 Dryopteridaceae

8. 刺齿贯众　*Cyrtomium caryotideum*
9. 贯众　*Cyrtomium fortune*
10. 大叶贯众　*Cyrtomium macrophyllum*
11. 粗齿鳞毛蕨　*Dryopteris juxtaposita*
12. 大羽鳞毛蕨　*Dryopteris wallichiana*

六、肾蕨科 Nephrolepidaceae

13. 肾蕨　*Nephrolepis auriculata*

七、水龙骨科 Polypodiaceae

14. 扇蕨　*Neocheiropteris palmatopedata*
15. 光石韦　*Pyrrosia calvata*

八、苏铁科 Cycadaceae

16. 贵州苏铁　*Cycas guizhouensis*
17. 攀枝花苏铁　*Cycas panzhihuaensis*
18. 苏铁　*Cycas revoluta*
19. 华南苏铁　*Cycas rumphii*

九、银杏科 Ginkgoaceae

20. 银杏　*Ginkgo biloba*

十、南洋杉科 Araucariaceae

21. 巴西松　*Araucaria angustifolia*
22. 南洋杉　*Araucaria cunninghamii*

十一、松科 Pinaceae

23. 云南黄果冷杉　*Abies ernestii*
24. 银杉　*Cathaya argyrophylla*
25. 雪松　*Cedrus deodara*
26. 黄枝油杉　*Keteleeria calcarea*
27. 江南油杉　*Keteleeria cyclolepis*
28. 铁坚油杉　*Keteleeria davidiana*
29. 云南油杉　*Keteleeria evelyniana*
30. 油杉　*Keteleeria fortunei*
31. 丽江云杉　*Picea likiangensis*
32. 长叶云杉　*Picea smithiana*
33. 华山松　*Pinus armandii*
34. 日本五针松　*Pinus parviflora*
35. 黑松　*Pinus thunbergii*
36. 云南松　*Pinus yunnanensis*
37. 金钱松　*Pseudolarix amabilis*
38. 黄杉　*Pseudotsuga sinensis*
39. 大果铁杉　*Tsuga chinensis* var. *robusta*
40. 云南铁杉　*Tsuga dumosa*

十二、杉科 Taxodiaceae

41. 柳杉　*Cryptomeria fortunei*
42. 日本柳杉　*Cryptomeria japonica*
43. 千头柳杉　*Cryptomeria japonica* ‘Vilmoriniana’
44. 杉木　*Cunninghamia lanceolata*
45. 水松　*Glyptostrobus pensilis*
46. 水杉　*Metasequoia glyptostroboides*

47. 北美红杉　*Sequoia sempervirens*
48. 台湾杉　*Taiwania cryptomerioides*
49. 秃杉　*Taiwania flousiana*
50. 池杉　*Taxodium ascendens*
51. 落羽杉　*Taxodium distichum*
52. 墨西哥落羽杉　*Taxodium mucronatum*
53. 中山杉　*Taxodium* ‘Zhongshanshan’

十三、柏科 Cupressaceae

54. 翠柏　*Calocedrus macrolepis*
55. 美国扁柏　*Chamaecyparis lawsoniana*
56. 日本扁柏　*Chamaecyparis obtusa*
57. 云片柏　*Chamaecyparis obtusa* ‘Breviramea’
58. 黄叶扁柏　*Chamaecyparis obtusa* ‘Crippsii’
59. 凤尾柏　*Chamaecyparis obtusa* ‘Filicoides’
60. 孔雀柏　*Chamaecyparis obtusa* ‘Tetragona’
61. 线柏　*Chamaecyparis pisifera* ‘Filifera’
62. 羽叶花柏　*Chamaecyparis pisifera* ‘Plumosa’
63. 绒柏　*Chamaecyparis pisifera* ‘Squarrosa’
64. 美国尖叶扁柏　*Chamaecyparis thyoides*
65. 干香柏　*Cupressus duclouxiana*
66. 柏木　*Cupressus funebris*
67. 西藏柏木　*Cupressus torulosa*
68. 福建柏　*Fokienia hodginsii*
69. 刺柏　*Juniperus formosana*
70. 金黄球柏　*Platycladus orientalis* ‘Semperaurescens’
71. 千头柏　*Platycladus orientalis* ‘Sieboldii’
72. 圆柏　*Sabina chinensis*
73. 铺地龙柏　*Sabina chinensis* ‘Kaizuca Procumbens’
74. 昆明柏　*Sabina gaussenii*
75. 小果垂枝柏　*Sabina recurva* var. *coxii*
76. 高山柏　*Sabina squamata*
77. 粉柏　*Sabina squamata* ‘Meyeri’
78. 北美香柏　*Thuja occidentalis*
79. 日本香柏　*Thuja standishii*
80. 崖柏　*Thuja sutchuenensis*
81. 罗汉柏　*Thujopsis dolabrata*

十四、罗汉松科 Podocarpaceae

82. 大理罗汉松　*Podocarpus forrestii*
83. 鸡毛松　*Podocarpus imbricatus*
84. 罗汉松　*Podocarpus macrophyllus*
85. 狭叶罗汉松　*Podocarpus macrophyllus* var. *angustifolius*
86. 竹柏　*Podocarpus nagi*
87. 百日青　*Podocarpus neriifolius*

十五、三尖杉科 Cephalotaxaceae

88. 三尖杉　*Cephalotaxus fortunei*
89. 高山三尖杉　*Cephalotaxus fortunei* var. *alpina*

十六、红豆杉科 Taxaceae

90. 穗花杉　*Amentotaxus argotaenia*
91. 浆果紫杉　*Taxus baccata*
92. 红豆杉　*Taxus chinensis*
93. 须弥红豆杉　*Taxus wallichiana* var. *wallichiana*
94. 云南榧　*Torreya yunnanensis*

十七、木兰科 Magnoliaceae

95. 长蕊木兰　*Alcimandra cathcartii*
96. 红茴香　*Illicium henryi*
97. 大花八角　*Illicium macranthum*
98. 野八角　*Illicium simonsii*
99. 八角　*Illicium verum*
100. 鹅掌楸　*Liriodendron chinense*
101. 杂交鹅掌楸　*Liriodendron × sinoamericanum*
102. 北美鹅掌楸　*Liriodendron tulipifera*
103. 天目木兰　*Magnolia amoena*
104. 黄山木兰　*Magnolia cylindrica*
105. 山玉兰　*Magnolia delavayi*
106. 红花山玉兰　*Magnolia delavayi* f. *rubiflora*
107. 玉兰　*Magnolia denudate*
108. 荷花玉兰　*Magnolia grandiflora*
109. 大叶玉兰　*Magnolia henryi*
110. 紫玉兰　*Magnolia liliiflora*
111. 馨香木兰　*Magnolia odoratissima*
112. 厚朴　*Magnolia officinalis*
113. 凹叶厚朴　*Magnolia officinalis* subsp. *biloba*
114. 日本辛夷　*Magnolia praecocissima*
115. 凹叶木兰　*Magnolia sargentiana*
116. 应春树　*Magnolia sprengeri*
117. 三瓣木兰　*Magnolia tripetala*
118. 龙女花　*Magnolia wilsonii*
119. 宝华玉兰　*Magnolia zenii*
120. 二乔玉兰　*Magnolia × soulangeana*

121. 香木莲 *Manglietia aromatica*
122. 桂南木莲 *Manglietia chingii*
123. 粗梗木莲 *Manglietia crassipes*
124. 中华木莲 *Manglietia decidua*
125. 川滇木莲 *Manglietia duclouxii*
126. 木莲 *Manglietia fordiana*
127. 灰木莲 *Manglietia glauca*
128. 大果木莲 *Manglietia grandis*
129. 中缅木莲 *Manglietia hookeri*
130. 红色木莲 *Manglietia insignis*
131. 大叶木莲 *Manglietia megaphylla*
132. 华盖木 *Manglietia sinicum*
133. 缅桂 *Michelia alba*
134. 灰岩含笑 *Michelia calcicola*
135. 乐昌含笑 *Michelia chapensis*
136. 紫花含笑 *Michelia crassipes*
137. 南亚含笑 *Michelia doltsopa*
138. 含笑花 *Michelia figo*
139. 多花含笑 *Michelia floribunda*
140. 金叶含笑 *Michelia foveolata*
141. 灰毛含笑 *Michelia foveolata* var. *cinerascens*
142. 香子含笑 *Michelia hedyosperma*
143. 壮丽含笑 *Michelia lacei*
144. 醉香含笑 *Michelia macclurei*
145. 展毛含笑 *Michelia macclurei* var. *sublanea*
146. 黄心玉合 *Michelia martinii*
147. 深山含笑 *Michelia maudiae*
148. 阔瓣含笑 *Michelia platypetala*
149. 球花含笑 *Michelia sphaerantha*
150. 峨眉含笑 *Michelia wilsonii*
151. 云南含笑 *Michelia yunnanensis*
152. 乐东拟单性木兰 *Parakmeria lotungensis*
153. 光叶拟单性木兰 *Parakmeria nitida*
154. 云南拟单性木兰 *Parakmeria yunnanensis*

十八、水青树科 Tetracentraceae

155. 水青树 *Tetracentron sinense*

十九、连香树科 Cercidiphyllaceae

156. 连香树 *Cercidiphyllum japonicum*

二十、樟科 Lauraceae

157. 猴樟 *Cinnamomum bodinieri*
158. 阴香 *Cinnamomum burmannii*
159. 樟 *Cinnamomum camphora*
160. 云南樟 *Cinnamomum glanduliferum*
161. 天竺桂 *Cinnamomum japonicum*
162. 黄樟 *Cinnamomum parthenoxylon*
163. 细毛樟 *Cinnamomum tenuipilum*
164. 香叶树 *Lindera communis*
165. 黑壳楠 *Lindera megaphylla*
166. 杨叶木姜子 *Litsea populifolia*
167. 长梗润楠 *Machilus longipedicellata*
168. 滇润楠 *Machilus yunnanensis*
169. 檫木 *Sassafras tzumu*

二十一、毛茛科 Ranunculaceae

170. 野棉花 *Anemone vitifolia*
171. 大花楼斗菜 *Aquilegia glandulosa*
172. 黄连 *Coptis chinensis*
173. 黄牡丹 *Paeonia delavayi* var. *lutea*
174. 芍药 *Paeonia lactiflora*
175. 牡丹 *Paeonia suffruticosa*

二十二、睡莲科 Nymphaeaceae

176. 莲 *Nelumbo nucifera*
177. 萍蓬草 *Nuphar pumilum*
178. 白睡莲 *Nymphaea alba*
179. 黄睡莲 *Nymphaea mexicana*
180. 睡莲 *Nymphaea tetragona*

二十三、小檗科 Berberidaceae

181. 堆花小檗 *Berberis aggregata*
182. 刺红珠 *Berberis dictyophylla*
183. 红叶小檗 *Berberis thunbergii* ‘Atropurpurea’
184. 金花小檗 *Berberis wilsonae*
185. 云南小檗 *Berberis yunnanensis*
186. 粗毛淫羊藿 *Epimedium acuminatum*
187. 昆明十大功劳 *Mahonia duclouxiana*
188. 十大功劳 *Mahonia fortunei*

189. 阿里山十大功劳 *Mahonia oiwakensis*
190. 南天竹 *Nandina domestica*

二十四、马兜铃科 Aristolochiaceae

191. 马蹄香 *Saruma henryi*

二十五、三白草科 Saururaceae

192. 三白草 *Saururus chinensis*

二十六、罂粟科 Papaveraceae

193. 冰岛罂粟 *Papaver nudicaule*
194. 虞美人 *Papaver rhoeas*
195. 重瓣虞美人 *Papaver rhoeas* (Double-flowered)

二十七、紫堇科 Fumariaceae

196. 荷包牡丹 *Dicentra spectabilis*

二十八、白花菜科 Cleomaceae

197. 野香橼花 *Capparis bodinieri*
198. 醉蝶花 *Tarenaya hassleriana*

二十九、十字花科 Cruciferae

199. 香雪球 *Lobularia maritima*
200. 紫罗兰 *Matthiola incana*

三十、堇菜科 Violaceae

201. 三色堇 *Viola tricolor*

三十一、远志科 Polygalaceae

202. 荷包山桂花 *Polygala arillata*

三十二、石竹科 Caryophyllaceae

203. 须苞石竹 *Dianthus barbatus*
204. 石竹 *Dianthus chinensis*

三十三、马齿苋科 Portulacaceae

205. 松叶牡丹 *Portulaca grandiflora*
206. 重瓣松叶牡丹 *Portulaca grandiflora* (Double-flowered)

三十四、蓼科 Polygonaceae

207. 何首乌 *Fallopia multiflora*
208. 头花蓼 *Polygonum capitatum*

三十五、商陆科 Phytolaccaceae

209. 美国商陆 *Phytolacca americana*

三十六、苋科 Amaranthaceae

210. 鸡冠花 *Celosia cristata*
211. 千日红 *Gomphrena globosa*
212. 黄花千日红 *Gomphrena haageana*
213. 血苋 *Iresine herbstii*

三十七、亚麻科 Linaceae

214. 石海椒 *Reinwardtia indica*

三十八、牻牛儿苗科 Geraniaceae

215. 天竺葵 *Pelargonium hortorum*
216. 马蹄纹天竺葵 *Pelargonium zonale*

三十九、酢浆草科 Oxalidaceae

217. 红花酢浆草 *Oxalis corymbosa*
218. 桃花酢浆草 *Oxalis oregana*
219. 紫叶酢浆草 *Oxalis triangularis*

四十、旱金莲科 Tropaeolaceae

220. 旱金莲 *Tropaeolum majus*

四十一、千屈菜科 Lythraceae

221. 萼距花 *Cuphea hookeriana*
222. 紫薇 *Lagerstroemia indica*
223. 绒毛紫薇 *Lagerstroemia tomentosa*
224. 千屈菜 *Lythrum salicaria*

四十二、石榴科 Punicaceae

225. 石榴 *Punica granatum*

四十三、柳叶菜科 Onagraceae

226. 倒挂金钟 *Fuchsia hybrida*

227．黄花月见草 *Oenothera glazioviana*

四十四、小二仙草科 Haloragidaceae

228．粉绿狐尾藻 *Myriophyllum aquaticum*

四十五、瑞香科 Thymelaeaceae

229．白瑞香 *Daphne papyracea*
230．结香 *Edgeworthia chrysantha*

四十六、山龙眼科 Proteaceae

231．地被银桦 *Grevillea baueri* ‘Dwarf’
232．银桦 *Grevillea robusta*

四十七、马桑科 Coriariaceae

233．马桑 *Coriaria nepalensis*

四十八、海桐花科 Pittosporaceae

234．大叶海桐 *Pittosporum adaphniphylloides*
235．短萼海桐 *Pittosporum brevicalyx*
236．异叶海桐 *Pittosporum heterophyllum*
237．海桐 *Pittosporum tobira*

四十九、大风子科 Flacourtiaceae

238．栀子皮 *Itoa orientalis*

五十、柽柳科 Tamaricaceae

239．柽柳 *Tamarix chinensis*

五十一、西番莲科 Passifloraceae

240．西番莲 *Passiflora caerulea*

五十二、秋海棠科 Begoniaceae

241．秋海棠 *Begonia grandis*
242．四季秋海棠 *Begonia semperflorens*

五十三、山茶科 Theaceae

243．大叶杨桐 *Adinandra megaphylla*
244．普洱茶 *Camellia assamica*
245．杜鹃叶山茶 *Camellia azalea*
246．崇左金花茶 *Camellia chuongtsoensis*
247．扁果红山茶 *Camellia compressa*
248．贵州连蕊茶 *Camellia costei*
249．博白大果油茶 *Camellia gigantocarpa*
250．厚叶红山茶 *Camellia crassissima*
251．隐脉红山茶 *Camellia cryptoneura*
252．尖连蕊茶 *Camellia cuspidata*
253．尖萼红山茶 *Camellia edithae*
254．蒙自连蕊茶 *Camellia forrestii*
255．长瓣短柱茶 *Camellia grijisii*
256．凹脉金花茶 *Camellia impressinervis*
257．山茶 *Camellia japonica*
258．毛蕊红山茶 *Camellia mairei*
259．红花瘤果茶 *Camellia neriifolia*
260．油茶 *Camellia oleifera*
261．滇山茶 *Camellia reticulata*
262. 厚壳红瘤果茶 *Camellia rubituberculata*
263．怒江红山茶 *Camellia saluenensis*
264．茶梅 *Camellia sasanqua*
265．茶 *Camellia sinensis*
266．五柱滇山茶 *Camellia yunnanensis*
267．厚叶红淡比 *Cleyera pachyphylla*
268．岗柃 *Eurya groffii*
269．四川大头茶 *Gordonia acuminata*
270．黄药大头茶 *Gordonia chrysandra*
271．长果大头茶 *Gordonia longicarpa*
272．折柄茶 *Hartia sinensis*
273．云南舟柄茶 *Hartia yunnanensis*
274．银木荷 *Schima argentea*
275．西南木荷 *Schima wallichii*
276．厚皮香 *Ternstroemia gymnanthera*
277．石笔木 *Tutcheria championi*
278．屏边石笔木 *Tutcheria pingpienensis*

五十四、猕猴桃科 Actinidiaceae

279．中华猕猴桃 *Actinidia chinensis*
280．毒药树 *Sladenia celastrifolia*

五十五、桃金娘科 Myrtaceae

281．红千层 *Callistemon rigidus*
282．柳叶红千层 *Callistemon salignus*
283．下垂白千层 *Melaleuca armillaris*
284．白千层 *Melaleuca leucadendron*

285. 花叶香桃木 *Myrtus communis* 'Variegata'

五十六、野牡丹科 Melastomataceae

286. 朝天罐 *Osbeckia opipara*
287. 巴西野牡丹 *Tibouchina semidecandra*

五十七、藤黄科 Hypericaceae

288. 尖萼金丝桃 *Hypericum acmosepalum*
289. 浆果金丝桃 *Hypericum androsaemum*
290. 美丽金丝桃 *Hypericum bellum*
291. 金丝桃 *Hypericum monogynum*
292. 金丝梅 *Hypericum patulum*
293. 匙萼金丝桃 *Hypericum uralum*

五十八、椴树科 Tiliaceae

294. 滇桐 *Craigia yunnanensis*
295. 糯米椴 *Tilia henryana* var. *subglabra*
296. 椴树 *Tilia tuan*
297. 云南椴 *Tilia yunnanensis*

五十九、杜英科 Elaeocarpaceae

298. 秃瓣杜英 *Elaeocarpus glabripetalus*
299. 日本杜英 *Elaeocarpus japonicus*
300. 峨眉杜英 *Elaeocarpus omeiensis*
301. 山杜英 *Elaeocarpus sylvestris*
302. 仿栗 *Sloanea hemsleyana*
303. 猴欢喜 *Sloanea sinensis*
304. 毛猴欢喜 *Sloanea tomentosa*

六十、梧桐科 Sterculiaceae

305. 云南梧桐 *Firmiana major*
306. 梧桐 *Firmiana platanifolia*

六十一、锦葵科 Malvaceae

307. 黄蜀葵 *Abelmoschus manihot*
308. 刚毛黄蜀葵 *Abelmoschus manihot* var. *pungens*
309. 黄葵 *Abelmoschus moschatus*
310. 金铃花 *Abutilon striatum*
311. 蜀葵 *Althaea rosea*
312. 旱地木槿 *Hibiscus aridicola*
313. 芙蓉葵 *Hibiscus moscheutos*
314. 木芙蓉 *Hibiscus mutabilis*
315. 重瓣木芙蓉 *Hibiscus mutabilis* f. *plenus*
316. 朱槿 *Hibiscus rosa-sinensis*
317. 重瓣朱槿 *Hibiscus rosa-sinensis* var. *rubro-plenus*
318. 木槿 *Hibiscus syriacus*
319. 牡丹木槿 *Hibiscus syriacus* f. *paeoniflorus*
320. 紫花重瓣木槿 *Hibiscus syriacus* f. *violaceus*

六十二、大戟科 Euphorbiaceae

321. 秋枫 *Bischofia javanica*
322. 重阳木 *Bischofia polycarpa*
323. 算盘子 *Glochidion puberum*
324. 绒毛算盘子 *Glochidion velutinum*
325. 圆叶乌桕 *Sapium rotundifolium*
326. 乌桕 *Sapium sebiferum*

六十三、虎皮楠科 Daphniphyllaceae

327. 西藏虎皮楠 *Daphniphyllum himalense*
328. 长序虎皮楠 *Daphniphyllum longeracemosum*
329. 交让木 *Daphniphyllum macropodum*
330. 虎皮楠 *Daphniphyllum oldhami*
331. 大叶虎皮楠 *Daphniphyllum yunnanense*

六十四、虎耳草科 Saxifragaceae

322. 异色溲疏 *Deutzia discolor*
333. 球花溲疏 *Deutzia glomeruliflora*
334. 马桑绣球 *Hydrangea aspera*
335. 西南绣球 *Hydrangea davidii*
336. 绣球 *Hydrangea macrophylla*
337. 银边八仙花 *Hydrangea macrophylla* 'Maculata'
338. 山绣球 *Hydrangea macrophylla* var. *normalis*
339. 冬青叶鼠刺 *Itea ilicifolia*
340. 毛鼠刺 *Itea indochinensis*
341. 滇鼠刺 *Itea yunnanensis*
342. 云南山梅花 *Philadelphus delavayi*
343. 滇南山梅花 *Philadelphus henryi*
344. 山梅花 *Philadelphus incanus*
345. 羽状鬼灯檠 *Rodgersia pinnata*
346. 西南鬼灯檠 *Rodgersia sambucifolia*
347. 羽叶鬼灯檠 *Saxifraga stolonifera*

六十五、蔷薇科 Rosaceae

348. 梅 *Armeniaca mume*

349. 杏 *Armeniaca vulgaris*
350. 高盆樱桃 *Cerasus cerasoides*
351. 郁李 *Cerasus japonica*
352. 山樱花 *Cerasus serrulata*
353. 日本晚樱 *Cerasus serrulata* var. *lannesiana*
354. 毛叶木瓜 *Chaenomeles cathayensis*
355. 日本木瓜 *Chaenomeles japonica*
356. 木瓜 *Chaenomeles sinensis*
357. 皱皮木瓜 *Chaenomeles speciosa*
358. 西南栒子 *Cotoneaster franchetii*
359. 平枝栒子 *Cotoneaster horizontalis*
360. 小叶栒子 *Cotoneaster microphyllus*
361. 毡毛栒子 *Cotoneaster pannosus*
362. 柳叶栒子 *Cotoneaster salicifolius*
363. 野山楂 *Crataegus cuneata*
364. 山里红 *Crataegus pinnatifida* var. *major*
365. 榅桲 *Cydonia oblonga*
366. 牛筋条 *Dichotomanthes tristaniicarpa*
367. 云南移栎 *Docynia delavayi*
368. 蛇莓 *Duchesnea indica*
369. 窄叶枇杷 *Eriobotrya henryi*
370. 枇杷 *Eriobotrya japonica*
371. 草莓 *Fragaria × ananassa*
372. 黄毛草莓 *Fragaria nilgerrensis*
373. 棣棠花 *Kerria japonica*
374. 尖叶桂樱 *Laurocerasus undulata*
375. 山荆子 *Malus baccata*
376. 垂丝海棠 *Malus halliana*
377. 湖北海棠 *Malus hupehensis*
378. 苹果 *Malus pumila*
379. 丽江山荆子 *Malus rockii*
380. 滇池海棠 *Malus yunnanensis*
381. 华西小石积 *Osteomeles schwerinae*
382. 椤木石楠 *Photinia davidsoniae*
383. 红叶石楠 *Photinia fraseri* ‘Red Robin’
384. 光叶石楠 *Photinia glabra*
385. 球花石楠 *Photinia glomerata*
386. 全缘石楠 *Photinia integrifolia*
387. 带叶石楠 *Photinia loriformis*
388. 石楠 *Photinia serrulata*
389. 扁禾木 *Prinsepia utilis*
390. 美人梅 *Prunus blireana* ‘Meiren’
391. 紫叶李 *Prunus cerasifera* ‘Atropurpurea’
392. 李 *Prunus salicina*
393. 窄叶火棘 *Pyracantha angustifolia*
394. 火棘 *Pyracantha fortuneana*
395. 鸡麻 *Rhodotypos scandens*
396. 木香花 *Rosa banksiae*
397. 长尖叶蔷薇 *Rosa longicuspis*
398. 野蔷薇 *Rosa multiflora*
399. 橘黄香水月季 *Rosa odorata* var. *pseudoindica*
400. 单瓣缫丝花 *Rosa roxburghii* f. *normalis*
401. 绢毛蔷薇 *Rosa sericea*
402. 麻叶绣线菊 *Spiraea cantoniensis*
403. 粉花绣线菊 *Spiraea japonica*
404. 红果树 *Stranvaesia davidiana*

六十六、蜡梅科 Calycanthaceae

405. 夏蜡梅 *Calycanthus chinensis*
406. 西南蜡梅 *Chimonanthus campanulatus*
407. 山蜡梅 *Chimonanthus nitens*
408. 蜡梅 *Chimonanthus praecox*

六十七、豆科

409. 银荆 *Acacia dealbata*
410. 滇合欢 *Albizia simeonis*
411. 白花羊蹄甲 *Bauhinia acuminata*
412. 红花羊蹄甲 *Bauhinia blakeana*
413. 多红羊蹄甲 *Bauhinia chalcophylla*
414. 黄花羊蹄甲 *Bauhinia tomentosa*
415. 洋紫荆 *Bauhinia variegata*
416. 云南羊蹄甲 *Bauhinia yunnanensis*
417. 锦鸡儿 *Caragana sinica*
418. 紫荆 *Cercis chinensis*
419. 湖北紫荆 *Cercis glabra*
420. 鹦哥花 *Erythrina arborescens*
421. 鸡冠刺桐 *Erythrina crista-galli*
422. 刺桐 *Erythrina variegata*
423. 云南刺桐 *Erythrina yunnanensis*
424. 滇皂荚 *Gleditsia japonica* var. *delavayi*
425. 美叶油麻藤 *Mucuna calophylla*
426. 常春油麻藤 *Mucuna sempervirens*
427. 刺槐 *Robinia pseudoacacia*
428. 白刺花 *Sophora davidii*

429．槐　*Sophora japonica*
430．龙爪槐　*Sophora japonica* var. *pendula*
431．云南槐　*Sophora yunnanensis*
432．紫藤　*Wisteria sinensis*

六十八、金缕梅科 Hamamelidaceae

433．云南蕈树　*Altingia yunnanensis*
434．灰岩蜡瓣花　*Corylopsis calcicola*
435．蜡瓣花　*Corylopsis sinensis*
436．求江蜡瓣花　*Corylopsis trabeculosa*
437．滇蜡瓣花　*Corylopsis yunnanensis*
438．亮叶蚊母树　*Distylium myricoides* var. *nitidum*
439．蚊母树　*Distylium racemosum*
440．马蹄荷　*Exbucklandia populnea*
441．大果马蹄荷　*Exbucklandia tonkinensis*
442．金缕梅　*Hamamelis mollis*
443．枫香树　*Liquidambar formosana*
444．北美枫香　*Liquidambar styraciflua*
445．檵木　*Loropetalum chinense*
446．红花檵木　*Loropetalum chinense* var. *rubrum*
447．显脉红花荷　*Rhodoleia henryi*
448．小花红花荷　*Rhodoleia parvipetala*
449．三脉水丝梨　*Sycopsis triplinervia*

六十九、杜仲科 Eucommiaceae

450．杜仲　*Eucommia ulmoides*

七十、黄杨科 Buxaceae

451．雀舌黄杨　*Buxus bodinieri*
452．黄杨　*Buxus sinica*
453．小叶黄杨　*Buxus sinica* var. *parvifolia*
454．板凳果　*Pachysandra axillaris*
455．野扇花　*Sarcococca ruscifolia*
456．云南野扇花　*Sarcococca wallichii*

七十一、悬铃木科 Platanaceae

457．三球悬铃木　*Platanus orientalis*

七十二、杨柳科 Salicaceae

458．滇杨　*Populus yunnanensis*
459．垂柳　*Salix babylonica*
460．龙爪柳　*Salix matsudana* f. *tortuosa*

七十三、杨梅科 Myricaceae

461．毛杨梅　*Myrica esculenta*
462．云南杨梅　*Myrica nana*
463．杨梅　*Myrica rubra*

七十四、桦木科 Betulaceae

464．川滇桤木　*Alnus ferdinandi-coburgii*
465．尼泊尔桤木　*Alnus nepalensis*
466．红桦　*Betula albosinensis*
467．西南桦　*Betula alnoides*
468．白桦　*Betula platyphylla*
469．川黔千金榆　*Carpinus fangiana*
470．云南鹅耳枥　*Carpinus monbeigiana*
471．峨眉鹅耳枥　*Carpinus omeiensis*
472．鹅耳枥　*Carpinus turczaninowii*
473．华榛　*Corylus chinensis*
474．滇榛　*Corylus yunnanensis*
475．铁木　*Ostrya japonica*
476．云南铁木　*Ostrya yunnanensis*

七十五、壳斗科 Fagaceae

477．锥栗　*Castanea henryi*
478．板栗　*Castanea mollissima*
479．茅栗　*Castanea seguinii*
480．小叶栲　*Castanopsis carlesii*
481．高山栲　*Castanopsis delavayi*
482．元江锥　*Castanopsis orthacantha*
483．峨眉栲　*Castanopsis platyacantha*
484．黄毛青冈　*Cyclobalanopsis delavayi*
485．青冈　*Cyclobalanopsis glauca*
486．滇青冈　*Cyclobalanopsis glaucoides*
487．小叶青冈　*Cyclobalanopsis myrsinifolia*
488．屏边青冈　*Cyclobalanopsis pinbianensis*
489．西畴青冈　*Cyclobalanopsis sichourensis*
490．水青冈　*Fagus longipetiolata*
491．滇石栎　*Lithocarpus dealbatus*
492．光叶石栎　*Lithocarpus mairei*
493．麻栎　*Quercus acutissima*
494．槲栎　*Quercus aliena*
495．锥连栎　*Quercus franchetii*
496．灰背栎　*Quercus senescens*

497. 栓皮栎 *Quercus variabilis*

七十六、榆科 Ulmaceae

498. 四蕊朴 *Celtis tetrandra*
499. 青檀 *Pteroceltis tatarinowii*
500. 兴山榆 *Ulmus bergmanniana*
501. 多脉榆 *Ulmus castaneifolia*
502. 昆明榆 *Ulmus changii* var. *kunmingensis*
503. 榔榆 *Ulmus parvifolia*
504. 大叶榉树 *Zelkova schneideriana*
505. 榉树 *Zelkova serrata*

七十七、桑科 Moraceae

506. 楮 *Broussonetia kazinoki*
507. 构树 *Broussonetia papyrifera*
508. 拓树 *Cudrania tricuspidata*
509. 高山榕 *Ficus altissima*
510. 无花果 *Ficus carica*
511. 地果 *Ficus tikoua*
512. 黄葛树 *Ficus virens*
513. 桑 *Morus alba*
514. 蒙桑 *Morus mongolica*

七十八、荨麻科 Urticaceae

515. 水麻 *Debregeasia orientalis*
516. 柳叶水麻 *Debregeasia saeneb*

七十九、冬青科 Aquifoliaceae

517. 华中枸骨 *Ilex centrochinensis*
518. 冬青 *Ilex chinensis*
519. 珊瑚冬青 *Ilex corallina*
520. 无刺枸骨 *Ilex cornuta* var. *fortunei*
521. 龟甲冬青 *Ilex crenata* 'Convexa'
522. 龙里冬青 *Ilex dunniana*
523. 全缘冬青 *Ilex integra*

八十、卫矛科 Celastraceae

524. 南蛇藤 *Celastrus orbiculatus*
525. 刺果卫矛 *Euonymus acanthocarpus*
526. 扶芳藤 *Euonymus fortunei*
527. 大花卫矛 *Euonymus grandiflorus*
528. 冬青卫矛 *Euonymus japonicus*
529. 丝绵木 *Euonymus maackii*
530. 染用卫矛 *Euonymus tingens*
531. 昆明山海棠 *Tripterygium hypoglaucum*

八十一、铁青树科 Olacaceae

532. 蒜头果 *Malania oleifera*

八十二、檀香科 Santalaceae

533. 沙针 *Osyris wightiana*

八十三、鼠李科 Rhamnaceae

534. 多花勾儿茶 *Berchemia floribunda*
535. 多叶勾儿茶 *Berchemia polyphylla*
536. 云南勾儿茶 *Berchemia yunnanensis*
537. 枳椇 *Hovenia acerba*
538. 俅江枳椇 *Hovenia acerba* var. *kiukiangensis*
539. 马甲子 *Paliurus ramosissimus*
540. 帚枝鼠李 *Rhamnus virgata*
541. 大果枣 *Ziziphus mairei*
542. 滇刺枣 *Ziziphus mauritiana*

八十四、胡颓子科 Elaeagnaceae

543. 宜昌胡颓子 *Elaeagnus henryi*
544. 木半夏 *Elaeagnus multiflora*
545. 胡颓子 *Elaeagnus pungens*
546. 牛奶子 *Elaeagnus umbellata*

八十五、葡萄科 Vitaceae

547. 五叶地锦 *Parthenocissus quinquefolia*
548. 三叶地锦 *Parthenocissus semicordata*
549. 扁担藤 *Tetrastigma planicaule*
550. 葡萄 *Vitis vinifera*

八十六、芸香科 Rutaceae

551. 香橼 *Citrus medica*
552. 千里香 *Murraya paniculata*
553. 川黄檗 *Phellodendron chinense*
554. 花椒 *Zanthoxylum bungeanum*
555. 胡椒木 *Zanthoxylum piperitum*

八十七、苦木科 Simaroubaceae

556. 臭椿 *Ailanthus altissima*

557. 大果臭椿 *Ailanthus altissima* var. *sutchuenensis*
558. 香椿 *Toona sinensis*

八十八、楝科 Meliaceae

559. 楝 *Melia azedarach*
560. 川楝 *Melia toosendan*

八十九、无患子科 Sapindaceae

561. 车桑子 *Dodonaea viscosa*
562. 复羽叶栾树 *Koelreuteria bipinnata*
563. 栾树 *Koelreuteria paniculata*
564. 川滇无患子 *Sapindus delavayi*
565. 无患子 *Sapindus mukorossi*

九十、七叶树科 Hippocastanaceae

566. 澜沧七叶树 *Aesculus lantsangensis*
567. 云南七叶树 *Aesculus wangii*
568. 天师栗 *Aesculus wilsonii*

九十一、槭树科 Aceraceae

569. 宁波三角槭 *Acer buergerianum* var. *ningpoense*
570. 小叶青皮槭 *Acer cappadocicum* var. *sinicum*
571. 青榨槭 *Acer davidii*
572. 扇叶槭 *Acer flabellatum*
573. 怒江光叶槭 *Acer laevigatum* var. *salweenense*
574. 紫红鸡爪槭 *Acer palmatum* ‘Atropurpureum’
575. 细叶鸡爪槭 *Acer palmatum* var. *dissectum*
576. 金沙槭 *Acer paxii*
577. 元宝槭 *Acer truncatum*

九十二、漆树科 Anacardiaceae

578. 南酸枣 *Choerospondias axillaris*
579. 黄栌 *Cotinus coggygria*
580. 黄连木 *Pistacia chinensis*
581. 清香木 *Pistacia weinmannifolia*
582. 盐肤木 *Rhus chinensis*
583. 青麸杨 *Rhus potaninii*
584. 川麸杨 *Rhus wilsonii*

九十三、胡桃科 Juglandaceae

585. 青钱柳 *Cyclocarya paliurus*
586. 野核桃 *Juglans cathayensis*
587. 核桃 *Juglans sigillata*
588. 化香树 *Platycarya strobilacea*
589. 枫杨 *Pterocarya stenoptera*

九十四、山茱萸科 Cornaceae

590. 桃叶珊瑚 *Aucuba chinensis*
591. 细齿桃叶珊瑚 *Aucuba chlorascens*
592. 花叶青木 *Aucuba japonica* var. *variegata*
593. 灯台树 *Cornus controversa*
594. 头状四照花 *Dendrobenthamia capitata*
595. 中华青荚叶 *Helwingia chinensis*
596. 青荚叶 *Helwingia japonica*
597. 梾木 *Swida macrophylla*
598. 长圆叶梾木 *Swida oblonga*

九十五、八角枫科 Alangiaceae

599. 高山八角枫 *Alangium alpinum*
600. 八角枫 *Alangium chinense*

九十六、蓝果树科 Nyssaceae

601. 喜树 *Camptotheca acuminata*
602. 珙桐 *Davidia involucrata*
603. 蓝果树 *Nyssa sinensis*

九十七、五加科 Araliaceae

604. 刺五加 *Acanthopanax henryi*
605. 楤木 *Aralia chinensis*
606. 八角金盘 *Fatsia japonica*
607. 洋常春藤 *Hedera helix*
608. 小叶常春藤 *Hedera helix* ‘Minima’
609. 花叶常春藤 *Hedera helix* ‘Variegata’
610. 异叶梁王茶 *Nothopanax davidii*
611. 梁王茶 *Nothopanax delavayi*
612. 小叶鹅掌柴 *Schefflera parvifoliolata*
613. 密脉鹅掌柴 *Schefflera venulosa*

九十八、伞形科 Umbelliferae

614. 茴香 *Foeniculum vulgare*

九十九、杜鹃花科 Ericaceae

615. 云南金叶子 *Craibiodendron yunnanense*
616. 美丽马醉木 *Pieris formosa*

617. 桃叶杜鹃 *Rhododendron annae*
618. 睫毛萼杜鹃 *Rhododendron ciliicalyx*
619. 大白杜鹃 *Rhododendron decorum*
620. 马缨杜鹃 *Rhododendron delavayi*
621. 云锦杜鹃 *Rhododendron fortunei*
622. 富源杜鹃 *Rhododendron fuyuanense*
623. 滇南杜鹃 *Rhododendron hancockii*
624. 皋月杜鹃 *Rhododendron indicum*
625. 露珠杜鹃 *Rhododendron irroratum*
626. 亮毛杜鹃 *Rhododendron microphyton*
627. 羊踯躅 *Rhododendron molle*
628. 白花杜鹃 *Rhododendron mucronatum*
629. 云上杜鹃 *Rhododendron pachypodum*
630. 锦绣杜鹃 *Rhododendron pulchrum*
631. 基毛杜鹃 *Rhododendron rigidum*
632. 锈叶杜鹃 *Rhododendron siderophyllum*
633. 杜鹃 *Rhododendron simsii*
634. 碎米花 *Rhododendron spiciferum*
635. 爆杖花 *Rhododendron spinuliferum*
636. 红马银花 *Rhododendron vialii*
637. 柳条杜鹃 *Rhododendron virgatum*
638. 云南杜鹃 *Rhododendron yunnanense*

一百、柿树科 Ebenaceae

639. 乌柿 *Diospyros cathayensis*
640. 岩柿 *Diospyros dumetorum*
641. 柿 *Diospyros kaki*
642. 君迁子 *Diospyros lotus*

一百零一、安息香科 Styracaceae

643. 木瓜红 *Rehderodendron macrocarpum*
644. 狭果秤锤树 *Sinojackia rehderiana*
645. 秤锤树 *Sinojackia xylocarpa*
646. 大花野茉莉 *Styrax grandiflorus*
647. 野茉莉 *Styrax japonicus*

一百零二、马钱科 Loganiaceae

648. 互叶醉鱼草 *Buddleja alternifolia*
649. 白背枫 *Buddleja asiatica*
650. 大花醉鱼草 *Buddleja colvilei*
651. 皱叶醉鱼草 *Buddleja crispa*
652. 大叶醉鱼草 *Buddleja davidii*
653. 腺叶醉鱼草 *Buddleja delavayi*
654. 紫花醉鱼草 *Buddleja fallowiana*
655. 醉鱼草 *Buddleja lindleyana*
656. 大序醉鱼草 *Buddleja macrostachya*
657. 密蒙花 *Buddleja officinalis*

一百零三、木犀科 Oleaceae

658. 流苏树 *Chionanthus retusus*
659. 雪柳 *Fontanesia fortunei*
660. 连翘 *Forsythia suspensa*
661. 金钟花 *Forsythia viridissima*
662. 白枪杆 *Fraxinus malacophylla*
663. 水曲柳 *Fraxinus mandschurica*
664. 黄素馨 *Jasminum floridum* subsp. *giraldii*
665. 素馨花 *Jasminum grandiflorum*
666. 野迎春 *Jasminum mesnyi*
667. 散生女贞 *Ligustrum confusum*
668. 金森女贞 *Ligustrum japonicum* 'Howardii'
669. 女贞 *Ligustrum lucidum*
670. 小叶女贞 *Ligustrum quihoui*
671. 金禾女贞 *Ligustrum quihoui* 'Vicaryi'
672. 油橄榄 *Olea europaea*
673. 锈鳞木犀榄 *Olea ferruginea*
674. 云南木犀榄 *Olea yuennanensis*
675. 山桂花 *Osmanthus delavayi*
676. 木犀 *Osmanthus fragrans*
677. 蒙自山桂花 *Osmanthus henryi*
678. 云南桂花 *Osmanthus yunnanensis*
679. 日本丁香 *Syringa reticulata*
680. 云南丁香 *Syringa yunnanensis*

一百零四、夹竹桃科 Apocynaceae

681. 夹竹桃 *Nerium indicum*
682. 贵州络石 *Trachelospermum bodinieri*
683. 络石 *Trachelospermum jasminoides*
684. 蔓长春花 *Vinca major*

一百零五、萝藦科 Asclepiadaceae

685. 马利筋 *Asclepias curassavica*

一百零六、忍冬科 Caprifoliaceae

686. 糯米条 *Abelia chinensis*

687. 金叶大花六道木 *Abelia grandiflora* 'Francis Mason'
688. 小叶六道木 *Abelia parvifolia*
689. 金银花 *Lonicera japonica*
690. 女贞叶忍冬 *Lonicera ligustrina* var. *yunnanensis*
691. 金银忍冬 *Lonicera maackii*
692. 金叶亮叶忍冬 *Lonicera nitida* 'Baggesen's Gold'
693. 珍珠荚蒾 *Viburnum foetidum* var. *ceanothoides*
694. 琼花 *Viburnum macrocephalum* f. *keteleeri*
695. 鳞斑荚蒾 *Viburnum punctatum*
696. 海仙花 *Weigela coraeensis*

一百零七、败酱科 Valerianaceae

697. 黄花龙牙 *Patrinia scabiosifolia*
698. 蜘蛛香 *Valeriana jatamansi*

一百零八、菊科 Asteraceae

699. 秋英 *Cosmos bipinnatus*
700. 菊花 *Dendranthema morifolium*
701. 松果菊 *Echinacea purpurea*
702. 黄金菊 *Euryops pectinatus*
703. 大吴风草 *Farfugium japonicum*
704. 向日葵 *Helianthus annuus*
705. 鹿蹄橐吾 *Ligularia hodgsonii*
706. 万寿菊 *Tagetes erecta*
707. 孔雀草 *Tagetes patula*

一百零九、龙胆科 Gentianaceae

708. 红花龙胆 *Gentiana rhodantha*

一百一十、报春花科 Primulaceae

709. 过路黄 *Lysimachia christinae*
710. 临时救 *Lysimachia congestiflora*
711. 霞红灯台报春 *Primula beesiana*
712. 桔红灯台报春 *Primula bulleyana*
713. 报春花 *Primula malacoides*
714. 滇海水仙 *Primula pseudodenticulata*

一百一十一、桔梗科 Campanulaceae

715. 桔梗 *Platycodon grandiflorus*
716. 铜锤玉带草 *Pratia nummularia*

一百一十二、花荵科 Polemoniaceae

717. 针叶天蓝绣球 *Phlox subulata*

一百一十三、紫草科 Boraginaceae

718. 西南粗糠树 *Ehretia corylifolia*

一百一十四、茄科 Solanaceae

719. 苦刺 *Solanum deflexicarpum*
720. 素馨叶白英 *Solanum jasminoides*
721. 珊瑚豆 *Solanum pseudocapsicum* var. *diflorum*

一百一十五、旋花科 Convolvulaceae

722. 马蹄金 *Dichondra repens*
723. 牵牛 *Pharbitis nil*

一百一十六、紫葳科 Bignoniaceae

724. 厚萼凌霄 *Campsis radicans*
725. 滇楸 *Catalpa fargesii* f. *duclouxii*
726. 梓 *Catalpa ovata*
727. 黄金树 *Catalpa speciosa*
728. 两头毛 *Incarvillea arguta*
729. 蓝花楹 *Jacaranda mimosifolia*
730. 炮仗花 *Pyrostegia venusta*

一百一十七、爵床科 Acanthaceae

731. 蛤蟆花 *Acanthus mollis*
732. 假杜鹃 *Barleria cristata*

一百一十八、马鞭草科 Verbenaceae

733. 臭牡丹 *Clerodendrum bungei*
734. 姬岩垂草 *Phyla canescens*
735. 黄荆 *Vitex negundo*

一百一十九、唇形科 Labiatae

736. 五彩苏 *Coleus scutellarioides*
737. 薰衣草 *Lavandula angustifolia*
738. 齿叶薰衣草 *Lavandula dentata*
739. 迷迭香 *Rosmarinus officinalis*
740. 滇黄芩 *Scutellaria amoena*

741. 绵毛水苏 *Stachys lanata*

一百二十、黄花蔺科 Limnocharitaceae

742. 黄花蔺 *Limnocharis flava*

一百二十一、水鳖科 Hydrocharitaceae

743. 海菜花 *Ottelia acuminata*

一百二十二、泽泻科 Alismataceae

744. 泽泻 *Alisma plantago-aquatica*

一百二十三、鸭跖草科 Commelinaceae

745. 露水草 *Cyanotis arachnoidea*
746. 紫露草 *Tradescantia ohiensis*
747. 紫锦草 *Tradescantia pallida*
748. 白雪姬 *Tradescantia sillamontana*

一百二十四、芭蕉科 Musaceae

749. 野芭蕉 *Musa wilsonii*
750. 地涌金莲 *Musella lasiocarpa*

一百二十五、姜科 Zingiberaceae

751. 红姜花 *Hedychium coccineum*
752. 姜花 *Hedychium coronarium*
753. 黄姜花 *Hedychium flavum*
754. 草果药 *Hedychium spicatum*
755. 滇姜花 *Hedychium yunnanense*

一百二十六、美人蕉科 Cannaceae

756. 美人蕉 *Canna indica*
757. 黄花美人蕉 *Canna indica* var. *flava*
758. 紫叶美人蕉 *Canna warszewiczii*

一百二十七、竹芋科 Marantaceae

759. 再力花 *Thalia dealbata*

一百二十八、百合科 Liliaceae

760. 非洲天门冬 *Asparagus densiflorus*
761. 狐尾天门冬 *Asparagus densiflorus* ‘Myersii’
762. 蜘蛛抱蛋 *Aspidistra elatior*
763. 金边吊兰 *Chlorophytum comosum*
764. 散斑竹根七 *Disporopsis aspersa*
765. 竹根七 *Disporopsis fuscopicta*
766. 鹭鸶兰 *Diuranthera major*
767. 萱草 *Hemerocallis fulva*
768. 重瓣萱草 *Hemerocallis fulva* var. *kwanso*
769. 玉簪 *Hosta plantaginea*
770. 紫萼 *Hosta ventricosa*
771. 野百合 *Lilium brownii*
772. 卷丹 *Lilium lancifolium*
773. 淡黄花百合 *Lilium sulphureum*
774. 沿阶草 *Ophiopogon bodinieri*
775. 间型沿阶草 *Ophiopogon intermedius*
776. 麦冬 *Ophiopogon japonicus*
777. 多花沿阶草 *Ophiopogon tonkinensis*
778. 开口箭 *Tupistra chinensis*
779. 象腿丝兰 *Yucca elephantipes*
780. 丝兰 *Yucca smalliana*

一百二十九、雨久花科 Pontederiaceae

781. 梭鱼草 *Pontederia cordata*

一百三十、天南星科 Araceae

782. 花叶金钱蒲 *Acorus gramineus*
783. 石菖蒲 *Acorus tatarinowii*
784. 紫芋 *Colocasia tonoimo*
785. 春羽 *Philodendron selloum*
786. 黄马蹄莲 *Zantedeschia elliottiana*

一百三十一、石蒜科 Amaryllidaceae

787. 金边龙舌兰 *Agave americana* var. *marginata*
788. 花朱顶红 *Hippeastrum vittatum*
789. 水鬼蕉 *Hymenocallis littoralis*
790. 忽地笑 *Lycoris aurea*
791. 石蒜 *Lycoris radiata*
792. 紫娇花 *Tulbaghia violacea*
793. 葱莲 *Zephyranthes candida*

一百三十二、鸢尾科 Iridaceae

794. 扁竹兰 *Iris confusa*
795. 花菖蒲 *Iris ensata* var. *hortensis*
796. 德国鸢尾 *Iris germanica*
797. 蝴蝶花 *Iris japonica*
798. 黄菖蒲 *Iris pseudacorus*

799．溪荪　*Iris sanguinea*

800．鸢尾　*Iris tectorum*

801．扇形鸢尾　*Iris wattii*

802．路易斯安娜鸢尾　*Iris*‘Louisiana’

一百三十三、棕榈科 Arecaceae

803．布迪椰子　*Butia capitata*

804．董棕　*Caryota urens*

805．欧洲矮棕　*Chamaerops humilis*

806．蒲葵　*Livistona chinensis*

807．加拿利海枣　*Phoenix canariensis*

808．林刺葵　*Phoenix sylvestris*

809．多裂棕竹　*Rhapis multifida*

810．皇后葵　*Syagrus romanzoffiana*

811．棕榈　*Trachycarpus fortunei*

812．大丝葵　*Washingtonia robusta*

一百三十四、兰科 Orchidaceae

813．虎头兰　*Cymbidium hookerianum*

一百三十五、莎草科 Cyperaceae

814．风车草　*Cyperus alternifolius*

一百三十六、禾本科 Poaceae

815．华北剪股颖　*Agrostis clavata*

816．孝顺竹　*Bambusa multiplex*

817．小琴丝竹　*Bambusa multiplex*‘Alphonse-Kar’

818．凤尾竹　*Bambusa multiplex*‘Fernleaf’

819．观音竹　*Bambusa multiplex* var. *riviereorum*

820．蒲苇　*Cortaderia selloana*

821．棉花竹　*Fargesia fungosa*

822．慈竹　*Neosinocalamus affinis*

823．紫叶狼尾草　*Pennisetum setaceum*‘Rubrum’

824．紫竹　*Phyllostachys nigra*

825．金竹　*Phyllostachys sulphurea*

826．筇竹　*Qiongzhuea tumidinoda*

827．菲白竹　*Sasa fortunei*

828．翠竹　*Sasa pygmaea*

829．鹅毛竹　*Shibataea chinensis*

附录二　曲靖园林绿化植物推荐名录图鉴物种名单（512 种）

★重点推荐　☆一般推荐　◆乡土植物　▲湿地植物　■极小种群野生植物　○在特定区域与环境中应用的种类
国家重点保护等级：Ⅰ、Ⅱ

乔木

一、苏铁科 Cycadaceae

1.	贵州苏铁	*Cycas guizhouensis*	☆◆	Ⅰ
2.	攀枝花苏铁	*Cycas panzhihuaensis*	☆	Ⅰ
3.	苏铁	*Cycas revoluta*	☆	Ⅰ
4.	华南苏铁	*Cycas rumphii*	☆◆	Ⅰ

二、银杏科 Ginkgoaceae

5.	银杏	*Ginkgo biloba*	★	Ⅰ

三、南洋杉科 Araucariaceae

6.	巴西松	*Araucaria angustifolia*	☆	

四、松科 Pinaceae

7.	银杉	*Cathaya argyrophylla*	☆	
8.	雪松	*Cedrus deodara*	★	
9.	黄枝油杉	*Keteleeria calcarea*	☆	
10.	铁坚油杉	*Keteleeria davidiana*	☆	
11.	云南油杉	*Keteleeria evelyniana*	☆◆	
12.	长叶云杉	*Picea smithiana*	☆	
13.	华山松	*Pinus armandii*	☆◆	
14.	日本五针松	*Pinus parviflora*	☆	
15.	云南松	*Pinus yunnanensis*	★◆	
16.	金钱松	*Pseudolarix amabilis*	☆	Ⅱ
17.	黄杉	*Pseudotsuga sinensis*	☆	Ⅱ
18.	大果铁杉	*Tsuga chinensis* var. *robusta*	☆	
19.	云南铁杉	*Tsuga dumosa*	☆	

五、杉科 Taxodiaceae

20.	柳杉	*Cryptomeria fortunei*	☆	
21.	日本柳杉	*Cryptomeria japonica*	☆	
22.	杉木	*Cunninghamia lanceolata*	☆	
23.	水松	*Glyptostrobus pensilis*	☆▲■	Ⅰ
24.	水杉	*Metasequoia glyptostroboides*	★▲■	Ⅰ
25.	北美红杉	*Sequoia sempervirens*	☆	
26.	台湾杉	*Taiwania cryptomerioides*	☆	Ⅱ
27.	池杉	*Taxodium ascendens*	☆▲	
28.	落羽杉	*Taxodium distichum*	★▲	
29.	墨西哥落羽杉	*Taxodium mucronatum*	☆▲	
30.	中山杉	*Taxodium* ‘Zhongshanshan’	☆▲	

六、柏科 Cupressaceae

31.	翠柏	*Calocedrus macrolepis*	☆◆	Ⅱ
32.	云片柏	*Chamaecyparis obtusa* ‘Breviramea’	☆	
33.	黄叶扁柏	*Chamaecyparis obtusa* ‘Crippsii’	☆	
34.	孔雀柏	*Chamaecyparis obtusa* ‘Tetragona’	☆	
35.	绒柏	*Chamaecyparis pisifera* ‘Squarrosa’	☆	
36.	美国尖叶扁柏	*Chamaecyparis thyoides*	☆	
37.	干香柏	*Cupressus duclouxiana*	☆◆	
38.	西藏柏木	*Cupressus torulosa*	☆	
39.	福建柏	*Fokienia hodginsii*	☆	Ⅱ
40.	刺柏	*Juniperus formosana*	☆◆	
41.	圆柏	*Sabina chinensis*	★	
42.	昆明柏	*Sabina gaussenii*	☆◆	
43.	小果垂枝柏	*Sabina recurva* var. *coxii*	☆	
44.	日本香柏	*Thuja standishii*	☆	
45.	罗汉柏	*Thujopsis dolabrata*	☆	

七、罗汉松科 Podocarpaceae

46.	罗汉松	*Podocarpus macrophyllus*	☆	
47.	百日青	*Podocarpus neriifolius*	☆	

八、三尖杉科 Cephalotaxaceae

48．三尖杉　*Cephalotaxus fortunei*　☆◆
49．高山三尖杉　*Cephalotaxus fortunei* var. *alpina*　☆

九、红豆杉科 Taxaceae

50．浆果紫杉　*Taxus baccata*　☆
51．红豆杉　*Taxus chinensis*　☆　Ⅰ
52．须弥红豆杉　*Taxus wallichiana* var. *wallichiana*　★◆　Ⅰ

十、木兰科 Magnoliaceae

53．红茴香　*Illicium henryi*　☆
54．大花八角　*Illicium macranthum*　☆
55．野八角　*Illicium simonsii*　☆
56．八角　*Illicium verum*　☆
57．鹅掌楸　*Liriodendron chinense*　★■　Ⅱ
58．北美鹅掌楸　*Liriodendron tulipifera*　★
59．杂交鹅掌楸　*Liriodendron sinoamericanum*　★
60．山玉兰　*Magnolia delavayi*　★◆
61．红花山玉兰　*Magnolia delavayi* f. *rubra*　★
62．玉兰　*Magnolia denudate*　★
63．荷花玉兰　*Magnolia grandiflora*　★
64．大叶玉兰　*Magnolia henryi*　☆
65．紫玉兰　*Magnolia liliiflora*　☆
66．厚朴　*Magnolia officinalis*　☆　Ⅱ
67．凹叶厚朴　*Magnolia officinalis* subsp. *biloba*　☆　Ⅱ
68．二乔玉兰　*Magnolia × soulangeana*　★
69．桂南木莲　*Manglietia chingii*　☆
70．粗梗木莲　*Manglietia crassipes*　☆
71．川滇木莲　*Manglietia duclouxii*　☆
72．木莲　*Manglietia fordiana*　☆
73．灰木莲　*Manglietia glauca*　☆
74．大果木莲　*Manglietia grandis*　☆○
75．中缅木莲　*Manglietia hookeri*　☆
76．红色木莲　*Manglietia insignis*　★
77．华盖木　*Manglietiastrum sinicum*　☆■　Ⅰ
78．灰岩含笑　*Michelia calcicola*　☆
79．乐昌含笑　*Michelia chapensis*　★
80．紫花含笑　*Michelia crassipes*　☆
81．南亚含笑　*Michelia doltsopa*　☆
82．多花含笑　*Michelia floribunda*　☆
83．金叶含笑　*Michelia foveolata*　☆
84．灰毛含笑　*Michelia foveolata* var. *cinerascens*　☆
85．香子含笑　*Michelia hedyosperma*　☆
86．壮丽含笑　*Michelia lacei*　☆■
87．醉香含笑　*Michelia macclurei*　★
88．展毛含笑　*Michelia macclurei* var. *sublanea*　☆
89．深山含笑　*Michelia maudiae*　☆
90．阔瓣含笑　*Michelia platypetala*　☆
91．球花含笑　*Michelia sphaerantha*　★
92．峨眉含笑　*Michelia wilsonii*　★■　Ⅱ
93．光叶拟单性木兰　*Parakmeria nitida*　☆
94．云南拟单性木兰　*Parakmeria yunnanensis*　★　Ⅱ

十一、水青树科 Tetracentraceae

95．水青树　*Tetracentron sinense*　☆　Ⅱ

十二、连香树科 Cercidiphyllaceae

96．连香树　*Cercidiphyllum japonicum*　☆■　Ⅱ

十三、樟科 Lauraceae

97．樟　*Cinnamomum camphora*　★◆　Ⅱ
98．云南樟　*Cinnamomum glanduliferum*　★◆
99．香叶树　*Lindera communis*　★◆
100．长梗润楠　*Machilus longipedicellata*　☆◆
101．滇润楠　*Machilus yunnanensis*　★◆
102．檫木　*Sassafras tzumu*　☆◆

十四、千屈菜科 Lythraceae

103．绒毛紫薇　*Lagerstroemia tomentosa*　☆

十五、海桐花科 Pittosporaceae

104．大叶海桐　*Pittosporum adaphniphylloides*　☆
105．短萼海桐　*Pittosporum brevicalyx*　★◆

十六、大风子科 Flacourtiaceae

106. 栀子皮 *Itoa orientalis* ☆

十七、柽柳科 Tamaricaceae

107. 柽柳 *Tamarix chinensis* ☆

十八、山茶科 Theaceae

108. 大叶杨桐 *Adinandra megaphylla* ☆
109. 普洱茶 *Camellia assamica* ☆
110. 博白大果油茶 *Camellia gigantocarpa* ☆
111. 毛蕊红山茶 *Camellia mairei* ☆
112. 油茶 *Camellia oleifera* ☆
113. 滇山茶 *Camellia reticulata* ★◆
114. 厚壳红瘤果茶 *Camellia rubituberculata*
115. 五柱滇山茶 *Camellia yunnanensis* ☆◆
116. 厚叶红淡比 *Cleyera pachyphylla* ☆
117. 四川大头茶 *Gordonia acuminata* ☆○
118. 黄药大头茶 *Gordonia chrysandra* ☆
119. 长果大头茶 *Gordonia longicarpa* ☆○
120. 折柄茶 *Hartia sinensis* ☆
121. 银木荷 *Schima argentea* ☆○
122. 西南木荷 *Schima wallichii* ☆◆ ○
123. 厚皮香 *Ternstroemia gymnanthera* ★◆
124. 屏边石笔木 *Tutcheria pingpienensis* ☆

十九、猕猴桃科 Actinidiaceae

125. 毒药树 *Sladenia celastrifolia* ★◆

二十、桃金娘科

126. 白千层 *Melaleuca leucadendron*

二十一、椴树科 Tiliaceae

127. 滇桐 *Craigia yunnanensis* ☆■ Ⅱ

二十二、杜英科 Elaeocarpaceae

128. 山杜英 *Elaeocarpus sylvestris* ☆
129. 仿栗 *Sloanea hemsleyana* ☆

二十三、梧桐科 Sterculiaceae

130. 云南梧桐 *Firmiana major* ☆
131. 梧桐 *Firmiana platanifolia* ☆

二十四、虎耳草科 Saxifragaceae

132. 滇鼠刺 *Itea yunnanensis* ★◆

二十五、蔷薇科 Rosaceae

133. 梅 *Armeniaca mume* ★◆
134. 杏 *Armeniaca vulgaris* ★◆
135. 高盆樱桃 *Cerasus cerasoides* ★◆
136. 山樱花 *Cerasus serrulata* ★◆
137. 日本晚樱 *Cerasus serrulata* var. *lannesiana* ☆
138. 野山楂 *Crataegus cuneata* ☆
139. 山里红 *Crataegus pinnatifida* var. *major* ☆
140. 云南移㭎 *Docynia delavayi* ★◆
141. 窄叶枇杷 *Eriobotrya henryi* ☆◆
142. 枇杷 *Eriobotrya japonica* ★◆
143. 尖叶桂樱 *Laurocerasus undulata* ★
144. 垂丝海棠 *Malus halliana* ★
145. 湖北海棠 *Malus hupehensis* ☆
146. 苹果 *Malus pumila* ☆
147. 丽江山荆子 *Malus rockii* ☆
148. 滇池海棠 *Malus yunnanensis* ☆
149. 椤木石楠 *Photinia davidsoniae* ☆
150. 红叶石楠 *Photinia fraseri* 'Red Robin' ★
151. 光叶石楠 *Photinia glabra* ★◆
152. 球花石楠 *Photinia glomerata* ★◆
153. 全缘石楠 *Photinia integrifolia* ☆
154. 美人梅 *Prunus blireana* 'Meiren' ★
155. 紫叶李 *Prunus cerasifera* 'Atropurpurea' ★
156. 李 *Prunus salicina* ☆

二十六、豆科 Fabaceae

157. 滇合欢 *Albizia simeonis* ★◆
158. 滇皂荚 *Gleditsia japonica* var. *delavayi* ☆◆
159. 刺槐 *Robinia pseudoacacia*
160. 槐 *Sophora japonica* ★◆

161. 龙爪槐 *Sophora japonica* var. *pendula* ☆

二十七、金缕梅科 Hamamelidaceae

162. 云南蕈树 *Altingia yunnanensis*
163. 亮叶蚊母树 *Distylium myricoides* var. *nitidum*
164. 蚊母树 *Distylium racemosum* ☆
165. 马蹄荷 *Exbucklandia populnea* ★◆
166. 大果马蹄荷 *Exbucklandia tonkinensis* ★◆
167. 枫香树 *Liquidambar formosana* ★◆
168. 北美枫香 *Liquidambar styraciflua* ☆
169. 显脉红花荷 *Rhodoleia henryi* ☆

二十八、杜仲科 Eucommiaceae

170. 杜仲 *Eucommia ulmoides* ☆◆

二十九、悬铃木科 Platanaceae

171. 三球悬铃木 *Platanus orientalis* ★

三十、杨柳科 Salicaceae

172. 滇杨 *Populus yunnanensis* ☆◆
173. 垂柳 *Salix babylonica* ★◆▲
174. 龙爪柳 *Salix matsudana* f. *tortuosa* ★◆▲

三十一、杨梅科 Myricaceae

175. 毛杨梅 *Myrica esculenta* ★◆

三十二、桦木科 Betulaceae

176. 尼泊尔桤木 *Alnus nepalensis* ☆◆
177. 白桦 *Betula platyphylla* ☆
178. 华榛 *Corylus chinensis* ☆◆

三十三、壳斗科 Fagaceae

179. 锥栗 *Castanea henryi* ☆
180. 元江锥 *Castanopsis orthacantha* ☆
181. 滇青冈 *Cyclobalanopsis glaucoides* ☆
182. 西畴青冈 *Cyclobalanopsis sichourensis* ☆
183. 麻栎 *Quercus acutissima* ☆
184. 槲栎 *Quercus aliena* ☆
185. 锥连栎 *Quercus franchetii* ☆
186. 灰背栎 *Quercus senescens* ☆
187. 栓皮栎 *Quercus variabilis* ☆

三十四、榆科 Ulmaceae

188. 四蕊朴 *Celtis tetrandra*
189. 榔榆 *Ulmus parvifolia* ★
190. 大叶榉树 *Zelkova schneideriana*

三十五、桑科 Moraceae

191. 构树 *Broussonetia papyrifera* ★◆
192. 高山榕 *Ficus altissima* ○
194. 黄葛树 *Ficus virens* ○
194. 桑 *Morus alba* ☆◆

三十六、冬青科 Aquifoliaceae

195. 全缘冬青 *Ilex integra* ☆

三十七、卫矛科 Celastraceae

196. 丝绵木 *Euonymus maackii* ☆
197. 染用卫矛 *Euonymus tingens* ★◆

三十八、鼠李科 Rhamnaceae

198. 枳椇 *Hovenia acerba* ☆◆
199. 俅江枳椇 *Hovenia acerba* var. *kiukiangensis* ☆◆

三十九、芸香科 Rutaceae

200. 千里香 *Murraya paniculata* ○
201. 川黄檗 *Phellodendron chinense* ☆ Ⅱ

四十、楝科 Meliaceae

202. 楝 *Melia azedarach* ☆◆

四十一、无患子科 Sapindaceae

203. 复羽叶栾树 *Koelreuteria bipinnata* ★◆
204. 川滇无患子 *Sapindus delavayi* ★◆

四十二、七叶树科 Hippocastanaceae

205. 云南七叶树 *Aesculus wangii* ☆◆

四十三、槭树科 Aceraceae

206. 宁波三角槭 *Acer buergerianum* var. *ningpoense*

207. 小叶青皮槭	*Acer cappadocicum* var. *sinicum*	★◆	
208. 青榨槭	*Acer davidii*	★◆	
209. 扇叶槭	*Acer flabellatum*	★◆	
210. 怒江光叶槭	*Acer laevigatum* var. *salweenense*	☆	
211. 紫红鸡爪槭	*Acer palmatum* 'Atropurpureum'	★	
212. 细叶鸡爪槭	*Acer palmatum* var. *dissectum*	★	
213. 金沙槭	*Acer paxii*	★◆	
214. 元宝槭	*Acer truncatum*	☆	

四十四、漆树科 Anacardiaceae

215. 黄连木	*Pistacia chinensis*	★◆	
216. 清香木	*Pistacia weinmannifolia*	★◆	
217. 盐肤木	*Rhus chinensis*	☆	

四十五、胡桃科 Juglandaceae

218. 青钱柳	*Cyclocarya paliurus*	☆	
219. 枫杨	*Pterocarya stenoptera*	☆	

四十六、蓝果树科 Nyssaceae

220. 喜树	*Camptotheca acuminata*	★■	Ⅱ
221. 珙桐	*Davidia involucrata*	★◆	Ⅰ
222. 蓝果树	*Nyssa sinensis*	★	

四十七、杜鹃花科 Ericaceae

223. 云南金叶子	*Craibiodendron yunnanense*	★◆	
224. 马缨杜鹃	*Rhododendron delavayi*	★◆	

四十八、柿科 Ebenaceae

225. 乌柿	*Diospyros cathayensis*	☆	

四十九、木犀科 Oleaceae

226. 女贞	*Ligustrum lucidum*	★◆	
227. 油橄榄	*Olea europaea*	☆	
228. 云南木犀榄	*Olea yuennanensis*	☆◆	
229. 木犀	*Osmanthus fragrans*	★◆	

五十、紫葳科 Bignoniaceae

230. 滇楸	*Catalpa fargesii* f. *duclouxii*	★◆	
231. 梓	*Catalpa ovata*	★◆	

五十一、棕榈科 Arecaceae

232. 布迪椰子	*Butia capitata*	☆	
233. 董棕	*Caryota urens*	☆○	Ⅱ
234. 蒲葵	*Livistona chinensis*	☆	
235. 加拿利海枣	*Phoenix canariensis*	★	
236. 林刺葵	*Phoenix sylvestris*	☆	
237. 棕榈	*Trachycarpus fortunei*	★	
238. 大丝葵	*Washingtonia robusta*	☆	

灌木

一、杉科

239. 千头柳杉	*Cryptomeria japonica* 'Vilmoriniana'	☆	

二、柏科 Cupressaceae

240. 线柏	*Chamaecyparis pisifera* 'Filifera'	☆	
241. 金黄球柏	*Platycladus orientalis* 'Semperaurescens'		
242. 千头柏	*Platycladus orientalis* 'Sieboldii'	☆	
243. 匍地龙柏	*Sabina chinensis* 'Kaizuca Procumbens'		
244. 粉柏	*Sabina squamata* 'Meyeri'	☆	
245. 崖柏	*Thuja sutchuenensis*	☆	

三、木兰科 Magnoliaceae

246. 含笑花	*Michelia figo*	★	
247. 云南含笑	*Michelia yunnanensis*	★◆	

四、小檗科 Berberidaceae

248. 红叶小檗	*Berberis thunbergii* 'Atropurpurea'	☆	
249. 十大功劳	*Mahonia fortunei*	☆	

250. 南天竹 *Nandina domestica* ☆

五、亚麻科 Linaceae

251. 石海椒 *Reinwardtia indica* ☆◆

六、千屈菜科 Lythraceae

252. 萼距花 *Cuphea hookeriana*

七、石榴科 Punicaceae

253. 石榴 *Punica granatum* ★◆

八、瑞香科 Thymelaeaceae

254. 结香 *Edgeworthia chrysantha* ☆

九、山龙眼科 Proteaceae

255. 地被银桦 *Grevillea baueri* 'Dwarf' ☆

十、马桑科 Coriariaceae

256. 马桑 *Coriaria nepalensis* ☆

十一、海桐花科 Pittosporaceae

257. 异叶海桐 *Pittosporum heterophyllum* ☆
258. 海桐 *Pittosporum tobira* ★

十二、山茶科 Theaceae

259. 杜鹃叶山茶 *Camellia azalea* ★
260. 贵州连蕊茶 *Camellia costei* ☆
261. 尖连蕊茶 *Camellia cuspidata* ☆
262. 尖萼红山茶 *Camellia edithae* ☆
263. 蒙自连蕊茶 *Camellia forrestii* ☆◆
264. 长瓣短柱茶 *Camellia grijisii* ☆
265. 凹脉金花茶 *Camellia impressinervis* ☆■
266. 山茶 *Camellia japonica* ★
267. 怒江红山茶 *Camellia saluenensis* ☆◆
268. 茶梅 *Camellia sasanqua* ★
269. 茶 *Camellia sinensis* ☆
270. 岗柃 *Eurya groffii* ☆◆

十三、猕猴桃科 Actinidiaceae

271. 中华猕猴桃 *Actinidia chinensis* ☆

十四、桃金娘科 Myrtaceae

272. 花叶香桃木 *Myrtus communis* 'Variegata' ☆

十五、野牡丹科 Melastomataceae

273. 朝天罐 *Osbeckia opipara* ☆◆

十六、藤黄科 Hypericaceae

274. 美丽金丝桃 *Hypericum bellum* ☆◆

十七、锦葵科 Malvaceae

275. 旱地木槿 *Hibiscus aridicola* ★■
276. 木芙蓉 *Hibiscus mutabilis* ☆◆
277. 木槿 *Hibiscus syriacus* ☆

十八、虎耳草科 Saxifragaceae

278. 绣球 *Hydrangea macrophylla* ★
279. 云南山梅花 *Philadelphus delavayi* ★◆
280. 滇南山梅花 *Philadelphus henryi* ☆◆

十九、蔷薇科 Rosaceae

281. 郁李 *Cerasus japonica* ★
282. 毛叶木瓜 *Chaenomeles cathayensis* ★
283. 日本木瓜 *Chaenomeles japonica* ★
284. 木瓜 *Chaenomeles sinensis* ★◆
285. 皱皮木瓜 *Chaenomeles speciosa* ★
286. 西南栒子 *Cotoneaster franchetii* ★◆
287. 平枝栒子 *Cotoneaster horizontalis* ★◆
288. 小叶栒子 *Cotoneaster microphyllus* ★◆
289. 毡毛栒子 *Cotoneaster pannosus* ★◆
290. 柳叶栒子 *Cotoneaster salicifolius* ★◆
291. 榅桲 *Cydonia oblonga* ☆
292. 牛筋条 *Dichotomanthes tristaniicarpa* ★◆
293. 华西小石积 *Osteomeles schwerinae* ☆◆
294. 带叶石楠 *Photinia loriformis* ☆◆
295. 石楠 *Photinia serrulata* ★◆
296. 扁核木 *Prinsepia utilis* ★◆
297. 窄叶火棘 *Pyracantha angustifolia* ★◆
298. 火棘 *Pyracantha fortuneana* ★◆
299. 鸡麻 *Rhodotypos scandens* ☆
300. 木香花 *Rosa banksiae* ☆
301. 长尖叶蔷薇 *Rosa longicuspis* ☆
302. 野蔷薇 *Rosa multiflora* ☆◆
303. 橘黄香水月季 *Rosa odorata* var. *pseudoindica* ☆◆

304．单瓣缫丝花 *Rosa roxburghii* f. *normalis* ☆◆
305．绢毛蔷薇 *Rosa sericea* ☆◆
306．麻叶绣线菊 *Spiraea cantoniensis* ★
307．粉花绣线菊 *Spiraea japonica* ★

二十、蜡梅科 Calycanthaceae

308．夏蜡梅 *Calycanthus chinensis* ☆◆ Ⅱ
309．西南蜡梅 *Chimonanthus campanulatus* ☆◆
310．山蜡梅 *Chimonanthus nitens* ★◆
311．蜡梅 *Chimonanthus praecox* ★

二十一、豆科 Fabaceae

312．紫荆 *Cercis chinensis* ★
313．美叶油麻藤 *Mucuna calophylla* ★◆
314．常春油麻藤 *Mucuna sempervirens* ★◆
315．白刺花 *Sophora davidii* ☆◆
316．紫藤 *Wisteria sinensis* ☆

二十二、金缕梅科 Hamamelidaceae

317．蜡瓣花 *Corylopsis sinensis* ☆
318．红花檵木 *Loropetalum chinense* var. *rubrum* ★

二十三、黄杨科 Buxaceae

319．雀舌黄杨 *Buxus bodinieri* ☆
320．黄杨 *Buxus sinica* ☆
321．野扇花 *Sarcococca ruscifolia* ★◆
322．云南野扇花 *Sarcococca wallichii* ★◆

二十四、杨梅科 Myricaceae

323．云南杨梅 *Myrica nana*

二十五、桦木科

324．滇榛 *Corylus yunnanensis* ☆◆

二十六、桑科 Moraceae

325．地果 *Ficus tikoua* ★◆

二十七、冬青科 Aquifoliaceae

326．华中枸骨 *Ilex centrochinensis* ☆
327．无刺枸骨 *Ilex cornuta* var. *fortunei* ☆

二十八、卫矛科 Celastraceae

328．冬青卫矛 *Euonymus japonicus* ★

二十九、檀香科 Santalaceae

329．沙针 *Osyris wightiana* ☆◆

三十、鼠李科 Rhamnaceae

330．多叶勾儿茶 *Berchemia polyphylla* ★◆
331．云南勾儿茶 *Berchemia yunnanensis* ☆◆

三十一、胡颓子科 Elaeagnaceae

332．胡颓子 *Elaeagnus pungens* ☆◆

三十二、漆树科 Anacardiaceae

333．黄栌 *Cotinus coggygria* ☆

三十三、山茱萸科 Cornaceae

334．桃叶珊瑚 *Aucuba chinensis* ★
335．细齿桃叶珊瑚 *Aucuba chlorascens* ★
336．花叶青木 *Aucuba japonica* var. *variegata* ★

三十四、五加科 Araliaceae

337．洋常春藤 *Hedera helix* ★

三十五、杜鹃花科 Ericaceae

338．美丽马醉木 *Pieris formosa* ★◆
339．睫毛萼杜鹃 *Rhododendron ciliicalyx* ★◆
340．大白杜鹃 *Rhododendron decorum* ★◆
341．富源杜鹃 *Rhododendron fuyuanense* ★◆
342．皋月杜鹃 *Rhododendron indicum* ★
343．露珠杜鹃 *Rhododendron irroratum* ☆◆
344．亮毛杜鹃 *Rhododendron microphyton* ☆◆
345．羊踯躅 *Rhododendron molle* ☆◆
346．云上杜鹃 *Rhododendron pachypodum* ☆◆
347．锦绣杜鹃 *Rhododendron pulchrum* ★
348．基毛杜鹃 *Rhododendron rigidum* ★◆

349．锈叶杜鹃　*Rhododendron siderophyllum*　☆

350．杜鹃　*Rhododendron simsii*　★◆

351．碎米花　*Rhododendron spiciferum*　★◆

352．爆杖花　*Rhododendron spinuliferum*　★◆

353．红马银花　*Rhododendron vialii*　☆

354．柳条杜鹃　*Rhododendron virgatum*　☆

355．云南杜鹃　*Rhododendron yunnanense*　☆

三十六、安息香科 Styracaceae

356．大花野茉莉　*Styrax grandiflorus*　☆◆

三十七、马钱科 Loganiaceae

357．互叶醉鱼草　*Buddleja alternifolia*　☆

358．白背枫　*Buddleja asiatica*　☆◆

359．大花醉鱼草　*Buddleja colvilei*　☆

360．大叶醉鱼草　*Buddleja davidii*　☆◆

361．腺叶醉鱼草　*Buddleja delavayi*　☆

362．紫花醉鱼草　*Buddleja fallowiana*　★

363．醉鱼草　*Buddleja lindleyana*　☆◆

364．大序醉鱼草　*Buddleja macrostachya*　☆◆

365．密蒙花　*Buddleja officinalis*　☆◆

三十八、木犀科 Oleaceae

366．连翘　*Forsythia suspensa*　☆

367．金钟花　*Forsythia viridissima*　☆◆

368．素馨花　*Jasminum grandiflorum*　★◆

369．野迎春　*Jasminum mesnyi*　★◆

370．散生女贞　*Ligustrum confusum*　☆

371．金森女贞　*Ligustrum japonicum* ‘Howardii’　★

372．小叶女贞　*Ligustrum quihoui*　☆◆

373．金禾女贞　*Ligustrum quihoui* ‘Vicaryi’　★

374．山桂花　*Osmanthus delavayi*　★

三十九、夹竹桃科 Apocynaceae

375．夹竹桃　*Nerium indicum*　☆◆

376．贵州络石　*Trachelospermum bodinieri*　★◆

377．络石　*Trachelospermum jasminoides*　★◆

378．蔓长春花　*Vinca major*　★

四十、忍冬科 Caprifoliaceae

379．糯米条　*Abelia chinensis*　★◆

380．金叶大花六道木　*Abelia grandiflora* ‘Francis Mason’　★

381．小叶六道木　*Abelia parvifolia*　★◆

382．女贞叶忍冬　*Lonicera ligustrina*　★

383．金银忍冬　*Lonicera maackii*　☆◆

384．金叶亮叶忍冬　*Lonicera nitida* ‘Baggesen's Gold’　★

385．珍珠荚蒾　*Viburnum foetidum* var. *ceanothoides*　☆◆

386．琼花　*Viburnum macrocephalum* f. *keteleeri*　★

387．鳞斑荚蒾　*Viburnum punctatum*　★◆

388．海仙花　*Weigela coraeensis*　★

四十一、茄科 Solanaceae

389．素馨叶白英　*Solanum jasminoides*　☆

390．珊瑚豆　*Solanum pseudocapsicum* var. *diflorum*　☆

四十二、紫葳科 Bignoniaceae

391．厚萼凌霄　*Campsis radicans*　☆

392．炮仗花　*Pyrostegia venusta*　☆○

四十三、爵床科 Acanthaceae

393．假杜鹃　*Barleria cristata*　☆◆

四十四、百合科 Liliaceae

394．象腿丝兰　*Yucca elephantipes*　☆

395．丝兰　*Yucca smalliana*　☆○

四十五、棕榈科 Arecaceae

396．欧洲矮棕　*Chamaerops humilis*　☆

397．多裂棕竹　*Rhapis multifida*

草本植物

一、蚌壳蕨科 Dicksoniaceae

398．金毛狗　*Cibotium barometz*　☆◆　Ⅱ

二、凤尾蕨科 Pteridaceae

399. 井栏边草 *Pteris multifida* ☆◆
400. 蜈蚣草 *Pteris vittata* ☆◆

三、铁线蕨科 Adiantaceae

401. 铁线蕨 *Adiantum capillus-veneris* ☆◆

四、铁角蕨科 Aspleniaceae

402. 巢蕨 *Neottopteris nidus* ☆○

五、鳞毛蕨科 Dryopteridaceae

403. 刺齿贯众 *Cyrtomium caryotideum* ☆◆
404. 贯众 *Cyrtomium fortunei* ☆◆
405. 大叶贯众 *Cyrtomium macrophyllum*
406. 大羽鳞毛蕨 *Dryopteris wallichiana* ☆◆

六、肾蕨科 Nephrolepidaceae

407. 肾蕨 *Nephrolepis auriculata* ☆◆

七、水龙骨科 Polypodiaceae

408. 扇蕨 *Neocheiropteris palmatopedata* ☆◆■ Ⅱ
409. 光石韦 *Pyrrosia calvata* ☆◆

八、毛茛科 Ranunculaceae

410. 野棉花 *Anemone vitifolia* ☆◆
411. 大花耧斗菜 *Aquilegia glandulosa* ☆

九、睡莲科 Nymphaeaceae

412. 莲 *Nelumbo nucifera* ☆▲ Ⅱ
413. 萍蓬草 *Nuphar pumilum* ☆▲
414. 睡莲 *Nymphaea tetragona* ☆▲

十、小檗科 Berberidaceae

415. 粗毛淫羊藿 *Epimedium acuminatum* ☆◆

十一、马兜铃科 Aristolochiaceae

416. 马蹄香 *Saruma henryi* ☆◆

十二、三白草科 Saururaceae

417. 三白草 *Saururus chinensis* ☆◆

十三、蓼科 Polygonaceae

418. 头花蓼 *Polygonum capitatum* ☆◆

十四、旱金莲科 Tropaeolaceae

419. 旱金莲 *Tropaeolum majus* ☆

十五、千屈菜科 Lythraceae

420. 千屈菜 *Lythrum salicaria* ☆◆▲

十六、小二仙草科 Haloragidaceae

421. 粉绿狐尾藻 *Myriophyllum aquaticum* ☆▲

十七、西番莲科 Passifloraceae

422. 西番莲 *Passiflora caerulea* ☆

十八、秋海棠科 Begoniaceae

423. 秋海棠 *Begonia grandis*
424. 四季海棠 *Begonia semperflorens*

十九、虎耳草科 Saxifragaceae

425. 羽叶鬼灯檠 *Rodgersia pinnata* ☆◆

二十、蔷薇科 Rosaceae

426. 蛇莓 *Duchesnea indica* ☆◆
427. 草莓 *Fragaria × ananassa* ☆◆
428. 黄毛草莓 *Fragaria nilgerrensis* ☆◆

二十一、菊科 Asteraceae

429. 菊花 *Dendranthema morifolium* ★
430. 松果菊 *Echinacea purpurea* ☆
431. 大吴风草 *Farfugium japonicum* ☆
432. 向日葵 *Helianthus annuus* ☆
433. 鹿蹄橐吾 *Ligularia hodgsonii* ★◆▲
434. 万寿菊 *Tagetes erecta* ☆
435. 孔雀草 *Tagetes patula* ☆

二十二、龙胆科 Gentianaceae

436. 红花龙胆 *Gentiana rhodantha* ☆

二十三、报春花科 Primulaceae

437. 过路黄 *Lysimachia christinae* ☆▲

438. 临时救　*Lysimachia congestiflora*　☆▲
439. 霞红灯台报春　*Primula beesiana*　★▲
440. 桔红灯台报春　*Primula bulleyana*　★▲
441. 报春花　*Primula malacoides*　☆◆
442. 滇海水仙花　*Primula pseudodenticulata*　★▲

二十四、桔梗科 Campanulaceae

443. 桔梗　*Platycodon grandiflorus*　★
444. 铜锤玉带草　*Pratia nummularia*　☆◆

二十五、花荵科 Polemoniaceae

445. 针叶天蓝绣球　*Phlox subulata*　☆

二十六、旋花科 Convolvulaceae

446. 马蹄金　*Dichondra repens*　☆
447. 牵牛　*Pharbitis nil*　☆

二十七、紫葳科 Bignoniaceae

448. 两头毛　*Incarvillea arguta*　☆◆

二十八、爵床科 Acanthaceae

449. 蛤蟆花　*Acanthus mollis*　☆

二十九、马鞭草科 Verbenaceae

450. 姬岩垂草　*Phyla canescens*　☆

三十、唇形科 Labiatae

451. 齿叶薰衣草　*Lavandula dentata*　★
452. 迷迭香　*Rosmarinus officinalis*　★
453. 滇黄芩　*Scutellaria amoena*　☆◆

三十一、水鳖科 Hydrocharitaceae

454. 海菜花　*Ottelia acuminata*　☆◆▲Ⅱ

三十二、泽泻科 Alismataceae

455. 泽泻　*Alisma plantago-aquatica*　☆◆▲

三十三、鸭跖草科 Commelinaceae

456. 白雪姬　*Tradescantia sillamontana*　☆

三十四、芭蕉科 Musaceae

457. 地涌金莲　*Musella lasiocarpa*　★◆

三十五、姜科 Zingiberaceae

458. 红姜花　*Hedychium coccineum*　★◆
459. 姜花　*Hedychium coronarium*　☆◆
460. 黄姜花　*Hedychium flavum*　☆
461. 草果药　*Hedychium spicatum*　☆◆
462. 滇姜花　*Hedychium yunnanense*　☆◆

三十六、美人蕉科 Cannaceae

463. 美人蕉　*Canna indica*　☆

三十七、败酱科 Valerianaceae

464. 蜘蛛香　*Valeriana jatamansi*　☆◆▲

三十八、百合科 Liliaceae

465. 非洲天门冬　*Asparagus densiflorus*　☆
466. 狐尾天门冬　*Asparagus densiflorus* 'Myersii'　☆
467. 蜘蛛抱蛋　*Aspidistra elatior*　★◆
468. 竹根七　*Disporopsis fuscopicta*　★◆
469. 萱草　*Hemerocallis fulva*　☆
470. 重瓣萱草　*Hemerocallis fulva* var. *kwanso*　☆
471. 玉簪　*Hosta plantaginea*　☆▲
472. 紫萼　*Hosta ventricosa*　★◆▲
473. 野百合　*Lilium brownii*　☆◆
474. 卷丹　*Lilium lancifolium*　☆
475. 沿阶草　*Ophiopogon bodinieri*　★◆
476. 间型沿阶草　*Ophiopogon intermedius*　★◆
477. 麦冬　*Ophiopogon japonicus*　★◆
478. 开口箭　*Tupistra chinensis*　★◆

三十九、雨久花科 Pontederiaceae

479. 梭鱼草　*Pontederia cordata*　☆▲

四十、天南星科 Araceae

480. 石菖蒲　*Acorus tatarinowii*　☆◆▲
481. 紫芋　*Colocasia tonoimo*　☆▲

四十一、石蒜科 Amaryllidaceae

482. 金边龙舌兰　*Agave americana* var. *marginata*　☆

483．水鬼蕉 *Hymenocallis littoralis* ☆
484．忽地笑 *Lycoris aurea* ☆
485．石蒜 *Lycoris radiata* ☆
486．葱莲 *Zephyranthes candida* ☆

四十二、鸢尾科 Iridaceae

487．扁竹兰 *Iris confusa* ☆◆
488．花菖蒲 *Iris ensata* var. *hortensis* ☆▲
489．德国鸢尾 *Iris germanica* ☆▲
490．蝴蝶花 *Iris japonica* ☆▲
491．路易斯安娜鸢尾 *Iris* 'Louisiana' ☆▲
492．黄菖蒲 *Iris pseudacorus* ☆▲
493．溪荪 *Iris sanguinea* ☆▲
494．鸢尾 *Iris tectorum* ★◆
495．扇形鸢尾 *Iris wattii* ☆

四十三、兰科 Orchidaceae

496．虎头兰 *Cymbidium hookerianum* ☆◆

四十四、莎草科 Cyperaceae

497．风车草 *Cyperus alternifolius* ☆▲

四十五、禾本科 Poaceae

498．华北剪股颖 *Agrostis clavata*
499．孝顺竹 *Bambusa multiplex* ☆
500．观音竹 *Bambusa multiplex* var. *riviereorum* ☆
501．小琴丝竹 *Bambusa multiplex* 'Alphonse-Kar' ☆
502．凤尾竹 *Bambusa multiplex* 'Fernleaf' ☆
503．蒲苇 *Cortaderia selloana* ☆
504．棉花竹 *Fargesia fungosa* ☆
505．慈竹 *Neosinocalamus affinis* ★
506．紫叶狼尾草 *Pennisetum setaceum* 'Rubrum' ☆
507．紫竹 *Phyllostachys nigra* ★◆
508．金竹 *Phyllostachys sulphurea* ★◆
509．筇竹 *Qiongzhuea tumidinoda* ☆◆
510．菲白竹 *Sasa fortunei* ☆
511．翠竹 *Sasa pygmaea* ☆
512．鹅毛竹 *Shibataea chinensis* ☆

种中文名索引

N

O

P

Q

R

S

T

W

X

种拉丁名索引

C

D

E

F

G

H

I

J

K

L

M

N

O

P

S

T

致　谢

本书编写和出版，得到中国科学院重点部署项目中国植物园联盟建设（Ⅱ期）本土植物全覆盖保护计划（项目号：KFJ-3W-No1）、国家科技基础资源调查专项项目“中国西南地区极小种群野生植物调查与种质保存”（项目号：2017FY100100）、云南省极小种群野生植物综合保护重点实验室建设（项目号：2018DG004）等项目的支持与资助。